Knaur.

Knaur.

Über den Autor:
Albrecht Müller, geboren 1938, studierte Nationalökonomie und war Redenschreiber von Bundeswirtschaftsminister Karl Schiller. Von 1973 bis 1982 war er Leiter der Planungsabteilung im Bundeskanzleramt bei Willy Brandt und Helmut Schmidt, von 1987 bis 1994 Mitglied des Deutschen Bundestages. Er lebt als Publizist, Unternehmens- und Politikberater in der Südpfalz und ist Herausgeber der Website www.NachDenkSeiten.de.

Albrecht Müller

Die Reformlüge

40 Denkfehler, Mythen und Legenden, mit denen Politik und Wirtschaft Deutschland ruinieren

Knaur Taschenbuch Verlag

Besuchen Sie uns im Internet:
www.knaur.de

Vollständig überarbeitete und aktualisierte Taschenbuchausgabe
August 2005
Knaur Taschenbuch.

Ein Unternehmen der Droemerschen Verlagsanstalt
Th. Knaur Nachf. GmbH & Co. KG, München

Umschlaggestaltung: ZERO Werbeagentur, München
Druck und Bindung: Clausen & Bosse, Leck
Printed in Germany
ISBN-13: 978-3-426-77840-1
ISBN-10: 3-426-77840-8

5 4 3 2 1

Inhalt

Vorwort

Als im August 2004 die erste Auflage dieses Buches in Druck ging, war offenkundig, dass die Reformen sich allesamt als erfolglos erwiesen hatten und zugleich als ungerecht empfunden wurden. Es gab schon im April Anzeichen dafür, dass der Bundeskanzler gemerkt haben könnte, es sei notwendig umzusteuern und die Binnennachfrage und damit die Konjunktur anzuschieben. Das hätte mich als politisch engagierten Zeitgenossen gefreut – es ist nicht so gekommen. Die Reformpolitik geht weiter; jede neue Meldung über ihre Erfolglosigkeit führt nicht etwa zum Nachdenken, sondern zum Nachlegen. Auch die Entscheidung Gerhard Schröders, Neuwahlen anzustreben, wurde mit der Absicht begründet, sich die Fortsetzung des Reformkurses bestätigen zu lassen. Mein Buch bleibt so – leider – sehr aktuell.

Es ist in gewissem Sinne eine Auftragsarbeit. Es ist auf Anregung von Freunden geschrieben worden, die sich der herrschenden öffentlichen Debatte gegenüber hilflos fühlen. Immer wieder lesen und hören sie, wie schlecht es uns geht und dass wir Reformen brauchen. Viele meiner Freunde sind beeindruckt davon, wie dramatisch unsere Lage geschildert wird. Zugleich spüren sie aber, dass daran irgend etwas nicht stimmt. Sie haben ein offenes Ohr für das Wort »Reform«. »Reformpolitik«, das hört sich gut an. Aber der ökonomische Erfolg bleibt aus, das Land taumelt von einer Reform zur nächsten und versinkt in Orientierungslosigkeit und Depression.

Diese Erfolglosigkeit ist um so bemerkenswerter, als die Meinungsführer im Lande nahezu einhellig dieselben Rezepte propagieren. Ökonomisch nicht besonders vorgebildete Politiker, auch Intellektuelle und sogenannte Experten, Journalisten und die erwähnten Autoren verordnen dem Land tiefgreifende Strukturreformen, also den Abbau und den Umbau des Sozialstaates in einem Ton, als hätten ihre Konzepte sich längst als die einzig richtigen und wahren erwiesen. Dass ein Teil der Wissenschaft und ein Teil der Wirtschaftsverbände diese Reformen für richtig halten, ist ihr gutes Recht. Doch gehört zu einer wirklichen Debatte nicht der Austausch konträrer Meinungen? Kann es wirklich sein, dass in der Wirtschaftspolitik gilt, was es auf keinem anderen Politikfeld gibt: die eine, seligmachende Erkenntnis? Kann es wirklich sein, dass das, was so lange Jahre funktionierte, nämlich die soziale Marktwirtschaft bundesdeutscher Prägung, von heute auf morgen obsolet ist? Machen die Vorschläge zur Erneuerung unseres Gesellschaftssystems wirtschaftlich überhaupt Sinn? Und wie kann der »normale Bürger«, der nicht Ökonomie studiert hat, nachprüfen, ob die Argumente, die in der Debatte verwendet werden, auch wirklich stimmen?

Alternativen werden kaum angeboten, es sei denn, man studiert auch kleinere Publikationen, die abseits des Mainstreams liegen. Hier setzt mein Buch an. Es soll all jenen Fakten und Argumentationshilfen geben, die das Gefühl haben, dass die eingeschlagene Linie nicht stimmen kann, und die nicht Spielball derer sein wollen, die in der Öffentlichkeit das große Wort führen. Nicht nur sogenannte Linke oder Gewerkschafter oder sozial Engagierte, auch Konservative und rational denkende Unternehmer tun sich mit dem niedrigen Niveau und der Einseitigkeit der öffentlichen Debatte schwer. Für sie ist dieses Buch.

*

Die gängige Reformpolitik leidet nicht nur unter einem Defizit an Gerechtigkeit. Genauso schlimm ist ihre Unwirksamkeit. In Deutschland wird seit gut zwanzig Jahren auf neoliberale Weise reformiert. Ohne nachhaltigen Erfolg. Die wirtschaftliche Lage wurde immer kritischer. Dass die neoliberale Bewegung dennoch die Herrschaft über das Denken erreicht und behalten hat, ist eine strategische Meisterleistung. Wer diese Strategien durchschaut, weiß, warum bei uns parteiübergreifend Reformen gefordert und gemacht werden, die nichts bringen. Darum analysiere ich auch die Methoden und Hintergründe dieser Meinungsprägung.

Seit Beginn meiner beruflichen Tätigkeit als junger Nationalökonom an der Münchner Universität und dann später als Mitarbeiter von Karl Schiller, Willy Brandt und Helmut Schmidt beschäftigt und fasziniert mich dieser Fragenkomplex: der Zusammenhang zwischen öffentlicher Meinung und der Qualität politischer Entscheidungen. Wie kommen wir zu guten, erfolgversprechenden und zukunftsweisenden politischen Entscheidungen? Welche Rolle spielen dabei die öffentliche Meinung und die Medien? Wer prägt die öffentliche Meinung, und wie geschieht das? Werden wir manipuliert, und wie können wir uns gegebenenfalls dagegen wappnen?

Als mich der damalige Bundeswirtschaftsminister Karl Schiller (SPD) 1968 als Ghostwriter nach Bonn holte, hatte er zusammen mit dem damaligen Finanzminister Franz-Josef Strauß (CSU) die erste Wirtschaftsrezession der Bundesrepublik gerade erfolgreich überwunden. Mit Konjunkturprogrammen und vor allem mit Stimmungsmache. Plisch und Plum, wie Schiller und Strauß liebevoll spottend genannt wurden, hatten mit Parolen wie »Die Richtung stimmt« und »Die Pferde müssen wieder saufen« und mit unendlich vielen, Optimismus verbreitenden Zahlen die öffentliche Meinung und vor allem die Unternehmer davon überzeugt, dass es aufwärts geht. Innerhalb von zwei Jahren war die Rezession überwunden.

Wer das erlebt hat oder im Rückblick erfährt, muss sich im Hinblick auf heute fragen: Warum machen wir's nicht wieder so? Was ist anders? Wie kommt es zu der fast schon hysterisch pessimistischen Stimmung, die uns heute zu schaffen macht? Woran scheitern die zaghaften Versuche der Bundesregierung, gegen Mutlosigkeit und Schwarzmalerei anzugehen? Ist die nun schon seit Anfang der neunziger Jahre währende Unfähigkeit, die Kapazitäten unserer Volkswirtschaft voll zu nutzen und genügend Arbeitsplätze zu schaffen, sachlich bedingt oder ist sie eher die Folge einer irregeleiteten Meinungsbildung und Entscheidungsfindung?

Willy Brandt, mit dem ich ab 1970 als sein Wahlkampfmanager und später als Planungschef im Bundeskanzleramt arbeitete, war in seinen guten Zeiten ein Meister darin, die Öffentlichkeit von der Richtigkeit einer politischen Entscheidung zu überzeugen. Beispielsweise kämpfte er die Versöhnung mit unseren östlichen Nachbarn und die Anerkennung der Oder-Neiße-Grenze auch gegen eine zunächst widerstrebende und skeptische Öffentlichkeit durch. Hätte er sich dem Mainstream angepasst, hätten wir noch lange auf das Ende der Ost-West-Konfrontation warten müssen. Auch zu seiner Zeit haben große Interessen immer wieder versucht, über die Beeinflussung der öffentlichen Meinung Einfluss auf die Politik zu nehmen. Meist ist es Brandt gelungen, diese Versuche abzuwehren, beispielhaft im Wahljahr 1972. Warum ist das heute soviel anders? Warum bestimmen heute die Interessen der Topeliten so sehr die öffentliche Debatte und damit auch weitgehend die politischen Entscheidungen?

Zu Willy Brandts Zeiten spielte der Begriff »Reformen« ebenfalls eine zentrale Rolle. Reformen waren damals aber in der Regel Veränderungen zugunsten breiter Kreise der Bevölkerung. Ganz anders in unserer Zeit. Heute gehen sie vor allem zu Lasten der mittleren und unteren Einkommen. Ist dieser politische und semantische Wandel sachlich bedingt?

Helmut Schmidt, für den ich ab 1974 als Planungschef im Bundeskanzleramt tätig war, führte 1976 den Begriff »Modell Deutschland« in die öffentliche Debatte ein. Das war eine gedankliche Klammer für unsere auf Dialog und Verständigung setzende Rolle in der Welt einerseits und die soziale Prägung unseres Landes und seinen wirtschaftlichen Erfolg andererseits. Soziale Gerechtigkeit, soziale Sicherheit und sozialer Friede seien wichtige Bedingungen für das wirtschaftliche Wohlergehen, lautete einer der zentralen Gedanken. Damals war es möglich, Mehrheiten für diesen Gedanken zu gewinnen. Es war auch möglich, wenigstens größere Teile der Eliten und der Meinungsführer in den Medien und in der Wissenschaft, in der Wirtschaft und im Bürgertum dafür zu erwärmen, dass auch die Bessergestellten es besser haben in einem Land, in dem es einigermaßen gerecht zugeht.

Wie kommt es, dass dies heute ganz anders gesehen wird? Ist das Einsicht? Ist es das Ergebnis von Propaganda und Manipulation? Muss das »Modell Deutschland« Vergangenheit sein? Wie spielen hier Meinungsmache und Sachzwang zusammen? Welche Rolle spielen Interessen?

Sozialstaatlichkeit und soziale Sicherheit waren integrale Bestandteile dieses Gesellschaftsmodells. Die Mehrheit der Menschen sieht das auch heute noch so. Das Grundgesetz will es nach wie vor so. Wie kommt es, dass das Wort »Sozialstaat« bei den Meinungsführern dennoch einen so schlechten Klang bekommen hat? Wie ist es möglich, dass die übliche Finanzierung sozialstaatlicher Leistungen über Beiträge, dass die Lohnnebenkosten eine so überaus negativ besetzte Karriere in der politischen Debatte machen konnten? Was an dieser Entwicklung ist sachlich bedingt? Was ist die Folge von Öffentlichkeitsarbeit, von Manipulation oder sogar von »Brainwashing«?

Mitte der siebziger Jahre hatten wir schon einmal eine öffentliche Diskussion um das sogenannte demographische Problem; vom »sterbenden Volk« war die Rede; einige Demographen und der Innenminister empfahlen eine Geburtenprämie von 2000 DM. Der damalige Bundeskanzler hat anders reagiert als der heutige. Helmut Schmidt machte sich damals Sorgen um die weltweite Bevölkerungsexplosion, er empfahl anderen Regierungen eine Politik zur Geburtenkontrolle und kritisierte den Papst, weil die katholische Kirche in ihrem Einflussbereich die notwendige Geburtenkontrolle so sehr erschwerte. In Anbetracht dieses Versuchs der deutschen Regierung, für Geburtenkontrolle bei anderen zu werben, hielt er es für unglaubwürdig und nicht möglich, zu Hause eine aktive Geburtenpolitik zu betreiben. Deshalb dämpfte und beruhigte er die öffentliche Debatte.

Heute reagieren die Meinungsführer und die Bundesregierung ganz anders. Die Diskussion um das demographische Problem verläuft ausgesprochen emotional. Die zuständige Ministerin setzt sich mit der Gründung einer Aktionsgemeinschaft an die Spitze einer aktiven Bevölkerungspolitik. Wie kommt es zu dieser so anderen politischen Reaktion? Welche Rolle spielt die öffentliche Debatte, und wer speist sie? Ist diese Reaktion sachlich bedingt oder von Interessen bestimmt? Sind die so vehement verbreiteten Sorgen überhaupt berechtigt? Ist die heute gängige

Behauptung, das sogenannte demographische Problem zwinge zu tiefgreifenden Strukturreformen, die sozialen Sicherungssysteme seien so nicht mehr haltbar, sachlich begründet oder ist sie ein Propagandatrick?

Wenn ich an einige frühere Vorgänge erinnere, will ich nun partout nicht den Eindruck erwecken, früher sei alles besser gewesen. Ich will damit lediglich bewusstmachen, wie sehr heute politische Entscheidungen von der öffentlichen Meinung abhängen und wie sehr deshalb auch die Qualität der politischen Entscheidungen von der Qualität der Meinungsbildung bestimmt wird. Diese Meinungs- und Willensbildung wird heute in starkem Maße von den Medien geprägt.[1]

Um die Qualität der Meinungsbildung ist es aus verschiedenen Gründen nicht zum besten bestellt. Sie leidet unter dem Zugriff großer Interessen. Wer politisch etwas erreichen will, versucht, die öffentliche Meinung zu beeinflussen und notfalls auch zu manipulieren. Ein Indiz dafür ist, dass jener Wirtschaftszweig, der dabei hilft, beachtlich expandiert: Public Relations. Die Qualität der Meinungsbildung leidet weiter darunter, dass es den Zielpersonen der Meinungsbeeinflussung – uns allen – zunehmend an Durchblick mangelt. Die allgemeine öffentliche Debatte verlagert sich nämlich zusehends in den Bereich der Ökonomie. Vielen Menschen sind wirtschaftspolitische Zusammenhänge fremd, und sie sind unsicher, was man ihnen nicht verdenken kann. Da sie sich aber verständlicherweise trotzdem ein Urteil bilden wollen, werden sie leicht zum Opfer von Interessen und von weitverbreiteten Klischees und Denkfehlern.

Im November 1999 habe ich für das *Kritische Tagebuch* – eine Sendereihe des Westdeutschen Rundfunks – fünf der gängigen Behauptungen über die Ursachen unserer wirtschaftlichen Probleme analysiert und dabei beschrieben, welche Vorurteile und Denkfehler diesen Behauptungen zugrunde liegen. Im Gespräch mit Freunden ist daraus eine lange Liste geworden. Sie wollten von mir, dem Nationalökonomen, wissen: Kommen wir wieder runter von den Milliardenschulden des Staates? Sind wir national noch handlungsfähig? Ist der Bedarf nicht schon lange gesättigt?

Haben die Gewerkschaften nicht viel zuviel Macht? Wie werden wir mit der sinkenden Geburtenrate fertig, und können wir das Problem der Überalterung überhaupt noch lösen? Und stimmt es oder stimmt es nicht, wenn gesagt wird, die Globalisierung sei eine neue Herausforderung, Konjunkturprogramme wirkten nicht, wir lebten über unsere Verhältnisse, der Staat sei zu »fett«, die Lohnnebenkosten seien unser Schicksal? Und so weiter und so fort.

Die 40 verbreitetsten Denkfehler und Vorurteile, Lügen und Legenden sind in Teil II dieses Buch skizziert und analysiert. Da ich nicht annehme, dass sich jeder Leser mit *allen* Vorurteilen, die die öffentliche Debatte prägen, gleichermaßen auseinandersetzen will, ist dieser Teil so aufgebaut, dass Sie ihn wie ein Nachschlagewerk benutzen können. Hier finden Sie auch Daten und Analysen wirtschaftlicher Zusammenhänge, mit deren Hilfe Sie die gängigsten Legenden als solche enttarnen können; zugleich finden Sie hier Argumente, um in der Diskussion um Reformen und den richtigen Weg in die Zukunft zu bestehen. Ich verbinde damit die Hoffnung, dass dieses Buch einen Beitrag zu einer rationaleren öffentlichen Debatte leistet, indem es Anstöße für kritische Fragen gibt. Ich will nicht die Indoktrination der einen Seite durch eine andere ersetzen. Ich will dazu ermuntern, sich selbst ein Bild zu machen und hinter die Kulissen der Meinungsbildung zu schauen.

Die Reformer haben ein Handicap. Um den angeblichen Reformstau als glaubwürdig erscheinen zu lassen, müssen sie unser Land in schwarzen Farben malen, und sie tun das mittels einer Fülle von dramatisierenden Veröffentlichungen. Der Sinn dieser Schwarzmalerei wird jedoch inzwischen von vielen Menschen hinterfragt. Dem entspricht die Grundlinie dieses Buches. Es ist optimistisch und konstruktiv und widerspricht der destruktiven Grundeinstellung der heute führenden Eliten.

Neben Hintergrund und Analyse enthält *Die Reformlüge* eine Fülle von konkreten Vorschlägen und Ideen dazu, wie man unser Land besser gestalten könnte, als die Reformer dies tun. Vom letzten Kapitel abgesehen, das wichtige Empfehlungen zusammenfast, sind diese ansonsten im Text da notiert, wo sie sachlich hingehören. Wer aufmerksam liest, wird viele Vorschläge entdecken – übrigens nicht nur Empfehlungen auf der Linie des britischen Nationalölonomen Keynes, wie manche Rezensenten notierten. Ich habe während meiner aktiven Zeit in der Politik vor allem darüber gearbeitet, wie man unser Land wettbewerbsfähiger machen kann. Das ist, wenn man in ökonomischen Schulen denken will, Angebotsökonomie. Die Etikettierung als Keynesianer ertrage ich dennoch. Es gibt Schlimmeres.

★

In den Text, in die Tabellen und Grafiken sind unzählige Daten eingeflossen. Diese mussten recherchiert, interpretiert und aufbereitet werden. Die Thematik ist breit. Ich war deshalb auf Anregungen und die Hilfe anderer angewiesen und bin dankbar für die engagierte und sehr, sehr hilfreiche Unterstützung von Brigitte Baetz und Mario J., Dietrich Krauß, Peter Munkelt, Ingeborg Treier und nicht zuletzt Claus F. Hofmann, den ich bei der Recherche als großen Experten für Daten zur Lage unserer Volkswirtschaft kennenlernte. – Eine große Hilfe waren auch eine Reihe von Weggenossen, die sich meist wissenschaftlich mit einschlägigen Themen beschäftigt haben: Michael Dauderstädt, Herbert Ehrenberg, Heiner Flassbeck, Richard Hauser, Hans-Jürgen Krupp und Klaus Staeck. Ihre Texte, Artikel und Vorträge sind voller Anregungen und Datenmaterial, als Gesprächspartner sind sie eine unerschöpfliche Quelle für Ideen. – Meine Frau Anke Bering-Müller und Tochter Nele haben den Stress des Bücherschreibens nicht nur geduldig ertragen. Sie haben mich in der Sache unterstützt, weil das Projekt auch sie reizt.

Die Hans-und-Traute-Matthöfer-Stiftung hat die Recherchen und andere wissenschaftliche Zuarbeit zum Projekt finanziell unterstützt. Den Stiftern gebührt ein großes Dankeschön.

Juni 2005 *Albrecht Müller*

Teil I:
Unter dem Deckmantel der Reform – Hintergründe und Ziele

»Wäre es nicht an der Zeit,
nach fünfzig erfolgreichen Jahren Bundesrepublik
die Strukturen neu zu entwerfen?«
Josef Ackermann,
Vorstandssprecher der Deutschen Bank,
beim Neujahrsempfang
der Stadt Frankfurt am Main 2003

»Die Bundesrepublik ist ein demokratischer
und sozialer Bundesstaat.«
Grundgesetz der Bundesrepublik Deutschland,
Artikel 20 Absatz 1

1. Nach der Reform ist vor der Reform

Man muss Josef Ackermann dankbar sein. Der Chef der Deutschen Bank hat die Irrationalität der Reformdebatte in zwei Halbsätzen schön zusammengefasst, als er sagte: »Wäre es nicht an der Zeit, nach fünfzig erfolgreichen Jahren Bundesrepublik die Strukturen neu zu entwerfen?« Erstens sind wir also mit dem Modell unseres Zusammenlebens und unseres Wirtschaftens fünfzig Jahre lang gut gefahren; und zweitens ist es jetzt an der Zeit, seine Strukturen neu zu entwerfen. Wir hatten Strukturen, die uns ein halbes Jahrhundert Erfolg, das heißt einigermaßen verlässlichen Wohlstand und soziale Sicherheit verschafften, und deshalb brauchen wir jetzt neue?!

Josef Ackermann kann etwas so Einfältiges öffentlich äußern, weil er sich wie der Fisch im Wasser fühlt. Die Meinungsführer unseres Landes glauben inzwischen unisono an den »Reformstau« als entscheidende Ursache unseres wirtschaftlichen Unheils und an die heilsame Wirkung von grundlegenden Reformen:[2] Deutschland leide unter seiner Reformunfähigkeit und sei deshalb Schlusslicht in Europa, von »German Disease«, der »Deutschen Krankheit«, ist die Rede, der Sozialstaat, das Modell Deutschland seien nicht mehr zeitgemäß, die sozialen Sicherungssysteme nicht mehr finanzierbar, die Steuern und Abgaben zu hoch, die Bürokratien seien unerträglich, und Besitzstandswahrer bedrohten unsere Zukunft – so variiert die Diagnose in ihrer Einseitigkeit. Die Therapie beim Kampf gegen Arbeitslosigkeit und Schuldenberg lautet: Modernisierung, Ruck, Strukturreformen, die permanente Reform unserer sozialen Sicherungssysteme, den Leuten mehr zumuten, mehr Eigenverantwortung, weniger Staat, mehr Privatisierung und weniger Regulierung.

Und wie wunderbar: alle, fast alle bewegen sich. Und alle, fast alle Kommentatoren vermerken anerkennend, dass die Parteien mit Reformsignalen aufeinander zugehen. Nur schneller könnte das alles gehen, mehr Bewegung bitte! Und die Politik reagiert.

Nachdem zum Jahreswechsel 2002/2003 der letzte Widerstand

in der SPD- und Bündnis90/Grünen-Führung gegen das Konzept grundlegender Reformen verschwunden war, erlebten wir eine Reformorgie: Die Rürup-Kommission präsentierte ein Bündel von Vorschlägen – von der Anhebung des Renteneintrittsalters bis zur Absenkung des Rentenniveaus –, Opposition und Regierung debattierten und beschlossen Eckpunkte der Gesundheitsreform, die Regierung schlug die Reform der Pendlerpauschale vor, Wirtschafts- und Arbeitsminister Clement (SPD) plädierte für die Einführung von Studiengebühren, für die Aufweichung der Tarifverträge, im Notfall für Lebensmittelkarten für Arbeitslose und für die Anhebung des Renteneintrittsalters auf 67 Jahre, aus der SPD-Bundestagsfraktion kam der Vorschlag, die Riesterrente zur Pflicht zu machen, der thüringische Ministerpräsident Althaus (CDU) legte den vollständigen Ausstieg aus dem umlagefinanzierten Rentensystem nahe, die Gesundheitsministerin warb für die Bürgerversicherung, auch Außenminister Fischer plädierte dafür und dann wieder nicht, Angela Merkel (CDU) forderte die Erhöhung der Arbeitszeit im Westen, der (damalige) SPD-Generalsekretär Scholz wollte das Verständnis von Gerechtigkeit reformieren, FDP-Fraktionschef Gerhardt forderte, weitere Kassenleistungen, wie beispielsweise private Unfälle, aus der Krankenversicherung auszugliedern, die Fraktionsvorsitzende der Grünen, Katrin Göring-Eckardt war für die Abschaffung der Pflegeversicherung und überhaupt für die permanente Revolution. Die Modernisierer unter unseren Zeitgenossen konnten sich über den Sommer und auch über den Herbst 2003 wahrlich nicht beschweren. Selbst ohne den Reformvorschlag des Vorsitzenden der Jungen Union, den Alten über 85 keine Hüftgelenke aus Kassenmitteln mehr zu bezahlen, war es eine tolle Zeit.

Zum Jahresende 2003 steigerte sich die Reformanstrengung in Politik und Talkshows. Gemeinsam verabschiedeten Bundestag und Bundesrat am Freitag vor Weihnachten ein Reformpaket, das auf der Basis der von Gerhard Schröder vorgelegten Agenda 2010 im Vermittlungsausschuss erarbeitet worden war. Am selben Freitag noch verkündeten die Stichwortgeber von Publizistik und Politik, von Wissenschaft und Lobby in Presseerklärungen, Interviews und Talkshows: »Nach der Reform ist vor der Reform!« Und dann ging es richtig los mit neuen Vorschlägen – zur Steuerreform, obwohl gerade beschlossen worden war, die dritte Stufe der im Jahr 2000 verabschiedeten Steuerreform zur Hälfte von 2005 auf 2004 vorzuziehen, und zur Gesundheitsreform, obwohl das gerade beschlossene Reformpaket im Kern diesem Thema galt. Die eine Reform war noch gar nicht implementiert, da wurde schon die nächste zum gleichen Thema vorgeschlagen und heftig darüber diskutiert.

Politiker und Wissenschaftler überboten sich in der Präsentation möglichst umwälzender Reformvorschläge. Der FDP-Vorsitzende Guido Westerwelle machte den Systemwechsel zu seinem Markenzeichen. Die Opposition warnte den Bundeskanzler davor, in die »Politik der ruhigen Hand« zurückzufallen; Bundeskanzler Schröder bekräftigte seinen Reformwillen. Der SPD-Fraktionsvorsitzende und spätere Parteivorsitzende Müntefering erklärte stolz, dass er und seine Partei »die Spur gelegt haben«. Die CDU-Vorsitzende Merkel und ihr Stellvertreter Merz prahlten damit, dass ihr Steuerreformkonzept radikaler sei als das von der CSU. »Wer bietet mehr?«, das scheint das Motto der modernen Reformpolitik zu sein. Und der Politik insgesamt. Und immer wieder neue Talkshows zum alten, ewig gleichen Thema. Es gibt kein anderes Thema, das in den Meinungsführerzirkeln auch nur annähernd die Aufmerksamkeit erreicht wie »Reformen«.

Auch die Kommission für gesellschaftliche und soziale Fragen der katholischen Bischöfe meldete sich zu Wort. Die deutschen Bischöfe setzten sich »für eine langfristig angelegte Reformpolitik« ein und wollten »das Soziale neu denken«. »Keine der großen Säulen des Sozialstaats ist ohne tiefgreifende strukturelle Korrekturen zukunftsfähig«, meinten sie, doch was sie konkret wollen, sagten sie nicht. Klar ist: Sie wollen Bewegung; auch die Arbeitgeber wollen Bewegung und drücken aufs Tempo.

Die Deutsche Bank darf da nicht fehlen: am 20. Februar 2004 kam ihre Forschungsabteilung mit einem forschen Papier zum Thema »Reformstau – Ursachen und Lösungen« an die Öffentlichkeit. Darin wird behauptet, die Rezepte für eine effizientere und dynamischere Wirtschaft lägen auf dem Tisch. Aber: »Wieso werden sie nicht angewendet?« Diese Frage musste für den Bundeskanzler ganz besonders bitter sein, bemühte er sich zu diesem Zeitpunkt doch schon weit über ein Jahr um die Umsetzung der Rezepte. Er hatte dafür sogar mit einem großen Wählerverlust für seine Partei und dem Verzicht auf das Amt des Vorsitzenden gebüßt. Aber was soll's? Die Deutsche Bank kümmerte das so wenig wie all die anderen Reformer. Sie schwelgen im Rausch der Reformen. Was in der Realität passiert, ist ziemlich irrelevant.

Als im Februar 2004 der Ifo-Geschäftsindex – das Ergebnis einer Befragung von Unternehmern und Unternehmen zu Stimmung und Auftragslage der Wirtschaft – einen Einbruch signalisierte, berichtete der Börsenreporter des ZDF, dies werde als Reaktion auf die lahmende Reformbereitschaft verstanden. Tatsächlich brach die Konjunktur dann im März/April 2004 wieder ein. Die wirtschaftsliberalen Rädelsführer nutzten jede Gelegenheit, um sich von Gerhard Schröder und seinen Reformbemühungen abzusetzen und gleichzeitig den Druck weiter zu erhöhen. Selbst die Übergabe des Parteivorsitzes an Franz Müntefering wurde als Abkehr von der Reformpolitik gedeutet, um sogleich die erkennbaren Flops nicht dem fatalen Konzept, sondern dem Bundeskanzler, seinem Zögern und insbesondere der SPD zuzuschreiben.

Bei alldem darf natürlich nicht fehlen, dass sich internationale Organisationen zu Wort melden und die Länder Europas, allen voran Deutschland, zu Strukturreformen ermahnen. Auch dem neuen Chef der Europäischen Zentralbank (EZB) fiel nichts anderes ein, obwohl wir es von ihm eigentlich anders erwartet hätten: Jean-Claude Trichet appellierte an die Regierungen der Europäischen Währungsunion, die versprochenen Strukturreformen umzusetzen. Gemessen an ihrem Potential verliere die Eurozone wegen der verzögerten Reformen jedes Jahr 0,4 Prozentpunkte, berichtete die *Financial Times Deutschland* am 17. Februar 2004. Die Begründung von EZB-Chef Trichet war geradezu klassisch: »Wenn unsere Wirtschaft flexibler wäre, würden wir vielleicht jährlich 0,4 Prozent mehr Wachstum haben.« Man muss sich den Satz auf der Zunge zergehen lassen: mit einem »vielleicht« drückt sich Trichet vor einer Festlegung, nennt aber dann eine präzise Zahl: 0,4 Prozent. Wie aus den Reformen Wachstum folgen solle, sagt er nicht. Von diesem Niveau, von dieser »Eindeutigkeit« sind die meisten der Einlassungen über die Wirkungszusammenhänge zwischen Reform und wirtschaftlicher Belebung.

Es geht unaufhaltsam weiter im gleichen Trott. Während der alte Bundespräsident Johannes Rau zum Nachdenken über den Reformkurs riet, drängt der Neue auf Reformen. Jetzt gibt es auch schon eine »Generation Reform«. So lautet jedenfalls der Buchtitel des jungen Historikers Paul Nolte, der mit einem Buch voller Sprüche inzwischen zum Berater sowohl der CDU-Vorsitzenden Merkel als auch des Netzwerkes jüngerer SPD-Abgeordneten avancierte. Als im Februar 2005 die Bundesagentur für Arbeit fünf Millionen Arbeitslose meldete, fiel dem zuständigen Bundesminister für Wirtschaft und Arbeit, Wolfgang Clement, nur die gängige Therapie ein: die nächste Reform. Als Reaktion auf die Überschreitung der Fünfmillionengrenze lud der Bundeskanzler zum Reformgipfel von Regierung und Opposition in Berlin. Ergebnis: der Körperschaftssteuersatz soll gesenkt werden. Noch eine Steuerreform, und dies nach einem Bündel von wirkungslosen Steuerreformen und Steuersenkungen. Der Punkt auf dem i im Jahre 2005 war dann die Entscheidung von Bundeskanzler Schröder, das Volk zur Entscheidung über die Reformpolitik zur Wahl aufzurufen.

Gerhard Schröder stilisiert sich als Kämpfer für die angeblich heilbringenden Reformen und als das Opfer des uneinsichtigen Volkes und eines Teils seiner Partei. Der Wahn fiel zunächst – wie bei Josef Ackermann – nicht auf, weil auch Gerhard Schröder auf einer Welle der Zustimmung in den Leitmedien ritt. Denen hat er wie den neoliberalen Reformern insgesamt die Bankrotterklärung erspart, die sie sonst hätten abgeben müssen. Die Entscheidung für die Neuwahlen verdeckt den Bankrott der Reformer. Dank Gerhard Schröder. Er wird in die Geschichte eingehen – wie von George Orwell beschrieben.

2. Das Elend der Reformdebatte: kollektiver Wahn

Die öffentliche Debatte wird von dem »Gedanken« bestimmt, unsere wirtschaftliche Misere und die Finanzkrise der sozialen Sicherungssysteme seien die Folge von Reformunfähigkeit. Ohne Zweifel haben wir wie jede moderne Gesellschaft zu jeder Zeit Reformbedarf. Aber dass die hohe Arbeitslosigkeit, die Zahl der Insolvenzen und die Wachstumsschwäche unserer Volkswirtschaft, dass die hohen Schulden des Staates und die Haushaltsprobleme vieler Kommunen, dass die wirtschaftliche Stagnation und das Elend in vielen Regionen Ostdeutschlands vor allem eine Folge mangelnder Reformfähigkeit unseres Staates seien, das ist ein wahnhaftes Gedankenkonstrukt, eine gedankliche Obsession. Und dennoch glauben die Eliten das, von rechts bis links, von konservativen Managern bis zu ehedem linken Intellektuellen – fast ohne Ausnahmen. Sie machen sich diese Sicht der Dinge zu eigen und multiplizieren sie massenhaft.

Mit der Lösung unserer drängenden Probleme hat die aktuelle Reformdebatte nichts, aber auch gar nichts zu tun. Unser Kernproblem ist die Belebung unserer wirtschaftlichen Tätigkeit, die Überwindung der Stagnation, der schon spürbaren Rezession und damit die Verbesserung der Auslastung der Kapazitäten unserer Volkswirtschaft. Dass über 4 Millionen Menschen keine Arbeit haben, ist Zeichen dieser Unterauslastung. Ende 2003 lag die Kapazitätsauslastung beim verarbeitenden Gewerbe nur knapp über 80 Prozent. Rund 150 Milliarden Euro Sozialprodukt gehen uns jährlich dadurch verloren, weil unsere Kapazitäten nicht ausgelastet sind. Wenn uns eine bessere Auslastung dieser Potentiale gelänge, könnten wir viele der jetzt drückenden Finanzierungsprobleme der sozialen Sicherungssysteme mildern, wenn nicht lösen.

Statt dessen jagen unsere Spitzenpolitiker und die ihnen zuarbeitenden Wissenschaftler fast jeden Tag eine andere Reformsau durchs Dorf. Sie trägt zwar nichts zur Lösung der Probleme bei, sondern führt nur zu zusätzlicher Verunsicherung, aber Bewegung ist ja bekanntlich alles. Dass die Sau orientierungslos ist, kümmert zumindest die deutsche Elite wenig, denn die Meinungsführer unseres Landes bilden einen geschlossenen Kreis. Ihre Debatten nähren sich quasi selbst, durch gegenseitige Bestätigung gewinnen sie an Bedeutung, obwohl sie ohne jede Bodenhaftung sind. Das Publikum steht staunend daneben: Die gesetzliche Pflegeversicherung streichen? Aber die fing doch gerade erst an! – Bis 67 arbeiten? Aber die meisten hören doch eh früher auf und sind oft ausgebrannt! – Längere Wochenarbeitszeiten? Aber es ist doch ohnehin zuwenig Arbeit da! – Die Riesterrente zur Pflicht machen? Aber dann hätte man doch gleich bei der gesetzlichen Pflichtversicherung bleiben können! – Die Lohn- und Einkommensteuer leistungsfördernd umbauen? Aber gerade wurden doch ein neuer Eingangstarif und ein neuer gesenkter Spitzensteuersatz installiert! Und die nächste Absenkung des Spitzensteuersatzes auf 42 Prozent ist schon beschlossen! – Eine neue, ganz andere Gesundheitsreform? Aber wir versuchen uns doch gerade erst an die neue Praxisgebühr und die Ausgliederung des Krankengeldes zu gewöhnen! Und so weiter und so fort.

Seit fast einem halben Jahrhundert beobachte ich die politischen Abläufe. In all diesen Jahren habe ich noch keine Zeitspanne erlebt, in der die politische Debatte so von Merkwürdigkeiten und intellektuellen Zumutungen geprägt war wie heute. Seit Jahren führen wir eine Diskussion, die sich thematisch abgelöst hat von dem, was das Hauptanliegen sein sollte: Statt ideologiefrei über die Verbesserung der Konjunktur zu reden, wird der Umbau/Abbau der sozialen Sicherungssysteme forciert – und zwar von allen wichtigen Parteien, von wichtigen Gruppen in Wissenschaft, Wirtschaft und Medien. Statt sich auf die Stärken des Landes zu besinnen und darauf aufzubauen, wird Deutschland systematisch schlecht geredet. Statt eine offene Diskussion mit allen gesellschaftlichen Gruppen zu führen, stellen sich die Eliten mit ihren politischen Forderungen gegen die Wünsche und den Willen der Bevölkerungsmehrheit, die den Sozialstaat erhalten will (nähere Informationen dazu unter Denkfehler Nr. 32,

S. 313). Einige der als wichtig erachteten Reformen, wie zum Beispiel die Privatisierung der Altersvorsorge, leiten die Erosion sozialstaatlicher und solidarischer Lösungen ein und widersprechen damit Artikel 20 Absatz 1 des Grundgesetzes, wonach die Bundesrepublik »ein demokratischer und sozialer Bundesstaat ist«, andere Vorhaben wie die Abschaffung der Tarifautonomie berühren das grundgesetzlich verbriefte Recht auf Koalitionsfreiheit. Das läuft auf den von Josef Ackermann geforderten Strukturwechsel hinaus, der ein Systemwechsel ist. Wer sich widersetzt, wie zum Beispiel die gut 500 000 Menschen, die am 3. April 2004 auf die Straße gingen, um gegen den Sozialabbau zu demonstrieren, wird als Besitzstandswahrer und als uneinsichtig verunglimpft.

Zum Teil bekennen die Eliten offen, dass sie gegen die Mehrheit agieren. Die Zeitschrift *Stern* beschrieb dies treffend als »Revolution von oben«.[3] Diese Revolution von oben ist begleitet von massiven finanziellen Interessen. Sie wird zum einen möglich, weil große Teile unserer Meinungsführer in Fragen der Ökonomie Denkfehlern und Vorurteilen, Lügen und Legenden erliegen, wie sie in Teil II dieses Buches beschrieben werden. Sie wird zum anderen auch deshalb möglich, weil eine kritische Öffentlichkeit, die diesen Namen verdient, kaum noch existiert und einer in Teilen systematischen Meinungsbeeinflussung erliegt. Besonders dramatisch ist diese Revolution, da sie das Wichtigste, was sie verspricht, überhaupt nicht hält: nämlich für wirtschaftliche Gesundung zu sorgen. Statt auf Vernunft und Effizienz hinzuwirken, beschert sie uns einen kurzsichtigen Aktionismus, der dem Land und den meisten seiner Bürger auf Dauer Schaden zufügt und ihm schon jetzt schwer geschadet hat.

Ahnungslose Reformer, wirkungslose Reformen

In den meisten Reden über Reformen wird nicht näher erläutert, warum sie funktionieren sollen, es wird einfach behauptet, dass sie es tun. Einigermaßen plausible Belege dafür gibt es nicht.

Wie sollen Strukturreformen, wie soll der geforderte Ruck den Arbeitslosen Arbeit bringen? Was haben die vielen Konkurse mit dem angeblichen Reformstau zu tun? »Weniger Steuern, weniger Abgaben, weniger Staat«, heißt es in der Göttinger Erklärung der CDU – aber wie daraus mehr Beschäftigung folgen soll, wird nicht erläutert. Wie funktioniert das konkret? Wenn Gerhard Schröder in seiner Regierungserklärung zum einjährigen Jubiläum der Agenda 2010 am 25. März 2004 behauptet, »in der Steuerpolitik haben wir Impulse für Investitionen und Gerechtigkeit ausgelöst«, wie sieht der Wirkungszusammenhang zwischen seiner Steuerpolitik und den Investitionen dann konkret aus? Über welchen Wirkungsmechanismus soll zum Beispiel die von Arbeitgeberpräsident Dieter Hundt und anderen immer wieder geforderte Erhöhung des Renteneintrittsalters die Wirtschaft beleben? Wie soll das funktionieren, wenn mitten in einer Rezession die Wochenstundenzahl wieder auf 40 oder gar 42 Stunden erhöht wird? Wie sollen uns die von Großbritannien entlehnten Privatisierungen und Deregulierungen aus der ökonomischen Patsche helfen? Wo war der Wirkungszusammenhang bei der Einführung der Greencard oder der Verlängerung der Ladenöffnungszeiten? Was hat man uns da nicht alles an positiven Wirkungen für mehr Arbeitsplätze versprochen! 50 000 zusätzliche Stellen sollte die Reform des Ladenschlussgesetzes bringen. Die Logik dieser Behauptung war nie einsehbar. Und so kam, was absehbar war: weder mehr Umsatz noch mehr Beschäftigung.

Es fällt schwer, die immer wieder angebotenen Konstrukte nicht polemisch zu hinterfragen, gleichgültig, ob es sich dabei um die programmatische Erklärung der CDU-Vorsitzenden Angela Merkel zur »Neuen Sozialen Marktwirtschaft«[4] handelt, um die Positionsschrift von Guido Westerwelle »Für eine freie und faire Gesellschaft«,[5] um das sogenannte Kanzleramtspapier,[6] die Rede von Bundeskanzler Gerhard Schröder zur Agenda 2010 vom 14. März 2003, um seine Regierungserklärung zum Einjahresjubiläum oder um die Rede des Vorstandschefs der Deutschen Bank Josef Ackermann beim Neujahrsempfang der Stadt Frankfurt vom 16. Januar 2003. Wer diese Texte aufmerksam liest, findet darin vornehmlich aneinandergereihte Signale und Behauptungen ohne logische Verknüpfungen.

Und selbst da, wo der Eindruck entsteht, als handle es sich um die Beschreibung von Wirkungszusammenhängen, scheint das nur so. Das beste Beispiel dafür ist der Kern der Argumentation: Wichtig sind »Reformen« – so wird gesagt –, »damit die Lohnnebenkosten sinken und damit die Beschäftigung endlich wieder kräftig steigt«.[7] Ein schöner Satz – nur leider falsch.

Das Beispiel Lohnnebenkosten

Die Senkung der Lohnnebenkosten ist einer der Schlüsselbegriffe der Reformdebatte, weil angenommen wird, unsere hohe Arbeitslosigkeit sei darauf zurückzuführen, dass Arbeit bei uns zu teuer sei. Wenn man die Lohnnebenkosten senken kann, ginge es aufwärts, glaubt ein großer Teil unserer Eliten in Politik und Wirtschaft, in Publizistik, Wissenschaft und Bildungsbürgertum. Aber an der Bewertung der Lohnnebenkosten als der entscheidenden Schlüsselgröße stimmt fast nichts (siehe Denkfehler Nr. 22, S. 241). Hier nur soviel:

- Ob Unternehmen ihre Produktion ausweiten oder sogar Investitionen vornehmen, das hängt von vielem ab: vom Umsatz und den Absatzerwartungen, von den Gewinnen und den Gewinnerwartungen, von der Zinsentwicklung, von der Qualität der erreichbaren Arbeitnehmer, von der Steuerbelastung etc. – und dann auch noch von den Lohnnebenkosten. Das ist *ein* Faktor unter vielen.
- Die Bedeutung der Lohnkosten und Lohnnebenkosten wird auch quantitativ weit überschätzt. Ein Beispiel: Die Lohnkosten machen in der Motorenmontage des neuen DaimlerChrysler-Werks im thüringischen Kölleda gerade mal 6 bis 8 Prozent des Gesamtaufwands aus; wenn den Arbeitgebern durch die Gesundheitsreform 1 Prozent erspart wird, dann sind dies 0,06 bis 0,08 Prozent des Gesamtaufwands; bei einem Betrieb mit höherem Lohnkostenanteil sind es 0,3 oder 0,4 Prozent.[8]

Tabuthema Binnennachfrage

Hartnäckig hält sich in Deutschland der Glaube, unser Hauptproblem seien die Arbeitskosten, dabei haben wir eher das Problem, dass wegen der geringen realen Lohnzuwächse in den letzten Jahren Kaufkraft fehlte. Während die Bedeutung einer ausreichenden Binnennachfrage – als eine von mehreren Stützen einer besseren Wachstumsdynamik – jahrelang missachtet wurde, gibt man heute kleinlaut zu, dass es auch daran fehlte und fehle. Doch Maßnahmen zur massiven Stärkung der Binnennachfrage werden immer noch nicht eingeleitet. Im *Wirtschaftsbericht 2003* des Bundesministeriums für Wirtschaft und Arbeit zum Beispiel kommt die mangelnde Binnenkonjunktur als Ursache für die Wachstumsschwäche nicht vor. Da werden nur die »weltwirtschaftliche Wachstumsschwäche« und dann noch – wie zu erwarten – die fehlenden Reformen, die »verfestigten Strukturen auf unseren Arbeitsmärkten und in den sozialen Sicherungssystemen« genannt. Und es heißt, das Jahr 2003 stehe »im Zeichen grundlegender Reformen für mehr Wachstum und Beschäftigung«.

Statt die Binnennachfrage zu stärken, setzen die Reformer auf »Vertrauen«: Reformen würden Vertrauen schaffen, und daraus folge der wirtschaftliche Aufschwung. Um festzustellen, wie weit diese Hoffnung trägt, braucht man nur die Reformdebatte und -politik der vergangenen Jahre Revue passieren zu lassen. Die vielen unvermeidlichen Flops, das permanente Nachlegen mit neuen Reformvorstellungen und die Schwarzmalerei über den Zustand unserer Volkswirtschaft haben Vertrauen nicht aufgebaut, sondern weiter zerstört. Eine praktische Maßnahme wie die Senkung der Unternehmenssteuern hat zur Auszehrung der Kommunalhaushalte beigetragen und verschärft damit den Konjunktureinbruch; die laufende Debatte mit immer neuen Reformvorschlägen verunsichert alle, auch die Unternehmer. Wer weiß heute noch, woran er morgen ist – mit welchem Krankenkassensystem, mit welchem Rentensystem, mit welchen Steuern und Beiträgen er rechnen soll? Dass alles im Fluss ist, ist nicht gut für wirtschaftliche und persönliche Planungen.

In seiner Neujahrsansprache für 2004 sagte Bundeskanzler Schröder: »Auch Sie persönlich können Konjunkturmotor sein. Ihr Vertrauen in die Zukunft entscheidet mit über den Arbeitsplatz Ihres Nachbarn!« Doch woher soll das Vertrauen kommen? Der amerikanische Nobelpreisträger für Ökonomie Joseph Stiglitz sagt: »Der einzige Weg, Vertrauen zu schaffen, ist Wirtschaftswachstum«[9] – und keineswegs Abbau des Sozialstaats und permanente Reformitis, möchte man hinzufügen. Wer Angst vor seiner persönlichen Zukunft hat, weil die Arbeitslosigkeit steigt, der Kündigungsschutz gelockert wird und das Vertrauen in die Sozialversicherungssysteme schwindet, und wer nicht weiß, ob er oder sie morgen das Geld für einen Krankenhausaufenthalt haben wird, gibt sein Geld nur noch für das Nötigste aus.

Ob Kohl, ob Schröder: Reformen ohne Wirkung

Nun ist ja die Debatte um Reformen nicht neu. Und die Reformschritte sind es auch nicht. Schon die Regierung Kohl hat kräftig reformiert – mit einer Vielzahl von Maßnahmen, die man mit Recht »Sozialabbau« nannte, und einer Reihe von Steuerentlastungen vor allem für Unternehmen. Unter Kohl wurden die Vermögensteuer und die Gewerbekapitalsteuer gestrichen, zu Kanzler Schröders Zeiten der Spitzensteuer- und der Steuereingangssatz gesenkt und die Gewinne bei Unternehmensverkäufen steuerfrei gestellt. Heute hat Deutschland mit einer Steuerquote von 23,1 Prozent die zweitniedrigste Steuerbelastung der EU (vor der Osterweiterung). Aber wo bleibt der Erfolg? Irgendwann müsste die Wirkung so vieler Reformen doch sichtbar sein?!

»Jetzt kann nur noch eine Belebung der Konjunktur für einen Aufwärtstrend auf dem Arbeitsmarkt sorgen«, schrieb die *Frankfurter Allgemeine Zeitung* am 6. Mai 2004, nachdem Anfang Mai aufgrund der schlechten Wirtschaftsdaten die Steuerschätzungen nach unten korrigiert werden mussten. Sie schreibt weiter: »Das eigentlich Deprimierende jedoch ist die Ratlosigkeit der Regierung, wie auf die schlechten Monatszahlen zu reagieren ist, nachdem sich Hartz nur als allzu kurzes Betäubungsmittel erwiesen hat.« So ist es. Die sogenannten Hartz-Gesetze sind bisher quantitativ nahezu wirkungslos. So sollten zum Beispiel die Personal-Service-Agenturen (PSA) bis Ende 2005 500000 Leiharbeitskräfte anstellen und viele in sozialversicherungspflichtige Beschäftigung vermitteln – gelungen war das von April 2003 bis März 2004 gerade mal bei 9100 Personen. Für ihre Tätigkeit sollen die Personal-Service-Agenturen im Jahr 2004 Prämien in Höhe von 600 Millionen Euro vom Bund erhalten (= Haushaltsansatz). Im ersten Quartal 2004 sind aber erst 85 Millionen Euro abgeflossen. Trotz der großzügigen Unterstützung mit öffentlichen Mitteln hat der größte Betreiber von Personal-Service-Agenturen bereits Insolvenz angemeldet.

500000 sogenannte Ich-AGs will man bis 2005 schaffen. Ende 2003 waren es gerade mal 89000. Das war vorhersehbar: Es fehlt ja nicht an bürokratischen Neuerungen zur besseren Vermittlung; es fehlt an Beschäftigung, am Dampf in der Ökonomie. Auch dass die Ich-AGs trotz großzügiger Förderung keine großen Erfolgsstorys schreiben, hätte man wissen können, wenn man bereit gewesen wäre, sich in die Mentalität der Menschen hineinzudenken. Einer fünfzigjährigen arbeitslosen Verkäuferin oder einem arbeitslosen Chemiearbeiter etwa erscheint der Gedanke, eine Ich-AG zu gründen, eher fremd und wenig sinnvoll. Sie könnten die Umstände einer Selbständigkeit wahrscheinlich auch gar nicht bewältigen.

Übrigens: Konstrukte wie Ich-AG und PSA sind typische Vorschläge von international tätigen Beratungsunternehmen, die ihre »Ideen« international gleich mehrmals verkaufen, unabhängig davon, ob das Schema auf die betroffenen Menschen passt. Dass wir Deutschen solche Konzepte beflissen übernehmen, zeugt von unserem mangelhaften Selbstbewusstsein genauso wie von der konzeptionellen Armut der gegenwärtigen Eliten.

Auch eine andere große Reform enttäuscht: die private Riesterrente. Sie sollte die soziale Altersversorgung für möglichst alle aufbessern, aber im zweiten Halbjahr 2003 gab es gerade mal noch 200 000 Neuabschlüsse. Es gab am Ende des 1. Quartals

2005 4,4 Millionen Verträge – bei 30 Millionen erwerbstätigen Arbeitnehmern insgesamt. Zulagen wurden im Rahmen dieser »Förderrente« für 1,9 Millionen Verträge beantragt. Auch weil das Ergebnis so mager ausfiel, meinten einige Vertreter der Koalition und der interessierten Versicherungskonzerne schon drei Jahre nach Einführung dieser »Jahrhundertreform«, etwas anderes an ihre Stelle setzen zu müssen oder den Grundgedanken dieser – eigentlich doch privaten und damit freiwilligen – Vorsorge mit Hilfe noch größerer Förderung oder gar einer Versicherungspflicht quasi auf den Kopf zu stellen.

Wie unseriös Politik und Wissenschaft die Wirkungszusammenhänge zwischen Reformen und Reformerfolgen kalkulieren beziehungsweise welche Illusionen sie sich machen, kann man am Beispiel der Vorschusslorbeeren für die Riesterrente von 2001 und die inzwischen schon wieder erfolgte Korrektur durch die Bundesregierung studieren. In der Pressemitteilung Nr. 254 des Bundesministeriums für Gesundheit und Soziale Sicherung hieß es zur Begründung eines Kabinettsbeschlusses vom 3. Dezember 2003 für »Maßnahmen zur Sicherung der Generationengerechtigkeit in der gesetzlichen Rentenversicherung« wörtlich: »Neue wissenschaftliche Erkenntnisse über die ökonomischen und demographischen Grundannahmen der Reform 2001 [die Riesterrente] haben dazu geführt, dass die mit der Reform 2001 eingeleiteten Maßnahmen zur langfristigen Sicherung der Rentenfinanzen nicht mehr als ausreichend angesehen werden können.«

Dazu muss man wissen, dass die »Jahrhundertreform« 2001 auf mindestens dreißig Jahre angelegt war. Die Notwendigkeit zur Korrektur innerhalb von nur zwei Jahren ist darauf zurückzuführen, dass der Wirkungszusammenhang zwischen der Einführung der Privatvorsorge, in diesem Fall der Riesterrente, und der Entwicklung von Wirtschaft und Rentenfinanzen total falsch eingeschätzt wurde, denn:

- Wieso soll, erstens, aus dem Einstieg in die Privatvorsorge die Wirtschaftsbelebung folgen?
- Wie soll, zweitens, aus dem Einstieg in die Privatvorsorge eine

Konsolidierung der sozialen Sicherungssysteme im allgemeinen und der Rentenfinanzen im besonderen folgen?

»Und wenn alle anderen die von der Partei verbreitete Lüge glaubten – wenn alle Aufzeichnungen gleich lauteten –, dann ging die Lüge in die Geschichte ein und wurde Wahrheit.« *George Orwell, 1984*

Die Riesterrente ist eines von vielen Beispielen dafür, dass die Enttäuschung über den Misserfolg einer Reform nicht zum Nachdenken, sondern zum Nachlegen führt. Weil die vielgepriesene Ergänzung der sozialen Altersvorsorge um die private Vorsorge trotz Förderung weder als solche ein Erfolg ist noch über die beabsichtigte Stabilisierung der Lohnnebenkosten zum erhofften Wirtschaftsaufschwung führt, soll die Dosis der Droge erhöht werden.

Wer Reformen will, muss das Land zum Problem erklären

Im Januar 2004 erklärte das amerikanische Magazin *Newsweek* die Bundesrepublik zum zweitmächtigsten Staat der Welt – wegen ihrer Wirtschaftskraft und ihres außenpolitischen Einflusses. »Wollen die Amerikaner uns auf den Arm nehmen?« fragte prompt *Spiegel Online* und zählte dann alle Etiketten auf, die man unserem Land normalerweise anheftet, wenn man es schlechtmachen will.

Hierzulande wird vornehmlich von anderen Ländern geschwärmt, von Schweden, Dänemark, den Niederlanden, von Großbritannien, von Irland und sogar von Spanien, wenn belegt werden soll, wie erfolgreich Reformen für die Wirtschaft sind. Dabei wird nicht berücksichtigt, wie anders die Lage und die Herausforderung in einem Land ist, das wie Deutschland mit Vereinigungskosten von jährlich rund 83 Milliarden Euro (2003) fertig werden muss. Zudem wird die tatsächliche Situation mancher

Vergleichsländer wie zum Beispiel Spaniens, Irlands und Großbritanniens nach Gutdünken geschönt.

Auch die USA wurden von den Reformern zum Modell hochstilisiert. Aber um dieses »Modell« ist es etwas ruhiger geworden, nachdem nicht mehr zu verheimlichen ist, dass die USA auf Pump leben – jährlich verschulden sich die Vereinigten Staaten bei anderen Völkern, im Jahr 2004 mit über 665 Milliarden Dollar – und dass ihr Wachstumserfolg in den neunziger Jahren einer cleveren und ideologiefreien Geld- und Konjunkturpolitik zu verdanken war und eben gerade nicht vor allem Reformen. Doch aus dieser Erfahrung wollen wir offenbar nicht lernen.

Die Reformdebatte verstärkt den schlechten Eindruck, der seit Jahren im In- und Ausland von unserem Land verbreitet wird. Statt über das »Modell Deutschland« und seine nach wie vor sichtbaren Stärken zu reden, beklagen wir zusammen mit unseren Konkurrenten im Ausland die angebliche »Deutsche Krankheit«. Das ist nur logisch, denn die Reformer müssen unser Land erst schlechtreden, damit sie die Reformen als notwendig offerieren können. Damit schaden sie uns allen. Schon die Wortwahl der herrschenden Debatte macht depressiv: »Reformstau«, »Stillstandsland«, »Blockade«, »Besitzstandswahrer«, »Reinschneiden«, »Faulenzer«, »Generationenkonflikt«, »Überalterung«, »Überbürokratisierung«. Wer in einem Land investieren will, das eine so schlechte Meinung von sich hat, muss schon sehr mutig und klug sein. Nur wer sich von der herrschenden Propaganda nicht beirren lässt und genau hinschaut, wird die Stärken unseres Landes entdecken.

Steigt das Durchschnittsalter der Deutschen, rufen die Meinungsmacher »Überalterung!« oder gar »Vergreisung!« und sprechen vom »Zusammenbruch der sozialen Sicherungssysteme«. Menschen, die auf ihre durch Beitragszahlung erworbenen Rechte und den zugesagten Kündigungsschutz pochen, sind »Besitzstandswahrer«. Der Staat ist eine einzige »Bürokratie«, »Deutschland ein Auslaufmodell« und die Globalisierung ganz »neu«. Konjunkturprogramme sind »Strohfeuer«, rufen sie im Chor und blockieren so seit Jahren jeden Versuch, unsere Volkswirtschaft mittels des Einsatzes vielfältiger wirtschaftspolitischer Instrumente wieder flottzumachen.

Geht der Anteil Deutschlands am Welthandel etwas zurück, wird darin gleich der »Verlust der Wettbewerbsfähigkeit« unseres Landes gesehen, und es werden Katastrophenszenarien entwikkelt.[10] Aber Deutschland hat einen Welthandelsanteil von rund 10 Prozent und lag damit nach den letzten Berechnungen (2003) wieder mal vor den USA. Gemessen an unserer Bevölkerungszahl und gemessen an konkurrierenden Ländern wie Großbritannien oder Frankreich ist das ein unglaublich hoher Anteil. (Zahlen und Fakten dazu finden Sie auch unter Denkfehler Nr. 13, S. 176.) Trotzdem behauptet der hessische Ministerpräsident Roland Koch, der Anteil der USA sei weitaus höher, und wertet einfach die Importe der USA als Maß der Welthandelsstärke der USA – dass die weitgehend mit gepumptem Geld finanziert werden, sagt er nicht! Auch eine Art der Argumentation – wenn auch nicht besonders seriös.

Obwohl unsere internationale Wettbewerbsfähigkeit also gut ist, wird der Bundesrepublik gern das Etikett »Deutsche Krankheit« angeheftet. Und Gabor Steingart, der Leiter des *Spiegel*-Hauptstadtbüros in Berlin, ergeht sich in Horrorschilderungen:

> »Deutschland war Spitze und ist es seit Jahren nicht mehr. Angesichts ständig steigender Steuern und Sozialabgaben sinken die realen Nettoeinkommen. Praktisch im Quartalstakt taucht ein neues Land neben Deutschland auf, zieht zunächst gleich, um dann in kleinen, aber kraftvollen Schritten vorauszueilen. (...) Staaten wie Holland, Schweden und Finnland sind vorbeigezogen, genauso wie die Großen auch, Frankreich und England zum Beispiel.«[11]

Publiziert hat Steingart das im März 2004. Drei Wochen später wurde aus Brüssel gemeldet, dass die EU-Kommission ein Defizitverfahren gegen die Niederlande einleiten wird, weil diese die im Maastrichter Vertrag festgelegte Verschuldensobergrenze von 3 Prozent des Bruttoinlandsprodukts überschritten haben. Auch

Großbritannien, Griechenland, Italien, Portugal und Frankreich haben die Obergrenze überschritten. Sie haben also ähnliche Probleme wie wir.

Auch Steingarts andere Behauptungen stimmen nicht: Deutschland hat eine der niedrigsten Steuerlastquoten in der EU, erzielt Leistungs- und Handelsbilanzüberschüsse wie kein anderes Land, es hat den höchsten Welthandelsanteil. »Vorbeigezogen« an uns sind andere Staaten allerdings im Hinblick auf Arbeitslosigkeit und Wachstum. Aber selbst bei diesen Werten hat sich das Bild seit dem Jahr 2000 bei vielen vergleichbaren Ländern eingetrübt: Fast alle hatten in den letzten Jahren Wachstumsprobleme – auch Schweden, Großbritannien und die Niederlande. Frankreich hat eine höhere Arbeitslosigkeit und höhere Schulden als wir, Großbritannien hat seit Jahren eine negative Leistungsbilanz.

Wenn der Münchner Soziologe Ulrich Beck über Wachstum in der Dienstleistungsgesellschaft und in der globalisierten Wirtschaft schreibt, dann nur mit der übertreibenden Prognose, dass neue, attraktive Arbeitsplätze »in der entgrenzten Wirtschaft (...) nicht innerhalb, sondern außerhalb Deutschlands, also in Indien, China, Polen usw.«, entstehen.[12] Dass sich deutsche Firmen dadurch auch Marktanteile, sprich: Absatzmärkte für die hiesige Produktion und gerade auch für Dienstleistungsarbeitsplätze in Forschung und Entwicklung sichern, sagt er nicht.

Was soll man mit Wissenschaftlern und Politikern anfangen, die jedes Maß und jede Fähigkeit zur differenzierten Betrachtung verloren haben? Die Vernunft ist weit weg. Immer wieder wird das Mittel der Übertreibung und der Schwarzmalerei eingesetzt, um Strukturreformen und gar einen Systemwechsel als unabdingbar darzustellen.

In der öffentlichen Debatte über Deutschland ist seit Jahren das Glas immer halb leer. Wären die Meinungsführer jedoch ernsthaft daran interessiert, dass sich die Stimmung hierzulande nachhaltig verbessert, damit sich anschließend auch das Spar- und Ausgabeverhalten der Konsumenten und das Kauf- und Investitionsverhalten der Unternehmen an einer optimistischen

Zukunftserwartung orientiert, müssten sie betonen, dass das Glas halb voll ist.

Die Unternehmer müssten ermuntert werden, ihre Lager wieder aufzubauen und Aufträge zu vergeben, und der Staat müsste auf allen Ebenen nachhelfen und überall investieren, wo es sinnvoll ist. Statt dessen ereifern wir uns über die angebliche Verletzung der Maastricht-Kriterien, die EU-Kommission in Brüssel verstärkt die Depression mit ihrer Klage über den angeblichen Bruch der Maastricht-Kriterien, und maßgebliche Vertreter von Politik, Wirtschaft und Medien werben für weniger Staat. Man muss kein Anhänger von Keynes und seiner Theorie einer staatlichen Interventionspolitik sein, um dies zumindest in Zeiten einer Rezession für absolut deplaziert zu halten. Der amerikanische Nobelpreisträger Joseph Stiglitz schreibt: »Deutschland wird böse enttäuscht werden, wenn es glaubt, mit einem Kurs des ökonomischen Konservativismus aus der momentanen Flaute herauszukommen.«[13]

Keynes oder der Streit um den richtigen Weg

Wenn sich wirtschaftspolitisch Interessierte und wirtschaftspolitisch Aktive heute auf den britischen Wirtschaftswissenschaftler *John Maynard Keynes* berufen, dann teilen sie seine grundlegende Einsicht, dass die Marktkräfte, dass Angebot und Nachfrage nicht automatisch zu einem gesamtwirtschaftlichen Gleichgewicht mit Vollbeschäftigung und einer annähernd vollen Auslastung der Kapazitäten führen. Sie halten es mit Keynes für geboten, dass Staat und Zentralbank intervenieren, also die Zinsen senken und staatliche Ausgaben- und Investitionsprogramme auflegen. Staatliche Nachfrage soll zusammen mit der durch die Zinssenkungen stimulierten privaten Investitionstätigkeit für eine Erhöhung der Gesamtnachfrage, für einen Wirtschaftsaufschwung und für mehr Beschäftigung sorgen. In guten Zeiten und insbesondere in Phasen einer überhitzten Konjunktur, so die Vorstellung von Keynes, sollte der Staat dann weniger ausgeben, also nachfragedämpfend wirken und zugleich die in schlechten Zeiten angehäuften Schulden tilgen. In Deutschland wurde diese Politik der sogenannten Globalsteuerung in der

Großen Koalition zwischen 1966 und 1969 zur Überwindung der ersten Rezession nach dem Krieg praktiziert. Insbesondere der Name von Karl Schiller ist mit dieser keynesianischen Phase verbunden.
Bei der Mehrheit der Meinungsführer und der Wissenschaft gilt die Theorie von Keynes heute als überholt. Die Mehrheit glaubt daran, allein schon die *Verbesserung der sogenannten Angebotsbedingungen* für die Unternehmen führe zu einem neuen gesamtwirtschaftlichen Gleichgewicht, wenn dieses aus irgendwelchen Gründen gestört sein sollte. Mit der Verbesserung von Angebotsbedingungen ist zum Beispiel gemeint, dass die Löhne nach unten korrigiert werden, woraufhin die Unernehmen höhere Gewinnerwartungen haben und wieder mehr investieren. Die Angebotsökonomie ist wirtschaftstheoretisch mit der sogenannten Chicago-Schule und politisch mit den Namen von Thatcher und Reagan verbunden. Auch in Deutschland hat sich diese Theorie in Anfängen zunächst in den Siebzigern und dann ab den achtziger Jahren durchgesetzt – auf den Nachweis ihres praktischen Erfolgs warten wir hierzulande allerdings noch. Die Theorie der Angebotsökonomie wird heute oft im gleichem Atemzug mit neoliberalen Vorstellungen genannt.

Nachplapperei statt Analyse

Die gängigen Diagnosen und Therapien der Reformer beziehen ihre Glaubwürdigkeit vor allem aus der Tatsache, dass viele von denen, die die öffentliche Meinung prägen, das gleiche sagen: die Opposition und Teile der Bundesregierung genauso wie Zeitschriften, Zeitungen und Fernsehsender, gleichgültig ob öffentlich-rechtlich oder privat, ob intellektuell oder populär, ob rechts oder links. Einer sagt: »Mit dem Umlageverfahren ist die Altersversorgung nicht mehr zu finanzieren« – und alle einflussreichen Multiplikatoren sagen es nach. Der *Spiegel* sagt: »Wir leben in einem Gewerkschaftsstaat« – und Hunderte *Spiegel*-Leser und Intellektuelle sagen es nach. Die Neoliberalen sagen: »Keynes ist out« – und von Abertausenden schallt es genauso zurück. Einer sagt: »Wir brauchen endlich einen Niedriglohnsektor« – und Legionen wiederholen es. Meinhard Miegel, ein unermüdlicher Trommler für die Umstellung auf Privatversicherung fürs Alter,[14] sagt: »Der Generationenvertrag trägt nicht mehr« – und fast alle sagen es nach. Die OECD sagt, die PISA-Studie habe gezeigt, dass unser Bildungssystem marode ist – und nahezu alle sagen es nach, ohne zu überprüfen, ob es stimmen kann, dass unsere Schüler schlechter seien als beispielsweise die in den USA. Dadurch, dass viele eine solche Behauptung nachsagen, verselbständigt sie sich und entwickelt ihre eigene »Reformdynamik«. Schließlich ruft ein großer vieltausendstimmiger Chor: Alles ist neu. Die Globalisierung ist neu! Das demographische Problem ist neu! Das Normalarbeitsverhältnis ist ein Auslaufmodell! Der Verteilungsstaat ist am Ende!

Um Reformen als notwendig und dringlich erscheinen zu lassen, muss behauptet werden, wir stünden vor völlig neuen Herausforderungen. Dadurch, dass viele das gleiche wiederholen, wird die Lüge zur Wahrheit, wie schon George Orwell diagnostizierte.

Einer sagt: »Reformen alleine genügen nicht mehr, wir brauchen den Systemwechsel« – und immer mehr reden genauso, reden in den gleichen Worten, treffen die gleichen Feststellungen; nur Gedanken machen sie sich nicht, denn es sind nur geliehene Gedanken. Wenn uns, nein: wenn unsere Eliten heute eines nachhaltig verbindet, dann ist es der lockere Gebrauch geliehener Gedanken. Solche Gedanken nachzusagen hat einen großen Vorteil: Man ist nie alleine, und man ist nur selten in der Verlegenheit, das, was man behauptet, begründen zu müssen. Auch ökonomisch ungebildete Leute können durch den Gebrauch der üblichen Schlagworte nachweisen, dass sie dazugehören, dass sie wissen, »wo es langgeht«.

In der öffentlichen Debatte verwenden die Modernisierer die immer gleichen Eingangsformeln, um ihren nachgeplapperten Behauptungen die Weihe der Allgemeingültigkeit zu verleihen: »Wie wir alle wissen ...«, »wie allgemein bekannt ist ...«, »es ist unbestritten, dass ...« Achten Sie mal darauf.

Thema verfehlt

Es ist schon komisch: Da sitzen wir mitten in einer Rezession, deren Überwindung die gesamte Aufmerksamkeit der politischen Klasse verlangen würde – und beschäftigen uns mit der »Neujustierung der sozialen Sicherungssysteme«,[15] damit die Renten auch im Jahre 2050 (!) noch finanzierbar sind. Wir machen den Arbeitsmarkt flexibler, obwohl in Deutschland-Ost die Beschäftigung von arbeitslosen Menschen gewiss nicht an mangelnder Flexibilität scheitert und auch im Westen viele sehr flexibel und mobil sind, wenn ihnen ein einigermaßen gesichertes Arbeitsverhältnis angeboten wird. Wir bauen die Arbeitsverwaltung total um, obwohl es weniger an einer besseren Vermittlung von Arbeitslosen mangelt als vielmehr an Arbeit.

Wochenlang, monatelang hat sich die Politik von den Abteilungsleitern über die Staatssekretäre bis zum Minister und dem Bundeskanzler mit der Umwandlung der Bundesanstalt für Arbeit in eine Bundesagentur beschäftigt, Millionen wurden für die Umorganisation und für die Beratung zur Neuorganisation ausgegeben. Wenn wir aber Unternehmer fragen, welche Bedeutung die Arbeitsämter für sie bei der Suche nach Mitarbeiterinnen und Mitarbeitern hatten und haben, dann erhalten wir in der Regel als Antwort, dies sei eine Art Restgröße. Das ist nicht abwertend gemeint. Es macht aber klar, dass bei den meisten Unternehmen das Anheuern neuer Mitarbeiterinnen und Mitarbeiter über ganz andere Kanäle läuft. Selbst Großunternehmen stellen neue Kräfte vor allem auf der Basis von Bewerbungen oder auf Empfehlung von bisher schon engagierten Mitarbeiterinnen und Mitarbeitern ein, und in besonderen Fällen suchen sie neue Kräfte über Anzeigen. Der Großteil des Arbeitsmarkts findet jenseits der Arbeitsämter und der Bundesagentur statt. Eine Politik, die sich vor allem um die Neuorganisation dieser Restgröße kümmert, hat ein vergleichsweise kleines Segment des Arbeitsmarkts im Auge.

Die öffentliche Debatte geht am Kern des Problems und seiner Lösung vorbei. Wir wissen, dass es darauf ankäme, eine Aufbruchstimmung zu erzeugen und dem Standort Deutschland wieder das positive Image zu verschaffen, das er als Land mit andauernden Exportüberschüssen und mit einer beispielhaft leistungsfähigen und leistungsbereiten Arbeitnehmerschaft verdient. Wir müssen heraus aus dem Jammertal. Das ist für die Arbeitnehmer, die um ihren Arbeitsplatz bangen oder gar keinen haben, genauso wichtig wie für den Großteil der Unternehmen und Unternehmer, die viel zuviel ihrer Arbeitskapazität und ihrer Kreativität darauf verwenden müssen, Aufträge zu beschaffen oder faule Forderungen einzutreiben.

Gelegentlich haben der Bundeskanzler und die Bundesregierung insgesamt versucht, auch die guten Seiten unseres Landes hervorzuheben und sogar für eine Politik der ruhigen Hand zu werben. Aber das ist ihnen nicht gut bekommen, auch deshalb nicht, weil sie diese Stimmungswende nur halbherzig betrieben haben und selbst immer wieder Deutschlands Reformunfähigkeit beklagen.

Angesichts der nun schon über Jahre hinweg hohen und wachsenden Auslandsverschuldung der USA und angesichts der immer wieder neuen Nachrichten über deutlich erkennbare Infrastrukturmängel in den USA, in Großbritannien und anderen konkurrierenden Ländern – zum Beispiel über den Verfall der Schulen in den USA, über die schweren Mängel des britischen Eisenbahnsystems oder über den teilweisen Zusammenbruch der privaten Altersvorsorge auf der Insel – hätten die zuständigen Minister viele Gelegenheiten, die intakte und sichere Infrastruktur unseres Landes zu preisen. Statt dessen beklagt der Bundeswirtschaftsminister im »Wirtschaftsbericht 2003«[16] vor allem die Schwächen unseres Landes und kündigt weitere schmerzhafte Reformen für die Bürger an. So schafft man Vertrauen in die Zukunft und macht den Konsumenten Mut, ihr Geld freudig auszugeben!

Denkverbote und Tabus

Umfangreiche Texte ergehen sich über die Last der hohen Staatsverschuldung und der Steuern, der Sozialbeiträge und der hohen

Lohnnebenkosten, ohne auch nur in einem Satz zu erwähnen, dass die deutsche Vereinigung gehörig dazu beigetragen hat: Rund 83 Milliarden Euro wurden 2003 netto nach Ostdeutschland transferiert, davor jährlich in ähnlichen Größenordnungen. In der Vergangenheit hatten erheblich kleinere Summen deutlich größere Folgen: Gegen Ende der Regierungszeit Helmut Schmidts stritten sich die damaligen Koalitionspartner SPD und FDP um eine Deckungslücke von etwas über 4 Milliarden Euro; die geplante Anhebung der Neuverschuldung des Bundes von etwa 14 Milliarden auf etwa 17 Milliarden Euro war 1982 für den damaligen FDP-Wirtschaftsminister Otto Graf Lambsdorff Anlass für eine Regierungskrise. Nach der Vereinigung machte die Koalition aus Union und FDP dann von 1990 bis 1998 jedes Jahr mehr neue Schulden, in der Spitze waren es 1996 40 Milliarden Euro. So verschieben sich die Proportionen.

Man kann ja verstehen, dass um des nationalen Friedens willen nicht viel über die Lasten der deutschen Einheit geredet wird. Aber es ist nicht akzeptabel, dass die wahre Last verschwiegen und statt dessen die angeblich übertriebene Sozialstaatlichkeit angeprangert wird (vergleiche Denkfehler Nr. 40, S. 364).

Würde man ohne Tabu diagnostizieren, dann wüsste man: Die deutsche Vereinigung lastet auf unserer Volkswirtschaft und setzt uns im Vergleich zu anderen Staaten tendenziell zurück; von dieser Last können wir uns – gesamtwirtschaftlich betrachtet – auch durch Umschichtungen und Finanzierungstricks nicht befreien. Jeder Vergleich mit anderen Ländern hinkt also, und deshalb sollten wir vorsichtig damit sein, die dortigen Rezepte einfach zu übernehmen. Wir haben ganz andere Probleme als die »Vorzeigeländer« Großbritannien, Schweden, Niederlande, Dänemark und auch die USA.

Wir können die Belastung mindern, indem wir die Produktivitätszuwächse forcieren, die Menschen vorzüglich ausbilden und die Kapazitäten an Arbeitskräften und Anlagen besser nutzen. Dann verteilt sich die Last auf mehr Schultern. Auch dies würde für eine expansive Konjunkturpolitik sprechen. Doch wegen seiner Fixierung auf die neoliberale Angebotstheorie war Deutschland nicht fähig zu einem gesunden Mix der Instrumente, wie er in den USA möglich war und ist.

Die politische Klasse richtet sich in der Krise ein

Wer Probleme sinnvoll lösen will, tut gut daran, Pro und Contra gegeneinander abzuwägen. Die politische Debatte in der Bundesrepublik läuft anders: Hier werden nur die schlechten Seiten der angeblich »alten« Strukturen beschrieben, um die »neuen«, von denen noch niemand weiß, wie sie denn genau aussehen sollen, besser glänzen zu lassen. Dass unsere Volkswirtschaft seit zwanzig Jahren unter ihren Möglichkeiten gefahren wird, wird nicht mehr wahrgenommen. Wir sind Gefangene unserer eigenen Denkfehler. Alle Maßnahmen zielen nicht auf Bewältigung der Krise, sondern nur noch auf deren Verwaltung ab.

Beispielsweise heißt es, man müsse den Sozialstaat wetterfest machen, was in der Praxis bedeutet, soziale Leistungen zu streichen, damit man auch in einer schlechten konjunkturellen Lage mit dem Geld auskommt. Dieses Ansinnen mag gut klingen. Aber zum einen funktioniert es meist schon deshalb nicht, weil der Sparversuch mit der Verschlechterung der Konjunktur nicht Schritt halten kann, sondern den Trend nach unten noch zusätzlich verschärft. Zum anderen – und das ist viel gravierender – kann man soziale Sicherungssysteme nun wahrlich nicht den konjunkturellen Launen anpassen. Was passiert, wenn man es doch versucht, können wir gegenwärtig beobachten: Konjunkturbedingt leiden die Renten- und Krankenversicherungen unter Einnahmeausfällen und Mehrausgaben zugleich. Laut Institut für Arbeitsmarkt- und Berufsforschung (IAB)[17] waren das 2003 für die Rentenversicherung 8 Milliarden Euro und für die Krankenversicherung 5,3 Milliarden Euro Mehrbelastung.

Dass diese Versicherungen wie auch die Arbeitslosenversicherung eigentlich dazu da sind, wirtschaftliche Krisen zu überbrücken, ist eine Einsicht, die die modernen Reformer nahezu vollständig aufgegeben haben. Sie verstehen nicht, dass die

Leistungen der sozialen Sicherungssysteme eine stabilisierende Wirkung haben: die Leistungsempfänger können in der Krise weiter konsumieren und stärken so die Binnennachfrage. Um ihr pessimistisches Arrangement mit der Krise als zwangsläufig darzustellen, führen sie eine Serie gängiger Behauptungen ein: Richtiges Wachstum gebe es nicht mehr (siehe dazu Denkfehler Nr. 8, S. 142). Oder: Wir könnten nicht mehr aus dem vollen schöpfen (Denkfehler Nr. 10, S. 157). Und: Wir lebten ohnehin über unsere Verhältnisse (Denkfehler Nr. 11, S. 161).

Offenbar richtet man sich auf die Krise ein. Anders kann man auch die unendlich langen und heißen Diskussionen um die Hartz-Reformen und die neue Organisation der Arbeitsverwaltung nicht deuten. Es geht dabei nicht um die Zukunft des Landes. Die Verwaltung der Arbeitslosigkeit ist wirklich nicht das Thema. Das Thema lautet: Wie können wir so viel Beschäftigung in unsere Volkswirtschaft bringen, dass die Arbeitslosigkeit so sehr abnimmt, dass die Dienstleistungen der Bundesagentur nahezu unnötig werden?

Verspieltes Vertrauen

Unser Zusammenleben gestalten und erleichtern wir mit Regeln und Institutionen, sogenannten Sozialtechniken. Gemeint sind damit so unterschiedliche Dinge wie das Ehe- und Familienrecht, die Verständigung darauf, rechts zu fahren, die Verpflichtung zur Haftpflichtversicherung für Pkws, die Einrichtung einer Krankenkasse und die gesetzliche Rentenversicherung, die Schulpflicht und das Kindergeld, die Mehrwertsteuer und die Arbeitslosenversicherung, die Lohnfortzahlung im Krankheitsfall und die Tarifautonomie. Alle diese Sozialtechniken bedürfen von Zeit zu Zeit der Veränderung, doch muss dabei bedacht werden, dass die Mehrheit der Menschen Zeit und Mühe braucht, um sich in den einzelnen Regelungen zurechtzufinden. Wer als Fünfundfünfzigjähriger sein Leben lang in die soziale Rentenkasse eingezahlt hat, der hat Mühe zu entscheiden, ob er die neue Förderrente abschließen soll. Und wer sich auf Schulgeldfreiheit oder die Kassenleistung Zahnersatz eingestellt hat, der tut sich zunächst schwer, wenn das plötzlich anders wird, denn damit werden auch persönliche Kalkulationen über den Haufen geworfen.

Sozialtechniken werden angenommen und funktionieren, wenn Vertrauen in sie aufgebaut werden kann, wenn sie begriffen und erfahrbar gemacht werden. Daraus folgt, dass man solche Regeln und Institutionen nicht permanent verändern darf, wenn man als Politiker verantwortungsvoll handeln will. Und wenn man sich neue Regeln ausdenkt, muss man alle Facetten ihrer Konstruktion und Wirkungsweise genau überlegen, damit solche neu installierten Sozialtechniken sich bewähren und Bestand haben können. Doch die Reformer wissen das nicht. Sie gehen mit gesellschaftlichen Regeln um wie Kinder mit Spielzeug. Wenn es kaputtgeht, holt man sich halt ein neues. So ist die Praxisgebühr entstanden.

Mit komplexen Regelungen behutsam umzugehen ist in unserer Zeit der permanenten Reform aus der Mode gekommen. Nur ein Beispiel: Die Bereitschaft, einen Rentenversicherungsbeitrag zu bezahlen und notfalls auch einen höheren Beitrag zu bezahlen, wenn die Zahl der Rentner überproportional steigt, hängt vom Vertrauen in die Sozialtechnik der gesetzlichen Rentenversicherung ab. Dieses Vertrauen wurde von der Regierung Kohl massiv beschädigt, als sie die Soziallasten der deutschen Vereinigung und des Zuzugs von Aussiedlern den aktiven Beitragszahlern aufbürdete. Durch verantwortungsloses Reden über das Ende des Generationenvertrags und die Behauptung, die Altersvorsorge könne nicht mehr allein durch die soziale Sicherung geleistet werden, sie müsse durch eine private Vorsorge ergänzt werden, wurde die Erosion des Vertrauens weiter vorangetrieben. Dann hat man die Riesterrente eingeführt. Und jetzt führt man eine Debatte um die Ergänzung oder sogar um die Ablösung der Riesterrente durch ein neues System.

Auch eine weitere Erkenntnis wird anscheinend zunehmend obsolet, nämlich dass kollektive Interessenvertretung, wenn sie demokratisch organisiert ist, ein wichtiger Teil unserer Gesellschaft ist und den sozialen Frieden sichert. Gewerkschaften sind nicht »Besitzstandswahrer«, sondern vertreten die Interessen von Millionen Menschen, und diese haben die Gewerkschaften beauftragt, ihre Interessen zu vertreten. Die Koalitionsfreiheit und damit verbunden die Tarifautonomie von Gewerkschaften und Arbeitgebern ist im Grundgesetz, Artikel 9, Absatz 3, garantiert[18] und damit nicht einfach je nach Laune zum Abschuss freigegeben, wie die neoliberalen Vordenker zu meinen scheinen. In Artikel 9 des Grundgesetzes heißt es: »Abreden, die dieses Recht einzuschränken oder zu behindern versuchen, sind nichtig, hierauf gerichtete Maßnahmen sind rechtswidrig.« Wer dies dennoch versucht, ist also nicht nur geschichtslos, sondern durchaus als Feind unserer Verfassung zu betrachten.

Die Vorstellung von der »permanenten Reform« zeugt von einem grotesken Verständnis von der Funktionsweise von Sozialtechniken. Eine Bevölkerung, die auf diese Weise dauerhaft in Unruhe versetzt wird, hat irgendwann genug von dem, was sie nicht ohne Grund als Theater empfindet, und wendet sich von der Politik ab.

Ideologie statt Optimierung

Wenn man die heute in Deutschland geltenden Sozialtechniken ohne Vorurteile betrachtet und bewertet, wenn man fragt, welche Änderungen sinnvoll wären und welche Richtung sie haben sollten, kann es eigentlich nur um Optimierung gehen und darum, pragmatisch darüber nachzudenken: Braucht man mehr soziale Regelungen und Sicherungen oder mehr Eigenvorsorge? Braucht man mehr Staat oder mehr Privatisierung? (Vergleiche Denkfehler Nr. 32, S. 313, und Nr. 37, S. 345.) Es handelt sich um Fragen nach der optimalen Lösung, nicht um ideologisch zu klärende Fragen. So war das über Jahrzehnte. Heute ist das anders.

Heute gelten Privatisierung, Deregulierung, Entstaatlichung als modern. Wir denken in Einbahnstraßen. Es wird dabei übersehen, dass es sogar in der gegenwärtigen Debatte Forderungen gibt, die dieser Einbahnstraßenideologie widersprechen: Ganztagsschulen, Kinderhorte und andere Regeln und Einrichtungen, die vor allem den Frauen die Möglichkeit geben sollen, Beruf und Familie besser miteinander zu vereinbaren, verlangen mehr gesellschaftliches, auch mehr staatliches Engagement, nicht weniger. Die nach dem Zusammenbruch der Aktienmärkte geforderte bessere Kontrolle zur Verhütung von Täuschung und Bilanzfälschung verlangt ebenfalls mehr Regulierung statt Deregulierung. Auch die negativen Privatisierungsfolgen in den USA und Großbritannien würden ebenfalls dazu zwingen, die Ideologie zu überdenken. Vielleicht brauchen wir da und dort sogar mehr Sozialstaat und nicht weniger. Gerade die häufig geforderte höhere Flexibilität der Arbeitnehmer würde eigentlich verlangen, sie unabhängig von Wohnort und Arbeitsstätte zu versichern – ein Argument gegen den Ausbau der betrieblichen Altersvorsorge.

Am Beispiel der Rentenversicherung kann man demonstrieren, dass bei uns nicht nüchtern rechnend an die Optimierung der Sozialtechniken herangegangen wird: Der Nationalökonom Hans-Jürgen Krupp veröffentlichte zu Beginn der ersten Regierung Schröder zwölf Thesen zur »Rentenreform ohne Systemwechsel« in der *Frankfurter Rundschau*. Er machte konkrete Vorschläge zur Reform des »beitragsfinanzierten Alterssicherungssystems nach dem Umlageverfahren«, weil er der Meinung war, dass dieses System Zukunft habe. Nichts wäre selbstverständlicher gewesen, als offen darüber nachzudenken, ob ein reformiertes Umlagesystem oder ein tendenziell auf Kapitaldeckung umgestelltes System den Anforderungen einer modernen Gesellschaft und eines vereinigten Deutschland besser gerecht wird.

Hätte man die soziale Alterssicherung nicht mit versicherungsfremden Leistungen belastet und so das Vertrauen in sie zerstört, wäre eine leichte Reform dieser Sozialtechnik vermutlich das Vernünftigste und Kostengünstigste gewesen. Schon der Vergleich der Verwaltungs- und Vertriebskosten spricht für das traditionelle System: Sie liegen beim privat finanzierten Kapitaldeckungsverfahren mindestens 2,5mal höher als beim Umlageverfahren. Die hohen Renditeversprechen zur Privatvorsorge haben sich 2000 zusammen mit dem Aktienboom in Luft aufgelöst. (Zum Rentabilitätsvergleich siehe auch Denkfehler Nr. 7, S. 126.)

Aber die Debatte, was öffentlich und was privat organisiert werden sollte, kann man in Deutschland nicht mehr gelassen und emotionslos führen. Über weite Strecken ist die Reformdebatte von einer Staatsfeindlichkeit geprägt, die bedenkliche, fast schon verfassungsfeindliche Konturen hat. Da treffen sich die Systemveränderer vulgärmarxistischer Prägung, die schon immer mit einfachen, mechanistischen Erklärungen argumentierten, mit den Epigonen von Thatcher und Reagan. Die Antreiber unter den Reformern wollen die Systemänderung. Der große Rest der Meinungselite macht mit, weil Bewegung dem Zeitgefühl entspricht. Dynamik ist gefragt und nicht Reflexion darüber, wohin die Reise gehen soll und ob die Route zum Ziel führt.

3. Wahnsinn mit Methode: die Reformlüge

Das Wort »Reform« hatte einmal einen guten Klang – es bedeutete politische Entscheidungen, die der Mehrheit der Menschen in unserem Land zugute kamen. Das galt für die von der CDU/CSU geführten Regierungen der fünfziger und sechziger Jahre, in besonderer Weise für die Große Koalition zwischen 1966 und 1969 und für die Regierungen Willy Brandts und Helmut Schmidts. Unter Adenauer wurde unter anderem die Dynamisierung der Renten eingeführt. In der Großen Koalition wurde die sogenannte Allphasenumsatzsteuer abgelöst durch die Mehrwertsteuer; die Lohnfortzahlung im Krankheitsfall wurde auf Arbeiter ausgedehnt. In die Regierungszeiten von Brandt und Schmidt fielen dann die Einführung des Kindergelds ab dem ersten Kind, die Einführung der flexiblen Altersgrenze und die Öffnung der gesetzlichen Rentenversicherung für Hausfrauen und Selbständige, der Beginn des Umweltschutzes, die Liberalisierung des Rechts, die Städtebauförderung und Reformen, die die Bildungschancen von Kindern aus Arbeitnehmerfamilien verbesserten. Über viele dieser Maßnahmen kann man streiten, doch geben sie alle eine Vorstellung davon, was das Wort »Reform« einmal bedeutete.

Die gleichen Gruppierungen, die heute Vorreiter der neuen, neoliberalen Reformpolitik sind, haben sich damals über dieses Wort lustig gemacht. Sie sprachen von »Reformitis« und »Reformklimbim«. Inzwischen haben sie verstanden, dass sie mit diesem Begriff die Reihen bis weit hinein ins linke Lager aufrollen können. Sie bedienen sich ohne Skrupel dabei auch des Namens ihres früheren Intimfeindes Willy Brandt, der 1992 in einem speziellen Zusammenhang gesagt hatte, jede Zeit brauche ihre eigenen Antworten. Jene, die den Abbau von Sozialleistungen und ihre erfolglose Wirtschaftspolitik mit Willy Brandt begründen, sollten aber auch die Passage aus Willy Brandts Rede beim Parteitag der SPD in Dortmund im Oktober 1972 zitieren:

»Recht und Gesetz beruhen zuallererst auf Gerechtigkeit: Schutz der Schwachen, Bändigung der Mächtigen und der Übermütigen; sie erfordern einen Staat, der das Notwendige – mit Hilfe klarer Gesetze und einer effektiven Verwaltung – auch gegen die geballten Interessen der Privilegierten durchsetzen kann.«[19]

Neu definiert, ist der Begriff »Reformen« heute der große Hebel zur Veränderung unserer Republik. Die Mehrheit der politisch Interessierten in Deutschland verbindet immer noch etwas Positives mit Reformen. Aber heute sind Reformen nicht mehr Ausbau der sozialen Sicherung, nicht mehr Ausbau der Chancen für alle Bürger, Reformen sind Abbau oder, wie Erhard Eppler verniedlichend sagt: Zurechtstutzen des Sozialstaats. Mit dem solcherart umgedeuteten Begriff »Reform« lässt sich das seit fünfzig Jahren einigermaßen soziale und gut funktionierende Modell Deutschland aushebeln.

Die Behauptung, mit Reformen, die vor allem Sozialabbau bedeuten, könnten wir die wirtschaftlichen Schwierigkeiten und die Arbeitslosigkeit überwinden, ist unwahr. Viele können die Wirkungslosigkeit der Maßnahmen nicht durchschauen. Andere aber wissen das sehr wohl und setzen angeblichen Reformstau und Reformversprechen bewusst ein, um Mehrheiten hinter sich zu scharen.

Die Reformdebatte und die schon getätigten Reformen bewirken das genaue Gegenteil eines wirtschaftlichen Aufschwungs. Der Versuch, der durch die Wirkungslosigkeit der Maßnahmen verschärften Krise durch verschärftes Sparen zu begegnen, steigert nur die ohnehin große Gefahr, die Abwärtsspirale noch zu beschleunigen (Ökonomen sprechen von einer prozyklischen Wirtschaftsentwicklung).

Eine Reformlüge ist es auch, wenn die Verfechter der Reformen ihre wahren Ziele nicht offenbaren und so tun, als ginge es ihnen um die Anpassung an veränderte Bedingungen, während sie tatsächlich eine Systemänderung im Auge haben. So betrachtet ist Josef Ackermann ein ehrlicher Typ. Er verschweigt wenigstens nicht, dass er ein anderes System will. Und zwischen den Zeilen geben Guido Westerwelle und letztlich auch Edmund Stoiber und Angela Merkel dies ebenfalls zu.

Die Behauptung, wir bräuchten Reformen zum Umbau des Sozialstaats, um ihn dauerhaft erhalten zu können, ist manchmal gut gemeint, manchmal wird sie aber auch nur instrumentalisiert. Viele, die diesen schönen Worten Glauben schenken, verkennen, dass die Reden vom Umbau des Sozialstaats nur wohlklingende Floskeln ohne Inhalt sind. Unter dem Vorwand, die sozialstaatliche Ordnung erhalten zu wollen, wird sie zerstört.

Am besten kann man das am Komplex Altersvorsorge studieren. Die Einführung der Riesterrente, das heißt eines Elements von staatlich geförderter privater Vorsorge, wurde damit begründet, dass die gesetzliche Rentenversicherung, also die solidarische Vorsorge, weniger rentabel sei und künftig nicht mehr ausreiche. Damit wurde der durch die Belastung mit versicherungsfremden Leistungen ohnehin geschädigte Ruf der gesetzlichen Rentenversicherung weiter beschädigt. Das Vertrauen in das System ist so erschüttert, dass man von einem erfolgreichen Umbau dieses Teils des Sozialstaats nicht reden kann, im Gegenteil, es wird wahrscheinlich noch sehr viel schlimmer kommen. Wegen der Erosion der demotivierten Beitragszahler wird die Basis vermutlich immer schmaler, und damit wird trotz aller Warnungen und Versprechungen die Tendenz zu höheren Beiträgen steigen. So trägt dieser Umbau nicht zur Stabilisierung des Sozialstaats bei, sondern eher zu seiner Zerstörung. Man fängt mit der Riesterrente an, merkt, dass das nicht funktioniert, und schiebt immer wieder eine neue Reform nach, bis zur völligen Erosion der Sozialstaatlichkeit. Gleichzeitig mit dem Umbau des Sozialstaats, mit der Werbung für Eigenverantwortung als Gegenpol zur bürokratischen gesetzlichen Rentenversicherung wird der Gedanke der Solidarität und solidarischer Lösungen erst durchlöchert und schließlich zerstört.

An dieser Zerstörung wird systematisch gearbeitet. Selten bekennen sich die Matadore allerdings so ehrlich zu den Methoden wie der Managerkreis der Friedrich-Ebert-Stiftung in einem seiner unzähligen Papiere: »Rentenniveau absenken, Privatvorsorge ausbauen«. Diese vier Worte sagen alles: Die gesetzlichen Renten *müssen* runter, damit das Vertrauen in diese sozialstaatliche Regelung schwindet. Das ist die Verkaufsstrategie der Finanzindustrie. Mit Hartz IV ist das Vertrauen der arbeitenden Menschen in die Arbeitslosenversicherung umfassend zerstört worden. Wer sagt, dies diene dem »Umbau« des Sozialstaats, sagt die Unwahrheit.

Die »Operation Reformen« ist auch deshalb eine Lüge, weil sie in weiten Teilen nichts anderes ist als der Versuch, die Einkommensverteilung in der Bundesrepublik Deutschland weiter auseinanderzuziehen und auf lange Sicht Fakten zuungunsten der Arbeitnehmer zu schaffen. Wie sonst sind Maßnahmen zu verstehen wie die Abschaffung der Vermögensteuer, die Streichung der Steuer auf Gewinne bei Betriebsverkäufen, die Abschaffung der Gewerbekapitalsteuer, die Schaffung eines Niedriglohnsektors oder die sogenannte Ich-AG? Wo werden da strukturelle Verbesserungen geschaffen?

Eine Lüge ist zuletzt auch die Behauptung, es würde erst jetzt mit Reformen begonnen. Diese Art von Reformen werden in Deutschland seit gut zwanzig Jahren versucht.

Wir leiden nicht unter Reformstau. Wir leiden sehr viel eher unter wirtschaftspolitischer Inkompetenz und einem unfassbaren Dogmatismus. Darauf weisen ausländische Beobachter der wirtschaftspolitischen Debatte und Willensbildung hierzulande immer wieder hin – so der Nobelpreisträger Robert Solow und der Chefökonom des US-Investmentbank GoldmanSachs, Jim O'Neill.

4. Verschwiegen: die Reformpleite

Am 12. Oktober 2000 präsentierte Prof. Dr. Hans Tietmeyer der Presse die »Initiative Neue Soziale Marktwirtschaft«. Tietmeyer ist Vorsitzender des Kuratoriums der Initiative, die von den Arbeitgeberverbänden der Metall- und Elektroindustrie ins Leben gerufen und für die ersten fünf Jahre mit 50 Millionen Euro ausgestattet wurde. Die zentralen Botschaften dieser Organisation lauten: Die soziale Marktwirtschaft muss erneuert werden, wir brauchen Strukturreformen, mehr Flexibilität auf dem Arbeitsmarkt und mehr Mobilität bei den Beschäftigten, wir brauchen ein Steuersystem, das Leistung fördert, statt sie zu bestrafen, der Sozialstaat muss von seinen Ausuferungen befreit werden, und die öffentliche Hand soll sich auf die wirklich notwendigen Aufgaben beschränken. Dann würden sich neue »Chancen für alle« eröffnen.

Die Initiative Neue Soziale Marktwirtschaft (INSM) ist inzwischen zu einer der schlagkräftigsten Organisationen der Wirtschaftsliberalen ausgebaut worden. Sie kooperiert mit anderen Organisationen ähnlicher Zielsetzung, wie zum Beispiel dem »Bürgerkonvent«, dessen Sprecher Meinhard Miegel ist, und seit Mai 2004 mit acht weiteren sogenannten Initiativen unter der Flagge »Aktionsgemeinschaft Deutschland«. Die INSM hat für ihre Arbeit und Ziele auch wichtige Vertreter der SPD und der Grünen gewonnen und wirbt mit diesen.

Mit Hans Tietmeyer wird die Initiative Neue Soziale Marktwirtschaft von einer Person repräsentiert, die schon seit mehr als zwanzig Jahren wichtige Ämter wahrgenommen hat – ein Mann von großem Einfluss auf die Wirtschafts- und Gesellschaftspolitik. Hans Tietmeyer, CDU-Mitglied, war schon Grundsatzreferent im Wirtschaftsministerium bei dem Sozialdemokraten Karl Schiller. Er war der Mann im Hintergrund des späteren Wirtschaftsministers Otto Graf Lambsdorff (FDP) und maßgeblich an dessen Kampf gegen Bundeskanzler Helmut Schmidt ausgangs der siebziger und anfangs der achtziger Jahre beteiligt. Tietmeyer war

Mitautor des Lambsdorff-Papiers, das zur Scheidungsurkunde der sozialliberalen Koalition im September 1982 wurde. Worum es dabei ging, charakterisierte Helmut Schmidt so: Lambsdorff wolle »eine Abwendung vom demokratischen Sozialstaat im Sinne des Artikels 20 unseres Grundgesetzes und eine Hinwendung zur Ellenbogengesellschaft«.[20]

Danach wurde Hans Tietmeyer Staatssekretär in Helmut Kohls Regierung, zuständig für Finanzen; dann war er Präsident der Deutschen Bundesbank und sicher einer der einflussreichsten Berater seiner Partei während der Regierungszeit Helmut Kohls. In dieser Funktion hat er auch die internationale Wirtschafts- und Währungspolitik mit geprägt und die ideologische Debatte zwischen Neoliberalismus und den früheren Keynesianern geführt.

Nun stellt sich dieser Mann im Oktober 2000, zwei Jahre nach Ende der Regierung Kohl, hin und erklärt, »warum die soziale Marktwirtschaft erneuert werden muss«. Dazu hat er zwanzig Jahre Zeit gehabt. Er hat diese Zeit auch genutzt, aber das hat dem Land nichts gebracht. Dass die meisten Leute glauben, mit der Erneuerung der sozialen Marktwirtschaft, mit Reformen, mit der Anwendung der Rezepte der Neoliberalen werde erst jetzt begonnen, ist nichts weiter als ein guter Beleg für erfolgreiche Gehirnwäsche.

Erfolglos in der Sache, federführend in der Debatte

Schon vor dem Regierungswechsel zu Helmut Kohl 1982 wurde in der ökonomischen Theorie gezielt Vorarbeit in Richtung Neoliberalismus geleistet. Die Vertreter der Angebotsökonomie nutzten die wirtschaftlichen Probleme während der Ölpreiskrisen, um ihre Behauptung zu untermauern, eine aktive und antizyklische Konjunkturpolitik, die sogenannte Globalsteuerung, sei nicht mehr möglich. Gleichzeitig kritisierten sie die damals noch mit Recht so bezeichnete Reformpolitik wegen ihres Ausbaus der sozialen Sicherung. Diese doppelgleisige Propaganda kulminierte Ende der siebziger, Anfang der achtziger Jahre in einer massiven Kampagne gegen Helmut Schmidts Konjunkturpolitik (siehe Denkfehler Nr. 15, S. 197).

Auch die Bundesbank und der Sachverständigenrat zur Begutachtung der gesamtwirtschaftlichen Entwicklung, die sogenannten Fünf Weisen, forcierten schon seit den siebziger Jahren die Wende hin zu einer anderen Politik. Diese wurde von Kohls Regierung dann umgesetzt: Mit Kürzungen sozialer Leistungen, mit Abschreibungserleichterungen, Senkungen der Unternehmenssteuern und der Spitzensteuersätze sollten die Investitionen gefördert werden.

Es gibt einen Brief des damaligen Bundesarbeitsministers Norbert Blüm an die Mitglieder der CDU/CSU- und der FDP-Bundestagsfraktion vom 12. Januar 1998,[21] in dem er auflistet, wie die Unternehmen durch Streichungen von Sozialleistungen entlastet wurden. Allein die Entlastung bei der Rentenversicherung und im Bundeshaushalt durch das »Rentenreformgesetz 1992« wird von ihm mit 21,6 Milliarden DM beziffert, die Entlastung durch das »Wachstums- und Beschäftigungsförderungsgesetz 1996« mit 11,8 Milliarden DM, die Entlastungswirkung von acht anderen »Reformen« zwischen 1993 und 1997 mit 35,5 Milliarden DM und so weiter. In dieser Phase des »brummenden« Erfolgs der Neoliberalen in Deutschland wurden zum Beispiel die Vermögensteuer und die Gewerbekapitalsteuer abgeschafft, die Lohnfortzahlung im Krankheitsfall wurde auf 80 Prozent gekürzt und das Krankengeld, das nach den sechs Wochen Lohnfortzahlung einsetzt, auf 70 Prozent.

Diese politischen Taten – die Haushaltskürzungen, die Sozialstreichungen, die Erleichterungen für die Unternehmen – wurden in der Öffentlichkeit durch eine Debatte begleitet, die sich wie ein roter Faden bis heute durchzieht: In den siebziger Jahren diagnostizierte und attackierte man eine »Reformitis« und wandte sich gegen die sozialen Reformen, die zugunsten der Mehrheit der Bürger eingeführt wurden. Ende der achtziger, Anfang der neunziger Jahre firmierte die Diskussion unter dem Begriff »Standortdebatte«, und man beklagte, welche schlechten Wettbewerbsbedingungen die deutsche Wirtschaft bei uns vorfände. Heute nennt man die Belastung unseres Landes »Reformstau«. Der Bogen spannt sich von einer antireformerischen Haltung über die Umwidmung des Begriffs »Reform« hin zu einer massiven Reformpropaganda.

Drei Jahrzehnte im Vergleich

Der Rückblick auf die letzten drei Jahrzehnte erlaubt einen guten Vergleich der Leistungsfähigkeit der beiden gesellschafts- und wirtschaftspolitischen Modelle: auf der einen Seite in den Siebzigern die soziale Variante des Keynesianismus, auf der anderen die der Wirtschaftsliberalen – hier das deutsche und europäische Modell, dort das amerikanische, so könnte man etwas vergröbernd auch sagen. Tabelle 1 bietet einen Überblick über einige wichtige Daten.

Wertet man diese Daten aus, so zeigt sich:

- Die Arbeitslosenquote lag am Ende der siebziger Jahre bei 3,8 Prozent, am Ende der achtziger Jahre bei 7,2 Prozent und am Ende der neunziger Jahre bei 10,7 Prozent. Was die Arbeitslosigkeit betrifft, war die Anwendung der Angebotsökonomie und der neoliberalen Rezepte keine Erfolgsstory.
- Ähnliches gilt für die Wachstumsraten des Bruttoinlandsprodukts: Der Jahresdurchschnitt der neunziger und achtziger Jahre (1,9 beziehungsweise 2,3 Prozent) liegt unter dem der siebziger (2,7 Prozent).
- Wie die angebotsökonomischen Instrumente angewandt worden sind, zeigt sich auch beim Vergleich der Entwicklung der Unternehmens- und Vermögenseinkommen einerseits mit der Entwicklung der Arbeitnehmereinkommen andererseits. Die Lohn- und Gehaltssumme stieg in den siebziger Jahren um rund 130 Prozent, in den achtziger Jahren nur noch um gut 50 Prozent und in den neunziger Jahren um 27,7 Prozent. Das war netto und real – das heißt nach Abzug von Steuern und Abgaben und nach Abzug der Preissteigerungen – ein Minus

Tabelle 1: Vergleich wichtiger Indikatoren des wirtschaftspolitischen Erfolgs von drei Jahrzehnten

	70er Jahre (1971-1980)	80er Jahre (1981-1990)	90er Jahre (1991-2000)
Zuwachs Bruttoinlandsprodukt	118,6%	65,7%	33,7%
Bruttoanlageinvestitionen	93,0%	57,6%	22,9%
Öffentliche Investitionen	67,2%	8,3%	-10,7%
Unternehmens- und Vermögenseinkommen			
a) brutto	62,4%	108,6%	27,8%
b) netto	56,4%	130,1%	24,7%
Lohn- und Gehaltssumme			
a) brutto	130,4%	50,8%	27,7%
b) netto	112,2%	46,9%	19,0%
c) netto real/Arbeitnehmer	20,5%	6,7%	-2,2%
Arbeitslosenquote am Ende des Jahrzehnts	3,8%	7,2%	10,7%
Durchschnittliches Wachstum des realen Bruttoinlandsprodukts	2,7%	2,3%	1,9%

Soweit nicht anders notiert, enthält die Tabelle nominelle Zahlen, also zum Beispiel Ziffern zum Zuwachs des Bruttoinlandsprodukts ohne Abzug der Preissteigerungen. Das ist in diesem Fall hinnehmbar, weil es vor allem auf den Vergleich verschiedener Größen im Zeitablauf ankommt.
Quelle: Bundesministerium für Gesundheit und Soziale Sicherung (Hrsg.): *Statistisches Taschenbuch 2003, Arbeits- und Sozialstatistik*, Bonn 2003, und Statistisches Bundesamt.

von 2,2 Prozent. Es gab also in den neunziger Jahren keinen Zuwachs bei den Löhnen, sondern ein Minus. In den achtziger Jahren ist die Lohn- und Gehaltssumme netto und real nur um 6,7 Prozent gestiegen. In den siebziger Jahren lag dieser Zuwachs immerhin noch bei 20,5 Prozent.

- Die Entwicklung der Unternehmens- und Vermögenseinkommen war – ganz im Sinne der Angebotsökonomen – in den Achtzigern geprägt von einem Anstieg um gut 108 Prozent – im Vergleich zu den siebziger Jahren mit 62,4 Prozent. In den Neunzigern half die neoliberale Politik aber auch den Unternehmens- und Vermögenseinkommen nicht mehr auf die Beine – ein Plus von 27,8 Prozent bedeutet real, also nach Abzug der Preissteigerungen, ein nur sehr mäßiges Plus. Auch diese Einkommen wurden Opfer der mangelhaften Mengenkonjunktur.

- Tabelle 1 zeigt auch, dass die Unternehmens- und Vermögenseinkommen in den Achtzigern netto mehr gestiegen sind als brutto. Dahinter verbergen sich Steuererleichterungen für diese Einkommensbezieher.
- Die Verschiebung der Einkommensverteilung zugunsten der Unternehmens- und Vermögenseinkommen hat sich entgegen der neoliberalen Vorstellung nicht positiv ausgewirkt – weder auf die Arbeitslosenquote noch auf die Bruttoanlageinvestitionen oder die Entwicklung des Bruttoinlandsprodukts. Während die Bruttoanlageinvestitionen in den Siebzigern noch um 93 Prozent stiegen, fiel der Zuwachs schon in den Achtzigern mit 57,6 Prozent bescheidener aus und sank in den Neunzigern auf 22,9 Prozent.

Dieser Vergleich müsste die Neoliberalen eigentlich nachdenklich stimmen. Aber weit gefehlt: In der einschlägigen Literatur – ob beim Präsidenten des ifo-Instituts für Wirtschaftsforschung Hans-Werner Sinn oder beim früheren haushaltspolitischen Sprecher der Grünen Oswald Metzger – wird gegen die siebziger Jahre polemisiert, sie seien der Einstieg in den Schuldenstaat und in den exzessiven Sozialstaat gewesen. Und außerdem sei heute alles neu und anders und vor allem schwieriger. Für diese Annahme gibt es jedoch keine stichhaltige Begründung. Die siebziger Jahre waren von zwei Ölpreisexplosionen geprägt, die Kaufkraft abzogen und die Preise steigen ließen. Die Wirtschaftspolitik ging damals einigermaßen professionell damit um, zumindest waren die Ergebnisse um vieles besser als später.

Nun könnte man einwenden, der Vergleich der Zehnjahresperioden sei nur ein Indiz. Schauen wir uns daher zwei andere Indikatoren innerhalb des Vergleichszeitraums an.

Der abgewürgte Einigungsboom

Den ersten Indikator bieten uns die Jahre zwischen 1992 und 1997, eine Hochzeit neoliberaler Politik. In dieser Zeit gab es eine Reihe von Entlastungen der Wirtschaft, Steuersenkungen und Kürzungen sozialer Leistungen wie die Kürzung der Lohnfortzahlung und die Absenkung des Krankengeldes. Es wurde versucht zu sparen, zu konsolidieren und den »Standort zu sichern«.[22] Ohne nachhaltigen Erfolg. Wirklich nachhaltig gelang es allerdings, den durch die deutsche Vereinigung forcierten Boom abzuwürgen. Das war der eigentliche wirtschaftspolitische Skandal der neunziger Jahre. Die reale Wachstumsrate fiel von 5,7 (!) Prozent im Jahr 1990 und 5 Prozent 1991 auf minus 1,1 Prozent 1993 zurück. Im Durchschnitt der sechs Jahre von 1992 bis 1997 erreichte Deutschland ein wahrlich jämmerliches Wachstum von 1,2 Prozent. Das ist beträchtlich unter der Rate des Produktivitätszuwachses und führte folglich zu immer geringerer Auslastung der vorhandenen Produktionskapazitäten und der Arbeitskräfte. Was Joseph Stiglitz »die Roaring Nineties« nennt, gab es in Deutschland nicht. Hier waren schon die neunziger Jahre verschenkte Jahre.[23]

Der frühere Arbeitsminister Herbert Ehrenberg hat die Bilanz dieser Angebotsökonomie in den Jahren 1992 bis 1997 analysiert und die fragwürdigen Erfolge dokumentiert:

> »Bei einem Wachstum des Bruttoinlandsprodukts um (nominal) 17,7 Prozent auf 3624,0 Milliarden DM stiegen
>
> - die Lohn- und Gehaltssumme brutto um 7,5 und netto um 3,2 Prozent,
> - die Einkommen aus Unternehmertätigkeit und Vermögen brutto um 31,1 und netto um 42,0 Prozent,
> - die Staatsausgaben um 16,6 Prozent auf 1777,9 Milliarden (...)
> - das private Geldvermögen um 48,1 Prozent auf 5,3 Billionen DM.
> - Die Anlageinvestitionen stiegen um 3,1 Prozent auf 731,1

Milliarden DM, die in dieser Summe enthaltenen Bruttoinvestitionen des Staates gingen um 20,3 Prozent auf 69,5 Milliarden zurück.

- Die Zahl der beschäftigten Arbeitnehmer ging um 2,1 Millionen (- 6,5 Prozent) zurück,
- die Zahl der registrierten Arbeitslosen erhöhte sich um 1,4 Millionen (+ 47,2 Prozent), und
- 1,1 Millionen Arbeitnehmer gingen wegen Arbeitslosigkeit vorzeitig ›in Rente.«[24]

Besser kann man die angebotsökonomischen Forderungen kaum erfüllen als in dieser Periode: Der Staat hielt sich zurück, leider auch bei Investitionen, die Löhne stiegen minimal, die Einkommen aus Unternehmertätigkeit und Vermögen beachtlich. Aber wo blieb der Erfolg? Die Arbeitslosigkeit wuchs, die Zahl der beschäftigten Arbeitnehmer ging zurück.

Unter allen Industriestaaten gab es 1996/97 nur in Deutschland rückläufige Lohnstückkosten. Die deutsche Wirtschaft war wettbewerbsfähig, aber es fehlte jeglicher Impuls zur binnenwirtschaftlichen Entwicklung. Weil die Löhne eine Doppelfunktion haben – sie sind Kosten, sie sind aber auch ein wichtiger Teil der Konsumnachfrage –, blieb mit den stagnierenden Lohneinkommen die Nachfrage weg, und unsere Volkswirtschaft rannte noch mehr als bisher in die Unterbeschäftigung.

Eichels neoliberale Versuche – erfolglos

Die seit 1998 regierende rotgrüne Koalition hat uns die Gelegenheit für einen Doppeltest, unseren zweiten Indikator, verschafft: In den ersten Monaten mit Finanzminister Oskar Lafontaine hat sie versucht, ihre Wahlversprechen einzuhalten. Die Wiedereinführung der Lohnfortzahlung und des vollen Krankengelds stärkten die Kaufkraft bei den Arbeitnehmern. Die aktive Arbeitsmarktpolitik wurde forciert, die öffentlichen Investitionen wurden um 4,2 Prozent erhöht, die Arbeitslosenzahl ging auf 3,9 Millionen zurück. Ab 1998 stiegen die realen Löhne wieder.

Dieser kleine Versuch einer Kombination aus Nachfrage- und Angebotspolitik wurde dann abgebrochen: Bundesfinanzminister Eichel setzte auf Angebotsökonomie. Die Steuern für Unternehmen wurden gesenkt, Eichel versuchte zu sparen. Die Steuereinkommen, vor allem der Gemeinden, sackten ab, sie konnten weniger investieren. Das verschärfte die insgesamt stagnierende Tendenz. Das Ergebnis für die Zeit von 2000 bis 2003: Ein Wachstum von noch 2,9 Prozent in 2000, dann der Abstieg auf 0,6 Prozent in 2001, 0,2 Prozent in 2002 – 0,1 Prozent in 2003 und 1 Prozent in 2004[25] – miserable Ergebnisse einer neuerlichen Hinwendung zum neoliberalen Glaubensbekenntnis.

Das reale Wachstum des Bruttoinlandsprodukts lag in Deutschland in den letzten Jahren eindeutig unter dem Wachstum in vergleichbaren Ländern (siehe Tabelle 2).

Tabelle 2: Jährliche Zuwachsraten des realen Bruttoinlandsprodukts in Prozent

	1996	1997	1998	1999	2000	2001	2002	2003	2004
D	0,8	1,4	2,0	2,0	2,9	0,6	0,2	-0,1	1,0
Euro-Zone	1,4	2,3	2,9	2,8	3,6	1,5	0,9	0,6	1,8
USA	3,6	4,4	4,3	4,1	3,8	0,3	2,4	3,0	4,4

Quelle: OECD (Hrsg.): *Economic Outlook 2003*, Paris 2003, S. 195. Für die Werte des Jahres 2003 und 2004: OECD (Hrsg.): *Wirtschaftsausblick – Vorläufige Ausgabe*, Paris, Mai 2005, S. 78, 89 und 93.

Dieses schwache unterdurchschnittliche Wachstum ist nicht das Ergebnis eines Reformstaus. Deutschland hat nämlich nicht nur in den Sozialsystemen und beim Haushalt gestrichen und die Steuern gesenkt, Deutschland ist auch ein Spitzenreiter bei der Privatisierung und Liberalisierung von Post, Telekommunikation und Energiemärkten. Die OECD-Studie *Employment Report 1999* hält Deutschland beim Stand der Regulierung beziehungsweise Deregulierung für fortschrittlicher – im Sinne der Neoliberalen – als Frankreich, Italien, Spanien und Portugal.

Deutschland hat eine große Zahl von strukturellen Reformen hinter sich und überhaupt nicht jenen Nachholbedarf, von dem die Propagandisten der angeblichen Reformunfähigkeit in Büchern und Artikeln schreiben oder in den Fernsehtalkshows sprechen. Zwischen modischem Gerede und der Realität klafft eine große Lücke – und zwar schon seit über zwanzig Jahren. Die Angebotsökonomen und die Neoliberalen haben ihre Chance gehabt und sind erfolglos geblieben. Ihre Bankrotterklärung ist überfällig. Aber unsere Meinungsführer können oder wollen nicht zugeben, dass ihre Konzepte falsch oder zumindest fragwürdig sind. Sie sind wie Drogenabhängige: Statt auf Entzug zu gehen, erhöhen sie die Dosis.

Als der Bundesrechnungshof im Oktober 2004 beschied, die Hartz-Reform sei wirkungslos, und die mangelnden Vermittlungserfolge kritisierte, meldete sich der damalige Industrie-Präsident Rogowski zu Wort: »Wenn Sie fragen, wo sind die Jobs, und wie kriegen wir die Jobs, dann würde ich empfehlen: Hartz V bis VIII.« Hier sind Zyniker am Werk. – Und als im Februar 2005 gemeldet wurde, die Fünfmillionengrenze bei der Arbeitslosenziffer sei überschritten, fiel Opposition und Regierung gemeinsam die Erhöhung der Dosis ein: Nach sieben gravierenden Steuerreformen und -entlastungen noch eine Reform. Auf dem »Job-Gipfel« am 17. März beschlossen sie die weitere Absenkung des Körperschaftssteuersatzes.

Trotz aller Misserfolge beherrschen die Neoliberalen das Denken über gesellschaftliche Zusammenhänge und das Denken über gesellschaftliche Ziele. Sie bestimmen nicht nur die Programmdebatte bei FDP und Union, sie haben nicht nur den Arbeitnehmerflügel der CDU und CSU entmachtet – sichtbar an der Kaltstellung eines Politikers wie Norbert Blüm –, sie bestimmen über weite Strecken auch das Denken und die programmatische Arbeit von SPD und Bündnisgrünen. Reformlüge und Reformpleite drohen zum Ruin der SPD als schlagkräftiger Partei und regierungsfähigem Machtfaktor zu werden.

5. Merkwürdiger Erfolg einer erfolglosen Theorie

Wie kommt es, dass die politischen und ökonomischen Eliten eines Landes einem Konzept hinterherlaufen, das bisher nichts Wesentliches gebracht hat? Wie konnte sich eine so irrationale politische Bewegung durchsetzen? Was sind die Hintergründe und Motive für unsere gegenwärtige Art von Reformdebatte?

In einer Mediendemokratie, vielmehr: in einer Mischung aus Parteieliten- und Mediendemokratie, werden politische Entscheidungen von der öffentlichen Meinungsbildung vorentschieden. Wer die öffentliche Meinung beherrscht, der bestimmt auch die politische Linie. Und weil es große Interessen gibt, die die politische Linie bestimmen wollen, forcieren sie ihren Einfluss auf die öffentliche Debatte.

Einfluss auf die Öffentlichkeit nehmen kann man, indem man Strategien plant und in vielfältigen Variationen und Kampagnen umsetzt. So ist das in der Werbung, und so ist das bei professionell arbeitenden Firmen und Parteien, Interessengruppen und Verbänden. Ich war im Lauf meines Berufslebens mehrmals an solchen strategischen Überlegungen zur Meinungsbildung und ihrer Umsetzung beteiligt, so etwa bei der Durchsetzung der Ostpolitik in der deutschen Öffentlichkeit oder bei der Erfindung des Begriffs »Modell Deutschland«. Die systematische Beeinflussung von Öffentlichkeit und Meinungsbildung ist mir also nicht fremd. Deshalb beobachte ich mit Interesse, was in und mit der Reformdebatte zur Zeit geschieht. Gemessen an dem, was heute an Strategien und Kampagnen geplant und umgesetzt wird, waren unsere damaligen Versuche eine Art Kinderspiel.

Die manipulierte Öffentlichkeit

Kampagnen zur Meinungsbeeinflussung, ob es nun um Reformen geht, um die Einführung eines neuen Automodells oder um die

Vorbereitung eines Kriegseinsatzes wie im Fall des Irak, folgen einem genau geplanten abgestuften Konzept. Die Lernziele und Botschaften, die Begriffe, die Argumente und tatsächlichen oder angeblichen Fakten, die man unter die Leute bringen will, werden strategisch ausgedacht. Zur Umsetzung werden normale Werbepropagandamittel wie Anzeigen und Fernsehspots, Flugblätter und Broschüren, Veranstaltungen und Internetauftritte eingesetzt, aber auch PR-Berater, die die Beeinflussung wichtiger Multiplikatoren zu ihrem Beruf gemacht haben. Diese Branche boomt, sie spielt im Hintergrund der Reformdebatte eine große Rolle. In den USA stammen nach Angaben amerikanischer Medienfachleute schon 40 Prozent der Fernseh- und Hörfunksendungen und der Presseartikel nicht aus den Redaktionsstuben, sondern von PR-Agenturen.

Was wir heute als Mainstream der Meinung wahrnehmen: die Glaubenssätze, unser Land sei krank, unser Problem sei der Reformstau und seine Lösung seien Strukturreformen, wurde meiner Meinung nach in großen Teilen strategisch ausgedacht und mit Hilfe von Öffentlichkeitsarbeit und viel Geld umgesetzt. Zu den geplanten und deshalb immer wiederkehrenden Elementen dieser Strategie gehören die Behauptungen, wir hätten ein demographisches Problem, der Generationenvertrag gelte nicht mehr, die nachwachsende Generation sei benachteiligt, die Globalisierung sei eine völlig neue Herausforderung, alles sei neu, Wachstum sei nicht mehr möglich und so weiter.

Ich habe Verständnis dafür, wenn manche Leser die These von der klug und strategisch geplanten Meinungsbeeinflussung für übertrieben oder gar als Auswuchs einer Verschwörungstheorie empfinden. Aber behalten Sie diese These einmal im Hinterkopf, wenn Sie die Reformdebatte weiter verfolgen und wenn Sie sich mit den Denkfehlern, Mythen und Legenden beschäftigen, wie sie in Teil II dieses Buches vorgestellt und analysiert werden. Sie werden Belege für meine These finden.

Revolution von oben

Der *Stern* berichtete am 18. Dezember 2003 über einen Vorgang, den er die »Revolution von oben« nennt: Der Präsident des Arbeitgeberverbands Gesamtmetall, Martin Kannegiesser, las 1999 in einer Allensbach-Umfrage, dass 67 Prozent der Befragten mit dem Wort »Reformen« keine herrlichen Aussichten, sondern »Befürchtungen« und »Skepsis« verbinden. Kannegiessers Fazit – so der *Stern:* »Das, was die Bevölkerung will, und das, was die Führungskräfte in der Wirtschaft für notwendig hielten, klaffte himmelweit auseinander.«

»Was sollte der Boss der Metall-Arbeitgeber tun? Aufgeben? Alle Hoffnungen fahren lassen, dass Rot-Grün einen wirtschaftsfreundlichen Kurs einschlägt? Gar auswandern, seine Waschmaschinenfirma gleich mit nach Asien verlagern? Oder hier bleiben und sich ein anderes Volk suchen?« fragte der *Stern* und fuhr fort: »... Kannegiesser entschied sich für letzteres. Weil man 82 Millionen Menschen nicht einfach auswechseln kann, griff er zu einer List. Er wollte die Leute ein bisschen umerziehen. ›Aufklären‹, nennt er das. Ihnen mit schlauen Parolen die Notwendigkeit von radikalen Reformen einhämmern, sie mit Plakaten, Anzeigen und TV-Spots überschütten, auf dass die Leute die Wünsche der Wirtschaft als ihre eigenen begreifen.«

Die Initiative Neue Soziale Marktwirtschaft wurde gegründet und Hans Tietmeyer zum Kuratoriumsvorsitzenden gemacht. Einige andere Herren, wie der Unternehmensberater Roland Berger, der frühere Präsident des Bundesverbands der Deutschen Industrie Hans-Olaf Henkel und der ehemalige Bundespräsident Roman Herzog, machten ebenfalls mit oder gründeten ähnlich gelagerte Initiativen und Organisationen. Der *Stern* schreibt: »Es ist eine außerparlamentarische Opposition von oben. Angeführt von alten Männern (...) Die Old Boys wollen die Köpfe und Herzen der Bevölkerung verändern und sie zu Wirtschaftsreformen überreden. Dabei ist die Agenda 2010 für sie erst der Anfang eines viel weiter gehenden Abbaus sozialer Leistungen wie Arbeitslosengeld oder Sozialhilfe. Ihr Einfluss geht mittlerweile so weit, dass von Sabine Christiansen bis Maybrit Illner keine Talkshow mehr ohne sie auskommt. Die Finanziers der Propaganda bleiben dabei gern im Hintergrund.«

Und wirklich: Die Revolution von oben, die Umerziehung des Volkes erfolgt heute nicht mit Bajonetten und soldatischem Drill, nicht mit Gewalt, sondern auf sehr sanfte Weise, mit Mitteln der Öffentlichkeitsarbeit und der Einflussnahme auf die Organe der politischen Willensbildung, auf die Parteien und die Medien. Aber es ist offenbar sehr schwierig, die »Köpfe und Herzen der Bevölkerung« zu verändern, wenn die Erfahrungen des Volkes dem Veränderungswunsch widersprechen. Jedenfalls waren die Revolutionäre von oben mit ihrer Gehirnwäsche bislang nicht sonderlich erfolgreich. Das Volk ist bockbeinig. Nach einer Umfrage der Mannheimer Forschungsgruppe Wahlen vom Anfang April 2004 hielten 64 Prozent der Deutschen die Schritte der »Agenda 2010« für falsch – mehr als im Februar mit 55 Prozent. In den Eliten von Interessenverbänden und Parteien wundert man sich und grämt sich über die mangelnde Einsicht des Volkes. Mit Unverständnis hat man deshalb die großen Demonstrationen in Berlin, Köln und Stuttgart verfolgt, wo insgesamt 500 000 gegen die Reformpolitik und für die Erhaltung des sozialstaatlichen Charakters unseres Landes demonstriert haben.

Bei ihrem Versuch, das Volk umzuerziehen, liegt also noch ein weiter Weg vor den Eliten. Über die Diskrepanz zwischen Eliten und Volk hat der *Stern* mit dem Unternehmensberater Roland Berger gesprochen: »Berger findet es klasse, dass überall nun radikalliberale Konvente und Initiativen entstehen und die Reformbereitschaft der Bevölkerung anheizen. ›Das zeigt doch auch, dass immer mehr Bürger mit den gegenwärtigen Verhältnissen unzufrieden sind.‹ Bürger? Oder sind das eher Eliten, die da eine andere Republik propagieren? Berger kontert: ›Die Tatsache, dass es Eliten sind, die Dinge in Bewegung bringen, ist doch nicht neu. Es gibt keine Revolution, die nicht von der Elite ausging. Auch Lenin war Elite.‹«

Diese Eliten versuchen mit aller Gewalt dem Volk den Kopf zu waschen. Ist das noch demokratisch?

Interessen im Hintergrund

Hinter dem Drängen auf Strukturreformen stecken massive Interessen. Wenn zum Beispiel die gesetzliche Rentenversicherung ergänzt und Schritt für Schritt ersetzt wird durch private Lebensversicherungen und Pensionsfonds, dann können Versicherungswirtschaft und Banken ihr Geschäft beträchtlich ausdehnen. Es geht um Milliarden. Wenn nur 10 Prozent des Umsatzes der staatlichen Rentenversicherung umgelenkt werden können, gewinnt die private Versicherungswirtschaft jährliche Umsatzzuwächse von etwa 15 Milliarden Euro (vergleiche Denkfehler Nr. 5, 6 und 7, S. 104, 115 und 126). Und wenn die sogenannte Kopfpauschale in der Krankenversicherung eingeführt wird und die Elemente solidarischen Ausgleichs, die heute zu einer Mitfinanzierung von Kindern und Familienangehörigen über die Krankenkassenbeiträge führen, nicht mehr zählen, werden sich Menschen ohne Familie massenhaft privat krankenversichern. Am Ende steht dann vermutlich die totale Privatisierung der Krankenversicherung, weil die gesetzlichen Krankenkassen als Sammelbecken schlechter Risiken immer teurer und unattraktiver werden. In der Öffentlichkeit kommen diese Interessenverflechtungen mit gutem Grund nicht zur Sprache.

Hinter den Attacken auf den Sozialstaat, auf die Tarifautonomie und die angeblich zu hohen Löhne stecken Meinungsführer aus der Wirtschaft. Sie haben Interesse an einem schwachen Kündigungsschutz, an Niedriglöhnen und geringeren Sozialleistungen. Nicht alle Unternehmer sehen das so. Aber die einflussreiche Mehrheit wohl schon.

An Privatisierungen von ehemals staatlichen Unternehmen wird kräftig verdient – manche der privaten Erwerber ergattern ein Schnäppchen, andere wie die Banken und die Broker, die großen Beratungsunternehmen und die Wirtschaftsanwälte verdienen an Provisionen und üppigen Beraterhonoraren.

So kommen mehrere Interessen zusammen. Sie stützen die Reformdebatte, sie heizen sie an bis hin zur Forderung nach einem Systemwechsel.

Denkfehler, Mythen und Legenden als Nährboden

Erleichtert wurde das Ziel, die Reformthematik als etwas Notwendiges und Sinnvolles in der Öffentlichkeit zu verankern, weil ein großer Teil unserer Elite, die die veröffentlichte Meinung mitbestimmt, von Volkswirtschaft wenig Ahnung hat und Denkfehler und Vorurteile, Fehlurteile und Legenden nicht kritisch hinterfragen kann. In der politischen Debatte geht es heute ja vor allem um ökonomische Fragen, um gesamtwirtschaftliche und sozialpolitische Zusammenhänge. Jeder hat vielleicht noch ein bisschen Ahnung von einzelwirtschaftlichen Dingen, wenn ihn das selbst betrifft. Man weiß zum Beispiel, dass man am Ende mehr Geld übrig hat, wenn man spart. Doch gesamtwirtschaftlich kann Sparen in Zeiten einer schwachen Konjunktur dazu führen, dass man am Ende noch weniger hat, weil die Konjunktur noch mehr einbricht. Man kann solche Zusammenhänge nicht durchschauen, ohne in der Analyse gesamtwirtschaftlicher Zusammenhänge geschult zu sein. Von unseren Eliten dürften wir wohl erwarten, dass sie sich dieser Mühe unterziehen, wenn sie schon für sich in Anspruch nehmen, über die Geschicke des Landes zu entscheiden.

Weil sie das nicht tun, ist die Reformdebatte durchsetzt von Vor- und Fehlurteilen, von Denkfehlern und Klischees, die mit Volkswirtschaft zu tun haben. Die vierzig häufigsten werden im folgenden beschrieben und analysiert.

Teil II:
40 Denkfehler, Mythen und Legenden

A. Vier Mythen, die neuen Herausforderungen betreffend

Denkfehler 1: »Alles ist neu.«

Variationen zum Thema:

- »Es kann nicht mehr so weitergehen. Heute ist alles anders: die Globalisierung, die Demographie, die Lebens- und Erwerbsbiographien ändern sich grundlegend.«
- »Eine neue Zeit sozialer Umbrüche.«
- »Wir erleben einen tiefen Einschnitt: die alte Bundesrepublik ist tot.«

Die Geschichte der alten Bundesrepublik gilt als Erfolgsstory – ökonomisch, politisch, sozial. Rückblickend werden die meisten der heute über Vierzigjährigen das Gefühl haben, dass es stetig aufwärts ging. Ungefähr mit Beginn der achtziger Jahre hat sich das geändert. Nach einer kurzen Wiedervereinigungseuphorie verfiel das Land in Depression. Alles schien auf einmal schwieriger, unübersichtlicher. Politik, Wirtschaft und Medien begannen nahezu unisono zu verkünden: »So kann es nicht weitergehen.« Was dieses »so« bedeutet, wurde zwar bis heute nicht genau definiert, dafür liest man allerorten: »Wie wir alle wissen, muss sich etwas ändern«, denn: »Heute ist alles anders.« Globalisierung, die demographische Entwicklung, Überalterung, Flexibilisierung von Arbeit und Leben werden als neue Phänomene ausgegeben, die nach ebenso neuen Lösungen verlangen. Es gebe – anders als früher – nichts mehr zu verteilen, heißt es. Begriffe wie Wissensgesellschaft, Informationsgesellschaft oder Dienstleistungsgesellschaft suggerieren einen Strukturwandel, dem der einzelne und unsere Gesellschaft sich anpassen müssen, um nicht auf der Strecke zu bleiben.

Es ist verständlich, dass junge Menschen, die mit einer stagnierenden Wirtschaft und steigenden Arbeitslosenzahlen aufgewachsen sind, dazu neigen, die wirtschaftliche Lage nicht als Folge einer falschen Politik, sondern als Begleitumstände einer neuen Zeit zu werten. Zumal in der Medienrepublik Deutschland eine wirklich kontroverse und konstruktive Diskussion über die Probleme des Landes nicht geführt wird. Statt sich der wichtigen, wenn auch schwierigen Aufgabe zu widmen, die Verhältnisse zu analysieren, werden Schlagworte weitergegeben, die eher zur Verunsicherung als zur Klärung beitragen. Menschen, die diese schablonenartige Zurichtung der gesellschaftlichen Wirklichkeit nicht mitmachen, schaffen kaum mehr den Sprung in die Talkshows. In den Fernsehstudios sitzen dann Runden mit RogowskiHundtHenkelClementSteinbrückWesterwelleMerkelBütikoferEichelMiegelBaring und – alle sind sich einig.

»... radikal veränderte ökonomische Bedingungen in Deutschland, in Europa und in der Welt.« *Gerhard Schröder (SPD), 11.2.2004*
»Wir leben in einer anderen Zeit als die Gründerväter unseres Landes. ... Ein Leben in unserer Zeit ist ein Leben in den zweiten Gründerjahren unserer Republik, und die zweiten Gründerjahre sind nicht die ersten.« *Angela Merkel (CDU), 1.10.2003*
»Es geht darum, den Sozialstaat auf die radikal veränderten Bedingungen einzustellen.« *Katrin Göring-Eckardt (Bündnis 90 / Grüne), 14.03.2003*
»Tatsächlich befindet sich die Welt in einem tiefen Umbruch.« – »Das sind neue Gründerjahre (...)« *Horst Köhler, Dankesrede nach der Wahl zum Bundespräsidenten, 23.5.2004*

Die Verantwortlichen selbst brauchen den Glauben an das Neue als rhetorischen Schutz, um die eigene Position als einzig zeitgemäßen Standpunkt auszuzeichnen, als die alternativlose Antwort auf die neue Welt. Wer traut sich schon, einem Politiker in den Arm zu fallen, der das Staatsschiff durch die Gefahren neuer Herausforderungen steuert? Hat man dem Gegner erst einmal das Stigma des störrischen Traditionalisten aufgedrückt, kann man sich die mühsame und unwägbare argumentative Auseinandersetzung sparen. Wer von gestern ist, wird nicht besprochen, sondern überholt. Die Neuen und das Neue immunisieren sich gegen

Kritik und nutzen diesen Schutz: Es vergeht keine große Rede, in der nicht die neue Weltlage beschworen wird, es erscheint kein Essay wichtiger Personen, in der davon nicht die Rede ist.

Die Globalisierung ist neu. Das demographische Problem ist neu. Die Erwerbsbiographien sind neu. Die wirtschaftlichen Herausforderungen sind neu. Und die Bedingungen, Arbeitsplätze zu schaffen, sind neu. Die Mitte ist neu, Labour ist neu. Alles ist neu. Aber stimmt das?

Veränderungen hat es immer gegeben und wird es immer geben. Es hat sogar große Veränderungen gegeben, ohne dass man annahm, dies sei eine neue Zeit. Als Beispiel wäre die Entdeckung der Notwendigkeit zu nennen, etwas für den Schutz unserer Umwelt zu tun. Oder die Ablösung der Politik der Stärke durch die Versöhnungspolitik der sechziger und siebziger Jahre. Die Entdeckung der Pille war um vieles weitreichender als alles, was heute als besonders neu beschrieben und wie eine Monstranz durch die Gegend getragen wird. Das waren wirkliche Brüche, ohne dass man deshalb meinte, das System und die Regeln unseres Zusammenlebens verändern zu müssen.

Kaum einer stellt die Frage, ob die heutigen Veränderungen wirklich eine Größenordnung haben, bei der man davon sprechen kann und muss, hier schlage eine neue Quantität in eine neue Qualität um.

Die Globalisierung ist ein alter Hut

Die Globalisierung ist ganz und gar nicht neu; schon gar nicht gibt es einen qualitativen Sprung, der nicht zu bewältigen wäre. Schon vor dem Ersten Weltkrieg war der Güter- und Kapitalaustausch etwa auf dem Niveau von 1970. Seitdem sind Ex- und Importe weiter stark gestiegen, aber 70,4 Prozent unserer Exporte gingen 2002 zu unseren Nachbarn in Europa, und 68,7 Prozent der Importe kamen von dort. Europa entwickelt sich zu einem großen Binnenmarkt. Es macht wenig Sinn, diese Handelsströme innerhalb Europas als Zeichen einer Globalisierung zu werten. Schon gar nicht taucht etwas Neues und Bedrohliches auf. Kapital- und Währungsspekulationen gab es schon immer. Im Kaiserreich gab es große Wanderungsbewegungen von Menschen auf der Suche nach Arbeit, Hunderttausende Polen wurden im Ruhrgebiet integriert. Namen wie Tschibulski oder Przbilsky zeugen heute noch davon. Und in den sechziger und siebziger Jahren kamen Millionen Gastarbeiter nach Deutschland.

Schon vor 1990 machte unsere Wirtschaft Strukturveränderungen durch, die von der internationalen Verflechtung und dem Welthandel ausgelöst wurden. Ganze Branchen brachen weg oder wurden bis zur Bedeutungslosigkeit dezimiert (siehe dazu ausführlich Denkfehler Nr. 2, S. 81, und Nr. 12, S. 170).

Die Deutschen sterben schon seit vierzig Jahren aus

Auch das demographische Problem und die sogenannte Alterung sind nicht neu; diese Änderungen führen schon gar nicht dazu, dass der Generationenvertrag nicht mehr trägt, wie allgemein behauptet wird.

Das Unvorhergesehene geschah im Jahr 1966. Es passierte still und leise, beziehungsweise eigentlich ist das Kennzeichen dieses verhängnisvollen Ereignisses, dass fast gar nichts passierte. Sendepause in den Betten. Still und heimlich haben die Deutschen damals das Kinderkriegen gedrosselt. Keiner hat es gemerkt. Die Windel- und Kinderwagenhersteller hätten als erste stutzig werden müssen, aber auch als die Kindergärten leer blieben und die Schulen schlossen, schlug niemand Alarm. Erst die Recherchen unermüdlicher Reporter brachten plötzlich die Wahrheit ans Licht: Wir haben kaum noch Kinder und werden immer älter. Zum ersten Mal in der Geschichte Deutschlands. Und das ist schlimm und neu.

Wenn es wirklich so ist, dann ist die demographische Katastrophe der wohl langsamste Umsturz der Welt, schleichend wie das Leben, das irgendwann in der Katastrophe endet. Diese vermeintliche Zeitbombe tickt seit dem Pillenknick, immer wieder stoßen die Medien schrille Alarmrufe aus, aber explodiert ist die Bombe noch nie: Die Klagen über sinkende Schülerzahlen halten sich ebenso in Grenzen wie die Arbeitsplätze, die wegen Menschenmangels unbesetzt bleiben. Mit der demographischen Katastrophe ist es wie im normalen Leben: Wenn man nicht in den Spiegel gucken würde, würden wir nichts davon mitbekommen. Aber irgendwann wird's schlimm, da sind sich alle ganz sicher. Und wenn man den deutschen Top-Eliten glauben darf, muss jetzt schleunigst alles anders werden.

»Die Bismarckschen Sozialgesetze funktionieren so lange, wie die Wirtschaft und die Bevölkerung wachsen. Angesichts einer alternden Bevölkerung muss allen klar sein, dass diese Gesetze nicht mehr funktionieren können.« Diesen Satz hätten viele Sozialwissenschaftler und Publizisten, Politiker und Feuilletonisten sagen können. In diesem Fall stammt er vom Ex-Bundesbankpräsidenten Ernst Welteke. Aber auch wenn er mit dem üblichen Füllsel – »muss allen klar sein« – die Selbstverständlichkeit seiner Aussage beschwört, ist sie noch lange nicht selbstverständlich und schon gar nicht richtig. Weder die Tatsache, dass wir Deutschen weniger werden, noch die Tatsache, dass der Altersdurchschnitt steigt, ist ein grundlegend neues Phänomen. Seit Jahren sinkt in allen Industriestaaten die Geburtenrate. Das hat uns aber nicht an wirtschaftlichem Wachstum gehindert.

Und dramatisch sind diese Entwicklungen schon gar nicht (vergleiche die Denkfehler Nr. 5, 6 und 7, S. 104, 115 und 126). Wenn wir nicht mit großer Lautstärke darauf aufmerksam gemacht würden, dann würde es uns überhaupt nicht auffallen, dass wir »älter« werden, präziser: dass der Altersdurchschnitt unseres Volkes steigt. Angesichts der hohen Arbeitslosigkeit spüren wir das sogenannte demographische Problem allenfalls als Entlastung des Arbeitsmarkts.

Die dramatisierte Veränderung der Relation von arbeitender Bevölkerung zur Rentner- und Kindergeneration verliert ihre Schrecken erstens dann, wenn man die Zeitdimension einrechnet, wenn man also beachtet, dass diese Veränderungen in Jahrzehnten stattfinden. In der Vergangenheit hat es weitaus plötzlichere und brutalere Einschnitte gegeben, zum Beispiel die Auslöschung von Millionen vor allem junger Menschen in den beiden Weltkriegen. Nach der Logik der Reformhysteriker hätte dies zu einer unerhörten Belastung der verbliebenen Arbeitsbevölkerung führen müssen. Selbst diesen Einschnitt hat die Nachkriegsgeneration wirtschaftlich aber offenbar blendend verkraftet.

Dass es heute gelingt, mit der langfristigen demographischen Entwicklung Panik zu verbreiten, liegt an dem »zeitraffenden« Denken. Es suggeriert, dass die Veränderung in der Relation von arbeitender zur Rentnergeneration bereits morgen eintritt. Die vorgezogene Ruhestandspanik gleicht der eines jungen Menschen, den schon heute die Frage verrückt macht, wie er in vierzig Jahren mit der vielen freien Zeit als Rentner zurechtkommen soll. Auf Fragen dieser Zeitperspektive kann es heute keine vernünftigen Antworten geben; es sei denn, man erachtet es für vernünftig, wenn sich Zwanzigjährige mit gezielten Auszeiten in Ausbildung und Beruf auf den Ruhestand vorbereiten.

Die Entwicklung verliert ihre Schrecken zweitens, wenn wir beachten, welche Produktionspotentiale wir haben und welche Produktivitätsentwicklung realistisch ist. Nur 1,5 Prozent Zuwachs an Arbeitsproduktivität pro Jahr würden ausreichen, um auf Jahrzehnte hinaus Rentner, arbeitende Bevölkerung und Kindergeneration besser- oder zumindest auf jeden Fall gleichzustellen. Der Kampf zwischen den Generationen kann ausfallen. Das Gerede um das Ende des Generationenvertrags hat keine rationale Basis. Es ist reine Stimmungsmache. So benutzt ja auch der Ex-Bundesbankpräsident statt einer rationalen Begründung ein Sprachsignal: »Bismarcksch« – der Gebrauch dieses Begriffs reicht in der heutigen Debatte schon aus, um ein bestimmtes Verfahren der Altersversorgung, das Umlageverfahren, zu diskreditieren (Näheres dazu unter Denkfehler Nr. 5, 6 und 7, S. 104, 115 und 126).

Ein Trend, der keiner ist

Weder sind Patchwork-Biographien dramatisch neu noch ist die Erosion der sogenannten Normalarbeitsverhältnisse zwangsläufig. »Morgens jagen, nachmittags fischen, abends Viehzucht treiben ... wie ich gerade Lust habe«, so dachte sich Karl Marx das Leben in einer idealen Gesellschaft. Pustekuchen: Ihr werdet morgens Zeitung austragen, mittags Grafik designen und abends kellnern! Aus der Marxschen Verheißung der umfassenden menschlichen Entfaltung ist inzwischen eine neoliberale Drohung geworden: Ihr werdet in eurem Leben mehrere Berufe ausüben. Hintereinander und womöglich auch gleichzeitig. Und ohne Beschäftigungsgarantie. Willkommen im Land der Patchwork-Biographien. Hier ist die Festanstellung eine aussterbende Existenzform wie die des Küfers oder Korbflechters.

Die dauerhafte Ungebundenheit ist dagegen das Kennzeichen neuer, flexibler und leistungsfähiger Arbeitnehmer. Aber ist das eine zutreffende Beschreibung der Realität – und ist das unser Ziel?

»Das Industriezeitalter mit seinen Regelungen und Traditionen geht zu Ende. Wir bekommen zunehmend sehr unterschiedliche Beschäftigungsverhältnisse, die nicht mehr unserem traditionellen Verständnis entsprechen.« *Wolfgang Clement im* Spiegel, *Nr. 16/2003*

»Deutschland steht am Scheideweg.« *Gemeinsamer Beschluss der Präsidien von CDU und CSU, 4.5.2003*

Wenn interessierte Kreise uns nahebringen wollen, dass wir die Systeme unserer sozialen Sicherung grundlegend verändern müssen, greifen sie gerne auf die Behauptung zurück, die Erwerbsbiographien hätten sich völlig verändert, die Menschen würden wechseln zwischen abhängiger Arbeit und einer selbständigen Existenz, die Arbeitsverhältnisse würden zunehmend nur noch befristet gewährt, das sogenannte Normalarbeitsverhältnis werde nicht mehr der Normalfall sein – und damit würden auch die beitragsfinanzierten Sicherungssysteme ihre Funktion verlieren.

Doch schon die Beschreibung der bisherigen Wirklichkeit stimmt nicht. Die absolute Zahl an Normalarbeitsverhältnissen ist erstaunlich stabil geblieben; ihr Anteil ist deshalb gesunken, weil die Zahl der Teilzeitarbeitsplätze zugenommen hat. Natürlich nehmen die meisten Menschen lieber eine Teilzeitarbeit an, statt gar keine Anstellung zu haben. Vielen Frauen, die keine ausreichende Kinderbetreuung haben, bleibt auch nichts anderes übrig, als sich damit zu begnügen. Die Zahl der Normalarbeitsverhältnisse wird auch unter den Druck der neuen Minijobregelung und -förderung geraten.

Aber dies sind keine Trends, schon gar nicht handelt es sich um eine von der Mehrheit gewünschte Entwicklung. Selbst wenn man davon ausginge, dass diese Entwicklung unabänderlich wäre, müsste man gerade deswegen die soziale Sicherheit ausbauen, statt sie abzubauen, wie es gerade geschieht. Das Normalarbeitsverhältnis, der unbefristete Arbeitsvertrag, wird auch von jungen Leuten angestrebt, auch in aufstrebenden Branchen wie der Informations- und Kommunikationstechnik. Dieses Streben nach Sicherheit ist ihnen nicht zu verdenken. Wenn die Arbeitsmarktlage günstig ist, können sie ihren Wunsch nach gesicherten Arbeitsverhältnissen realisieren. Kluge Unternehmer wissen das und bieten die Sicherheit an, die nötig ist, um kreative, ausgeruhte Kräfte einsetzen zu können, deren Kopf frei ist von den Sorgen um die ständige Unsicherheit des Arbeitsplatzes und den nächsten Auftrag (siehe dazu Denkfehler Nr. 27, S. 275).

Die schlechte Wirtschafts- und Arbeitsmarktlage – und nicht irgendeine neue Zeit – ist der eigentliche Hintergrund für die wachsende Unsicherheit der Arbeitsverhältnisse. Ein Blick auf die neuen Bundesländer verdeutlicht das. Die dort besonders veränderten Erwerbsbiographien haben zuallerletzt mit einer »neuen Zeit« zu tun (es sei denn, man meint damit die deutsche Vereinigung). Zuallererst sind sie die Folge einer miserablen wirtschaftlichen Lage, die die Marktmacht der Arbeitskraftanbieter schwach und die Marktmacht der unternehmerischen Nachfrager nach Arbeitskraft groß hat werden lassen. Dieses Ungleichgewicht, das wir in abgeschwächter Form in vielen Teilen Deutschlands nun seit über zwanzig Jahren kennen, hat mehr mit einer aus Dummheit oder bewusst schlecht gemachten Wirtschafts- und Konjunkturpolitik zu tun als mit einem großen Trend der Moderne. Wirklich neu ist, dass wir über eine so lange Periode hinweg die Kapazitäten unserer Wirtschaft und unserer Arbeitskräfte nicht nutzen. Das ist um vieles neuer als all die vielzitierten Demographie-, Globalisierungs- oder Patchwork-Neuheiten. Sie dienen lediglich als Ausreden für die Unfähigkeit und als Vorwand für die Unwilligkeit, das Richtige zu tun. Vor allem dienen sie als Hebel zur Systemveränderung.

Jede rationale Debatte hat es schwer, weil die Behauptung »Alles ist neu« dem Geist der Zeit entspricht. Wir leben in einer von Medien, vor allem vom Fernsehen geprägten Gesellschaft. Das Neue ist eine Nachricht wert, das Alte nicht. Hinzu kommt, dass sich Medien in erstaunlicher Weise an anderen Medien orientieren. Dieses Phänomen begleitet uns in nahezu allen Bereichen der Meinungsbildung. Es wird etwas Neues in die Welt gesetzt, ein neuer Gedanke, eine neue Analyse, ein neues Programm, und erstaunlich viele orientieren sich an dem Gesagten, ohne den Realitätsgehalt zu prüfen. Die vielfältige Wiederholung dieser Botschaften bringt die notwendige Verstärkung, um sie zur Pseudogewissheit werden zu lassen. Die Talkshows helfen dabei kräftig mit; sie brauchen das Neue, und sie wiederholen die Themen und Thesen so lange, bis sich alle in dieser neuen Themenwelt heimisch und geborgen fühlen.

»Und wenn alle anderen die von der Partei verbreitete Lüge glaubten – wenn alle Aufzeichnungen gleich lauteten –, dann ging die Lüge in die Geschichte ein und wurde Wahrheit.« *George Orwell, 1984*

Psychologisch hat dieses Verhalten viel damit zu tun, dass sich die jetzt handelnde Generation von der politischen Elterngeneration absetzen will. Die heute bestimmende Generation will ein eigenes Arbeitsfeld besetzen und damit ein eigenes Profil gewinnen; zugleich bietet die Darstellung der jetzigen Lage als besondere Herausforderung die Chance, den mangelnden Erfolg in der Politik als Folge dieser neuartigen Herausforderung darzustellen.

Denkfehler 2:
»Die Globalisierung ist ein neues Phänomen.«

Variationen zum Thema:

- »Leben *im* Zeichen der Globalisierung ist nicht Leben *ohne* Globalisierung.« *Angela Merkel*
- »... die Stürme der Globalisierung ...« *Gerhard Schröder, 14.3.2003, Agenda-2010-Rede*

Mein erstes kurzes Berufsleben, die Ausbildung zum Industriekaufmann in einer Lederwarenfabrik, stand im Zeichen der Globalisierung. Das ist mehr als fünfundvierzig Jahre her. Es zeichnete sich damals, Ende der fünfziger Jahre, schon ab, dass die deutschen Touristen ihre Handtaschen gerne aus Italien und Spanien mitbrachten. Zehn Jahre später, Ende der sechziger Jahre, begann die deutsche Lederwarenbranche unter dem Druck der Billigproduzenten in Fernost zu schrumpfen. Ihr Schicksal war symptomatisch für eine Reihe anderer Industriezweige wie Textil, Schuhe, Steinkohle, Haushaltsgeräte, Unterhaltungselektronik und so weiter.

Mein zweites Berufsleben begann als frischgebackener Diplomvolkswirt und Wissenschaftlicher Assistent an einem »Institut für *Internationale* Wirtschaftsbeziehungen«.

Der dritte Schritt im Beruf brachte mich als Ghostwriter zum damaligen Bundeswirtschaftsminister Prof. Karl Schiller. Die erste große Auseinandersetzung, die ich dort erlebte, betraf die außenwirtschaftliche Absicherung unserer Währung und dann konkret die Aufwertung der D-Mark.

Wenn ich heute vor dem Hintergrund meiner persönlichen Erfahrungen mit internationalen Wirtschaftsbeziehungen, die Millionen anderer Deutscher an anderen Orten und in anderen Berufen ganz ähnlich machten wie ich, in den Gesang der Globalisierungsbeschwörer hineinhorche, dann wird mir seltsam zumute. Ein Déjà-vu nach dem anderen.

Globalisierung gibt es schon lange

Man tut so, als ob wir mit dem Beginn des 21. Jahrhunderts direkten Wegs von der geschlossenen Volkswirtschaft in den internationalen Wettbewerb gekommen wären. Doch viele der skizzierten Änderungen erscheinen nur deshalb als gravierend und wirklich neu, weil sie von den handelnden und diskutierenden Personen weit übertrieben werden. Übertreibung gehört offenbar zum Grundprinzip der Öffentlichkeitsarbeit. Bundeskanzler Schröder spricht von »Stürmen der Globalisierung«, und Angela Merkel meint: »Leben *im* Zeichen der Globalisierung ist nicht Leben *ohne* Globalisierung« und begründet auch damit ihre These, wir lebten »in einer anderen Zeit als die Gründerväter unseres Landes«. Merkels Formulierung ist fast schon poetisch. Aber an ein Leben ohne Globalisierung könnten sich selbst unsere Urgroßeltern nicht erinnern, wenn sie denn noch lebten. Denn die Globalisierung ist ein alter Hut.

Dass wir in einer Welt enger Verflechtungen und eines engen Güteraustauschs leben, mit Kapitalströmen rings um den Globus, mit großen Investitionen verschiedener Anleger in den verschiedensten Ländern, mit Wanderungen von Arbeitskräften über größere Distanzen, und dass heute nicht nur Güter in anderen Ländern produziert und mit diesen ausgetauscht werden, sondern auch sehr spezielle Dienstleistungen in einem Land für ein anderes Land erledigt werden – so kommt zum Beispiel die Fahrplanauskunft für die privaten britischen Eisenbahnen demnächst aus Indien –, und dass damit ein hoher Grad von globaler Verflechtung erreicht ist, ist nicht zu bestreiten. Aber hat sich die Welt auf diesem Feld so gravierend geändert, dass man von einer neuen Zeit mit völlig neuen Herausforderungen sprechen kann? Die Globalisierung ist jahrhundertealt; schon in der zweiten Hälfte des 19. Jahrhunderts bestimmte sie dank der Entwicklung von Eisenbahnen, Telegraphie und Telefon das Wirtschaftsleben. Vor dem Ersten Weltkrieg gab es den sogenannten Goldstandard, das heißt, es gab feste, zwischen den Nationen vereinbarte Regeln ihrer Währungsverrechnung – um eines florierenden Waren- und Kapitalaustauschs willen.

»Die ökonomische Verflechtungsdichte von 1913 wurde erst wieder in den 1970er Jahren erreicht, in manchen Bereichen markiert 1913 immer noch ein absolutes Maximum. (...) Der Globalisierungsschub der 1980er und 1990er Jahre traf auf eine Welt, für die Globalität bereits seit langem nichts Besonderes mehr war«, meinen die Autoren eines Buches über die Geschichte der Globalisierung.[26] Die beiden Historiker nennen »Globalisierung« einen politischen Kampfbegriff. So ist es wohl.

Auch in den Anfängen der Bundesrepublik Deutschland, in den fünfziger, sechziger und siebziger Jahren, war Deutschland in den Welthandel eingeflochten. Damals gab es zusätzliche Probleme, die aus Währungsspekulationen resultierten, verbunden mit entsprechender Unruhe auf den Weltmärkten und großen Umgestaltungen, wenn die Wechselkurse geändert wurden. Die Entscheidungen über Aufwertung oder Nichtaufwertung ihrer Währung waren jeweils eine besondere Herausforderung für die Politik, die aus der Globalisierung der damaligen Zeit folgte. Ähnliche Folgen für unsere Volkswirtschaft hatten die Ölpreisexplosionen. Sie veränderten die Preisrelationen quasi über Nacht. Nicht umsonst sprach man von einem Schock.

Die Verflechtung Deutschlands mit anderen Ländern ist in den letzten dreißig Jahren weiter gewachsen. Die Exporte zum Beispiel stiegen von 64,1 Milliarden Euro 1970 über 328,7 (156) Milliarden 1990 auf 651,3 (238) Milliarden 2002 (in Klammern der Exportanstieg nach Abzug der Preissteigerungen). Das ist ein großer Zuwachs. Aber bevor man daraus schließt, diese Quantität sei eine neue Qualität, sollte man erstens beachten, dass auch das Bruttoinlandsprodukt gestiegen ist, und zweitens sollte man sich ansehen, mit welchen Ländern wir so intensiv verflochten sind: 70,4 Prozent unserer Exporte gingen 2002 in die EU, die Schweiz und nach Mittel-und Osteuropa. Weitere 10,3 Prozent gingen in die USA. In Europa ist ein großer Binnenmarkt entstanden, ähnlich dem Nordamerikas. Wenn Lidl oder Aldi ihre Filialen in Frankreich mit Gütern aus Deutschland beliefern - und umgekehrt -, dann sind das Warenströme, die bei der Globalisierung mitgezählt werden.

Aufgrund der Einflechtung in eine globale Welt waren auch früher große Veränderungen vor allem der Wirtschaftsstrukturen und Sektoren in Deutschland notwendig. Manche Industriezweige sind wegen des Globalisierungsdrucks schon vor dreißig Jahren dezimiert worden, andere sind gewachsen, weil sie neue Kunden auf den Weltmärkten fanden. (Näheres dazu unter Denkfehler Nr. 12, S. 170.)

»... die gewohnte Software des Sozialstaats passt nicht mehr in die neue Hardware der Globalisierung, deren Betriebssystem die Privatisierung der Welt ist. (...) Doch ein Zurück kann es nicht geben, denn die Möglichkeit, die räuberische Weltwirtschaft in die nationalstaatliche Kiste zurückzulegen, existiert nicht. (...) Mit der Globalisierung ist nun wieder alles anders.« *Wolfgang Clement im* Spiegel, *Nr. 16/2003*
»Globalisierung, Wissensgesellschaft und Bevölkerungsentwicklung erfordern neue Antworten.« *Jürgen Rüttgers, November 2003*

Die in vielen sorgenvollen Einlassungen über die Globalisierung immer wieder auftauchenden Hinweise auf die technische Revolution der Kommunikation und damit auf den schnelleren und unkomplizierteren Austausch von Ideen und Waren sehen davon ab, dass es solche Möglichkeiten der Kommunikation auf niedrigerem Niveau auch schon früher gab. Ein konkretes Beispiel aus der Praxis: In den siebziger Jahren stand die deutsche Lederwarenindustrie in harter Konkurrenz zu der aufkommenden Industrie in Ostasien. Damals wurden Entwürfe von Handtaschen per Telefax zu den Produzenten in Ostasien gesandt, das gefertigte Muster kam mit dem Flugzeug, dann wurde der Auftrag erteilt, die Ware produziert und importiert. Es ging nicht ganz so schnell wie heute, aber ein qualitativer Sprung ist die Veränderung der Technik nicht.

Auch Kapitalverkehr, Direktinvestitionen und Spekulationen sind keine neuen Erscheinungen des dritten Jahrtausends. Schon beim Eisenbahnbau in Deutschland vor über hundert Jahren gab es Gastarbeiter: Im Kaiserreich gab es bis zu zwei Millionen ausländische Beschäftigte. Französisches Kapital finanzierte den Eisenbahnbau des Zaren, Deutschland den der Türkei. Und dies alles vor dem Ersten Weltkrieg.

1975 war die Zahl der hierzulande beschäftigten ausländischen Arbeitnehmer mit 2,06 Millionen um 150 000 höher als heute im vergleichbaren früheren Bundesgebiet. Damals – und vor allem noch einige Jahre früher in den Zeiten guter Konjunktur und ohne Ölpreiskrise – hat man die Existenz von Gastarbeitern in Deutschland nicht als Bedrohung für die eigenen Arbeitsplätze, sondern als Hilfe empfunden. Das ist ein deutlicher Hinweis darauf, dass es entscheidend auf die Konjunkturlage ankommt, ob die Globalisierung als Herausforderung oder als harmlose Selbstverständlichkeit gesehen wird. Wenn die Konjunktur gut ist, wird Globalisierung weder als neu noch als Herausforderung betrachtet; wenn sie schlecht ist wie nunmehr – mit kleiner Unterbrechung – schon seit zwei Jahrzehnten, wird auch die Existenz von Gastarbeitern zum Problem. Das hat dann aber viel weniger mit der Globalisierung als mit der schlechten Konjunktur zu tun. Dies nicht zu verstehen ist das Kernproblem der heute laufenden Debatte.

In den von Sorge und Angst geprägten Debatten über die angeblich neue Herausforderung durch die Globalisierung spielen die Kapitalbewegungen eine wichtige Rolle. Von Milliarden und Billionen Dollar, die in Sekundenschnelle elektronisch um den Globus herumgejagt würden, ist die Rede. Und auch viele, die sich gemeinhin als intellektuell bezeichnen würden, hören mit weit offenen Ohren und Mäulern zu, wenn die Rede darauf kommt. Ein neues Phänomen ist dies nicht. Oder glaubt jemand ernsthaft, dass die Dollars, die zum Beispiel in den Jahren 1968/69 angesichts einer unterbewerteten DM verkauft worden sind, um in DM zu spekulieren, mit der Queen Elisabeth oder mit Frachtschiffen über den Atlantik transportiert worden sind? Glaubt man ernsthaft, dass damals die Goldreserven bei Spekulationen aus den Kellern geholt und mit Lkws transportiert wurden?

Schnelle Kapitaltransfers sind nun wirklich nichts Neues, wie auch Spekulationen nichts Neues sind. Bei den festgelegten Paritäten, wie es sie zwischen Dollar und DM gab, war die Spekulation auf Aufwertung oder Abwertung sogar noch lukrativer und deshalb gängiger als heute. Wenn heute Probleme etwa daraus entstehen, dass die Währungsparität zwischen Euro und Dollar so extrem schwankt wie in den Jahren 2002 und 2003 – mit allen Folgen für die Exporte und Importe –, dann ist das kein Problem der Globalisierung, sondern ein ganz altes Problem der Devisenspekulation und einer verfehlten Währungspolitik.

Und wenn wir uns nach dem Zusammenbruch der Blase an den Börsen sorgenvolle Gedanken machen – Bundeskanzler Schröder sprach bei seiner Agenda-2010-Rede davon, 700 Milliarden Euro seien buchstäblich vernichtet worden –, dann hat das nichts mit Globalisierung zu tun, sondern mit absurden Entwicklungen auf den Kapitalmärkten, Entwicklungen übrigens, die von einschlägigen Kreisen gefeiert wurden, weil sie an diesen Bewegungen nach oben und nach unten kräftig verdient haben. Dass die Behauptung von der totalen Internationalisierung übertrieben ist, dafür spricht auch ein anderes Detail: Die wegen der Globalisierung der Kapitalmärkte nach London versetzten Banker und Analysten deutscher Banken sind zu einem bemerkenswerten Teil wieder nach Frankfurt zurückgeholt worden.

Ein besonderes Kapitel in der Bewertung von Globalisierung sind die Direktinvestitionen: Kommen wenige Investoren in unser Land, dann wird die mangelnde Attraktivität Deutschlands beklagt. Kommen viele, dann geht die Rede vom Ausverkauf und der Überfremdung Deutschlands. Ich kann mich noch gut an solche Klagen in den fünfziger und sechziger Jahren erinnern. Damals kauften vor allem amerikanische Investoren reihenweise Unternehmen in Deutschland auf, auch Traditionsunternehmen wie Rollei und Schaub-Lorenz waren darunter. Man kann solche Investitionen so oder so beurteilen, es geht aber nicht an, sich je nach Stimmungslage und Agitationsabsicht das herauszusuchen, was einem gerade passt.

Dasselbe trifft zu, wenn deutsche Unternehmen im Ausland investieren: Das kann man als Kapitalflucht und Verlagerung von

Arbeitsplätzen brandmarken, man kann aber auch positiv vermerken, dass hier Marktöffnungs- und Marktsicherungspolitik betrieben wird.

Wieso ist eigentlich nur unser Land von der Globalisierung bedroht?

Angesichts der so pessimistisch und negativ geführten Debatte um die Herausforderung »Globalisierung« ist die Frage angebracht, wieso eigentlich nur unser Land so massiv der Globalisierung ausgesetzt sein soll? Wieso nicht auch Großbritannien, Frankreich, Österreich, Schweden? Warum sollten diese Länder von der Globalisierung profitieren, während wir nur darunter zu leiden haben?

Angeblich haben diese Länder im Gegensatz zum Reformschwänzer Bundesrepublik rechtzeitig ihre Hausaufgaben gemacht. Das Problem ist nur: An den Fakten lässt sich das nicht belegen. Schon die Diagnose, Deutschland sei ein »Reformschwänzer«, stimmt nicht. Wichtige Daten werden einfach nicht wahrgenommen. Deshalb hier in Kürze einige Fakten zur Einschätzung dessen, was Globalisierung für uns bedeutet:

- Die *Leistungsbilanzüberschüsse* unseres Landes – also die Ziffer, die unter anderem etwas darüber sagt, wie viele Waren und Dienstleistungen wir exportieren, wie sehr wir die Dienste und Waren anderer Länder in Anspruch nehmen und wieviel an Transfers von Geld hin und zurück finanziert werden muss – haben in den letzten Jahren wieder extrem zugenommen. Im Jahr 2003 betrug der Überschuss 51,1 Milliarden US-Dollar, 2004 waren es 104,3 Milliarden. Zum Vergleich: Die USA hatten 2004 ein Defizit von 665,9 Milliarden, Großbritannien ein Defizit von 47,1 Milliarden US-Dollar. Das mindeste, was man angesichts eines solchen Zahlenvergleichs fragen muss: Wer hat denn da eigentlich ein Globalisierungsproblem? Deutschland oder die USA, Deutschland oder Großbritannien?
- In der Globalisierungsdebatte spielen die *Veränderungen im Verhältnis zu Mittel- und Osteuropa* eine große Rolle. Die

neuen Länder in der Europäischen Union und die Beitrittskandidaten werden als besondere Bedrohung der Arbeitsplätze in Deutschland betrachtet. Richtig ist: Die außenwirtschaftliche Verflechtung unseres Landes mit Polen, Tschechien, Ungarn, der Slowakei, Slowenien und so weiter hat in den letzten Jahren enorm zugenommen. Aber zugenommen haben nicht nur die Importe von dort hierher, sondern unsere Exporte dorthin sind gleichermaßen gestiegen (siehe Abbildung 1 und Tabelle A8 im Anhang).

Abbildung 1: Gesamtvolumen der Einfuhren und Ausfuhren Deutschlands mit den EU-Beitrittsländern (ohne Zypern) zwischen 1999 und 2004 (in Milliarden Euro)

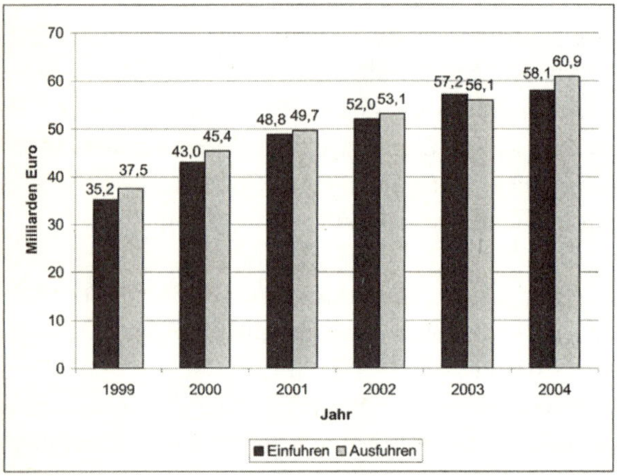

Quelle: Statistisches Bundesamt (Hrsg.): *Statistisches Jahrbuch 2003 für die Bundesrepublik Deutschland,* Wiesbaden 2003, S. 295 f. Die Werte für 2003 und 2004 sind unmittelbar vom Statistischen Bundesamt, wobei die Werte für 2004 vorläufige Ergebnisse sind.

Die Einfuhren von Polen nach Deutschland zum Beispiel haben zwischen 1990 und 2003 von 3,6 Milliarden auf 15,8 Milliarden Euro zugenommen, gleichzeitig stieg aber auch der Export nach Polen von 3,9 Milliarden auf 16,4 Milliarden Euro. Die Einfuhr aus Tschechien hat im gleichen Zeitraum von 2,3 auf

17,5 Milliarden Euro zugenommen, die Ausfuhr von 3,3 auf 16,7 Milliarden Euro.

Die Importe aus allen Beitrittsländern Mittel- und Osteuropas summieren sich von 1999 bis 2004 auf 294,2 Milliarden Euro, die Exporte in diese Länder auf 302,7 Milliarden Euro. Deutschland hat also in diesem Zeitraum in die neuen Länder der Europäischen Union mehr exportiert als importiert. Warum die ganze Aufregung?

Auch wenn Deutschland in der Summe einen Exportüberschuss in diese Länder erzielt hat und Globalisierungsängste aus diesem Anlass nun wirklich nicht gerechtfertigt sind, bleibt anzumerken: Hinter dem Wachstum von Exporten und Importen stecken *strukturelle Veränderungen der Handelsströme,* die eine *Herausforderung für einzelne Wirtschaftszweige* auch in Deutschland sind. Einige verlieren, andere gewinnen. Diesen Strukturwandel müssen wir bewältigen, und wir können ihn bewältigen, jedenfalls nicht schlechter als andere in Europa. Wir würden ihn zweifellos besser bewältigen, wenn unsere eigene Ökonomie »unter Strom stünde«. Diesen Mangel an innerer Dynamik sollte man aber nicht der Globalisierung zuschreiben.

- Ein damit verwandtes Problem spielt in der öffentlichen Debatte immer wieder eine Rolle: die Abwanderung von Arbeitsplätzen. Wie die Tendenz, also der Saldo von Abwanderung und Zuwanderung, heute insgesamt ist, wissen wir nicht genau. Mir scheint aber, dass auch dieses Problem zur Zeit massiv übertrieben wird. Daraus folgt eine substantielle Gefahr: dass sich nämlich Unternehmen an dieser Stimmung orientieren und sozusagen eine *self fulfilling prophecy* in Gang kommt (Näheres dazu unter Denkfehler Nr. 13, S. 176).

Globalisierung ist keine Bedrohung

Dass in der öffentlichen Debatte Deutschlands die Globalisierung für so neu und so bedrohlich gehalten wird, folgt zum einen aus der schon beschriebenen Neigung unserer Meinungsführer zum Pessimismus und zur Übertreibung; diese Neigung kann Teil einer gezielten Strategie zur Verängstigung sein, um auf diese Weise im Verteilungskampf einen besseren Schnitt zu machen. Da spielen viele Motive mit hinein.

Zum anderen unterliegen wir offenbar einer selektiven Wahrnehmung: Wir sehen immer nur einen Strom – die Bedrohung durch Importe und Abwanderung – und nicht die Gegenbewegung – die wachsenden Möglichkeiten für Deutschlands Exporte und Kooperationen mit anderen Ländern. Wenn es die nicht gäbe, hätten wir keine positive Leistungsbilanz.

Wer vordergründig wissen will, wie es um die Volkswirtschaft bestellt ist, der braucht sich nur auf die Straße zu begeben. Viele Autos kommen nicht aus einheimischen Fabriken. Eingekeilt von Karossen aus Staaten, die in puncto Kubikzentimeter und in der Wirtschaftsleistung schon lange auf der Überholspur sind, wird uns klar: Die USA sind auf dem absteigenden Ast, Deutschland und Japan gehört die Zukunft.

So würden die Amerikaner die Welt sehen, wenn sie Deutsche wären. So könnte man aus dem erfolgreichen deutschen Autoexport eine amerikanische Generalschwäche ableiten – wenn man wollte. Fast jede wirtschaftliche Kennziffer, hat man sie erst einmal erfolgreich aus dem Zusammenhang gerissen, kann als Beleg für fast jede Diagnose herhalten: Deutsche Firmen investieren im Ausland – ein Zeichen von Stärke. Oder von miserablen Rahmenbedingungen am heimischen Standort, vor denen die Konzerne ins Ausland fliehen.

Überall fremde Waren in den Regalen – wir werden vom Ausland überflutet. Oder wir sind ein gefragter Markt. Es kommt auf die Perspektive an. Offenbar sehen viele Menschen nur die Fülle von Importen. Wer sieht, was in unseren Einzelhandelsgeschäften feilgeboten wird, sieht aber nicht automatisch auch, wie viele in Deutschland produzierte Maschinen in ausländischen Fabriken arbeiten, wie viele von Deutschland gelieferte Chemikalien dort verarbeitet werden, wie vorherrschend in vielen Ländern die deutsche Automobilindustrie ist. Und weil er nur einen Teil der Wirklichkeit sieht, wird er vielleicht erschrecken und denken, die Globalisierung sei vor allem eine bedrohliche Entwicklung.

Wir sollten den Begriff »Globalisierung« nicht weiter als Kampfbegriff benutzen mit dem versteckten Ziel, Strukturreformen in Gang zu setzen, die das Gesicht unseres Landes am Ende negativ verändern werden. Wie sollen die Hartz-Gesetze, die Privatisierung der Altersvorsorge oder die Ausgliederung des Krankengeldes aus der gesetzlichen Krankenkasse der Herausforderung durch die angeblich neue Globalisierung begegnen?

Wir sollten Globalisierung als eine bewährte Herausforderung betrachten und da, wo Handlungsbedarf besteht, auch wirklich handeln. Den gibt es nämlich. Zum Beispiel dann, wenn einige osteuropäische Beitrittsländer wie etwa Ungarn mit niedrigen Steuern um deutsche Betriebe werben und gleichzeitig ihre in finanzielle Not geratenen öffentlichen Aufgaben mit Geldern bezahlen, die sie von uns über Brüssel zu erhalten hoffen. Darüber muss man miteinander reden, wie dies auch mit Irland nötig war und nötig ist. Eine stärkere Harmonisierung der Steuern oder – bescheidener – der nationalen Steuerpolitiken, die diese Art von unlauterer, ja dreister Standortkonkurrenz einschränkt, ist notwendig. Zumindest aber müsste eine Übereinkunft erreicht werden, dieses Steuerdumping sein zu lassen. Ähnliches gilt für die Verschiebung von Geldvermögen in die Steueroasen europa- und weltweit.

Auswüchse und Marktversagen sind jedoch kein Grund, aus der Globalisierung ein hochdramatisches Thema machen. Eine kluge Politik würde gegen diese Stimmungsmache angehen, statt sie mitzumachen und mit dem gängigen »Alles-ist-neu-Gerede« noch zu verschärfen. Die Globalisierung ist nicht neu.[27] Sie erfordert als Antwort auch nichts grundsätzlich Neues.

Auch hier gibt es Reformbedarf. Eine bessere Regelung und Kontrolle des Wirkens der Hedgefonds wäre fällig. Dass ein gutgehendes Unternehmen wie der Armaturenproduzent Grohe rücksichtslos gefleddert werden kann, zeigt den Regelungsbedarf. Es ist auch höchste Zeit, die Steuerbefreiung für Gewinne beim Verkauf von Unternehmen wiederzurückzunehmen. Denn diese »Reform« von Bundeskanzler Schröder war eine besonders attraktive Einladung an die sogenannten Heuschrecken.

Denkfehler 3:
»Wir brauchen die permanente Reform.«

Variation zum Thema:

- »Nach der Reform ist vor der Reform.«

Am Freitag, dem 19. Dezember 2003 wurde im Deutschen Bundestag das sogenannte große Reformpaket einschließlich einer vorgezogenen Steuerreform verabschiedet. Noch am gleichen Tag begann die Debatte um weitere Reformen zum gleichen Gegenstand. »Nach der Reform ist vor der Reform«, dieser ebenso flotte wie hohle Spruch machte die Runde. So ging es weiter in den Tagen vor Weihnachten und nach Weihnachten und vor Silvester und nach Neujahr und im Jahr 2004. Die Reformen waren noch nicht einmal umgesetzt, geschweige denn, dass man abgewartet und geprüft hätte, ob sie übehaupt die geplante Wirkung bringen, und schon wurden neue Reformen gefordert. Insbesondere die Steuerentlastung war überhaupt noch nicht in ihrer Wirkung abzuschätzen; schon gar nicht war erkennbar, was bei der vollständigen Implementierung der Steuerreform an wirtschaftlicher Belebung zu erfahren ist. Und dennoch begann eine heftig geführte neue Steuerreformdebatte.

Offenbar geht es weniger um die Wirkung von Reformen als um die Profilierung als Reformer und Modernisierer. Der stellvertretende Fraktionsvorsitzende der Union, Friedrich Merz, pochte auf die Fortsetzung der Steuerreformdebatte, weil er sich dann mit einem entsprechenden Vorschlag profilieren konnte, den er gerade mal ein Vierteljahr zuvor vorgelegt hatte. Wirtschafts- und Arbeitsminister Wolfgang Clement sprang auf die Debatte auf, weil er schon immer wusste, dass man sich in der Mediendemokratie am besten profilieren und auch populär werden kann, wenn man den Journalisten immer neues Futter bietet. Die Mehrheit der Journalisten hat keine Sekunde gezögert, das Spiel mitzuspielen.

Die politisch Verantwortlichen, die diese Diskussion mit befördert und ihr neue Nahrung gegeben haben, haben offenbar nicht bedacht, welche fatale Wirkung eine solche Debatte haben muss. Wie sollen sich Verbraucher, Arbeitnehmer und Unternehmer orientieren und eigene Pläne machen, wenn eine Reform, im konkreten Fall eine Steuerreform, kaum in Kraft getreten, von der Ankündigung der nächsten überrollt wird? Und dies immer wieder. Da wird gerade ein Spitzensteuersatz von 45 Prozent implementiert und 42 Prozent für die nächste Stufe Anfang 2005 festgezurrt, und schon fordert man 35 und 30 Prozent und den Wegfall von Steuervergünstigungen und aller Subventionen. Worauf sollen sich Unternehmen dann verlassen?

Vernünftig wirtschaften können Unternehmen nur, wenn die Rahmensetzung beispielsweise über Steuersätze und Steueranreize einigermaßen verlässlich ist. Die Vorstellung von der permanenten Reform ist grotesk. Recht und Gesetz sind nichts, was man dauernd ändern könnte. Nicht umsonst spricht man von Rechtssicherheit.

> »Der Kanzler irrt. Soll seine Reform jemals Wirkung zeigen, sollen Arbeitslosigkeit und Schuldenstand sinken und Beschäftigung und Wachstum steigen, muss er seine Agenda 2010 kräftig ausbauen. Sie kann nur der Anfang eines mehrjährigen Reformprozesses sein.« *Spiegel*, 19.5.2003

Die Reformpolitik hat eine zutiefst frustrierende Wirkung

Entweder versteht die heutige politische Klasse nicht mehr oder sie will es nicht verstehen, dass Regelungen, mit denen wir unser gesellschaftliches Leben gestalten und an denen wir uns orientieren, erst einmal akzeptiert und verarbeitet werden müssen. Die Mehrheit der Menschen – all jene, die nicht über ausreichend Detailwissen verfügen können und die andere Sorgen haben, als sich die nächste Reform auszudenken – kann nicht immer neue Regelungen lernen und verstehen. Es kostet die Menschen eine große Anstrengung, bis sie eine gesellschaftliche Regel verstanden, verarbeitet und für sich entschieden haben, was günstig, tragbar, finanzierbar, jedenfalls gewünscht ist.

Politiker, die die permanente Reform propagieren, haben von der Lebenswelt der Mehrheit offenbar keine Ahnung und setzen obendrein ihre eigene elitäre Lebenswelt absolut. Sie gehen damit auf Distanz zu der Mehrheit der Menschen. Das ist einer der Gründe für das Unbehagen gegenüber der Politik, für Abstinenz und Wahlenthaltung, für Politikverdrossenheit und Frust. Dass die Reformpolitik eine zutiefst frustrierende Wirkung hat, liegt nicht nur an ihrer mangelhaften Balance und an ihrer Ungerechtigkeit, sondern an der daraus folgenden Orientierungslosigkeit der Menschen, die von der permanenten Veränderung überfordert sind. Das erklärt den Niedergang der SPD übrigens mindestens so sehr wie die empfundene Ungerechtigkeit.

Die Reformer überfordern die Menschen. Selbst wenn man wie ich die Erosion des Vertrauens in die gesetzliche Rentenversicherung und die Einführung der Riesterrente für einen Fehler hält, muss man nach Einführung einer solchen Reform davor warnen, die neue Sozialtechnik Riesterrente wieder der Erosion des Vertrauens preiszugeben. Die betroffenen Menschen wie auch die privaten Anbieter der Riesterrente, also die Versicherungskonzerne und ihre Vertriebsagenturen, müssen sich auf die neuen Regelungen einstellen können. Man kann ihnen nicht zumuten, dass schon übermorgen dies alles nicht mehr gilt.

Ähnliches gilt für die Krankenkostenreform und die Pflegeversicherung. Man kann doch von den Ärzten und ihren Mitarbeitern nicht erwarten, dass sie sich engagiert der Aufgabe widmen, von ihren Patienten pro Quartal 10 Euro zu kassieren, wenn man im nächsten Satz schon die nächste Reform ankündigt.

»Ich bin dafür, die Pflegeversicherung in ihrer bisherigen Form aufzugeben.« *Grünen-Fraktionschefin Katrin Göring-Eckardt, 6.8.2003*

»Pflege: Auch hier will die CDU sofort auf ein kapitalgedecktes System umsteigen.« *Leitantrag Deutschland fair ändern, Dezember 2003, zit. nach* Spiegel Online

Es ist nicht zu begreifen, dass die Vorsitzende einer Regierungsfraktion im Jahr 2003 über die Pflegeversicherung, die wir da gerade mal seit gut sieben Jahren hatten, seit 1996 nämlich, sagt: «Ich bin dafür, die Pflegeversicherung in ihrer bisherigen Form aufzugeben.« So kann man mit solchen fundamentalen Sozialtechniken nicht umgehen, auch dann nicht, wenn sie vom politischen Gegner, in diesem Fall von Norbert Blüm (CDU) zusammen mit der SPD, eingeführt worden sind.

Die »permanente Reform« ist ein Klotz am Bein unserer Volkswirtschaft

Die Idee der permanenten Reform widerspricht auch Parolen, die ansonsten in Kreisen der Modernisierer wie auch bei Unternehmern und Managern gerne gebraucht und gehört werden: den Forderungen nach Bürokratieabbau und nach einfachen Regeln. Die Idee von der Notwendigkeit permanenter Reformen widerspricht dem Gedanken, die Regeln unseres Zusammenlebens und Wirtschaftens nicht bürokratisch zu überfrachten. Die meisten der in den letzten Jahren verabschiedeten Reformen – ob von CDU oder SPD, von der FDP oder den Grünen – waren bürokratische Monster. Bei den Arbeitsämtern, die heute »Agenturen« heißen, bei den AOKs und den anderen Stellen, die beispielsweise die sogenannten Hartz-Reformen abzuwickeln haben, herrscht geballter Frust über Bürokratie. Die Mitarbeiter dieser Institutionen können ein Lied davon singen, wie überlastet die meisten Menschen von der Idee und Praxis der permanenten Reform sind. In den Finanz- und Arbeitsämtern ertrinken die Mitarbeiter in ständig neuen Runderlassen.

Die Politik der permanenten Reform ist teuer. Die Umstellung auf neue soziale Techniken, auf neue Regeln fürs Zusammenleben und fürs Wirtschaften verursacht nicht nur Kosten bei den Unternehmen, sondern auch bei den einzelnen. Es ist nicht nur anstrengend, sich auf immer neue Regeln einzustellen. Das kostet auch. So gesehen ist die permanente Reformdebatte wie ein Klotz am Bein unserer Volkswirtschaft. Je mehr Klötze sie am Bein hat, um so schwerfälliger wird sie. Ähnlich wie hohe Subventionen, ein bürokratischer Staatsapparat, ein ineffizientes Bildungssystem oder eine viel zu langsame Zivilgerichtsbarkeit belasten auch Reformdebatten und andauernde Reformen die Produktivität der Volkswirtschaft und die Kalkulationen der Wirtschaftssubjekte. Die dadurch entstehenden Kosten müsste man gegen den Vorteil, auch gegen eine Kostenersparnis aufrechnen, die man sich von Reformen erhofft. Leider ist unsere Sozialwissenschaft schon so angepasst, dass sie kritische empirische Untersuchungen dazu kaum macht. Es gäbe ein wunderbares Thema für sie: Vergleich der Kosten der Reformen zur Senkung der Lohnnebenkosten mit den erzielten Einsparungen an Lohnnebenkosten. Ich vermute, dass die Kosten der Reformen um vieles höher sind als die erwarteten Gewinne.

Die permanente Reform als politisches Konzept und die damit verbundene Zerstörung des Vertrauens in gemeinsame Regeln und Einrichtungen hat das »Beigeschmäckle« von Kulturrevolution. Man bewegt sich, aber man weiß weder wohin noch wo man am Ende landen wird. Das ist unserer guten kulturellen Tradition nicht angemessen, doch es könnte geradezu als Herrschaftsinstrument gedacht sein, wie es die chinesische Kulturrevolution auch war.

Denkfehler 4:
»Wir leben in einer Wissensgesellschaft! Wir leben in einer Dienstleistungsgesellschaft! Das erfordert neue Strukturen.«

Variationen zum Thema:

- »Technologische Revolution hin zur Informations- und Wissensgesellschaft.« *Angela Merkel*
- »Digitaler Kapitalismus.« *Peter Glotz*

Menschen versuchen, die Epoche, in der sie leben, in Begriffe zu fassen. Das war immer so: Mittelalter, Neuzeit, Zeitalter der Aufklärung, Feudalismus, Agrargesellschaft, Industriegesellschaft. Und jetzt eben die Dienstleistungsgesellschaft oder das Informationszeitalter. So verständlich dieser Kategorisierungsversuch ist, er verdeckt auch viel, er verwischt und lenkt in falsche Richtungen und führt zu falschen Entscheidungen.

Im konkreten Fall soll mit diesen Begriffen auch die Notwendigkeit für gravierende Veränderungen begründet werden. Wenn zum Beispiel die sogenannte Zukunftskommission der Bayerischen und Sächsischen Staatsregierungen[28] von einer »unternehmerischen Wissensgesellschaft« spricht, dann will sie etwas damit erreichen. Unter anderem will sie erreichen, dass »ein wachsender Anteil der Bevölkerung größere Verantwortung für seine Erwerbstätigkeit und Daseinsvorsorge unternehmen wird« und die sozialen Sicherungssysteme dem angepasst werden. Das heißt: das angeblich Neue wird mit einem Zweck verbunden.

> »Wir erleben in Deutschland derzeit einen epochalen Umbruch von der materiellen Produktion zur Wissensgesellschaft.« *Stefan Röver, Vorzeige-Start-up-Unternehmer für die Initiative Neue Soziale Marktwirtschaft, im Oktober 2000* (sein 1994 gegründetes Unternehmen Brokat Technologies ist inzwischen vom Markt verschwunden)

Eigentlich sollten jene, die immer neue Zustände unserer Gesellschaft und neue Kategorien ausrufen, durch ein noch nicht lange zurückliegendes Ereignis gewarnt worden sein: Im Zeichen des Aktienbooms und des Booms der neuen Märkte hatte man das Zeitalter der New Economy ausgerufen. Dann platzte die Blase, und New Economy und E-Commerce schrumpften auf das, was sie tatsächlich waren: eine gewisse Neuerung, ein gewisser Fortschritt, aber nie im Leben geeignet, um unserer Gesellschaft einen neuen Namen zu geben.

Ganz ähnlich ist das mit der »Dienstleistungsgesellschaft«. Wenn man hört, welches Tamtam darum gemacht wird, könnte man meinen, in Deutschland würden bald keine Maschinen mehr gebraucht, und anstatt Auto zu fahren, würden wir alle mit Taxis chauffiert; wir würden nicht mehr essen, was auf den Feldern angebaut wird, und zu kleiden bräuchten wir uns auch nicht – man tut geradezu so, als würde man von Dienstleistungen leben. »Etwas zu produzieren war ja schon fast nicht mehr akzeptabel«, erinnert sich der Vorstands-Vize der BASF Eggert Voscherau,[29] und BASF-Chef Jürgen Hambrecht warnt vor den »Träumereien« von einer Dienstleistungsgesellschaft. Sie haben recht. Wenn man sich die tatsächliche Entwicklung anschaut, dann hat die Industrie für unseren eigenen Konsum wie für den Export nach wie vor herausragende Bedeutung in Deutschland. Und Vorstand und Mitarbeiter/innen eines Unternehmens wie BASF, dessen Börsenwert zeitweise vom Börsenwert kleinerer Dienstleister überflügelt worden war, freuen sich mit Recht über die Wiederentdeckung der »Old Economy«. Wir haben einen modischen Zirkus hinter uns, der ganz schön teuer war, weil er Kräfte für Kapitalmarktaktivitäten absorbierte – zum Beispiel für die Abwehr von Übernahmegerüchten – und damit Ressourcen band, die produktiver hätten eingesetzt werden können.

Abbildung 2: Anteil der einzelnen Wirtschaftssektoren an der gesamten Bruttowertschöpfung (in Preisen von 1995) in Prozent

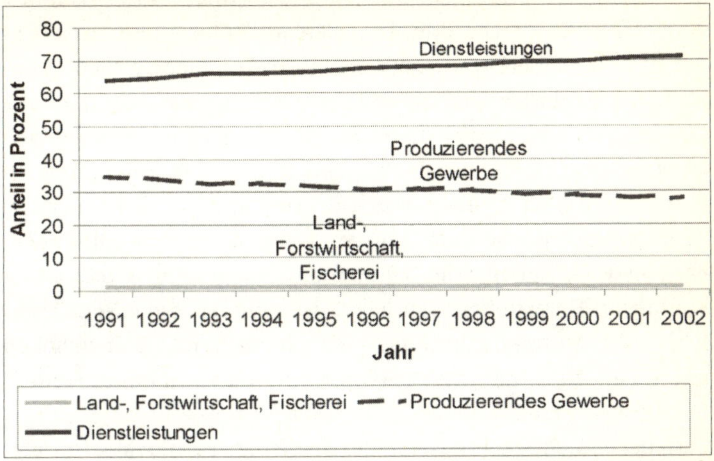

Quelle: Sachverständigenrat zur Begutachtung der gesamtwirtschaftlichen Entwicklung (Hrsg.): *Staatsfinanzen konsolidieren – Steuersystem reformieren. Jahresgutachten 2003/04,* Berlin 2003, S. 541. Eigene Berechnungen.

Statistisch betrachtet ging der Anteil des produzierenden Gewerbes an der Bruttowertschöpfung in gut zehn Jahren von 35 auf 27,8 Prozent zurück, während sich der Anteil des Dienstleistungssektors im selben Zeitraum von 63,7 auf 70,9 Prozent erhöhte (siehe Abbildung 2). Dabei muss man jedoch beachten, dass in dem hohen Dienstleistungsanteil der gesamte öffentliche Dienst enthalten ist – von den Lehrern über das Einwohnermeldeamt und die Polizei bis zu den Müllmännern. Außerdem stecken hinter manchen der statistisch erfassten Verschiebungen zwischen Industrie- und Dienstleistungssektor neue Moden oder auch sachlich begründete Tendenzen wie die Auslagerung von Unternehmensteilen. Als beispielsweise Daimler Chrysler einen Teil der hauseigenen, bisher in der Firma erbrachten Dienstleistungen wie Buchhaltung, Telekommunikation und anderes auslagerte und sie in einer neuen Firma, der Debis, zusammenfasste, wuchs in der Statistik der Anteil des Dienstleistungssektors.

Ähnliche Entwicklungen haben dazu geführt, dass in den USA oder auch in Großbritannien der Sektor der Dienstleistungen größer ist als hierzulande. Das gilt als fortschrittlich. Aber eigentlich ist es ziemlich gleichgültig, in welchem Sektor Menschen einen Arbeitsplatz haben und womit sie ihr Einkommen verdienen.

Dienstleistungen sind bei Meinungsführern auch deshalb angesehen, weil viele von ihnen selbst im Dienstleistungsbereich arbeiten, etwa im Beratungswesen oder in der Public Relations. In diesen Bereichen können horrende Honorare verdient werden. Dass diejenigen, die dort tätig sind, das besonders gut finden, kann man verstehen. Aber zu meinen, eine gesamte Gesellschaft könne von Dienstleistungen leben, ist einer der typischen Denkfehler. Wir hätten dann nichts mehr zu essen, nichts anzuziehen und nichts zum Autofahren. Womit würden wir dann die teuren Berater bezahlen?

In der Zukunftskommission der Staatsregierungen aus Dresden und München treibt die Bewunderung für Dienstleistungen besondere Blüten. In ihrem Bericht beschäftigt sich die Kommission mit der Frage, wie es kommt, dass die Deutschen einen soviel geringeren Dienstleistungsanteil haben als die USA. Die Zukunftskommission sieht ein Beschäftigungspotential von bis zu 4 Millionen zusätzlichen Arbeitsplätzen. »Modellhaft«, so wird behauptet, »gäbe es dann in Deutschland keine Arbeitslosigkeit mehr.« Wer die Diskussion um die Dienstleistungsgesellschaft verfolgt hat, weiß, dass diese Schwänke der Bayern und Sachsen für den Verlauf der Debatte nicht unbedeutend waren. Große Teile jener, die einen Niedriglohnsektor fordern, gehen von diesen bayerisch-sächsischen »Erkenntnissen« aus und erhoffen sich den Durchbruch zur Vollbeschäftigung, wenn, ja wenn die Deutschen nur endlich ihre »mentalen Barrieren« gegen das Dienen überwinden: »Die Deutschen zögern nicht nur, solche Dienste anzubieten, sondern auch, sie anzunehmen. Viele wollen nicht dienen, viele wollen aber auch nicht bedient werden.«

Mit solchen abwegigen Erwägungen beschäftigen sich hochbezahlte Kommissionen und unsere Spitzenpolitiker. Haben diese Leute vergessen, dass wir in einer Marktwirtschaft leben? In einer

Marktwirtschaft ist es Anbietern und Nachfragern überlassen, welche Mentalität sie haben.

Ist die »Wissensgesellschaft« eine aufgeklärte Gesellschaft?

Nicht minder erstaunlich ist die Debatte um die »Wissens-« oder »Informationsgesellschaft« beziehungsweise den »digitalen Kapitalismus« (Peter Glotz). Auch hier wird so getan, als gäbe es fundamentale Brüche.

Kleine Brüche und große Veränderungen hat es schon immer gegeben. Denken wir an die Erfindung des Telefons oder die Entdeckung der Elektrizität. Das waren keine geringeren Brüche als das, was sich im Zuge der Computerisierung in den letzten vierzig bis fünfzig Jahren an sogenannter Wissensgesellschaft entwickelt hat.

> »Deutschland ist mir zu langsam auf seinem Weg in die Wissensgesellschaft.« *Horst Köhler nach seiner Wahl zum Bundespräsidenten, 23.5.2004*

Heute wird alles gleich Zäsur genannt, und man spricht von einem neuen Zeitalter. »*Nach* der digitalen Revolution ist nicht *vor* der digitalen Revolution«, sagt Angela Merkel. Und viele reden mit ihr von der Wissensgesellschaft oder von der – noch eindrucksvoller – »wissensbasierten Dienstleistungsgesellschaft« und suggerieren damit, wir seien eine informiertere Gesellschaft als noch vor wenigen Jahren.

Die Fülle an Wissen ist unfassbar groß geworden und wächst ständig. Es ist auch nicht zu bestreiten, dass der Zugriff auf Daten leichter geworden ist. Zur Erarbeitung dieses Buches hätte ich vor zwanzig Jahren noch sehr viel in Bibliotheken stöbern müssen. Heute recherchiere ich im Internet und besorge mir CD-ROMs mit Datensammlungen, Tabellen und Diagrammen. Das sind gravierende Veränderungen.

Eine ganz andere Frage, die leider selten gestellt wird, ist, ob die Menschen im großen und ganzen heute wirklich mehr wissen als früher, ob sie mehr wissen wollen und ob ihr Wissen präsent ist, wenn andere versuchen, ihre Meinung durch dargebotenes »Wissen« zu beeinflussen. Würde man versuchen, sich eine Gesamtübersicht zu verschaffen über die Bereitschaft und Fähigkeit der Mehrheit der Menschen, Wissen einzusetzen und dargebotenes »Wissen« kritisch zu hinterfragen, dann würde man sicher feststellen, dass wir von der Wissensgesellschaft eher abrücken als zu ihr hinzurücken. Ein paar Indizien sollen diese These belegen:

In der Werbe- und Public-Relations-Wirtschaft registriert man, dass der Bildungsstand in den letzten Jahren massiv gesunken ist. Rund 20 Prozent der Bevölkerung seien nicht mehr fähig, einen normalen Artikel einer etwas anspruchsvolleren Tageszeitung zu lesen. Etwa 15 Prozent der Deutschen bewegen sich nach Meinung der »Stiftung Lesen« an der Grenze zum funktionalen Analphabetismus. Mit der Kommerzialisierung des Fernsehens nahm die sogenannte Boulevardisierung zu. Von der »Verblödung des Publikums« spricht der fernseherprobte Medienmann Erich Böhme. Wenn Jugendliche rund sechs Stunden am Tag elektronische Medien nutzen, also Computer, Fernseher, Minidisc, Handy, dann ist der Effekt für Bildung und Wissen ausgesprochen fragwürdig.

Wir spüren diese Entwicklung in der politischen Welt: Die Beteiligung nimmt ab, das Wissen über Politik und gesellschaftliche Vorgänge nimmt ab, die Vergesslichkeit nimmt zu, man kann es sich als Politiker heute leisten, nach kurzer Zeit das Gegenteil von dem zu behaupten, was man zuvor gesagt hat. Damit will ich nicht dem Kulturpessimismus das Wort reden. Es geht mir nur um den Versuch, dem Schlagwort von der Wissensgesellschaft ein paar Fakten entgegenzusetzen. Schon diese wenigen Beispiele zeigen, dass sich hier nichts Neues auftut und schon gar nichts, was strukturelle Änderungen bei den Regeln unseres Zusammenlebens erfordern würde.

Die Reformlüge und die Tatsache, dass sie sich so unwidersprochen verbreiten konnte, ist übrigens einer der besten Belege dafür, dass es um die Wissensgesellschaft in Deutschland nicht allzu gut bestellt ist.

B. Drei Mythen, die demographische Frage betreffend

Angenommen, Sie wären Prozessbeobachter bei einem Strafverfahren und würden erleben, wie die Richter systematisch jedes Faktum, das den Angeklagten entlasten könnte, beiseite schieben. Sie hätten sicher den Eindruck, dass da etwas nicht mit rechten Dingen zugeht. Eigentlich gibt es nur drei Möglichkeiten: Entweder sind die Richter nicht ganz bei Trost, oder sie sind dem Einfluss der Staatsanwaltschaft erlegen oder einfach gekauft.

Das ist ziemlich genau die Situation in der Debatte über das demographische Problem, die darum kreist, ob wir in gefährlicher Weise zu wenige werden, ob wir zu wenige Kinder haben, und in der es vor allem um die Frage geht, ob die Rentner auf Kosten der heranwachsenden Generation leben. Alles, was den angeblichen Generationenkonflikt entschärft und entlastet, wird unter den Tisch gekehrt. Die über dieses Problem urteilenden »Richter« unter unseren Meinungsführern lassen die entlastenden Fakten einfach unter den Tisch fallen. Ohne sie zur Kenntnis zu nehmen, redet und urteilt man so weiter, als gäbe es die Fakten gar nicht.

Fragen wir doch einmal nach: Haben wir wirklich ein dramatisches demographisches Problem, das Anlass bietet für die laufenden Strukturreformen? Trägt der Generationenvertrag wirklich nicht mehr, und lässt sich dieses Problem, wenn es denn besteht, mit der vollständigen oder teilweisen Umstellung der Altersvorsorge auf Privatvorsorge lösen?

Das Thema ist sehr emotional besetzt. Wer die gängige Angst vor dem Wenigerwerden oder dem Älterwerden unseres Volkes dämpft oder gar relativiert, muss mit emotionalem Widerstand rechnen; schlimmstenfalls wird er sogar als Kinder- und Familienfeind apostrophiert. Das bin ich nicht. In der Sprache gesagt, die heute üblich ist: Ich habe für meine Rente mit ausreichend Kindern persönlich vorgesorgt.

Dieser letzte Satz ist falsch. Warum, wird in den folgenden Kapiteln erläutert.

Denkfehler 5:
»Wir werden immer weniger!«

Variationen zum Thema:

- »Der letzte Deutsche.« *Spiegel*-Titel vom 5.1.2004
- »Wir sterben aus.«
- »Raum ohne Volk.«
- »Die Geburtenrate ist viel zu niedrig.«

Die Deutschen, vor allem ihre Eliten, sind in heller Aufregung. Keine Analyse der Lage des Landes und seiner Zukunft kommt ohne den Hinweis aus: »Wir haben ein großes demographisches Problem. Mit unseren jetzigen Strukturen können wir es nicht bewältigen. Wir müssen den Sozialstaat der demographischen Entwicklung anpassen. Die junge Generation wird sonst überfordert.«

Über die große Bedeutung des Themas gibt es zwischen den Parteien des Deutschen Bundestages keinen Streit. Sie alle halten die »Demographie« für eine zentrale Herausforderung der Gegenwart, und sie werden in dieser Einschätzung von Publizistik und Wissenschaft angefeuert. Ganze Heerscharen von Politikern und Wissenschaftlern haben sich in den letzten Jahren mit der demographischen Entwicklung beschäftigt. Die Vorstellung, hier lauere eine der großen Herausforderungen unseres Volkes, war Ausgangspunkt und Begleitelement von Kommissionen, die sich als wichtig empfunden haben und die auch von der Öffentlichkeit als wichtig empfunden worden sind: die Enquete-Kommission »Demographischer Wandel«, die Süssmuth-Kommission zur Zuwanderung, die Rürup-Kommission, die Herzog-Kommission und so weiter. Dutzende von Gutachten sind dem Thema gewidmet. Die Sozialdemokratie, wie immer in ihrer hundertvierzigjährigen Geschichte zu einem Sonderopfer bereit, nimmt in Gestalt ihres Vorsitzenden Franz Müntefering auch gleich noch die Verantwortung für die angeblich zu späte Erkenntnis des

Problems auf ihre schmaler werdenden Schultern: »Wir Sozialdemokraten haben in der Vergangenheit die drohende Überalterung unserer Gesellschaft verschlafen. Jetzt sind wir aufgewacht. Unsere Antwort heißt: Agenda 2010! Die Demographie macht den Umbau unserer Sozialsysteme zwingend notwendig.«

Zwei Probleme werden im wesentlichen gesehen und zu einer der ganz wesentlichen Begründungen für die Reformnotwendigkeit und bestimmte Reformprojekte herangezogen:

- die sogenannte Überalterung, in besonderer Übertreibung »Vergreisung« genannt,
- und die Tatsache, dass im Jahr 2050 hierzulande vermutlich weniger Menschen wohnen werden; in Übertreibung wird vom »sterbenden Volk« oder noch übertreibender vom »Raum ohne Volk« (so der *Spiegel)* gesprochen.

Als ursächlich für beides wird die niedrige, die »zu geringe« Geburtenrate diagnostiziert.

Schon an dieser Begriffswahl – und übrigens auch an anderen Begriffen wie »Nettoreproduktionsrate« und »Alterslast«, die von den Demographen und den sie zitierenden Politikern und Publizisten so gerne gebraucht werden – sieht man, wie sich die Zeiten in Deutschland geändert haben. Noch in den siebziger Jahren, als schon einmal eine Debatte ums »sterbende Volk« inszeniert wurde, hat sich als unaufgeklärt bis völkisch denkend diskreditiert, wer diese Begriffe gebrauchte.

Wie »dramatisch« ist die Entwicklung der deutschen Bevölkerung?

Die mittlere Variante der Prognose des Statistischen Bundesamts – veröffentlicht am 6.6.2003 – sieht für 2050 einen Rückgang der Bevölkerung Deutschlands von heute rund 82,5 auf dann gut 75 Millionen vor. Dieser mäßige Rückgang um nicht einmal 10 Prozent innerhalb von fast fünfzig Jahren wird als eine dramatische Entwicklung und als Symptom des »Sterbens« betrachtet. Tabelle 3 zeigt, wie diese Zahl einzuordnen ist.

Tabelle 3: Entwicklung der Gesamtbevölkerung in Deutschland

Jahr	Gesamtbevölkerung
2003	82,5 Mio. Ist-Bestand Gesamtdeutschland
2050	75,0 Mio. mittlere Variante der Prognose
1950	68,7 Mio. Ist-Bestand West- und Ost-Deutschland
1950	50,8 Mio. Bundesgebiet vor der Wiedervereinigung
1939	43,0 Mio. dito

Quelle: Statistisches Bundesamt (Hrsg.): *10. Koordinierte Bevölkerungsvorausberechnung*, Wiesbaden 2003.

Im »dramatischen« Jahr 2050 liegt die Bevölkerungszahl nach der mittleren Prognose mit 75 Millionen Menschen demnach weit höher als 1950 mit knapp 69 Millionen. Warum sollte uns das aufregen? Damals, 1950, war es nicht leer in Deutschland. Und 1939, als die Bevölkerungszahl im Gebiet der späteren Bundesrepublik (West) mit 43 Millionen noch niedriger war als 1950 mit 50,8 Millionen, sprachen Hitler und seine Helfer vom »Volk ohne Raum« und überzogen Europa mit einem furchtbaren Krieg. Heute spricht der *Spiegel*[30] im Hinblick auf die kommenden Jahre vom »Raum ohne Volk« – dieselbe Übertreibung, bloß andersherum.

Diese wenigen Ziffern zeigen schon, wie bodenlos verrückt die Debatte verläuft. »Raum ohne Volk« und »Der letzte Deutsche« – diese Parolen grenzen an Volksverdummung.

Es gibt übrigens ein echtes demographisches Problem, das der politischen Fürsorge bedürfte: die Wanderungsbewegung der jungen und arbeitsfähigen Generation von Ost- nach Westdeutschland.

Auch ein Vergleich der Bevölkerungsdichte mit anderen Staaten zeigt, dass die Aufregung rational nicht zu begreifen ist (siehe Tabelle 4). »Raum ohne Volk« – diese Behauptung ist ohne jede Grundlage, wenn man die Bevölkerungsdichte von Deutschland (231 Einwohner pro km²) mit jener in Frankreich (111), den USA (31), Spanien (81) und so weiter vergleicht. Wir leiden als Land insgesamt wirklich nicht unter »Ausdünnung«, und dies ist auch für die nächsten fünfzig Jahre nicht zu erwarten.

Tabelle 4: Die Bevölkerungsdichte in verschiedenen Ländern

	Einwohner pro km² im Jahre 2003
Niederlande	477
Großbritannien	243
Deutschland	231
Italien	191
Tschechische Republik	130
Dänemark	124
Polen	123
Frankreich	111
Österreich	97
Spanien	81
USA	31

Quelle: Statistisches Bundesamt (Hrsg.): *Statistisches Jahrbuch 2003 für das Ausland,* Wiesbaden 2003, S. 174 ff.

Unter Umständen täte es unserem Zusammenleben, der Lebens- und Wohnqualität und der seelischen Befindlichkeit sogar gut, wenn Deutschland etwas weniger dicht besiedelt wäre. In vielerlei Hinsicht wäre eine solche Entwicklung möglicherweise eine Entlastung. Aber das darf man in Deutschland auf keinen Fall öffentlich sagen, denn die Grundstimmung der Meinungsführer ist auf »mehr« getrimmt.

Die Entwicklung ist kaum vorherzusehen

Verlässliche Prognosen zur Entwicklung der Bevölkerungszahl über einen Zeitraum von fünfzig Jahren zu machen ist seriös nicht möglich. Das war schon in der Vergangenheit so: Die Prognosen haben fast nie gestimmt. Die letzten neun Vorausberechnungen der Bevölkerungsentwicklung durch das Statistische Bundesamt hielten im Schnitt gerade mal vier Jahre. So prognostizierte das Statistische Bundesamt mit seiner siebten Vorausberechnung, die Bundesrepublik Deutschland werde im Jahr 2030 69,9 Millionen Einwohner haben. Gerade mal zwei Jahre später lag die Vorausberechnung je nach Variante der Annahmen um 3,8 bis 11,2 Millionen höher.[31]

So schnell ändern sich die Prognosen, wenn sich die Annahmen ändern. Darauf weisen die Fachleute des Statistischen Bundesamts auch hin. Hätten sie 1950 eine solche Prognose für das Jahr 2000 gewagt, dann hätten sie sich total verschätzt – sie hätten weder den Pillenknick noch den Zuzug von 2,5 Millionen Aussiedlern und auch nicht die Anwerbung von Gastarbeitern in Millionenhöhe vorhergesagt.

Die Annahmen, auf denen die Prognosen beruhen, können sich innerhalb von fünfzig Jahren gravierend ändern. In der Prognose des Statistischen Bundesamts für 2050 sind unter anderem Annahmen über die *Geburtenrate* enthalten. Dabei gehen die amtlichen Rechner von einer Rate von 1,4 Kindern aus. Mit einer familien- und kinderfreundlichen Politik, die Eltern ermöglicht, Beruf und Familie besser miteinander in Einklang zu bringen, könnte die Geburtenrate jedoch beeinflusst werden. So ist diese Rate in Frankreich innerhalb von sieben Jahren von 1,65 auf 1,88 gestiegen. Warum sollte sie bei uns bei 1,4 verharren?

Die Geburtenrate wird entscheidend von den Berufsperspektiven junger Leute und junger Ehepaare beeinflusst. Wenn sie ihr gemeinsames Leben auf befristete Arbeitsverträge von Jahreslänge gründen sollen, wie es heute häufig der Fall ist, dann wagen es diese Menschen verständlicherweise nicht, Kinder in die Welt zu setzen. Wenn unsere Gesellschaft und die Politik und vor allem die maßgeblichen Meinungsführer zur Vernunft kämen und wieder den sicheren Arbeitsplatz und das gesicherte Normalarbeitsverhältnis propagieren würden, statt auf die vermeintlich moderne totale Flexibilität zu setzen, würden auch wieder mehr junge Paare den Mut fassen, ein, zwei, drei oder sogar mehr Kinder zu bekommen. Vielleicht tritt diese Vernunft bei den tonangebenden Kreisen innerhalb der nächsten fünfzig Jahre ein. Ich hoffe, es dauert nicht so lange. Dann wird sich die Geburtenrate verändern, und die Prognose, die heute so viel Panik auslöst, löst sich morgen schon in Luft auf.

Auf der Basis der Annahme, dass die Geburtenrate von derzeit 1,4 Kindern während der nächsten fünfzig Jahre unverändert bleiben wird, macht die politische Klasse heute die Bürger verrückt und stülpt unsere sozialen Sicherungssysteme so lange um, bis sie sie ruiniert haben dürfte. Das ist ein Skandal!

Anfang 2004 erschien der *Spiegel* mit dem Titel: »Der letzte Deutsche - Auf dem Weg zur Greisen-Republik.« - »Die Bundesrepublik rangiert mit ihrer Geburtenrate unter 190 Staaten auf Platz 185«, so heißt es im Einstiegstext. Schaut man sich jedoch die internationalen Daten genauer an, dann findet man: beim Vergleich der Geburtenanzahl pro Frau liegen siebzehn Staaten noch unter dem Wert für Deutschland (2001: 1,4)[32] - so gängig sind Irrleitungen in Medien heute -, und vierzehn Staaten liegen im Umfeld des Wertes von Deutschland.[33] Nun ist auch Platz 170, den sich Deutschland mit anderen Ländern teilt, ziemlich weit hinten - die vorderen Plätze sind belegt von Ländern wie Angola, Ruanda, Kongo, Saudi-Arabien, Niger. Es fehlt jedoch dem 170. Platz die totale Dramatik, die die Einordnung im *Spiegel* suggeriert. Wollen wir die Kinderhäufigkeit des Kongo? Oder die von Saudi-Arabien?

Die Position Deutschlands vermag man noch besser einzuordnen, wenn man sich die Länder Europas anschaut, die eine geringere Geburtenziffer haben als Deutschland, die also in der vom *Spiegel* für so wichtig gehaltenen Rangordnung hinter Deutschland liegen. Das sind neben Spanien vor allem ost- und mittelosteuropäische Länder wie Russland, Weißrussland, Ungarn, Tschechien, Slowenien, Ukraine - auch das katholische Polen liegt hinter Deutschland und hat mit 1,3 eine sehr niedrige Geburtenziffer,[34] wie übrigens auch die neuen Bundesländer.

Dem Phänomen der Entwicklung in den neuen Bundesländern nachzugehen lohnt sich. Offenbar gibt es einen engen Zusammenhang zwischen der Geburtenziffer, wirtschaftlicher Perspektivlosigkeit, unsicheren Arbeitsplätzen und Ungewissheit der sozialen Sicherungssysteme. Diese Erkenntnis hätte schlecht zum neoliberalen Reformeifer des *Spiegel* und seiner Nachbeter gepasst.

In Tabelle 5 sind die Geburtenziffern im Zeitablauf für alte und neue Bundesländer getrennt ausgewiesen. An diesen Zeitreihen kann man interessante Beobachtungen machen:

- Noch 1990 lag die Geburtenziffer mit 1,52 in der damaligen DDR/den neuen Bundesländern höher als in den alten Bundesländern.
- Sie sackte bis 1993 und 1994 auf 0,77 ab – eine Entwicklung, die zur Beurteilung und Bewertung von Helmut Kohls Politik für blühende Landschaften höchst selten einbezogen wird. Die Geburtenrate in den neuen Bundesländern erholte sich dann bis heute langsam auf rund 1,21.
- Dieser Wert liegt immer noch unter dem Westwert. Liegt das an mangelnder Zukunftszuversicht? Und/oder am vereinigungsbedingten Zusammenstreichen der Betreuungsplätze für Kinder und damit der Chancen für Frauen, ihre Kinder unterzubringen, wenn sie arbeiten wollen?
- Zwischen 1965 und 1975 ging im Westen die Geburtenziffer von 2,51 auf 1,45 zurück – das ist der sogenannte Pillenknick.
- Bis 1980/81 hielt sie sich ungefähr auf diesem Niveau, sackte dann aber 1985 auf 1,28 ab. Warum wohl? Eine mögliche Interpretation: Das war das Ergebnis steigender Arbeitslosigkeit und zugleich die Begleiterscheinung des Starts in Kohls und Lambsdorffs neoliberales Zeitalter, in dem Devisen gelten wie »Freie Fahrt für freie Bürger«, »Jeder ist seines Glückes Schmied«, »Leistung muss sich wieder lohnen« – und in dem das Kindergeld zum Teil durch die ungerechteren Steuerfreibeträge ersetzt wurde. Neoliberale sind Kinderfeinde, weil sie alle Bereiche des Lebens kommerzialisieren; das konnte man damals schon lernen.

Tabelle 5: Entwicklung der Geburtenziffer in Deutschland (Geburt pro Frau zwischen 15 und 50 Jahren)

	Alte Bundesländer	Neue Bundesländer
1950	2,10	
1955	2,11	
1960	2,37	
1965	2,51	
1970	2,02	
1975	1,45	
1980	1,44	
1981	1,44	
1982	1,41	
1983	1,33	
1984	1,29	
1985	1,28	
1986	1,35	
1987	1,37	
1988	1,41	
1989	1,40	
1990	1,45	1,52
1991	1,42	0,98
1992	1,40	0,83
1993	1,39	0,77
1994	1,35	0,77
1995	1,34	0,84
1996	1,40	0,95
1997	1,44	1,04
1998	1,41	1,09
1999	1,41	1,15
2000	1,41	1,21

Quelle: Statistisches Bundesamt. Eigene Berechnungen auf zwei Stellen hinter dem Komma.

Für die letzten Jahre wird die Geburtenziffer nur noch für Deutschland insgesamt ausgewiesen. Sie lag 2001 bei 1,35 und 2002 bei 1,34.

Die Veränderungen der Geburtenrate in diesem vergleichsweise kurzen Zeitraum von 1960 bis heute machen überdeutlich, dass die Geburtenrate keine fixe Größe ist. Offenbar haben die schon erwähnten Faktoren – wirtschaftliche Lage, Zukunftsperspektive, Vereinbarkeit von Familie und Beruf – einen beachtlichen Einfluss. Jedenfalls kann man von heute aus nicht sagen, wie die Geburtenrate in zwanzig Jahren aussehen wird. Man könnte aber wissen, was zu tun wäre. Wenn man wirklich so sehr um die künftige Bevölkerungsentwicklung besorgt wäre, könnte man leicht gegensteuern. Doch statt dessen reduzieren die Gemeinden das Angebot für Familien und die für die Versorgung von Kindern notwendigen öffentlichen Leistungen weiter. Die Konjunktur lässt man schon seit über zwei Jahrzehnten schleifen – ein Faktor, der mit Sicherheit die Geburtenrate drückt, wie man an der Entwicklung dieser Kennziffer während der konjunkturell besonders schwachen Phasen sehen kann.

Zuwanderungszahl ungewiss

Die Prognostiker der Bevölkerungsentwicklung haben auch eine bestimmte Zuwanderungszahl unterstellt: 200 000 pro Jahr. Diese Zahl muss aber ja nun nicht fünfzig Jahre lang konstant bleiben. Schauen wir nur einmal nicht fünfzig Jahre nach vorn, sondern fünfzig Jahre zurück: Was ist nicht alles seit 1950 passiert?! Da gab es riesige Umwälzungen: Flüchtlingswanderungen, Gastarbeiterwanderungen und so weiter. Es ist sehr wahrscheinlich, dass mit der Integration der mittel- und osteuropäischen Staaten in die Europäische Union mehr Menschen als die unterstellten 200 000 nach Deutschland kommen. Wenn man solche Prognosen politisch verwertet, muss man doch einigermaßen realistisch vorgehen. Mit der Bevölkerungsprognose, die die Basis aller Aufregung ist, ist das jedoch nicht geschehen.

»50-Jahres-Prognosen sind moderne Kaffeesatzleserei«, meint der Mathematiker Gerd Bosbach. Dass die Prognose für das Jahr 2050 ausgesprochen unsicher ist, haben die Mitarbeiter des Statistischen Bundesamts durchaus gesehen und auch öffentlich kundgetan. In der Presseerklärung zur Veröffentlichung ihrer Berechnung am 6. Juli 2003 steht, dass solche langfristigen Berechnungen Modellcharakter haben, dass sie also auf der Basis von Annahmen modellhaft berechnet worden sind und dass sich diese Annahmen ändern können. So sehen es die Fachleute. Aber der vom Bundesministerium des Inneren zum Statistischen Bundesamt abgeordnete Präsident Johann Hahlen vergisst dies alles und erklärt die Prognosen für Zahl und Alterung als »vorgegeben und unausweichlich«. Dies allein ist schon ein unglaublicher Vorgang, aber er passt zu der Absicht, über die angeblich unvermeidbare demographische Herausforderung den Charakter unseres sozialstaatlichen Systems zu verändern.

Ähnlich wie Johann Hahlen macht es Frank Schirrmacher, Mitherausgeber der *Frankfurter Allgemeinen Zeitung* und Autor eines Buches,[35] das die Angst vor dem Wenigerwerden schürt und (dennoch) in bürgerlichen Kreisen Furore macht. Er schreibt: »Vorausgesetzt, es gibt keinen Krieg, sind die Weichen für die nächsten 50 Jahre unumkehrbar gestellt. Die deutsche Bevölkerung wird bis 2050 um ca. zwölf, womöglich um 17 Millionen[36] Menschen abnehmen. (...) Die Bevölkerung in Deutschland verringert sich in folgenden Schritten: Sie sinkt bis 2030 von jetzt 82 Millionen auf dann 76,7 Millionen, bis 2050 auf 67 Millionen.«

Schirrmacher missachtet die Warnungen des Statistischen Bundesamts und behauptet wahrheitswidrig, die Weichen seien »unumkehrbar gestellt«. Um die gewünschte Dramatik zu erreichen, wählt Schirrmacher aus neun Varianten des Statistischen Bundesamts die Variante 1 mit den ungünstigsten Annahmen über Zuwanderung, Lebenserwartung und so weiter aus und kommt so auf einen Absturz von 82 Millionen auf 67 Millionen im Jahr 2050. Hätte Schirrmacher die mittlere Variante des Statistischen Bundesamts übernommen, was naheliegend wäre, dann wäre die Dramatik weg. Dann fiele die Bevölkerungszahl von heute 82 Millionen auf 75,1 in 2050. Die neunte Variante dieser Modellrechnungen sieht uns übrigens bei 81,3 Millionen, also auf dem Niveau von heute. Sie ist ähnlich (un)wahrscheinlich wie die von Schirrmacher ausgewählte.

Wie ist es möglich, dass so offenkundig irrationale Thesen die öffentliche Diskusion beherrschen, ohne größeren Widerspruch zu provozieren? Anders gefragt: Wieso war es in den siebziger Jahren möglich, die Parole vom »sterbenden Volk« als völkische Parole ins Leere laufen zu lassen, während sie jetzt die Szene beherrscht?

Jede Gruppe, jedes Volk hat eine fast schon archaische Angst davor, weniger zu werden. Das ist nichts spezifisch Deutsches, in Frankreich sind diese Gefühle noch stärker. Dennoch müsste eine kritische Auseinandersetzung mit diesen Gefühlen und der darauf gründenden Agitation stattfinden. Das ist aber nicht der Fall. Selbst das gebildete Bürgertum erhebt nicht seine Stimme gegen Parolen wie »Der letzte Deutsche« oder »Raum ohne Volk«. Im Gegenteil, die ehedem kritischen Blätter und viele Intellektuelle haben die Sorge vor dem Wenigerwerden noch verstärkt. So erstaunlich das ist, es ist – zumindest für einen größeren Kreis von Personen und Akteuren – verständlich.

In den letzten Jahren war das sogenannte demographische Problem mit der Zuwanderungsfrage verknüpft. Viele Personen und politische Gruppierungen, die sich für Toleranz und die Offenheit unseres Landes engagieren, sahen in der These, die Bevölkerung und die Zahl der Arbeitskräfte in Deutschland nähmen in der Zukunft bedrohlich ab, ein Vehikel dafür, Zuwanderung nach Deutschland auch in breiteren Schichten akzeptabel zu machen. Deshalb haben viele von ihnen die gleichen Sorgen thematisiert, die bis dahin eher rechts orientierte Kreise bewegten.

Wer die These vom schrumpfenden Volk zur Begründung der Zuwanderung benutzt, übersieht leicht, dass zur Zeit ein Erwerbspersonenpotential in Millionenhöhe brachliegt: Über vier Millionen Menschen sind arbeitslos gemeldet. Übersehen wird dabei auch, dass die Forderung nach Zuwanderung aus wirtschaftlichen Gründen von manchen Kreisen unterstützt wird, um aus einer Reservearmee von Arbeitslosen nach Belieben gering entlohnte Arbeitnehmer rekrutieren zu können. Darunter leiden vor allem die sozialen Sicherungssysteme, die den Überschuss des Arbeitskräfteangebots alimentieren müssen.

Denkfehler 6:
»Wir werden immer älter. Der Generationenvertrag trägt nicht mehr.«

Variationen zum Thema:

- »Wir vergreisen.«
- »Immer mehr Rentner müssen von *einem* Arbeitenden versorgt werden.«

Alle Blätter und Fernsehsender, alle Politiker und Wissenschaftler senden die gleiche Botschaft aus: Der Generationenvertrag trägt nicht mehr. Die Deutschen vergreisen. Angesichts dieses Trommelfeuers ist es nicht verwunderlich, dass vermutlich eine große Mehrheit der Menschen diese Botschaften glaubt. Wie soll man bei einem so komplizierten Themenfeld einer unisono vorgetragenen Meinung auch widersprechen? Ich will es trotzdem versuchen.

Wie dramatisch ist die Verschiebung der Altersentwicklung?
Macht es Sinn, von Überalterung oder gar von Vergreisung zu sprechen? Wir haben auch in der Vergangenheit Alterungsprozesse erlebt, ohne dass das Land darunter zu leiden hatte: 1950 betrug der Anteil der unter Zwanzigjährigen 30,5 Prozent der gesamten Bevölkerung. 1995 stellte diese Altersgruppe nur noch 21,6 Prozent. In diesen 45 Jahren hat also eine dramatische »Vergreisung« stattgefunden. Hat das jemand gemerkt?

Tabelle 6: Altersdurchschnitt der Gesamtbevölkerung Deutschlands

Jahr	Altersdurchschnitt
1950	35,4
2000	40,1

Quelle: Statistisches Bundesamt (Hrsg.): *Statistisches Jahrbuch 2003 für das Ausland,* Wiesbaden 2003, S. 184.

Tabelle 6 zeigt eine beachtliche Veränderung des Altersdurchschnitts der deutschen Gesamtbevölkerung zwischen 1950 und 2000, allerdings keine dramatische. Im weiteren Verlauf wird der Altersdurchschnitt weiter ansteigen, allerdings ist dieser Anstieg auch von der Entwicklung der Geburtenrate und der Höhe der Zuwanderung abhängig, und deren Entwicklung ist offen (siehe Denkfehler Nr. 5, S. 104).

Abbildung 3: Auf eine Person mit einem Alter von über 65 Jahren kamen ... 15- bis 65-jährige

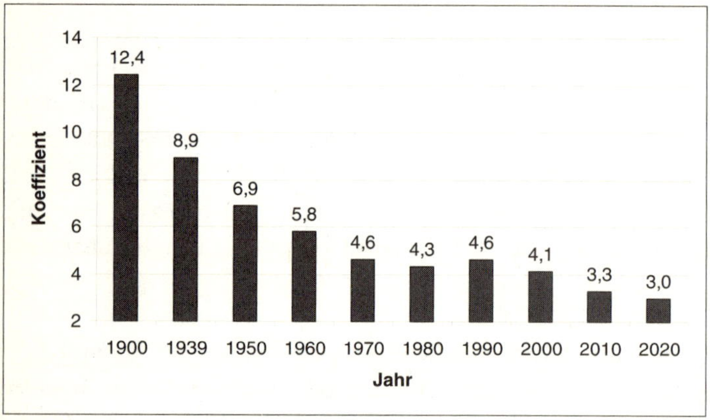

Quelle: verdi (Hrsg.): *Mythos Demographie* (2003). Die Werte für 2010 und 2020 sind Prognosen.

Das Zahlenverhältnis von älterer zu mittlerer Generation hat sich im Zeitablauf sehr verändert. Wie die Relation der alten zur mittleren Generation ist, darüber gibt Abbildung 3 Auskunft. Unser Land erlebte demnach einen ständigen Alterungsprozess mit besonderer Talfahrt bis 1960. Im Jahr 1900 kamen auf einen alten Menschen 12,4 Personen mittleren Alters. Im Jahr 1960 waren es weniger als die Hälfte: nur noch 5,8. Eine dramatische Entwicklung. Hat sich damals jemand aufgeregt? Und ist die neueste Entwicklung angesichts dieser Geschichte wirklich so einschneidend?

»Ein zweites Megathema ist die dramatische Veränderung der Altersstruktur unserer Gesellschaft.« *Horst Köhler*, FAZ-*Interview, 12.5.2004*

Die Erhöhung des Altersdurchschnitts der Bevölkerung ist doch kein Grund, über den Charakter dieser dann etwas älteren Gesellschaft zu jammern. Wir haben Städte und Gemeinden in Deutschland, die schon seit Generationen durch einen höheren Anteil von älteren Menschen gekennzeichnet sind – Bad Godesberg zum Beispiel, München-Solln im Vergleich zu München-Hasenbergl oder Berlin-Wilmersdorf im Vergleich zu Berlin-Marzahn.

»Eine der größten politischen Herausforderungen für Deutschland ist der demographische Wandel. Mit der Bevölkerung altern auch die Wähler.« *Deutschland 2020. Ein Memorandum der jungen Abgeordneten*

»Der Generationenvertrag ist zu den bestehenden Bedingungen nicht mehr erfüllbar.« *Meinhard Miegel*, Bild-*Zeitung, 29.11.2002*

Heute redet man von einem Verlust von Dynamik, nur weil der Anteil der Älteren steigt. So zu empfinden und daraus auch noch ein Thema von angeblicher politischer Relevanz zu machen lässt tief blicken. In den Reihen unserer Meinungsführer herrscht eine eigenartige Lust auf Hysterie. Oder dient ein solcher dramatisierender Sprachgebrauch nur der Entschuldigung und der Abschiebung von Verantwortung nach dem Motto: Was kann die Politik schon dafür, wenn die Menschen keine Kinder mehr bekommen? Wer sich angesichts von über 4 Millionen Arbeitslosen mit solchen Fragen beschäftigt, der ist unterbeschäftigt oder weiß zumindest nicht, Prioritäten zu setzen.

Etwas anderes ist das Problem, dass junge Menschen aus wirtschaftlich besonders schwachen Regionen wegziehen. Über diese Wanderungsbewegungen muss man sich ernsthaft und viel eher Gedanken machen als über die Anhebung des Altersdurchschnitts der deutschen Bevölkerung insgesamt.

Die angeblich nicht mehr tragbare Last der Alten

Um die Dramatik so richtig anzuschärfen, wird in die Debatte meist das Verhältnis von arbeitsfähiger Generation zur Rentnergeneration eingeführt – der Altenquotient, populär gesagt: die Alterslast. Diese Relation verändere sich dramatisch. Auf 100 Menschen mittleren Alters, also zwischen zwanzig und sechzig Jahren, die man für die arbeitsfähige Generation hält, kommen nach der Prognose des Statistischen Bundesamts im Jahre 2001 44 ältere und im Jahre 2050 78 ältere Menschen im Rentenalter. Man tut so, als ändere sich in diesem langen Zeitraum sonst nichts und als sei eine Berechnung, die sich allein auf die Älteren bezieht, aussagekräftig.

> »Wer die Grafiken richtig liest, mit denen das Statistische Bundesamt die Alterung und Bevölkerungsentwicklung unserer Gesellschaft abbildet, weiß, dass uns eine Revolution bevorsteht.«
> *Frank Schirrmacher:* Das Methusalem-Komplott

Das ist nicht der Fall. Wenn man die Belastung der Arbeitsfähigen korrekt erahnen will, darf man nicht nur die auszuhaltende Rentnergeneration in Rechnung stellen, sondern muss auch miteinbeziehen, wie viele Jugendliche und Kinder zu versorgen sind. Auskunft darüber gibt der sogenannte Jugendquotient. Wenn man die Entwicklung beider Belastungsfaktoren zusammen im Zeitablauf betrachtet, wird selbst unter den für die Prognose angenommenen Bedingungen (also unter der Annahme, dass sich weder Geburtenrate noch Ruhestandseintrittsalter ändert) bis zum Jahr 2050 die Dramatik enorm entschärft (siehe Tabelle 7): Während der Altenquotient um 77 Prozent steigt, ergibt sich für den Gesamtquotienten ein Plus von 37 Prozent.

Die Dramatik hat sich also allein bei Einbeziehung der jungen Generation in die Betrachtung schon halbiert – wenn die Belastung in fast 50 Jahren von 82 auf 112 zu versorgende Personen ansteigt, dann ist das bei weitem nicht so dramatisch wie ein Anstieg von 44 auf 78.

Tabelle 7: Auf 100 Menschen mittleren Alters (20 bis unter 60 Jahre) kommen ...

	Ältere	Junge	Gesamt
2001	44	38	82
2050	78	34	112

Quelle: Statistisches Bundesamt (Hrsg.): *Bevölkerung Deutschlands bis 2050, 10. koordinierte Bevölkerungsvorausberechnung, Variante 5 (»mittlere Variante«),* Presseexemplar vom 6.6.2003, Wiesbaden 2003.

Auch hier sollte man Werte aus der Vergangenheit gegenüberstellen: 1970 hatten 100 Erwerbsfähige für 60 Junge und 40 Ältere, also für eine Gesamtzahl von 100 zu sorgen. 2050 würde der Anteil nur um 12 Prozent höher liegen – wenn die Prognose des Statistischen Bundesamts eintritt.

Ein späteres Renteneintrittsalter entschärft die Lage noch mehr

Auf fünfzig Jahre betrachtet, ist es etwas eigenartig zu unterstellen, die immer älter werdende Gesellschaft würde in ihrer Mehrheit dann immer noch darauf erpicht sein, mit durchschnittlich sechzig Jahren in Rente zu gehen. In Japan sind 35 Prozent der über fünfundsechzigjährigen Männer berufstätig. Wenn die immer jugendlicher werdenden deutschen Alten im Jahre 2050 durchschnittlich bis zum fünfundsechzigsten Lebensjahr arbeiten würden, würde sich die »Alterslast« hierzulande weiter entschärfen (siehe Tabelle 8). Die Gesamtlast läge dann gerade mal um drei Punkte höher als heute: 85 statt 82.

Tabelle 8: Auf hundert Menschen mittleren Alters kommen ...

	Ältere	Junge	Gesamt	Definition mittleres Alter
2001	44	38	82	20 bis unter 60 Jahre
2050	55	30	85	20 bis unter 65 Jahre

Quelle: Statistisches Bundesamt (Hrsg.): *Bevölkerung Deutschlands bis 2050, 10. koordinierte Bevölkerungsvorausberechnung, Variante 5 (»mittlere Variante«),* Presseexemplar vom 6.6.2003, Wiesbaden 2003.

Diese Hinweise sollen kein Plädoyer für die Anhebung des effektiven Renteneintrittsalters um fünf Jahre sein. Aber die heutige Neigung zur Frühverrentung, die ja zum Teil auch Folge der hohen Arbeitslosigkeit und der Androhung von Arbeitslosigkeit ist, ist nicht gottgegeben. Zu unterstellen, dies würde sich in einem Zeitraum von fast fünfzig Jahren nicht ändern, ist unseriös. Schon wenn das tatsächliche Renteneintrittsalter nur auf ungefähr zweiundsechzig Jahre anstiege, wäre der Debatte über die unerträglich wachsende Alterslast der Boden entzogen.

Die entscheidende Entlastung und Entspannung des Problems folgt jedoch aus der *Produktivitätsentwicklung.* 1,5 Prozent jährlicher Zuwachs der Arbeitsproduktivität würde reichen, um allen Gruppen - den Arbeitenden, den Jungen und den Alten - auf Jahrzehnte hinaus einen wachsenden Wohlstand zu bescheren. 1,5 Prozent, das ist ein Produktivitätszuwachs, der selbst in den wirtschaftlich schlechten neunziger Jahren erreicht worden ist.[37] Wenn dieser bescheidene Produktivitätsfortschritt realisiert wird, bedeutet das, dass sich unser reales Bruttoinlandsprodukt, also die Güter und Dienste, die wir produzieren und die uns allen, jung und alt, zur Verfügung stehen, in fünfzig Jahren mehr als verdoppelt.

Aufgrund des Produktivitätsfortschritts können also die arbeitenden Personen über mehr Einkommen verfügen und davon einen Anteil für Kinder und Rentner abgeben. So war das immer. Warum sollte es künftig nicht mehr möglich sein?

Der Mathematiker Gerd Bosbach hat berechnet,[38] was die Produktivitätssteigerung für einen Arbeitnehmer bestimmten Einkommens konkret bringt. Er unterstellt dabei nur eine jährliche Steigerung der Arbeitsproduktivität von 1,25 Prozent, wie es auch die sogenannte Herzog-Kommission getan hat. Hier das Ergebnis seiner Berechnungen:

> »Erhält heute ein Arbeitnehmer inkl. Sozialversicherungsanteil des Arbeitgebers 3000 Euro, so zahlt er etwa 600 Euro (20 Prozent) für Rentner. Es verbleiben ihm also 2400 Euro. Nach der niedrigeren Annahme der Produktivitätssteigerung um 1,25

> Prozent (Herzog-Kommission) würden aus den 3000 Euro inflationsbereinigt 50 Jahre später 5583 !. Bei einer Steigerung des Abgabesatzes für Rentner auf 30 Prozent verblieben dem Arbeitnehmer immerhin noch satte 3908 ! (plus 63 Prozent). Selbst bei einer völlig unrealistischen Verdoppelung des Beitrages auf 40 Prozent Rentenversicherung verblieben dem Arbeitnehmer mit 3350 ! noch 40 Prozent mehr als heute. Von ›unbezahlbar‹ also gar keine Rede, wenn die Produktivitätssteigerungen auch anteilig an die Arbeitnehmer ausbezahlt werden. Dabei ist noch nicht berücksichtigt: Anhebung des Renteneintrittsalters auf über 60 Jahre, Einsparungen durch die ca. 30 Prozent weniger Kinder und Jugendliche, Abbau der Arbeitslosigkeit. Und angenommen wurde nur die niedrigste der von den Fachleuten prognostizierten Produktivitätssteigerungen!«

Fazit: Die Belastung der arbeitenden Generation ist nicht dramatisch, wenn man die Gesamtlast berechnet und wenn man die absehbare Entwicklung der Produktivität mit einbezieht. Es ist ein Geheimnis der politischen Klasse in Deutschland, warum diese Fakten, insbesondere die entlastenden Perspektiven, ignoriert werden. Warum ist ein großer Teil der Politik und der Wissenschaft und der Publizistik so resistent gegen die Wirklichkeit? Warum setzt man nicht auf die Möglichkeiten der Produktivitätsentwicklung? Warum nehmen die meinungsführenden Kräfte die Veröffentlichungen von Wissenschaftlern wie Gerd Bosbach, Richard Hauser, Hans-Jürgen Krupp und anderen nicht zur Kenntnis? Was steckt dahinter? Entweder ist es mangelnder Durchblick oder das Eingebundensein in Einzelinteressen. Man könnte es auch einfacher sagen: Dummheit oder Korruption.

Die verantwortungslose Anheizung des Generationenkonflikts

Die falsch ausgewählten und falsch interpretierten Daten und die Missachtung entlastender Faktoren werden dazu benutzt, um einen Konflikt zwischen der älteren Generation und der jungen/arbeitenden Generation zu schüren. Man spürt das heute überall. Die junge Generation muss unter dem anhaltenden Trommelfeuer den Eindruck gewinnen, die Älteren lebten auf ihre Kosten. Dieser Eindruck ist durch nichts gerechtfertigt.

Dass es der jüngeren Generation nicht gutgeht, dass sie schlechte Möglichkeiten hat, Arbeit zu finden, dass ihre Berufschancen und ihre Auswahlmöglichkeiten schlechter sind als die der jungen Generation um 1960 und 1970, das alles ist richtig. Aber richtig ist auch, dass daran nicht die Rentner schuld sind, sondern jene politisch Verantwortlichen, die nicht begriffen haben, dass man eine Ökonomie nicht verdursten lassen darf, dass man sie nicht zwanzig Jahre lang unter den Kapazitäten fahren darf. Die junge Generation sollte sich nicht in einen Konflikt mit ihren Eltern und Großeltern hineintreiben lassen. Sie wäre besser beraten, ihren Zorn gegen die Ideologie der Neoliberalen zu wenden, die uns eine grundfalsche Konjunktur- und Wachstumspolitik eingebrockt haben.

Der Generationenvertrag trägt immer

Eine der gängigen Formeln zum Anheizen des Konflikts ist die Behauptung, der Generationenvertrag trage nicht mehr. Generationenvertrag meint, dass die älter werdende Generation sich darauf verlassen kann, dass die junge dafür sorgt, dass die Älteren zu essen, zu trinken, zu kleiden, zu wohnen etc. haben. Die arbeitende Generation ihrerseits kann sich darauf verlassen – so der Gedanke und auch die Wirklichkeit –, dass die nachwachsende Generation eines Tages die gleiche Leistung für sie erbringt. Ein Freund und Kollege hat es seinem Kind so erklärt: »Ich sorge heute für deine Oma und deinen Opa, wenn du morgen für mich sorgst.«

Nun wird behauptet, dieser Generationenvertrag gelte nicht mehr beziehungsweise er sei, wie Meinhard Miegel sagt, unter den bestehenden Bedingungen nicht mehr erfüllbar. Was soll das heißen? Sollen die Älteren in die Wüste geschickt werden? Oder in den Wald? Soll mit Euthanasie begonnen werden, um die Lebenszeit der Alten zu begrenzen? Das ist doch wohl nicht die Absicht.

Es ist selbstverständlich, dass die Versorgung der Älteren, also der nicht mehr berufstätigen Rentner und Pensionäre, immer von denen getragen und besorgt wird, die arbeiten. Man begreift dies, wenn man aufhört, in sogenannten monetären Größen, also in Geldkategorien, zu denken und wenn man statt dessen in realen Wirtschaftsgrößen, also in *real terms* denkt. Stellen wir uns die reale Welt der Produktion von Gütern und Dienstleistungen vor: die arbeitende Generation produziert die Güter und leistet Dienste; ein Teil davon – also Pflegedienste oder einfach nur die Versorgung mit Obst, Gemüse, Säften und Fleisch, Computern und Autos – wird abgezweigt für die nicht mehr arbeitende Generation. Ganz gleich, wie sich die Anzahl der Arbeitenden zur Zahl der Älteren verhält, der Generationenvertrag wird immer erfüllt. Es sei denn, man sucht die andere Lösung und lässt die Alten verhungern. Da man dies nicht annehmen kann, ist die Aussage all derer, die das immer wieder sagen und nachsagen, schlicht Nonsens.

Die Behauptung, der Generationenvertrag trage nicht mehr, hat einen ganz anderen Hintergrund. Sie ist Teil einer Stimmungsmache für die Umstellung des Alterssicherungssystems von der gesetzlichen und sozialen Rentenversicherung auf die private Vorsorge, vom Umlageverfahren auf das Kapitaldekkungsverfahren (siehe Denkfehler Nr. 7, S. 126).

Sollen Kinderlose einen Extrabeitrag zur Rente oder zur Pflegeversicherung bezahlen?

Es ist schwer zu erklären, warum es ein Denkfehler ist, wenn man – wie die CSU, die das inzwischen vehement fordert – meint, es sei gerechtfertigt, dass die Kinderlosen zusätzlich etwas in die Rentenkassen zahlen sollen.

> »Singles steigen ohne schlechtes Gewissen ins Grab.« *Hans-Olaf Henkel, 8.5.2003*

Es gibt eine Reihe von Argumenten dagegen: Viele Kinderlose sind nicht freiwillig ohne Nachwuchs. Sie haben keine Kinder, weil sie keine bekommen konnten oder ihnen die Umstände nicht geeignet erschienen. Es ist in einem demokratischen Land immer noch Sache jedes einzelnen zu entscheiden, ob er oder sie Kinder haben wollen oder nicht. Die staatliche Regulierung von Kinderzahlen ist das Charaktermerkmal von Diktaturen.

Familien mit Kindern, vor allem solche mit niedrigem Einkommen, haben es schwer. Sie müssen beim Konsum, beim Reisen, beim Ferienmachen und vielem mehr zurückstecken. Man wird diese Sonderbelastung nie ganz ausgleichen können. Man wird es auch nicht ausgleichen wollen, denn auf der anderen Seite sind Kinder eine Bereicherung, die denen abgeht, die keine haben. Dennoch bin ich entschieden dafür, dass die Allgemeinheit, dass wir alle etwas tun, damit Familien wie auch Alleinstehende sich nicht deshalb gegen Kinder entscheiden, weil die wirtschaftlichen Möglichkeiten einer Familie oder eines Elternteils so schlecht sind, dass man meint, sich Kinder nicht leisten zu können. Deshalb ist es richtig, Kindergeld zu zahlen, deshalb ist es richtig, öffentliche Leistungen für Kinderhorte, Kindergärten, Schulen und Hochschulen zur Verfügung zu stellen, deshalb ist es richtig, den öffentlichen Nahverkehr für Kinder zu subventionieren und beispielsweise auch Schwimmbäder preisgünstiger vorzuhalten. Es war wohl auch richtig, ein Erziehungsgeld einzuführen.

Zu den Leistungen, die für Kinder erbracht werden, steuern auch jene Personen bei, die keine Kinder haben: über ihre Steuern, über Abgaben und Gebühren, und auch über Krankenkassenbeiträge, mit denen Alleinstehende oder doppelt verdienende kinderlose Ehepaare andere Familien mit Kindern subventionieren.

Die Vorstellung aber, Kinder würden geboren, um die Renten der Alten zu bezahlen, ist ziemlich abwegig. Deshalb ist nicht einzusehen, weshalb das Kinderhaben mit einer besonderen Entlastung beim Rentenbeitrag oder mit einem Zusatzbetrag der Kinderlosen – was ja eine Entlastung der Kinderreichen bedeutet – belohnt werden sollte. Nach der Logik des Generationenvertrags würden die Kinder, deren Existenz auf diese Weise subventioniert werden soll, mit ihrer Arbeit als Erwachsene dann aber nur für ihre eigene Rente sorgen. Sie würden nichts für die gerade in der Rente befindlichen Personen leisten, sondern im Vorgriff auf ihre Rente nur für sich arbeiten.

Noch besser kann man sich das klarmachen, wenn man unterstellt, es wäre alles umgestellt auf Privatvorsorge, auf Kapitaldeckung, es gäbe keine Sozialversicherung mehr. Dann würde noch deutlicher, dass die Kinder, wenn sie erwachsen sind und arbeiten, das »Kapital aufbauen«, aus dem ihre spätere Rente bezahlt wird und keine sonst. Das ist genauso wie bei den Kinderlosen (die die CSU zu Sonderbeiträgen heranziehen will): Sie sorgen während ihrer aktiven Zeit für ihre eigene Rente vor. Auf die Idee, dass die kinderreichen Familien hier eine Sonderleistung erbringen würden und sozusagen einen Mehrwert schaffen, kann man nur kommen, wenn man ausblendet, dass die Kinder der Kinderreichen ja auch mal Rentner werden.

Aber die meinungsführende Elite ist faktenresistent. In der *FAZ* vom 15. März 2005 fragte der Mainzer Physikprofessor Ruprecht Jaenicke, ob es »wirklich sinnvoll sei, die Bevölkerung wieder zum Wachstum durch Geburten anzuregen«; er zeigte, wie unsinnig die Vorstellung von einer dem »A« ähnlichen, »idealen« Bevölkerungspyramide ist; mit ähnlichen Argumenten wie im Text des Denkfehlers Nr. 6 beschrieb er, dass die arbeitende Generation natürlich auch für die junge Generation zu sorgen hat. Aber auch dieser Blattschuss für den Herausgeber der *FAZ*, Frank Schirrmacher, verhallte nahezu ungehört. Das »demographische Probelem« muss weiter ungerührt dafür herhalten, um jedwede Reform zu begründen und das Versagen unseres Volkes auszumalen: Die Forderung nach mehr Kindern, die Ächtung der Kinderlosen und Singles, die Werbung für die Privatvorsorge – die Agitation geht weiter. Die Matadore begründen nichts, sie bestätigen sich gegenseitig. Das reicht offenbar in den Kreisen dieser dumpfen Eliten. Der Begriff »Kollektiver Wahn« trifft den Sachverhalt. Aber ist es nur ein Wahn? Für manche nicht. Denn hinter dieser Agitation stecken Milliarden – nicht Menschen, sondern Euro und Dollar.

Denkfehler 7:
»Jetzt hilft nur noch private Vorsorge.«

Variationen zum Thema:

- »Das Umlageverfahren funktioniert nicht mehr.«
- »Beim Kapitaldeckungsverfahren, also der privaten Altersvorsorge, arbeitet das eingezahlte Kapital.«
- »Es wird eben nicht wie beim Umlageverfahren gleich wieder ausgegeben.«

Eine clevere Strategie – die Zerstörung des Vertrauens in die »staatliche Rente«

Angenommen, Sie hätten ein Unternehmen mit einem Umsatz von 67 Milliarden Euro – etwas groß, zugegeben, aber es kommt hier nur auf die Relationen an. Und angenommen, Sie hätten einen noch größeren Konkurrenten, der 156 Milliarden Euro umsetzt. Und nun hätten Sie die Chance, die Umsatzzuwächse des Konkurrenten und darüber hinaus noch ein paar Milliarden von seiner Substanz auf sich umzulenken; vielleicht fürs erste gute 10 Prozent seines Umsatzes. Und alles, was Sie dafür tun müssten, um auf Anhieb Ihren Umsatz um 15 Milliarden, also um ein knappes Viertel, aufzustocken, ist etwas Eigenwerbung und die Verbreitung des Gerüchts, der Konkurrent sei ein Auslaufmodell. Das wäre doch was ... Bei einem erwarteten Umsatzplus von 15 Milliarden wären die 20, 30 oder auch 100 Millionen, die Sie für Zeitungsanzeigen und eine großangelegte PR-Arbeit unter Wissenschaftlern, Politikern und Journalisten investieren müssten, lächerlich wenig. Peanuts sozusagen.

Dieses Märchen ist Wirklichkeit. Nicht für Sie und nicht für mich. Aber für die Lebensversicherungsbranche (deren Einnahmen aus den Versicherungsprämien betragen ungefähr 67 Milliarden Euro) und für die Banken, die am Transfer und an der Anlage des Geldes verdienen. Sie tun viel dafür, um das Märchen in klingende Münze umzusetzen. Wie die entspechende Werbearbeit aussieht, zeigt ein Zitat aus dem Brief eines Vorstandmitglieds der Dresdner Bank, veröffentlicht per Zeitungsanzeige:

»Sehr geehrte Damen und Herren,
angesichts des demographischen Wandels – immer mehr älter werdende Menschen stehen immer weniger jungen Bürgern gegenüber – machen sich viele Sparer Gedanken über ihre finanzielle Sicherheit im Alter. Es zeichnet sich ab, dass die staatliche Rentenversicherung den Versicherten in Zukunft nicht mehr das gewohnte Leistungsniveau bieten kann. Deshalb wächst der privaten Altersvorsorge eine immer größere Bedeutung zu.«

Und weil das so sei, wirbt die Dresdner Bank im konkreten Fall für Wertpapierfonds. Aber auch »Ihre deutschen Lebensversicherungen« werben in einem wahren Bombardement von Briefen, Telefonaten und in teuren Anzeigen für die private Vorsorge durch Abschluss einer Lebensversicherung, wörtlich:

»Was bei der gesetzlichen Rente später für Sie rausspringt, kann Ihnen keiner sagen (...) Eine Lebensversicherung hält, was sie verspricht. Ein Leben lang.«

Diese Zitate stammen aus dem Jahr 1999. Schon den Bundestagswahlkampf 1998 begleiteten die Lebensversicherer mit einer Flut von ganzseitigen Anzeigen, in denen sie für die private Vorsorge Werbung machten. Das tun sie bis heute, wobei Lebensversicherer und private Krankenkassen an einem Strang ziehen und auch die gleichen Argumente verwenden. Im Juni 2003 hieß es in einer von vielen ganzseitigen Anzeigen der privaten Krankenversicherer:

»Ach du Schreck, alles weg ...
Gesundheitsreform JA. Von der Hand in den Mund NEIN. – Eine älter werdende Gesellschaft braucht immer mehr Gesundheitsleistungen. In der Umlagefinanzierung der gesetzlichen Krankenkassen werden die eingezahlten Beiträge sofort wieder für

Leistungen ausgegeben. Das Ergebnis: leere Kassen und eine Finanzierung, die keine Vorsorge für unsere Zukunft bildet – eine Belastung, die unsere Kinder später tragen müssen.
Generationengerechtigkeit: Das bessere Konzept heißt Kapitaldeckung.«

Die Banken, die Lebensversicherer und die privaten Krankenversicherungen können ihre Kampagne zur Störung des Vertrauens in die klassische Rentenversicherung und in die gesetzlichen Krankenkassen auf einen breiten Verbund von Stimmungsverstärkern in Wissenschaft und Politik, in Talkshows, Zeitungen und Zeitschriften stützen. Vor allem in der Regierung Kohl hatten sie eine große politische Hilfe. Diese hat, gewollt oder ungewollt, nach der Einheit einen großen Teil der Sozialversicherungsleistungen für die Menschen in den neuen Bundesländern den Beitragszahlern aufgebürdet. Das sind die versicherungsfremden[39] Leistungen, die die Beiträge um rund 3,5 Prozentpunkte steigerten und so den Erosionsprozess erst richtig in Gang brachten, der das Vertrauen in die staatliche Rente mittlerweile stark beschädigt hat.

Der *Spiegel*, bei diesem Thema schon lange an vorderer Front, forcierte die Kampagne immer wieder; schon am 30. August 1999 hieß es in einer Titelgeschichte: »Weil Deutschland vergreist, wird die Rentenversicherung unbezahlbar …« Und im Oktober 1999 fasste der *Spiegel*[40] die Kernbotschaft so zusammen:

»Letztlich geht es in der neu entfachten Debatte um eine Grundsatzfrage. Alle Parteien haben erkannt, dass die staatliche Rente allein künftig nicht mehr ausreichen wird. Das Umlageverfahren, das die Beiträge der aktiven Arbeitnehmer direkt an die derzeitige Rentnergeneration weiterreicht, bedarf der Ergänzung durch eine kapitalgedeckte Altersvorsorge (…)«

Das klingt schlüssig und logisch. Aber logisch ist die Behauptung, unser demographisches Problem – soweit wir eines haben – sei dadurch zu lösen, dass die gesetzliche Rentenversicherung – und analog die gesetzliche Krankenversicherung – durch ein privates Bein ergänzt beziehungsweise ersetzt wird, allein für die Versicherungswirtschaft, die Banken und die mit ihnen verbundenen Interessen. Sie gewinnen, wenn die soziale Alterssicherung in Richtung Grundsicherung gedrückt und alles Zusätzliche in Lebensversicherungen oder in Wertpapierfonds gelenkt wird – oder wenn die privaten Krankenkassen ihre Marktanteile in großen Schritten ausdehnen.

Was ist was: Umlage oder Kapitaldeckung?
Die Beiträge der Arbeitenden werden beim *Umlageverfahren* von den Rentenversicherungsträgern eingesammelt und an die Rentner ausgezahlt. Die Beitragszahlenden erwerben dabei einen Anspruch auf eigene spätere Rente.
Beim *Kapitaldeckungsverfahren* sollen die Beiträge (Prämien) der privat Versicherten als Kapital gesammelt und angelegt werden. Nach Fälligkeit des Versicherungsvertrags werden dann Kapitalstock und Rendite zusammen dem jeweiligen Versicherten als private Rente ausbezahlt.

Weder für uns Bürger noch für die Politiker ist die Behauptung schlüssig, der Generationenvertrag der Rentenversicherung trage angesichts der demographischen Veränderungen nicht mehr und das Problem sei nur mit Hilfe privater Vorsorge zu lösen. Es *klingt* nur schlüssig, und deshalb teilen diesen Glauben viele, die sich mit dem Thema beschäftigt haben oder einfach nur Opfer der penetranten Werbung sind. In Wahrheit ist die Behauptung aber grundfalsch – und hat auch schon zu einer Reihe höchst problematischer politischer Entscheidungen geführt.

So oder so – die Jungen müssen für die Alten aufkommen

Die Umstellung des Finanzierungsverfahrens auf das Kapitaldeckungsverfahren ändert nichts daran, dass die Jungen für die Alten aufkommen müssen. Es sei denn, man unterstellt, durch die Einführung der »Riesterrente« oder anderer Modelle der privaten

Vorsorge würden erkennbar mehr Kinder geboren. Theoretisch könnte es ja sein, dass sich Väter und Mütter über die versprochene hohe Rendite so freuen, dass sie mehr Kinder zeugen und bekommen.

Im Ernst: Die Hoffnung, die hierzulande mit der Riesterrente und anderen Systemen privater Altersvorsorge verbunden wird, gründet vor allem darauf, dass der Glaube an die Wirksamkeit dieser Umstellung nun schon seit Jahren in die Köpfe und Herzen gehämmert wird – mit allen denkbaren Methoden und viel Geld. Aber was so schlüssig zu sein scheint, hat ein paar Schönheitsfehler:

- Die Aussage, beim bisherigen Umlageverfahren würde nichts angespart, die eingezahlten Beiträge würden sofort wieder für Leistungen ausgegeben, ist in der Regel sogar richtig. Das ist das logische Prinzip dieses Umlageverfahrens. Allerdings ist der daraus gezogene Schluss, dieses Verfahren gehe zu Lasten unserer Kinder, nicht richtig.
- Die Aussage, beim Kapitaldeckungsverfahren könnten die eingezahlten Beiträge als Kapital arbeiten, ist ungemein eingängig. Aber das stimmt nicht, wenn man genauer hinschaut, und schon gar nicht gilt diese Behauptung, wenn man den gesamtwirtschaftlichen Effekt einbezieht.

Was sind nun aber die in diesen beiden Aussagen eingebauten Denkfehler? Um diesen Parolen auf den Grund zu gehen und die wirtschaftlichen Zusammenhänge und Vorgänge besser zu verstehen, ist es nützlich, wenn wir die Welt unserer Wirtschaft nicht in Kategorien von Geld- und Finanzströmen zu begreifen versuchen, sondern in Güterströmen, den sogenannten *real terms*. Wir stellen fest: Heute haben 100 arbeitsfähige Personen für 44 Ältere zu sorgen, im Jahre 2050 werden sie für 78 Ältere zu sorgen haben. Und wir fragen: Ändert die Umstellung auf ein anderes Finanzierungsverfahren etwas an dieser realen Relation von jung und alt? Wie soll das gehen? Das ist unwahrscheinlich. Auch bei Anwendung des Kapitaldeckungsverfahrens bleibt es real beim gleichen Verhältnis von Arbeitsfähigen zu Rentnern (siehe Denkfehler Nr. 6, S. 115).

Auch die Qualifikation der dann Arbeitenden und damit ihre Produktivität – ein anderer wichtiger Faktor zur Bewältigung der »Alterslast« – ist nicht davon abhängig, ob das Umlageverfahren oder das Kapitaldeckungsverfahren angewandt wird.

Unabhängig vom gewählten Verfahren geht es immer um Realtransfers unter den jeweils Lebenden. Die Aktiven müssen auf Konsum verzichten. Sie tun das im Umlageverfahren durch Zwangssparen in Form von Beiträgen und Steuern, im Kapitaldeckungsverfahren durch Sparen und Kauf von Vermögenswerten.

Die Erkenntnis, dass sich mit der Umstellung des Finanzierungsverfahrens nichts an der realen Situation und der realen Belastung verändert, nennt man nach dem Nationalökonomen Gerhard Mackenroth das »Mackenroth-Theorem«. Die Befürworter des Kapitaldeckungsverfahrens und der privaten Vorsorge bekämpfen das Mackenroth-Theorem, als wäre es der Leibhaftige persönlich. Dazu eine kleine Geschichte:

Der Mannheimer Ökonomieprofessor Axel Börsch-Supan, von Haus aus Mathematiker und eigentlich ein intelligenter Zeitgenosse, war mir schon vor mehreren Jahren bei einem Dialog im Rahmen der Evangelischen Akademie der Pfalz durch seine dezidierte und logisch nicht nachvollziehbare Abweisung des Umlageverfahrens aufgefallen. Das Rätsel klärte sich, als der Professor in Mannheim – im Zusammenhang mit der Universität – ein Institut mit Namen MEA eingerichtet bekam (»Mannheim Research Institute for the Economics of Aging«, zu deutsch: Mannheimer Forschungsinstitut Ökonomie und demographischer Wandel), finanziert vom Land Baden-Württemberg und der deutschen Versicherungswirtschaft. Dieses Institut fertigt Gutachten, unter anderem für Versicherungen und Banken. Solche Institute sind lukrative Nebenjobs für unsere Professoren.

Bei der Jahrestagung seines Instituts im November 2003 hielt Börsch-Supan die Eröffnungsrede, in der er es als »Hauptbeitrag des MEA« bezeichnete, »Denkdisziplin« in die Debatte zu bringen:

»Denkdisziplin, die zum Beispiel die sogenannte Mackenroth-These in der Form ›es kommt nicht auf die Finanzierungsweise der Sozialversicherung an, da jede aus dem laufenden Bruttosozialprodukt geschöpft werden muss‹ als falsch entlarvt.«

Als ich mich bei MEA nach diesem »Hauptbeitrag« erkundigte, bekam ich den Hinweis auf eine in der Sprache der Mathematik verfasste Dissertation von 1988. Damals gab es das Institut noch nicht, und die Entlarvung des Mackenroth-Theorems als »Hauptbeitrag« des MEA zur »Denkdisziplin« gibt es auch nicht. Übrigens auch nicht in der Dissertation von 1988, wie mir mathematisch versierte Kollegen versichern.

Aber solange niemand kritisch nachfragt, bleibt die Behauptung wahr, und sie wird immer wahrer, je mehr sie unhinterfragt wiederholt und verbreitet werden kann. So verhält es sich mit der Behauptung, das Umlageverfahren funktioniere nicht mehr und das Kapitaldeckungsverfahren sei die Lösung.

»Und wenn alle anderen die von der Partei verbreitete Lüge glaubten – wenn alle Aufzeichnungen gleich lauteten –, dann ging die Lüge in die Geschichte ein und wurde Wahrheit.« *George Orwell, 1984*

Dem Fehlschluss, das Kapitaldeckungsverfahren sei die Lösung, kann man noch mit einer anderen Erwägung auf die Schliche kommen: Auch die Befürworter des Kapitaldeckungsverfahrens denken und sprechen bei der Darstellung des für sie so gewichtigen Alterungsproblems zunächst in realen Größen. Sie sagen beispielsweise: Die Alterslast wächst von 44 auf 78, und sie bedienen sich damit einer gesamtwirtschaftlichen Argumentation. Sie denken und sagen, die Last werde für die junge, arbeitende Generation nicht mehr tragbar, und deshalb müsste die jetzige Generation zusätzlich Kapital sammeln – und auch dies ist eine gesamtwirtschaftliche Argumentation. Dann jedoch springen diese Befürworter der privaten Vorsorge um auf eine einzelwirtschaftliche Betrachtung und noch dazu auf eine sogenannte Partialanalyse, wie wir Ökonomen sagen. Konkret heißt das: Sie betrachten einen einzelnen jungen arbeitenden Menschen, der privat vorsorgt und zum Beispiel in die Riesterrente einzahlt, und schließen aus dieser Beobachtung, da werde Kapital angesammelt und dieses arbeite, bringe Zinsen und stehe dann in zwanzig, dreißig oder vierzig Jahren noch für die Rente dieses ehedem jungen Menschen zur Verfügung.

Wenn wir aber gesamtwirtschaftlich denken und dabei beachten, was sich ändern könnte, wenn einer beschließt, Geld für die private Vorsorge zu zahlen, und welche Konsequenzen die Entscheidung des jungen Arbeitenden haben könnte, dann kommen wir möglicherweise zu einer ganz anderen Bewertung. Das hat verschiedene Gründe:

- *Erstens:* Woher nimmt der junge Mensch das Geld für die monatlichen Zahlungen? Er könnte mehr sparen, wenn er das Geld für sich und seine Familie nicht braucht – dann würde er die volkswirtschaftliche Sparquote nach oben zu schieben helfen. Er könnte auf andere Formen des Sparens verzichten, also ein Sparkonto auflösen, Aktien verkaufen, was auch immer. Er könnte auch Schulden machen, um die Riesterrente zu bezahlen.
  Nur im ersten Fall ergibt sich ein Kapitalzuwachs. Dieser Fall dürfte aber heute selten sein, was man übrigens schon daran sieht, welche geringen Ergebnisse die Riesterrente zeitigt. Viele Menschen haben einfach kein Geld für Privatvorsorge.
- *Zweitens:* Was machen die Lebensversicherungen und die Pensionsfonds mit dem Geld? Sie – wie übrigens auch die privaten Krankenkassen – geben ganz selbstverständlich einen Teil für die laufenden Auszahlungen aus. Innerhalb ihrer Konzerne praktizieren sie ganz selbstverständlich Elemente des Umlageverfahrens. Gesamtwirtschaftlich betrachtet hat die Umstellung des Finanzierungssystems vom Umlageverfahren auf das Kapitaldeckungsverfahren auch deshalb keine begründete Auswirkung.
  Selbst wenn die Versicherungskonzerne Kapital ansammeln

und investieren, ist das volkswirtschaftlich betrachtet vermutlich kein zusätzliches Kapital, sondern es wurde, wie zuvor beschrieben, anderswo abgezogen.
Wichtig ist auch hier die volkswirtschaftliche Betrachtung: Die von der Umstellung erwartete Vorsorge für die Zukunft und die damit verbundene Entlastung der jungen Generation treten nur dann ein, wenn die Sparquote unserer Volkswirtschaft und jedes Bürgers auf diese Weise erhöht wird, so dass jetzt Investitionen im voraus gemacht werden, von denen man später zehren kann. Oder wenn Vermögen im Ausland aufgebaut wird, auf das man dann zurückgreifen kann, wenn die angeblich zu vielen Alten versorgt werden müssen.

Betrachtet man die einschlägigen gesamtwirtschaftlichen Werte, so erkennt man, dass nahezu alle Erwägungen zur Umstellung vom Umlageverfahren auf das Kapitaldeckungsverfahren falsch sind:

- Wir haben keine Sparprobleme. Deutschland hat eine hohe Sparquote von über 10 Prozent des verfügbaren Einkommens, das heißt, wir alle zusammen sorgen ganz schön vor für künftige Generationen.
- Wir bauen sogar Vermögen gegenüber dem Ausland auf – von 1960 bis 2002 um 231 Milliarden Euro. Großbritannien hat im gleichen Zeitraum seine Vermögensposition um 331 Milliarden abgebaut, die USA um 2963 Milliarden.
- Wir bauen Infrastruktur für die jetzige und die künftigen Generationen (siehe dazu Denkfehler Nr. 10 und 11, S. 157 und 161). Allerdings haben wir in diesem Bereich, vor allem bei den öffentlichen Investitionen, in letzter Zeit nachgelassen – sinnigerweise ausgerechnet deshalb, weil gespart werden sollte, um der jungen Generation keine allzu große Schuldenlast zu hinterlassen. Aber dieser Sparversuch ist nach hinten losgegangen (siehe Denkfehler Nr. 31, S. 305).

Welches Modell arbeitet produktiver?

Bei einem gesamtwirtschaftlichen und realen Vergleich der beiden Modelle müssen wir fragen: Welches Modell arbeitet produktiver?

- Die Verwaltungskosten des Umlageverfahrens liegen bei etwa 4 Prozent des umgesetzten Betrages an Beiträgen und Zuschüssen einerseits und der ausgezahlten Renten andererseits. Die Verwaltungskosten der privaten Lebensversicherungen liegen – wie im Falle der Riesterrente – bei etwa 10 Prozent. Real betrachtet: Auf der einen Seite zählen die Angestellten der Bundesversicherungsanstalt und der Landesversicherungsanstalten, ihre Gebäude und sonstiger Sachaufwand, auf der anderen Seite die Vorstände und Angestellten der Versicherungskonzerne, ihr Sachaufwand und ihre unzähligen Agenturen und Vertretungen und die vielen Menschen und Anlagen, die für die Werbung und das Marketing arbeiten.[41] Ganzseitige Anzeigen der Landesversicherungsanstalten gibt es bisher nicht oder nur sehr selten. Ebensowenig gibt es Erfolgsprämien für abgeschlossene Versicherungsverträge.
  Der Anteil von 10 Prozent Verwaltungskosten liegt zwar schon 2,5mal höher als die Kosten des Umlageverfahrens, ist aber vermutlich immer noch zu niedrig geschätzt. Das Kapitaldeckungsverfahren wird uns riesige Summen kosten. Im Falle Chiles lagen 1998 die »Kommissionen«, die dort auf eingezahlte Gelder zur privaten Vorsorge erhoben werden, bei 18 Prozent.[42] Die Kosten für Betrieb und Vertrieb des Kapitaldeckungsverfahrens – real ausgedrückt: für die vielen Menschen und Apparate, die für die Verwaltung und den Vertrieb arbeiten – müssen vom eingezahlten Kapital abgezogen werden. Ganz entgegen den Vorstellungen der Neoliberalen hat der Wettbewerb in Chile eine unproduktive Bürokratie erzeugt. In Großbritannien sind die Verwaltungskosten des privaten Vorsorgesystems sogar noch höher als in Chile; bis zu 40 Prozent der eingezahlten Gelder gehen dort für Verwaltung und Vertrieb drauf. Wenn erst einmal 18 oder 40 Prozent weg sind, muss die

Rendite schon sehr hoch sein, um diesen Kostenaufwand wieder auszugleichen.

> »Mit der Riesterrente wurde hier eine psychologisch wichtige Hürde hin zur verstärkten Eigenvorsorge jeder Generation durch Kapitaldeckung genommen. (...) Aber die Ergänzung der gesetzlichen Rentenversicherung durch private Vorsorge muss weiter vorangetrieben werden.« *Deutschland 2020. Ein Memorandum der jungen Abgeordneten*
> »In Deutschland stammen nur 15 Prozent der Alterseinkommen aus der betrieblichen und privaten Altersvorsorge. In anderen Ländern dagegen ist es oft die Hälfte. Hier muss die staatliche Förderung dieser Formen der Altersvorsorge wesentlich verbessert werden.« *CDU:* Reform der sozialen Sicherungssysteme, *16.10.2003*

Die Privatvorsorge, die in Deutschland mit der Behauptung propagiert worden ist, sie rentiere sich um vieles mehr als die gesetzliche Rente, wurde zu einer Förderrente umgemodelt. Wieso aber braucht eine angeblich so rentable Privatvorsorge, die über 10 Prozent Rendite bringen soll, die Unterstützung des Steuerzahlers? Und das in Zeiten, in denen lautstark der Abbau von Subventionen und Steuervergünstigungen verlangt wird?

Damit nicht genug, braucht die private Altersvorsorge nach Meinung mancher ihrer Verfechter nun auch noch den Anschlusszwang, die Verpflichtung! Im Klartext: Privatvorsorge als Zwangsversicherung. Das ist eine feine Marktwirtschaft. Man privatisiert die Altersvorsorge und verhängt dann einen Zwang?!

> »Die Bürger sollten lediglich verpflichtet werden, sich privat zu versichern – Versicherungspflicht statt Zwangskassen.« *Guido Westerwelle,* Wirtschaftswoche, *13.11.2003)*

Zu einem ehrlichen Vergleich der beiden Systeme gehören noch einige andere Fakten:

- Die Behauptung, private Altersvorsorge erbrächte hohe Renditen, weil ja angeblich Kapital arbeitet, stammt aus der Zeit der Spekulationsblasen auf den Aktienmärkten. Damals wurden 10,5 und sogar 11,5 Prozent Rendite versprochen. Inzwischen sind die Blasen geplatzt. Die *Zeit* schrieb im Oktober 2003: »Mehr als 100 Milliarden Euro haben die Versicherer in den vergangenen drei Jahren an der Börse verbrannt.«[43] Experten gehen davon aus, dass die Renditen bis auf die Mindestverzinsung absinken könnten, wenn die Branchenschwäche anhält. Diese Mindestverzinsung (Garantiezins) ist von 4 Prozent im Jahr 2000 auf 2,75 Prozent ab 2004 abgesenkt worden.
- Zumindest ein Versicherungskonzern in Deutschland ist schon in die Knie gegangen. Die Mannheimer Lebensversicherung hat 2003 das Neugeschäft eingestellt und wurde zum ersten Fall für die Branchen-Auffanggesellschaft Protektor.
- Speziell für die Versicherungswirtschaft wurde zur Erleichterung ihrer Verluste eine steuerliche Verrechnungsmöglichkeit geschaffen, von der sie sich einen Steuernachlass von 5 Milliarden Euro verspricht.
- Das Risiko, dass die Altersversorgung der Menschen Spekulationen an den Finanzmärkten geopfert wird, ist hoch. Millionen Menschen in Südamerika und Osteuropa, in den USA und Großbritannien haben auf diese Weise schon große Teile ihrer Altersvorsorge eingebüßt: »Gerade mit dieser privaten und betrieblichen Vorsorge haben die Briten aber in jüngster Zeit einen katastrophalen Einbruch erlebt. Drei Jahre sinkender Börsenkurse und niedriger Zinssätze haben den Wert des nichtstaatlichen Rentenvolumens drastisch gesenkt«, berichtete die *Frankfurter Rundschau* am 10. März 2004. In derselben Woche wurde in Berlin eine Rentenreform verabschiedet mit der klaren Zielsetzung, noch mehr Menschen in die private Vorsorge zu drängen. Ein solches System kann nicht im Sinne der Bürger sein. Das wussten die chilenischen Militärs übrigens schon im Jahre 1981: Für das Militär und die Polizei blieb es beim alten staatlichen Altersversorgungssystem. Sie mussten und wollten nicht in die so »lukrative« Privatvorsorge.

- Das Risiko von Wirtschaftskrise und Arbeitslosigkeit trifft beide Systeme in ähnlicher Weise. In Argentinien zum Beispiel sind die privaten Vorsorgen durch die Krise entwertet worden. Da grenzt es an Zynismus, wenn die Umstellung auf das Kapitaldeckungsverfahren auch mit der wirtschaftlichen Stagnation begründet wird.
- Das unüberschaubare Angebot zur privaten Altersvorsorge verunsichert und überfordert viele Menschen. Auch das kann man am Misserfolg der Riesterrente schon ablesen. Die Menschen werden zum Spielball von Drückerkolonnen und Anlageberatern gemacht.
- Einkommensschwache Schichten werden nicht mehr versorgt. Die private Vorsorge wirft sie aus dem System raus. Sie werden noch stärker als heute zu potentiellen Sozialhilfeempfängern.
- Die propagierte Änderung des Finanzierungssystems ändert nichts an der speziellen Last der jungen Generation, die gern gegen das soziale Rentenversicherungssystem in Front gebracht wird. Ihretwegen hält man die Beiträge unter 20 Prozent fest, angeblich weil mehr nicht zu vermitteln sei. (Wie sinnvoll oder sinnlos das Ziel der Beitragsstabilität ist, dazu siehe Denkfehler Nr. 23, S. 251.) Gleichzeitig sollen die jungen Menschen aber zusätzlich bis zu 4 Prozent ihres Einkommens für ihr Alter privat anlegen. Offenbar spekuliert man darauf, die Jüngeren seien unfähig, 20 und 4 zusammenzuzählen. Diese Spekulation könnte aufgehen. Denn jene Jüngeren, die gegenwärtig zusätzlich zur gesetzlichen Altersvorsorge so eifrig Lebensversicherungen abschließen, haben möglicherweise nicht verstanden, dass sie dadurch nicht aus der Verpflichtung des Generationenvertrags entlassen werden: Sie werden weiterhin Beiträge oder Steuern für die Versorgung der Rentnergeneration zu zahlen haben.

> »Die zweite Säule der Altersvorsorge ist im Aufbau. Und damit ist die Gerechtigkeit zwischen den Generationen gewahrt.« *Gerhard Schröder, 8.11.2002*

Es ist Augenwischerei, zu behaupten, die arbeitende Generation würde durch die private Altersvorsorge entlastet. Entlastungsmöglichkeiten gibt es vielmehr:

- *Erstens,* indem man künftig von den 5 bis 7 Millionen Arbeitsfähigen, die heute ohne Arbeit sind, mehr in Arbeit bringt.
- *Zweitens,* indem man die Ansprüche der Rentner, also das, was für sie vom Sozialprodukt abgezweigt wird, geringer als vorgesehen wachsen lässt. Aber darüber kann man in Ruhe entscheiden, wenn sich dies als notwendig erweist. Die Hyperaktivität, mit der heute für das Jahr 2020 oder gar für das Jahr 2050 »vorgesorgt« wird, ist rational nicht zu erklären. Sie ist vermutlich nichts weiter als Werbung für die Versicherungswirtschaft.
- *Drittens,* indem man alles tut, um die volkswirtschaftliche Produktivität zu steigern. Wenn so die Gesamtleistung der Arbeitenden – das Sozialprodukt – kräftig steigt, tut es ihnen nicht weh, einen fairen Teil davon für die wachsende Zahl der Rentner abzuzweigen. Es bleibt dann immer noch ein Wohlstandszuwachs für die Arbeitenden.

Über diese und andere Entlastungsmöglichkeiten kann man sprechen. Man sollte es unbedingt tun, wenn sich die junge Generation übervorteilt fühlt. Aber man sollte aufhören, das bisherige System grundlos madig zu machen.

Das Umlageverfahren ist besser als sein Ruf

Wenn es das Umlageverfahren nicht schon gäbe, müsste man es erfinden. Es ist preiswert, es arbeitet einfach, es ist den meisten Menschen zugänglich und für sie verstehbar. Es wäre das beste für unser Land und für die Mehrheit der Menschen, wenn wir zu diesem Verfahren zurückkehren würden. Das wäre auch gut für unsere Volkswirtschaft, weil wir ihr einen aufgeblasenen, ressourcenverzehrenden Sektor Altersversorgung ersparen, der – wie in den USA oder Großbritannien – mit dazu beiträgt den Dienstleistungssektor aufzublasen. Genau diese Vergrößerung des Dienstleistungsbereichs wollen uns die besonders Schlauen unter den Reformern als modern verkaufen (siehe Denkfehler Nr. 4, S. 97). Doch was sie nicht begriffen haben, ist, wie unproduktiv ein aufgeblasener Wirtschaftszweig ist.

Es ist sachlich nicht erklärbar, dass man in Deutschland nach den ersten Erfahrungen mit der Riesterrente, die 2001 mit dem Versprechen eingeführt worden war, jetzt sei für dreißig Jahre Ruhe, auf dem gleichen Weg fortfahren kann. Es ist nicht erklärbar, dass die verantwortliche Ministerin vor dem Deutschen Bundestag explizit für private Vorsorge wirbt und sich damit sozusagen als oberste Werbeinstanz für die Versicherungswirtschaft hergibt.

Die Finanzindustrie will den Durchbruch für ihre Produkte erzielen, indem sie das Vertrauen in die gesetzliche Rente untergräbt. Millionen Menschen brauchen diese Rente aber noch, sie brauchen auch die Bereitschaft der Beitragszahler, weiterhin ihren Obolus zu entrichten. In diesem Kontext darf ein verantwortlicher Politiker nichts tun und sagen, was das Vertrauen weiter zerstört. Der chilenische Präsident Lagos empfahl bei einem Besuch in Berlin dringend, die chilenische Erfahrung in Deutschland zu bedenken: Der chilenische Staat muss die Privatvorsorgesysteme mit Steuergeldern nachfinanzieren, um die Altersarmut in Grenzen zu halten.[44] Es gibt keinen Grund, das Umlageverfahren und die gesetzliche Rentenversicherung der Erosion preiszugeben, wie das zur Zeit geschieht.

Warum passiert das dennoch? Warum wird in einer nahezu gleichgeschalteten Öffentlichkeit die immer gleiche Botschaft verkündet: »Jetzt hilft nur noch die private Vorsorge, die staatliche Rente bringt es nicht mehr«? Die Erklärung ist einfach und in der modernen Mediengesellschaft auch schlüssig: Den organisierten Wirtschaftsinteressen, der Finanzindustrie, den Banken und Versicherungen ist es gelungen, mit einer professionellen Strategie das Nachdenken über die Frage der besten Altersvorsorge nahezu total zu bestimmen. Das konnte nur gelingen, weil in einer großen PR-Aktion sowohl die entscheidenden Teile der Wissenschaft wie auch der Publizistik »gekeilt« wurden.

C. Zwölf Mythen, die Themen Wachstum, Wettbewerbsfähigkeit und Beschäftigung betreffend

In weiten Kreisen unserer Gesellschaft herrscht Einigkeit: Wachstum und Förderung des Wachstums durch konjunkturbelebende Maßnahmen bringe keine Lösung des Arbeitslosenproblems. Manche meinen gar, Vollbeschäftigung sei ohnehin nicht mehr erreichbar, die Wachstumsraten würden quasi gesetzmäßig immer geringer, und zu hohes Wachstum schädige die Umwelt. Dies alles gehört zwar in das Reich der Vorurteile, Lügen und Legenden, wie im folgenden zu zeigen sein wird, aber trotzdem lähmt es unser Land. Die Stimmung in Deutschland ist depressiv. Wir lebten über unsere Verhältnisse, seien nicht mehr wettbewerbsfähig und schon gar nicht national handlungsfähig – so tönt die endlose Litanei unserer Meinungsmacher. Dabei käme es doch gerade jetzt darauf an, die Ökonomie wieder »unter Dampf zu bringen« und die Produktionskapazitäten unserer Wirtschaft auszuschöpfen. Die Sonderbelastung unserer Volkswirtschaft durch die deutsche Vereinigung kann nur dann bewältigt werden, wenn wir wirklich aus dem vollen schöpfen und wieder Selbstvertrauen in die heimischen Fähigkeiten entwickeln.

Die öffentliche Debatte zum Gesamtkomplex von Wachstum und Wettbewerbsfähigkeit ist gekennzeichnet von Hysterie und Pessimismus, von Lügen und Legenden. Der Blick hinter die Kulissen der Desinformation lohnt.

Denkfehler 8:
»Wachstum bringt es nicht.«

Variationen zum Thema:

- »Vollbeschäftigung ist nicht mehr zu erreichen. Das hat sich in den letzten dreißig Jahren gezeigt.«
- »Die große Illusion: Neues Wirtschaftswachstum schafft neue Arbeitsplätze und Wohlstand für alle.«

Im Herbst 2003 meldeten die Medien, in den USA habe das Wachstum real von einem Quartal zum anderen 7 Prozent zugenommen, wenig später wurde sogar berichtet, es seien 8 Prozent. Für die deutschen Meinungsführer brach eine Welt zusammen. Das konnte doch nicht sein! Ein so hohes Wachstum gibt's nicht mehr, und Arbeitsplätze schafft das sowieso nicht. Das ist das Glaubensbekenntnis derer in Deutschland, die grundsätzlich ein Glas halb leer statt halb voll sehen und sich selbst und ihrer Ökonomie nichts mehr zutrauen.

Von links bis rechts, von rechts bis links konnte man in den letzten Jahren hören:

- Hohe Wachstumsraten gebe es nicht mehr.
- Auf jeden Fall seien keine großen Sprünge mehr möglich. Man dürfe nicht daran glauben und es schon gar nicht sagen. Wenn man in Deutschland in einem Jahr Nullwachstum oder minus 0,1 Prozent des Bruttoinlandsprodukts habe wie 2003, dann dürfe man nicht daran glauben, dass es im nächsten Jahr vielleicht 4 Prozent sein könnten oder im übernächsten 5 Prozent oder vielleicht sogar 6 Prozent. Wachstumsraten, die nichts anderes messen als die Veränderung von einem Zeitraum zum anderen, werden wie eine kontinuierliche Linie betrachtet.
- Die Wachstumsraten seien in den letzten dreißig Jahren immer weiter gesunken und würden irgendwann bei Null landen.

»Lineares Wachstum« nennt Horst Afheldt seine Pessimismuskurve, die er durch alle Höhen und Tiefen hindurchgezogen hat.[45]

- Mit Wachstum könne man keine Arbeitsplätze mehr schaffen.

Gegen diesen Pessimismus und das Denken in Niedergängen und Zeitenwenden anzuschreiben macht wenig Spaß, weil man dann wahlweise als hoffnungsloser Optimist oder als unverbesserlicher Traditionalist betrachtet wird. Aber die Realität spricht für den Widerspruch. Auch die Logik spricht dafür, der heute gängigen These zu widersprechen, dass Wachstum nicht mehr in ausreichendem Maße möglich sei, um damit Arbeitsplätze zu schaffen. Die Logik legt nahe zu fragen: Warum soll heute nicht gelingen, was vor fünfzehn Jahren vorübergehend und vor fünfundzwanzig, dreißig oder fünfunddreißig Jahren sowieso in Deutschland möglich war? Warum soll bei uns nicht möglich sein, was in vielen anderen Ländern ähnlicher Struktur, also ähnlicher industrieller Qualität und Ausstattung, ähnlicher Steuerbelastung und ähnlicher Regelungen der sozialen Sicherungssysteme, zu schaffen ist?

Tabelle 9: Die reale Wachstumsrate lag in Deutschland ...

1965	bei +5,4 %	**1975**	bei -1,3 %	**1989**	bei +3,6 %
1967	bei -0,3 %	**1976**	bei +5,3 %	**1990**	bei +5,7 %
1968	bei +5,5 %	**1978**	bei +3,0 %	**1991**	bei +5,0 %
1969	bei +7,5 %	**1979**	bei +4,2 %		

Quelle: Bundesministerium für Gesundheit und Soziale Sicherung (Hrsg.): *Statistisches Taschenbuch 2003. Arbeits- und Sozialstatistik*, Bonn 2003, 1.2.

Hohe Wachstumsraten und schnelle Veränderungen waren auch in Deutschland möglich, und zwar nicht nur in lange zurückliegender Vergangenheit, sondern Mitte der sechziger und siebziger Jahre ebenso wie Anfang der neunziger Jahre. In allen diesen Perioden gab es kräftige Schwankungen der Wachstumsraten. Dass es Anfang der neunziger Jahre Wachstumsraten von über 5 Prozent gab, tut man mit der Erklärung ab, das sei der Vereinigungsboom gewesen. Das tut hier jedoch nichts zur Sache. Wichtig ist: Es war möglich, dass das Bruttoinlandsprodukt so sprunghaft wuchs, auch im Westen Deutschlands. Seitdem allerdings hängt der Schleier der Depression, der *gemachten* Depression, über unserem Land, beginnend mit plus 2,2 Prozent Wachstum 1992 und minus 1,1 Prozent 1993.

Auch in anderen Ländern waren enorme Wachstumsraten möglich, einschließlich erstaunlich großer Schwankungen, die darauf hindeuten, dass sich etwas bewegen lässt oder etwas bewegt wird (siehe Tabelle A6 im Anhang, S. 411, mit den Wachstumsraten und Arbeitslosenquoten für sieben vergleichbare Länder). Die USA erreichten zwischen 1996 und 2000, also fünf Jahre lang, Wachstumsraten um 4 Prozent herum. In Schweden sprang die Wachstumsrate nach minus 1,1 Prozent 1991, minus 1,7 Prozent 1992 und minus 1,8 Prozent 1993 auf 4,2 Prozent 1994 und noch einmal 4 Prozent 1995. Das ist von einem Jahr zum anderen ein Wachstumssprung von 6 Prozent. Auch 1999 und 2000 erreichte Schweden Wachstumsraten von 4,6 und 4,4 Prozent.

Während in Deutschland die totale Depression herrschte, erreichten die Niederlande ähnliche Wachstumsraten wie Schweden – übrigens auch Frankreich. Das muss extra erwähnt werden, weil Frankreich als ähnlich vom »Reformstau geplagt« gilt wie die Bundesrepublik Deutschland. 2002 und 2003 allerdings hatten die Niederlande nur noch Wachstumsraten von 0,3 und minus 0,5 Prozent. Ihre großen Wachstumserfolge in der zweiten Hälfte der neunziger Jahre wurden immer den Reformen gutgeschrieben. Ist dann der Niedergang in den letzten Jahren ebenfalls eine Folge der Reformen? Oder hatten die besonders guten Wachstumsraten in den neunziger Jahren vielleicht etwas damit zu tun, dass damals eine vernünftigere Konjunkturpolitik in den Niederlanden gemacht wurde als heute?

Wachstum schafft Arbeitsplätze ...

Wenn man sich die Wachstumsraten und Arbeitslosenquoten für verschiedene Länder anschaut (siehe Tabelle A6 im Anhang, S. 411), findet man eine Reihe von Perioden, in denen die Arbeitslosenquoten mit einer gewissen Verzögerung steigen, nachdem zuvor die Wachstumsraten zurückgegangen waren; umgekehrt sinken in anderen Perioden die Arbeitslosenquoten, wenn die Wachstumsraten zuvor gestiegen sind. Das gilt zum Beispiel für Deutschland im Zuge des Vereinigungsbooms. Es gilt für Frankreich für den Anfang der neunziger Jahre in negativer Hinsicht und in positiver Hinsicht für die Jahre 1997, 1998, 1999 und 2000. Auch für verschiedene Perioden in den USA und in Schweden gilt diese Beobachtung. Diese statistischen Reihen zeigen also, dass es einen Zusammenhang zwischen gutem Wachstum und sich bessernden Arbeitslosenquoten gibt – es ist zwar nicht zwangsläufig so, aber die Tendenz ist doch unverkennbar.

Die Behauptung, es gäbe kein Wachstum mehr, ist daher schlicht Schwindel. Über Wachstumssprünge zu staunen zeugt von einem nicht sonderlich ausgereiften ökonomischen Verständnis – ein Vorwurf, der den Politikern und Sachverständigen zu machen ist, die die Augen rollen, wenn sie die Nachrichten vom sieben- oder achtprozentigen Wachstum in den USA lesen.

... wenn die Verantwortlichen mitmachen

Wachstumssprünge sind wirklich leicht zu erklären: Wenn der Präsident der Vereinigten Staaten eine große Steuersenkung ankündigt und gleichzeitig riesige öffentliche Aufträge vergibt, dann ist das schon in der Vor-Vor-Ankündigung ein Signal. Unternehmen, die bei diesem Geschäft dabeisein wollen, erhöhen ihre Lagerbestände, oder sie investieren, weil sie einen Aufschwung und damit eine Ausweitung ihrer Produktion erwarten. Der Präsident der amerikanischen Notenbank hat diese Stimmung dann noch unterstützt, indem er eine Periode weiterhin niedrig bleibender Zinsen angekündigt hat. In der Summe erzeugen diese Erklärungen und einzelnen Dispositionen eine so positive Stimmung, dass es von einem Quartal zum anderen zu einem Wachstum von plus 8 Prozent kommt.

Auch einige der großen Änderungssprünge in Deutschland sind so zu erklären, beispielsweise der Einigungsboom. In Erwartung dessen, was kommt, haben damals Unternehmer im Westen neu disponiert, ihre Lager aufgefüllt und investiert, um dem künftigen Kaufboom entsprechen zu können. Das addierte sich dann zu den erstaunlichen Wachstumsraten. Die deutsche Vereinigung wirkte wie eine Art Konjunkturprogramm; leider ist sie nicht als Anstoß für ein nachhaltiges neues Wirtschaftswunder genutzt worden. Der beginnende Schub wurde von der Bundesbank durch massive Zinserhöhungen bewusst abgebremst – mit depressiven Folgen bis heute.

Die anderen Beispiele aus der früheren Zeit der Bundesrepublik zeigen, wie positiv sich konjunkturpolitische Maßnahmen der Verantwortlichen auf die Wachstumsrate ausgewirkt haben. Das galt insbesondere für die Konjunkturprogramme von 1978 und 1979 (siehe Tabelle 9 und Denkfehler Nr. 15, S. 197). Einschließlich des Vereinigungsbooms sind dies übrigens alles Beispiele für nachfrageinduzierte Aufschwünge – eine Erfahrung, die eigentlich all jene nachdenklich stimmen sollte, die pauschale Zweifel an dem Einsatz eines gemischten Instrumentariums haben, zu dem auch Keynes' Ansatz gehört.

Zu glauben, in Deutschland seien solche Wachstumsschübe, wie wir sie in der Vergangenheit hatten und wie sie jetzt immer noch bei unseren Handelspartnern stattfinden, nicht mehr möglich, ist eine Mär. Für einen solchen Pessimismus gibt es keinen sachlichen Grund.

> »Wir werden in den nächsten Jahren nicht zur Vollbeschäftigung kommen. Das war sowieso wohl eher ein Modell männlicher Erwerbstätigkeit und weiblicher Für-den-Rest-Zuständigkeit.«
> *Katrin Göring-Eckardt, 14.6.2003*

Wir haben einige Probleme, die allerdings eher in System, Struktur und Atmosphäre unserer politischen Willensbildung liegen als in der Sache selbst. Beispielsweise zeugt es nicht von sonderlichem Sachverstand, dass der Sachverständigenrat im November 2000 eine Wachstumsrate von 2,8 Prozent für 2001 prognostizierte und die Parole ausgab, die Konjunktur laufe rund – und das angesichts der deutlichen Unterauslastung der volkswirtschaftlichen Kapazitäten und in Kenntnis der Tatsache, dass die Konjunktur in den USA bereits einzubrechen begonnen hatte. Wenn schon der Sachverständigenrat einen solchen durch nichts gerechtfertigten Optimismus verbreitet, muss man sich nicht wundern, dass nichts gegen den absehbaren Einbruch der Konjunktur getan wurde und dass wir in eine neue Phase der Stagnation geglitten sind, die noch im Jahr 2004 ihre deprimierende Wirkung entfaltet. Statt der prognostizierten Wachstumsrate des Bruttoinlandsprodukts (BIP) von real 2,8 Prozent für 2001 wurden nur 0,6 Prozent wirklich erreicht.

Und wenn der Vizepräsident der Deutschen Bundesbank im Januar 2004 davon spricht, in der zweiten Hälfte des Jahres 2003 habe sich die wirtschaftliche Entwicklung in Deutschland belebt und in diesem Zusammenhang von plus 0,2 Prozent für das 3. Quartal spricht, dann kann daraus nichts werden. Im 4. Quartal 2003 wurden dann wieder nur plus 0,2 Prozent erreicht. Wenn führende Ökonomen unseres Landes meinen, in Anbetracht einer Produktivitätssteigerung von tendenziell 2 Prozent sei ein solch minimales Wachstum ausreichend, dann muss man sich über nichts mehr wundern, vor allem nicht darüber, dass die für die deutsche Geldpolitik Verantwortlichen überhaupt nicht die Absicht haben, die Wirtschaft anzuschieben.

Die Bundesbank wie auch die europäischen Zentralbanker wollen die volle Auslastung unserer volkswirtschaftlichen Kapazitäten offenbar nicht. Preisstabilität hat für sie oberste Priorität, dafür nehmen sie auch ein ganzes Heer von Arbeitslosen in Kauf. Preisstabilität ist wichtig, aber dafür eine so gravierende Arbeitslosigkeit hinzunehmen ist einfältig, um nicht zu sagen verantwortungslos.

Im Monatsbericht der Deutschen Bundesbank vom Januar 2004 war dann schwarz auf weiß zu lesen, was der Vizepräsident der Bundesbank in seiner Rede zum Neujahrsempfang in Hamburg gesagt hatte:

> »Die konjunkturelle Belebung der deutschen Wirtschaft hat sich im 4. Quartal 2003 mit mäßigem Tempo fortgesetzt. Nach eigenen Berechnungen könnte das reale Bruttoinlandsprodukt saison- und kalenderbereinigt im Zeitraum Oktober/Dezember um 0,25 Prozent zugenommen haben.«

0,25 Prozent in einem Quartal, also grob gerechnet im Jahr 1 Prozent, das betrachten die Volkswirte der Deutschen Bundesbank als »konjunkturelle Belebung«. Da scheint Hopfen und Malz verloren zu sein. Das geht jetzt schon über Jahre so. Kein Wunder, dass unsere Ökonomie aus der Depression nicht herauskommt.

Versagen der Eliten

Unserem Land fehlt es nicht an Wachstumspotential, unserem Land fehlt der Wille der maßgeblichen Eliten, die Volkswirtschaft auf Wachstumskurs zu bringen. Maßgebliche Kräfte in Deutschland haben kein Interesse am Wachstum, das ist unser Problem. Um ihre Behauptung von der Notwendigkeit von Strukturreformen aufrechterhalten zu können, brauchen sie weiter eine hohe Arbeitslosigkeit, darum müssen sie auch die konjunkturelle Entwicklung schönreden.

Die neoliberalen Kräfte, die heute in Deutschland die wirtschaftspolitischen Ratschläge und Empfehlungen bestimmen, treffen sich dabei mit Pseudolinken, die schon immer glaubten, dass der Kapitalismus scheitert, und deshalb glücklich sind, angebliche Belege dafür gefunden zu haben, dass das Wachstum immer niedriger wird und irgendwann bei Null ankommt. Verstärkung erhalten sie von jenen Grünen, die schon immer der These anhingen, wirtschaftliches Wachstum sei per se umweltfeindlich.

Wachstum ist nicht alles, aber ohne Wachstum ist eben alles nichts. Die Schwelle, bei der das Wachstum beschäftigungswirksam wird, dürfte in Deutschland bei gut 1,25 Prozent realem Bruttoinlandsproduktzuwachs liegen. Wird diese überschritten, dann gibt es durchaus deutliche Beschäftigungszuwächse. Und davon profitieren nicht nur die Menschen, weil es ihnen etwas besser geht und weil sie mehr Chancen auf dem Arbeitsmarkt haben, es profitieren auch die öffentlichen Haushalte und die sozialen Sicherungssysteme davon, weil mehr Wachstum des Bruttoinlandsprodukts, der Löhne und Gehälter und der Gewinne mehr Wachstum bei Beschäftigung, mehr Steuern und Beiträge bedeutet. Die so entstehende Wachstumsspirale ist das genaue Gegenteil des Teufelkreises, in dem wir uns zur Zeit bewegen. Die gegenwärtig wirksamen Mechanismen sehen so aus: Niedriges Wachstum und Stagnation führen zu sinkenden Einnahmen von Steuern und Sozialversicherungsbeiträgen – um diese Systeme vermeintlich zu stabilisieren, wird gespart –, damit wird das Wachstum noch mehr geschädigt, was wiederum die Einnahmen an Steuern und Beiträgen noch weiter reduziert. So kommt eine Abwärtsspirale in Gang. Wie diese funktioniert, konnten wir im April und Mai 2004 wieder einmal beobachten, als die Wirtschaftsforschungsinstitute ihr Frühjahrsgutachten veröffentlichten. Wie schon so oft in den letzten Jahren mussten sie ihre Wachstumsprognosen nach unten korrigieren, und wenige Tage später nahmen die Steuerschätzer ihre Prognosen für die Steuereinnahmen zurück. Einen Moment lang schien es so, als ob Bundeskanzler Schröder die Einsicht und die Kraft habe, dieser Abwärtsbewegung zu widerstehen und eine Kurskorrektur einleiten zu wollen: Er hatte vor, den Ökonomieprofessor Peter Bofinger, der seit langem für eine antizyklische, expansive Konjunkturpolitik wirbt, zum Bundesbankpräsidenten zu machen. Das allein schon wäre ein Signal gewesen. Aber dann ließ Schröder sich doch wieder wegspülen – vom Mainstream jener, die die Konsolidierung proklamieren, ohne sie mit ihren Mitteln je zu erreichen.

Nur wenn es durch eine erfolgreiche Wachstumspolitik gelänge, zunehmend mehr aus Arbeitslosengeldempfängern wieder Beitrags- und Steuerzahler zu machen, könne mittel- bis langfristig auch die Haushaltskonsolidierung gelingen, meint der ehemalige Sozial- und Arbeitsminister Herbert Ehrenberg. Mit Recht.

Denkfehler 9:
»Die Produktivität ist zu hoch.«

Variationen zum Thema:

- »Die Produktivität ist zu hoch. Deshalb steigt die Arbeitslosigkeit.«
- »Der Kapitalismus schafft die Arbeit ab.«

»Der Kapitalismus schafft die Arbeit ab« – diese Feststellung war ein fast schon klassisch zu nennendes Fazit des Soziologen Ulrich Beck nach dem Besuch einer hochautomatisierten und mit Robotern ausgerüsteten Fabrik von BMW. Der Soziologe berichtet:

> »Die Zukunft der Arbeit, sagt der Herr von BMW, sieht [bei BMW] folgendermaßen aus: Dann zeichnet er eine abfallende Linie, die im Jahr 1970 beginnt und ums Jahr 2000 herum bei Null endet. So ist das natürlich übertrieben, und so können wir das auch in der Öffentlichkeit nicht darstellen, fügt er hinzu. Aber die Produktivität steigt in solchem Ausmaß, dass wir mit immer weniger Arbeit immer mehr Autos herstellen können. Damit wir den Beschäftigungsstand auch nur halten können, müssten die Märkte enorm expandieren. Nur wenn wir in alle Winkel der Welt unsere Autos verkaufen, besteht überhaupt eine Chance, die vorhandenen Arbeitsplätze zu sichern.
> Der Kapitalismus schafft die Arbeit ab. Arbeitslosigkeit ist kein Randschicksal mehr, sie betrifft potentiell alle – und die Demokratie als Lebensform.«[46]

So dramatisch der Soziologe Beck das auch sieht: Er erliegt dem typischen Denkfehler, eine einzelbetrieblich durchaus schlüssige Beobachtung auf die gesamte Volkswirtschaft zu übertragen. In einem einzelnen Betrieb wie bei BMW gilt sehr wohl, dass bei Rationalisierung und gleichbleibendem Absatz immer weniger Leute die gleiche Menge produzieren und die überzähligen Mitarbeiter in der Regel entlassen werden. Auf eine Volkswirtschaft lässt sich diese betriebliche Erfahrung aber nicht übertragen.

Gesamtwirtschaftlich gilt eher die gegenläufige Erfahrung: Je höher der Zuwachs der Arbeitsproduktivität ist, um so größer ist die Chance, dass die zum Beispiel in einer Fabrik von BMW nicht mehr gebrauchten Arbeitskräfte woanders unterkommen – bei BMW selbst, bei Maschinen- und Roboterbauern, bei Zulieferern oder in anderen wachsenden Branchen.

Der notwendige Strukturwandel fand in Deutschland immer statt. Er war übrigens um so leichter, je mehr »Dampf in der Ökonomie« war. Hohe Produktivitätszuwächse, hohes reales Wachstum und niedrige Arbeitslosigkeit haben sich in verschiedenen Perioden der deutschen Wirtschaftsentwicklung gut vertragen. Es gab in den letzten Jahrzehnten Phasen weit höherer Produktivitätszuwächse als heute bei gleichzeitig geringerer Arbeitslosigkeit. So zum Beispiel in den Jahren 1967 bis 1973.

Tabelle 10: Entwicklung der Arbeitsproduktivität, des Bruttoinlandsprodukts und der Arbeitslosenquote zwischen 1967 und 1973

	Wachstum der Arbeitsproduktivität je Erwerbstätigenstunde (Veränderung gegenüber dem Vorjahr in Prozent)	Wachstum des realen Bruttoinlandsprodukts (Veränderung gegenüber dem Vorjahr in Prozent)	Arbeitslosenquote
1967	4,9	-0,3	2,1
1968	6,0	5,5	1,5
1969	6,9	7,5	0,9
1970	4,6	5,0	0,7
1971	4,1	3,1	0,8
1972	5,2	4,3	1,1
1973	5,5	4,8	1,2

Quelle: Bundesministerium für Gesundheit und Soziale Sicherung (Hrsg.): *Statistisches Taschenbuch 2003, Arbeits- und Sozialstatistik,* Bonn 2003, 2.10; Bundesministerium für Arbeit und Sozialordnung (Hrsg.): *Statistisches Taschenbuch 1998, Arbeits- und Sozialstatistik,* Bonn 1998, 1.2 und 1.7.

Wie Tabelle 10 zeigt, waren in dieser Phase die Zuwächse der Produktivität mit durchschnittlich 5,3 Prozent jährlich überaus hoch; gleichzeitig wurde ein außerordentlich gutes Wachstum des Bruttoinlandsprodukts von durchschnittlich 4,3 Prozent erzielt. Die Parallelität besonders hoher Produktivitätsfortschritte zum besonders hohen Wachstum zwischen 1967 und 1969 ist besonders eindrucksvoll und widerlegt die professionellen Schwarzmaler. Bemerkenswert ist, dass gleichzeitig die Arbeitslosenquote auf einem niedrigen Niveau bleibt.

Interessant ist auch die Phase zwischen 1988 und 1992. Tabelle 11 zeigt einen Vergleich der Entwicklung von Arbeitsproduktivität, Wachstum des Bruttoinlandsprodukts, Arbeitslosenquote und Kapazitätsauslastung in Westdeutschland. Die Zuwächse der Arbeitsproduktivität waren in dieser Phase mit durchschnittlich 3,5 Prozent pro Jahr deutlich höher als in den gesamten achtziger Jahren mit 2,5 Prozent. Gleichzeitig zog das Wachstum beachtlich an, und die Arbeitslosenquote sank bis 1991 leicht. Diese relativ gute Konstellation war begleitet von einer enormen Verbesserung der Kapazitätsauslastung – von 83,8 Prozent im Jahr 1987 auf 89,4 Prozent im Jahr 1990.

Die Tabelle enthält außerdem die Werte für die Periode 1997 bis 2003. Sie zeigen: Niedrige Produktivitätszuwächse, schlechte Kapazitätsentwicklung, geringes Wachstum und hohe Arbeitslosigkeit gehen Hand in Hand. Der Vergleich mit der Periode von 1967 bis 1973 zeigt, wie unbegründet die Angst vor hoher Produktivität ist.

Diese Datenkonstellation zeigt deutlich: Es macht keinen Sinn, Angst zu haben vor einem Produktivitätszuwachs, es macht aber viel Sinn, die Kapazitäten besser auszunutzen und so bessere Wachstumsraten und niedrigere Arbeitslosenziffern zu erreichen.

Hintergrund und Ursache des hohen Produktivitätswachstums in den vergangenen fünfzig Jahren waren ähnlich umwälzende Strukturveränderungen und Rationalisierungen wie heute. Schon in den sechziger Jahren rankte sich eine breite Diskussion um die Folgen der Automatisierung. Auch damals brachen ganze Branchen weg.

Tabelle 11: Entwicklung der Arbeitsproduktivität, des Bruttoinlandsprodukts, der Arbeitslosenquote und der Kapazitätsauslastung in Westdeutschland

	Wachstum der Arbeitsproduktivität je Erwerbstätigenstunde (Veränderung gegenüber dem Vorjahr in %)	Wachstum des realen Bruttoinlandsprodukts (Veränderung gegenüber dem Vorjahr in Prozent)	Arbeitslosenquote	Kapazitätsauslastung im verarbeitenden Gewerbe in Westdeutschland
1987	1,5	1,5	8,9	83,8
1988	3,0	3,7	8,7	86,1
1989	3,3	3,6	7,9	88,3
1990	5,0	5,7	7,2	89,4
1991	3,7	5,0	7,3	87,3
1992	2,7	2,2	8,5	83,4
1997	2,0	1,4	12,7	85,7
1998	1,3	2,0	12,3	86,2
1999	1,5	2,0	11,7	85,4
2000	2,2	2,9	10,7	87,1
2001	1,0	0,6	10,3	84,6
2002	1,2	0,2	10,8	83,3
2003	0,8	-0,1	11,6	82,7

Quelle: Bundesministerium für Gesundheit und Soziale Sicherung (Hrsg.): *Statistisches Taschenbuch 2003, Arbeits- und Sozialstatistik,* Bonn 2003, 1.2, 1.7 und 2.10; Sachverständigenrat zur Begutachtung der gesamtwirtschaftlichen Entwicklung (Hrsg.): *Staatsfinanzen konsolidieren – Steuersystem reformieren. Jahresgutachten 2003/04,* Berlin 2003, S. 586. Für die Werte des Jahres 2003: Bundesministerium für Gesundheit und Soziale Sicherung (Hrsg.): *Statistisches Taschenbuch 2004, Arbeits- und Sozialstatistik,* Bonn 2004, 1.2, 1.7 und 2.10 sowie Sachverständigenrat zur Begutachtung der gesamtwirtschaftlichen Entwicklung (Hrsg.): *Erfolge im Ausland – Herausforderungen im Inland. Jahresgutachten 2004/05,* Berlin 2004, S. 703.

In der Landwirtschaft, im Bergbau, in der Stahl-, Textil- und Schuhindustrie wurde stark rationalisiert; zugleich erstarkte die ausländische Konkurrenz. Tausende von Arbeitnehmern verloren ihre Stellen. Doch Landwirte, Bergleute und Textilarbeiterinnen kamen in der Automobilindustrie, im Maschinenbau, in der Chemieindustrie unter. Ihre Söhne und Töchter wurden Informatiker oder Lehrer/innen, Laboranten in der Forschung oder Sozialarbeiter. Diese Umstrukturierung gelang, weil bestimmte Branchen wuchsen, andere Güter produziert und neue Dienstleistungen angeboten wurden. Staat und – wenn wir Glück hatten – auch die Bundesbank steuerten den Prozess mit ihrer Ausgaben- und Zinspolitik und durch eine aktive Konjunktur- und Strukturpolitik. Das »blies viel Dampf« in die Ökonomie, es wurde immer wieder so viel Kaufkraft geschaffen, dass die erzwungenen Strukturveränderungen aufgefangen werden konnten.

Hat sich seither so viel verändert? Fehlt für jene, deren Arbeitsplatz wegrationalisiert wird, zwangsläufig jede Beschäftigungsalternative? Wer so denkt, unterstellt, es gebe nichts mehr zu tun, unsere Bedürfnisse seien befriedigt (siehe Denkfehler Nr. 12, S. 170). Das ist falsch.

Zunächst ist daran zu erinnern, dass sich Automaten, Roboter und Computer immer noch nicht selbst produzieren. Auch die Fertigungsautomaten bei BMW müssen konstruiert, produziert und gewartet werden. Und viele Menschen haben nach wie vor einen durchaus berechtigten Bedarf: an besseren und ruhigeren Wohnungen beispielsweise oder an einer besseren Ausbildung ihrer Kinder. Viele Familien mit Kindern müssen scharf kalkulieren; sie schränken sich ein, beim Essen, bei der Kleidung; ein hoher Prozentsatz verzichtet auf die Ferien.

In den italienischen Lokalen, wo solche konsumkritischen Thesen erörtert werden, bleibt die Schicht der saturierten Meinungsführer meist unter sich, weil andere schlicht kein Geld für das abendliche Ausgehen haben. Es ist eine für die gehobene Mittelschicht typische Unterstellung, anzunehmen, auch der Bedarf aller anderen Menschen sei gedeckt.

Aber auch jenseits des privaten Konsums gibt es ausreichend unbefriedigte Bedürfnisse. Um nur einige Beispiele zu nennen: Für die Infrastruktur vieler unserer Städte wird nur das Notwendigste getan, Schwimmbäder werden geschlossen; die Klassenstärken in den Schulen werden größer statt kleiner; die Bäche am Oberlauf des Rheins müssten renaturiert werden, wenn man Ludwigshafen, Bonn und Köln vor weiteren Überschwemmungen schützen wollte – und so weiter und so fort. Die Arbeit geht wirklich nicht aus.

Es ist interessant, dass diejenigen, die die These vom zu hohen Produktivitätszuwachs vertreten, häufig auch die These vom Ende des Generationenvertrags propagieren, obwohl sich beides gegenseitig ausschließt. Denn wenn die Produktivität so sehr wächst, dass die Arbeit auszugehen droht, dann braucht die gleiche Generation nicht zu fürchten, mehr arbeiten zu müssen, um die wachsende Zahl der Rentner zu unterhalten. Mit starken Produktivitätsgewinnen lässt sich die zunehmende »Altenlast« locker schultern, ohne dass die Jungen auf Zuwächse verzichten müssten. Wer denkt wie der Soziologe Beck, sollte jedenfalls den Rentnern dankbar dafür sein, dass sie länger leben. So geht den Jungen wenigstens die Arbeit nicht so schnell aus (siehe auch Denkfehler Nr. 6 und Nr. 7, S. 115 und 126).

Hier zeigt sich der Niedergang der wirtschafts- und gesellschaftspolitischen Debatten besonders klar. Es sind vor allem Nicht-Ökonomen, die sie in den Feuilletons der großen Zeitungen führen – mit erheblichen Auswirkungen auf die öffentliche Meinung und die praktische Politik:

- Das Schreckgespenst Produktivitätszuwachs macht *erstens* blind dafür, dass gerade Produktivitätsfortschritte die Voraussetzung für ein hohes Einkommen der Menschen und für die Konkurrenzfähigkeit deutscher Unternehmen auf den Weltmärkten sind. Sie sind einer der Gründe dafür, dass Deutschland bei hohem Lohnniveau dennoch Leistungsbilanzüberschüsse erwirtschaftet, also konkurrenzfähig ist.
- Modische Untergangstheorien wie die vom »Ende der Arbeit« führen *zweitens* zu Fatalismus und verleiten dazu, das Selbstverständliche zu unterlassen. Wer auch heute noch für Vollbeschäftigung als berechtigtes und notwendiges Ziel der Wirt-

schaftspolitik eintritt, wird ausgelacht, obwohl dieses Ziel eine Selbstverständlichkeit sein sollte.

Die Produktivität ist zu hoch? Der Kapitalismus schafft die Arbeit ab? Nein, Produktivitätszuwächse sind die eigentlichen Quellen für mehr Wachstum und Wohlstand. Freilich müssen diese angebotsseitigen Wachstumsmöglichkeiten auch nachfrageseitig ausgeschöpft werden.

Denkfehler 10:
»Die Zeiten, als man aus dem Vollen schöpfen konnte, sind vorbei.«

Wenn Ulrich Wickert in den *Tagesthemen* sagt, die Zeit des großen Wohlstands sei vorbei, oder wenn sich Egon Bahr anlässlich der Gedenkfeiern zum neunzigsten Geburtstag von Willy Brandt ähnlich äußert, dann drücken sie ein Zeitgefühl aus. Man muss dieses Zeitgefühl hinterfragen. Wie kommt es, dass die deutschen Meinungsführer gleichlautend glauben, die Zeiten seien schlecht?

Die Zeiten sind, was unsere Volkswirtschaft insgesamt und was unsere Möglichkeiten betrifft, nicht schlechter als früher. Im Gegenteil: Wenn man sich anschaut, was in Deutschland erarbeitet wird, stellt man fest: Es ging uns noch nie so gut wie heute. Der von der gesamten Gesellschaft erwirtschaftete Wohlstand, der im Bruttoinlandsprodukt (BIP) gemessen wird, war noch nie höher als heute. Seit 1948 gab es kaum ein Jahr mit wirklich schrumpfendem Bruttoinlandsprodukt. Die erste Ausnahme war 1967 mit minus 0,3 Prozent, dieses Minus wurde in den darauffolgenden Jahren mit Wachstumsraten von 5,5 Prozent und 7,5 Prozent deutlich korrigiert. Dann gab es 1975 noch einmal ein Minus von 1,3 Prozent. Auch dies wurde im darauffolgenden Jahr mit plus 5,3 deutlich ausgeglichen. 1993 gab es einen Einbruch mit minus 1,1 Prozent und im Jahr 2003 ein kleines Minuszeichen (minus 0,1 Prozent).

Heute verfügen wir real im Jahr über das Doppelte des Bruttoinlandsprodukts von 1978 und über das Dreifache von 1967.

> »Die fetten Jahre sind längst vorbei.« *Oswald Metzger, ehem. haushaltspolitischer Sprecher der Grünen*

Wir können sehr wohl noch aus dem vollen schöpfen

Wenn wir heute meinen, wir könnten nicht mehr aus dem vollen schöpfen, so ist das von den Fakten her nicht begründet. Aber es gibt Entwicklungen, die diesen Eindruck nahezulegen scheinen:

- Wir haben eine wirtschaftliche Schwächeperiode von gut zwanzig Jahren hinter uns – nur unterbrochen durch den Vereinigungsboom. In dieser Zeit haben wir unsere Möglichkeiten bei weitem nicht ausgeschöpft; die Folge: hohe Arbeitslosigkeit und Insolvenzen von Unternehmen und Selbständigen. Das aber sagt nichts über unsere Potentiale und nicht einmal etwas über den Stand der uns zur Verfügung stehenden Dienstleistungen und Güter.
- Für die Arbeitnehmer und ihre Familien hat sich in der Tat einiges zum Schlechteren verändert. Ihre Einkommen stagnieren seit etwa zwanzig Jahren netto und real, also nach Abzug der gestiegenen Beiträge und nach Abzug der Preissteigerungen. In den Jahren von 1981 bis 1990 stiegen sie in der Summe um gerade mal 6,7 Prozent und in den Neunzigern *sanken* sie um 2,2 Prozent (siehe Tabelle A1 im Anhang, S. 405). Im Gegensatz dazu zeigen unsere Manager deutlich, wie sehr man heutzutage noch aus dem vollen schöpfen kann. Auch in Zeiten der Rezession und selbst bei schlechtem Geschäftsgang ihrer Aktiengesellschaften haben sie sich die Gehälter und Zuwendungen deutlich erhöht.

Wie Deutschlands Manager aus dem vollen schöpfen

- 2002 verdiente ein Vorstandsmitglied der im DAX notierten Firmen im Schnitt 1,25 Millionen Euro jährlich.[47] Das waren pro Kopf 90 000 Euro mehr als im Vorjahr.
- DaimlerChrysler zahlte im Schnitt 3,7 Millionen Euro und damit trotz einer Reihe von drastischen Managementfehlern 130 Prozent (!) mehr als im Jahr zuvor.
- Bei Siemens stieg die Vergütung der Vorstände im Geschäftsjahr 2002/2003 pro Kopf um 29 Prozent auf 2,2 Millionen Euro.
- Die Bezüge von Deutsche-Bank-Chef Josef Ackermann stiegen von 6,9 Millionen 2002 auf rund 11 Millionen 2003.
- Die acht Vorstände der Deutschen Bank verdienen mehr als die 603 Bundestagsabgeordneten zusammen.

- Es gibt eine Reihe von Indikatoren für die Potentiale unserer Volkswirtschaft, die es auch in Zukunft möglich machen, »aus dem vollen zu schöpfen«: Ein Land, das für 51,1 Milliarden US-Dollar 2003 und für 104,3 Milliarden US-Dollar 2004 mehr Waren, Dienstleistungen und Übertragungen exportiert als es vom Ausland in Anspruch nimmt, dem geht es offensichtlich so gut, dass es auch im Inneren für mehr Wohlstand sorgen kann; eine Bevölkerung, deren Sparquote um 10 Prozent herum schwankt (11 Prozent in 2003) und damit weit über der Sparbereitschaft anderer Länder liegt (USA 3,7 Prozent), verfügt über die Mittel für Investitionen in die Zukunft. Ein Land, dessen Produktionspotentiale um gut 10 Prozent unterausgelastet sind, hat die Reserven, um »aus dem vollen zu schöpfen«. Von 1985 bis zum Jahr 2000, also in fünfzehn Jahren, ist die Produktivität der Beschäftigten um etwa 28 Prozent gestiegen, und es gibt keinen Grund anzunehmen, dass künftig irgendwelche Umstände eintreten, die weitere Produktivitätsfortschritte verhindern. Es kommt auf die richtige Wirtschaftspolitik an, um diese Potentiale effektiv zu nutzen statt sie brachliegen zu lassen.
- Am besten zeigt der Vergleich zwischen den neunziger und den siebziger Jahren, welche Potentiale unsere Volkswirtschaft hat. In den Siebzigern wuchsen die Bruttoanlageinvestitionen um 93 Prozent, in den Neunzigern um magere 22,9 Prozent. In den Siebzigern stiegen die öffentlichen Investitionen um 67,2 Prozent, in den Neunzigern sanken sie um 10,7 Prozent. Kein Wunder, dass heute allgemeines Wehklagen anhebt. Wir nutzen unsere Kapazitäten nicht und investieren nicht genügend. Da beißt sich die Katze in den Schwanz: Weil wir nichts für eine Auslastung unserer Wirtschaft tun, meinen wir, wir könnten nicht aus dem vollen schöpfen.

Wir müssen zu einem guten Mix unserer Wirtschaftspolitik zurückkehren – einerseits einer angebotsökonomischen Linie, die unsere Volkswirtschaft von unnötigen Lasten befreit und für einen ordentlichen Schub an technischem Fortschritt und Innovationen sorgt, andererseits einer eher nachfrageorientierten

Politik, die es endlich möglich macht, die Potentiale der Produktion in Deutschland zu nutzen. Andere Länder machen uns das vor. Dass wir es nicht tun, hat mit der Legende zu tun, die »fetten Jahre« seien vorbei. Wer daran glaubt, der stellt sich von vornherein auf magere Jahre ein und tut nichts.

Im übrigen: Es ist bezeichnend, dass diese Legende vor allem von Leuten vertreten wird, die »ihre Schäfchen im trockenen haben«. Seien es unkündbare Professoren, gut verdienende Journalisten oder von der Bertelsmann-Stiftung aufgefangene ehemalige Politiker. Gerade die Älteren unter ihnen sollten jüngeren Leuten nicht mit Parolen kommen, die diese entmutigen und frustrieren.

Denkfehler 11:
»Wir leben über unsere Verhältnisse.«

Variationen zum Thema:

- »Wir, das ist die Wahrheit, leben seit langem vor allem von der Substanz.« *Angela Merkel, 1.10.2003*
- »Wenn wir uns weiter leisten, das aufzuessen in dieser Generation, wovon unsere Kinder und deren Kinder auch noch leben müssen, dann sind wir nicht fair zur zukünftigen Generation.« *Gerhard Schröder, 14.3.2004*

Dass wir über unsere Verhältnisse leben, wird heutzutage von Edmund Stoiber und Gerhard Schröder, von Angela Merkel, Friedrich Merz und dem Ex-Bundesbankpräsidenten, von *Bild* und *Spiegel,* von Katrin Göring-Eckardt (grün) und Peer Steinbrück (rot), vom Erzbischof von Freiburg, Finanzminister Hans Eichel und unendlich vielen mehr behauptet – immer wieder und in vielen Variationen. Auch wenn soviel fachliche und politische Potenz natürlich einschüchtert, wollen wir dennoch überprüfen, was hinter der Aussage steckt, dass wir über unsere Verhältnisse leben, und welchen Wahrheitsgehalt sie hat.

Zunächst entdeckt man, dass ganz Verschiedenes gemeint sein kann, wenn es heißt, wir lebten über unsere Verhältnisse:

1. Wir konsumieren mehr als wir produzieren.
2. Wir leben heute zu Lasten der jungen und kommenden Generationen.
3. Wir überstrapazieren unsere Leistungsfähigkeit und die unserer Volkswirtschaft.
4. Wir leben zu Lasten anderer Völker.
5. Und – so verstehen es vielleicht manche unserer Meinungsführer – die »große Masse«, die Mehrheit unseres Volkes, lebt zu gut, hängt im sozialen Netz und beansprucht einen zu großen Teil des Volkseinkommens.

Die letzte Interpretation kann man gleich mal beiseite lassen: Die Löhne und Gehälter der Arbeitnehmerfamilien stagnieren seit gut zwanzig Jahren. Die Einkommen aus Gewinnen und Vermögen dagegen sind kräftig gestiegen. Dass die unteren Einkommensschichten über ihre Verhältnisse leben würden, kann man wirklich nicht sagen. Aber wie verhält es sich mit den anderen Interpretationen dieses so geläufigen Satzes?

Konsumieren wir mehr, als wir produzieren?

Die Deutschen sparen heute 11 Prozent ihres verfügbaren Haushaltseinkommens. Das ist ungefähr doppelt soviel wie die Briten (5,2 Prozent) und dreimal soviel wie die Amerikaner (3,7 Prozent in 2002) sparen.

Abbildung 4: Entwicklung der Sparquote (in Prozent des verfügbaren Haushaltseinkommens) in Deutschland zwischen 1965 und 2003

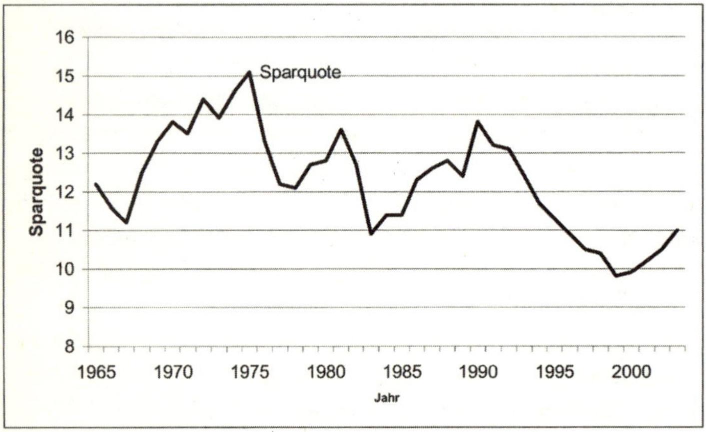

Quelle: Bundesministerium für Gesundheit und Soziale Sicherung (Hrsg.): *Statistisches Taschenbuch 2003, Arbeits- und Sozialstatistik*, Bonn 2003, 1.18; Bundesministerium für Arbeit und Sozialordnung (Hrsg.): *Statistisches Taschenbuch 1998, Arbeits- und Sozialstatistik*, Bonn 1998, 1.18. Für den Wert des Jahres 2003 Bundesministerium für Gesundheit und Soziale Sicherung (Hrsg.), *Arbeits- und Sozialstatistik*, Bonn 2004, 1.18.

Die Sparquote liegt heute - mit 11 Prozent 2003 und mit 10,5 Prozent 2002 - zwar etwas niedriger als in den achtziger und siebziger Jahren. Aber sie liegt höher als noch zwischen 1998 und 2001. Auf jeden Fall ist die hohe Sparquote ein sicheres Zeichen dafür, dass die Deutschen nicht mehr konsumieren als sie produzieren; sie sparen und stellen so Mittel bereit für Investitionen in die Zukunft. Unter konjunkturellen Gesichtspunkten ist die hohe Sparbereitschaft zur Zeit übrigens eher ein Problem: Wir leben sozusagen unter unseren Produktionsverhältnissen. Auch deshalb mangelt es an Kaufkraft und Nachfrage.

»Wir leben permanent über unsere Verhältnisse.« *Ex-Bundesbankpräsident Welteke, 21.5.2003*
»Gegenwärtig leisten wir uns mehr, als wir erwirtschaften.« *Ministerpräsident Edmund Stoiber, Neujahrsansprache 2003*

In diesem Zusammenhang ist auch noch ein Blick auf die Entwicklung der Nettovermögen der privaten Haushalte von Interesse. Zwischen 1970 und 1997 hat sich das Nettovermögen der privaten Haushalte verneunfacht, von 0,7 Billionen auf 6,2 Billionen Euro.[48] Auch nach Abzug der Preissteigerungen in diesem Zeitraum bleibt ein beträchtlicher Anstieg des Nettovermögens in den letzten drei Jahrzehnten. Wer Vermögen aufbaut, lebt nicht über seine Verhältnisse. Wenn dies dennoch behauptet wird, dann zeugt das nur von der derzeit typischen deutschen Depression.

Abbildung 4 zeigt übrigens auch noch etwas anderes: Perioden großen wirtschaftlichen Aufschwungs und deutlicher Verbesserung der Masseneinkommen können bei uns offenbar von hoher und wachsender Sparbereitschaft begleitet sein - selbst dann, wenn die Preise leicht steigen. Diese Beobachtung gilt für den Aufschwung Ende der sechziger und anfangs der siebziger Jahre wie auch für den leichten Aufschwung von 1985 bis 1991. Die geradezu phantastische Kombination von Wachstum, Einkommenszuwächsen und Sparbereitschaft in der ersten Hälfte der siebziger Jahre belegt zudem, wie unberechtigt der heute in Mode gekommene Schmäh der Neoliberalen gegenüber dieser Zeit ist.

Leben wir wirklich zu Lasten der nachwachsenden Generation?
Das Anwachsen der Staatsschulden, das wir in den letzten Jahren und Jahrzehnten beobachten müssen (siehe dazu Denkfehler Nr. 30, S. 291), könnte so interpretiert werden, dass die jetzige Generation zu Lasten ihrer Kinder und der nachfolgenden Generationen lebt. Das wäre aber trotz aller Sorge um das Anwachsen der Schulden der öffentlichen Hände eine falsche Interpretation. Sowohl die Sparquote wie auch das Anwachsen der Nettovermögen der privaten Haushalte sind ein Indiz dafür, dass die jetzige Generation mehr spart als konsumiert und folglich gerade nicht von der Substanz lebt, sondern für die künftigen Generationen investiert. Im privaten wie im öffentlichen Bereich werden konkret erfahrbare und sichtbare Investitionen gemacht: Fabriken, Wohnhäuser, Schulen, Bahnen, Straßen. Leider sind die Investitionen im öffentlichen Bereich unter dem Druck der Sparversuche in letzter Zeit weniger geworden. Aber insgesamt können künftige Generationen auf einem guten und breiter werdenden Fundament aufbauen. Es ist schlicht und einfach falsch, zu behaupten, wir würden das »aufessen in dieser Generation, wovon unsere Kinder und deren Kinder auch noch leben müssen«, wie Gerhard Schröder im März 2004 meinte.

Noch nie wurde so viel vererbt wie heute. Jene, die heute in Rente sind oder gehen, haben in ihrer Jugend auch nicht annähernd einen ähnlichen Fundus von Vermögen übernommen, wie ihn die jetzige junge Generation von ihren Eltern und Großeltern übernehmen kann. Auch so gesehen leben wir nicht über unsere Verhältnisse.

Es bleibt das Problem der Staatsverschuldung, das ich nicht kleinreden will, aber ihre Höhe sagt bei weitem nicht alles darüber, wie die Balance von Leistung, Vor- und Gegenleistung zwischen den Generationen aussieht.

Problematisch wird eine hohe Neuverschuldung des Staates dann, wenn gleichzeitig die Investitionen insgesamt und die Investitionen der öffentlichen Hand zurückgehen. Dann kann man sagen, dass zuwenig für die Zukunft investiert wird.

Leben wir über unsere Verhältnisse, weil wir unsere Leistungsfähigkeit überstrapazieren?

Die Kapazität unserer Volkswirtschaft ist seit Jahren nicht ausgelastet. Im September 2003 lag die Auslastung beim verarbeitenden Gewerbe in Westdeutschland bei 82,4 Prozent und in Ostdeutschland bei 81,2 Prozent der Kapazitäten. Abbildung 5 zeigt die besonders miserable Lage in Ostdeutschland und wie die Kapazitätsauslastung in Westdeutschland den konjunkturellen Verlauf widerspiegelt. In der Rezession zu Beginn der achtziger Jahre war die Auslastung besonders gering, ebenso in der Rezession der Jahre nach dem Vereinigungsboom von 1990. Im Jahr der Vereinigung lag die Auslastung mit 89,4 Prozent besonders hoch. Auch an anderen Ziffern kann man sehen, dass es damals so richtig boomte.

Abbildung 5: Die Kapazitätsauslastung im verarbeitenden Gewerbe in West- und Ostdeutschland zwischen 1980 und 2003 in Prozent (eine Vollauslastung bedeutet 100 Prozent)

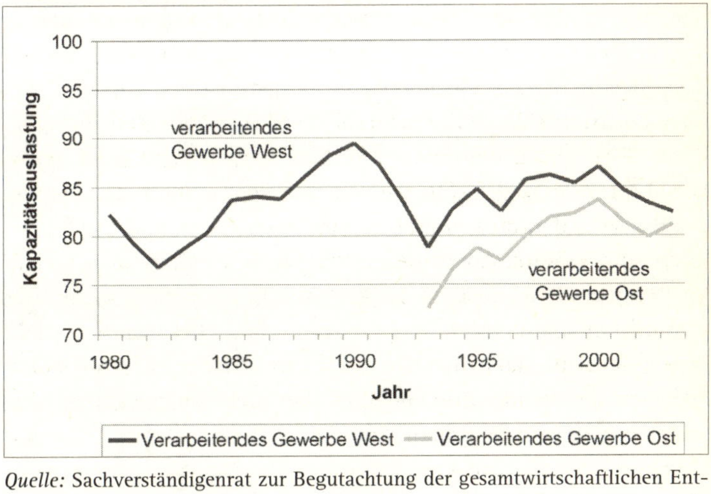

Quelle: Sachverständigenrat zur Begutachtung der gesamtwirtschaftlichen Entwicklung (Hrsg.): *Staatsfinanzen konsolidieren – Steuersystem reformieren. Jahresgutachten 2003/04*, Berlin 2003, S. 586.

Die Daten zur Kapazitätsauslastung sagen eindeutig: Wir leben weit unter unseren Verhältnissen. Anders als beispielsweise die USA nutzen wir unsere Möglichkeiten nicht, weil wir aus ideologischen Gründen oder aus ökonomischer Dummheit nicht begriffen haben, wie man eine Politik der möglichst vollen Auslastung der eigenen volkswirtschaftlichen und betriebswirtschaftlichen Kapazitäten macht (siehe dazu auch Tabelle A5 im Anhang, S. 410).

»Und wenn alle anderen die von der Partei verbreitete Lüge glaubten – wenn alle Aufzeichnungen gleich lauteten –, dann ging die Lüge in die Geschichte ein und wurde Wahrheit.« *George Orwell, 1984*

Noch ein Hinweis: Wenn wir in schlechten Zeiten die volkswirtschaftliche Kapazität um 10 Prozent unterauslasten, dann summiert sich der Verlust von nicht produzierten Gütern und Dienstleistungen, also von nicht erreichtem Bruttoinlandsprodukt, in einem Jahr auf rund 150 Milliarden Euro. Zehn Jahre miserable Konjunktur und schlechte Kapazitätsauslastung kosten unsere Volkswirtschaft und damit uns 1500 Milliarden Euro!

Leben wir auf Kosten anderer Völker?

Das Maß unserer Verschuldung oder unseres Vermögensaufbaus gegenüber dem Ausland wäre eine einigermaßen vernünftige Definition dessen, was der Satz »Wir leben über unsere Verhältnisse« besagt. Wir leben aber nicht auf Kosten anderer Völker. Wir verschulden uns ihnen gegenüber nicht, schon gar nicht so, dass wir unsere Schulden irgendwie nicht mehr zurückzahlen könnten.

Tabelle 12 gibt für eine Reihe ausgewählter Länder und Jahre die Salden der Leistungsbilanz wieder. Die einzelnen Ziffern sagen zum Beispiel für Deutschland im Jahr 2004: Wir haben damals neue Vermögen im Ausland aufgebaut, weil wir um vieles mehr exportiert haben als importiert und so einen Handelsbilanzüberschuss von 156,1 Milliarden US-Dollar erzielten. Damit konnten wir finanzieren, was wir im Ausland in Anspruch genommen haben, zum Beispiel die Dienstleistungen bei unseren Ferienaufenthalten, aber auch die Zahlungen der Gastarbeiter an ihre heimischen Familien oder die Zahlungen für Zinsen und Gewinne von ausländischen Unternehmen hier bei uns. Nach Abzug dieser Dienstleistungen und Transfers ins Ausland blieb dann immer noch ein sogenannter Leistungsbilanzsaldo von +104,3 Milliarden US-Dollar. (Siehe auch Denkfehler Nr. 13, S. 176.)

Tabelle 12: Salden der Leistungsbilanz in Deutschland, Frankreich, Spanien, Großbritannien und den USA in Mrd. US-Dollar zwischen 1990 und 2004

Jahr	Deutschland	Frankreich	Großbritannien	USA	Spanien
1990	48,6	-9,8	-39,1	-79,0	-18,1
1991	-18,4	-5,7	-19,0	3,7	-19,9
1992	-14,5	4,8	-22,9	-48,5	-21,6
1993	-9,7	9,6	-17,9	-82,5	-5,7
1994	-24,3	7,4	-10,3	-118,2	-6,4
1995	-27,0	11,1	-14,3	-105,2	0,8
1996	-13,8	20,8	-10,9	-117,2	0,4
1997	-9,1	37,9	-1,5	-127,7	2,5
1998	-12,3	39,1	-6,3	-204,7	- 2,9
1999	-24,9	41,2	-33,8	-290,8	-14,0
2000	-25,7	16,3	-36,5	-411,5	-19,3
2001	3,0	21,5	-32,3	-385,7	-16,4
2002	45,4	14,5	-26,4	-473,9	-15,9
2003	51,1	7,9	-30,6	-530,7	-23,5
2004	104,3	-8,4	-47,1	-665,9	-49,1

Quelle: Sachverständigenrat zur Begutachtung der gesamtwirtschaftlichen Entwicklung (Hrsg.): *Staatsfinanzen konsolidieren – Steuersystem reformieren. Jahresgutachten 2003/04*, Berlin 2003, S. 516 f.; (OECD-Basis). Für die Werte ab 2001 OECD (Hrsg.): *Main Economic Indicators, Paris, Mai 2005, S. 26.*

Es gab, wie die Tabelle zeigt, auch schon Jahre, in denen die Leistungsbilanz negativ war – vor allem in den neunziger Jahren. Bei uns hat sich das Blatt seit dem Jahr 2000 wieder gewendet; seitdem gibt es eine ähnliche Entwicklung wie schon in den achtziger Jahren und davor in den Siebzigern. Die letzten Ziffern für das Jahr 2003 mit 51,1 und für 2004 mit 104,3 Milliarden US-Dollar zeigen jedenfalls, dass Deutschland nacheinander hohe Leistungsbilanzüberschüsse erwirtschaftet hat und so seine Vermögensposition gegenüber dem Ausland auf- und nicht abgebaut hat.

In den letzten dreißig Jahren hat Deutschland ständig Vermögen im Ausland aufgebaut, sich also keinesfalls verschuldet. Wir leben also auch so gesehen wirklich nicht über unsere Verhältnisse.

Ganz anders sieht das Bild für die USA aus. Hier summieren sich allein die Leistungsbilanzdefizite der zehn Jahre zwischen 1995 und 2004 auf 3313,3 Milliarden US-Dollar.

»Wir leben über unsere Verhältnisse. Und das seit vielen Jahren ...« Bild *vom 2.10.2003*
»Allen Versprechungen zum Trotz lebt Deutschland ungeniert über seine Verhältnisse.« Spiegel *vom 19.5.2003*

Wir müssten – grob gerechnet – fünfundsechzig Jahre lang einen so großen Leistungsbilanzüberschuss wie im Jahr 2003 erwirtschaften, um das Leistungsbilanzdefizit abzutragen, das die USA in nur zehn Jahren aufgehäuft haben. Trotzdem leisten sich die Vereinigten Staaten keine Debatte darüber, ob sie über ihre Verhältnisse leben, zumindest dringt die nicht bis Deutschland durch. Es gibt hierzulande immer noch Leute, die die US-Wirtschaft für ein vorbildliches Modell halten, obwohl sie uns ständig erzählen, wir lebten über unsere Verhältnisse.

Ähnlich, wenn auch in anderen Größenordnungen, sieht die Lage Großbritanniens und Spaniens aus. Das sind die Länder, die Angela Merkel uns als Vorbild empfiehlt.

Wie die Vermögensposition unserer Volkswirtschaft im Vergleich zu anderen aussieht, ergibt sich aus Tabelle 13. Danach steht Deutschland weit besser da als Frankreich und Italien und sogar fast so gut wie die Schweiz und um vieles besser als Großbritannien und die USA, die beim Ausland über alle Ohren verschuldet sind. Wir verzeichnen seit 1960 einen Zuwachs an Nettoauslandsvermögen von 231 Milliarden Euro, die USA einen Abbau von 2963 Milliarden, das sind fast 3 Billionen Euro. Nur weil so viele an die USA glauben, kann sich der Dollar noch einigermaßen halten. Wenn die Anleger rational kalkulieren würden, wäre der Dollar einer massiven Spekulation nach unten ausgesetzt.

Tabelle 13: Veränderung der Vermögensposition folgender Volkswirtschaften in Milliarden Euro von 1960 bis 2002

	Veränderung der Vermögensposition in Milliarden Euro (1960-2002)
Deutschland	+ 231
Frankreich	+ 7
Italien	+ 33
Großbritannien	- 331
USA	- 2963
Japan	+ 1661
Schweiz (bis 2000)	+ 257

Quelle: Ameco Macroeconomic Database, makroökonomische Datenbank der EU-Kommission.

Fazit: Wir haben Probleme, wir haben eine viel zu hohe Arbeitslosigkeit, wir haben eine zu niedrige Auslastung unserer volkswirtschaftlichen Kapazitäten, die Staatsverschuldung und vor allem die Nettokreditaufnahme, also der Zuwachs der Staatsverschuldung, wachsen zu stark. Das sind ohne Zweifel kritische Entwicklungen – dass wir aber über unsere Verhältnisse leben, das ist wirklich frei erfunden, und es signalisiert, wie die Reformdebatte insgesamt, dass mit unserer öffentlichen Meinungsbildung etwas nicht stimmt. Wenn es noch ein bisschen kritischen Verstand gäbe, würden die zitierten Wissenschaftler, Politiker und Publizisten mit ihrer Parole »Wir leben über unsere Verhältnisse« nicht Beifall ernten, sondern nur lautes Lachen.

Denkfehler 12:
»Ganze Branchen brechen weg.«

Variation zum Thema:

- »Der Bedarf ist gesättigt.«

Ohne Zweifel ist der schnelle Strukturumbruch, also der Niedergang ganzer Branchen, für die betroffenen Arbeitnehmer und Unternehmer ein großes Problem. Und dieses Problem ist durch die Öffnung der Grenzen nach Mittel- und Osteuropa noch gewachsen.

Man soll das Problem nicht kleinreden, aber man sollte bei der Betrachtung dieser Vorgänge rational bleiben: Wegbrechende Branchen gab es immer schon. Die Landwirtschaft und der Bergbau, die Schuh- und die Lederwarenindustrie, die optische Industrie, die Zündholzfabriken und die Wirkereien, die Bekleidungsindustrie und die Hersteller von Haushaltsgeräten – alles dezimiert, übrigens schon in den sechziger und siebziger Jahren. Die Arbeitskräfte wurden von anderen Branchen aufgefangen oder – in späteren Jahren – früh pensioniert, was keine gute Lösung war. Oder sie wurden arbeitslos.

Tabelle 14 zeigt an einer Auswahl von wichtigen Wirtschaftszweigen, wie gravierend und wie unterschiedlich zugleich die Veränderungen in den letzten vierzig Jahren waren. Die Zahl der Beschäftigten in der Textil- und Bekleidungsindustrie wurde schon zwischen 1960 und 1980 halbiert, in den darauffolgenden zwanzig Jahren dann noch einmal; von ehemals 1,269 Millionen in dieser Branche Beschäftigten sind heute nur noch 230 000 übrig. Noch gravierender waren die Veränderungen beim Bergbau und beim Ledergewerbe. Bemerkenswert ist die Tatsache, dass diese Branchen zwischen 1960 und 1980 unter Veränderungen mindestens so viel litten wie zwischen 1980 und heute. Auch damals waren das schon die Folgen der Globalisierung, nur dass man es noch nicht so nannte. Man denke nur an die Importe von Mineralöl und Gas, die den Bergbau marginalisierten.

Tabelle 14: Erwerbstätige nach Wirtschaftsbereichen

	1960	1970	1980	1990	2000
Textil- und Bekleidungsgewerbe	1269000	1054000	674000	469000	230000
Ledergewerbe	267000	204000	121000	66000	31000
Bergbau und Gewinnung von Steinen und Erden	871000	591000	466000	370000	128000
Chemische Industrie	534000	657000	625000	644000	522000
Maschinenbau	1043000	1227000	1131000	1211000	1164000
Fahrzeugbau	596000	921000	1029000	1122000	1055000

Quelle: Statistisches Bundesamt (Hrsg.): *Statistische Jahrbücher 1994 und 2003*, Wiesbaden 1994/2003, S. 112 f. / S. 111 f.

Auch der Blick auf die ausgewählten drei wachsenden beziehungsweise stabilisierten Industriezweige ist interessant: Die Zahl der Beschäftigten in der Chemieindustrie schwankte zwar, wuchs aber bis 1990 an und nahm seitdem ein bisschen ab, auf knapp unter den Stand von 1960. Die Zahl der Beschäftigten beim Maschinenbau wuchs leicht, jene beim Fahrzeugbau hat sich von 1960 bis heute annähernd verdoppelt. Jede dieser drei Branchen hat einen leichten Einbruch zwischen 1990 und heute zu verzeichnen. Dafür dürfte zumindest zum Teil die schlechte Konjunktur verantwortlich sein.

In der Geschichte der Bundesrepublik wurden solche Strukturbrüche immer dann besonders gut gemeistert, und es konnte immer dann eine hohe Arbeitslosigkeit in einer betroffenen Region vermieden werden, wenn die Ökonomie insgesamt »unter Dampf stand«. Ein Boom erleichtert den Strukturwandel, denn dann werden Menschen aufgefangen, die in niedergehenden Branchen arbeiten.

Prinzipiell hat sich an diesem permanenten Strukturwandel nichts geändert, und dass unsere Volkwirtschaft insgesamt diesen Wandel noch einigermaßen gut besteht, wird durch den positiven Leistungsbilanzsaldo belegt. Ihn gäbe es nicht, wenn der Strukturwandel nicht erfolgreich vollzogen würde. Aber auch hier gilt, dass der strukturelle Wandel nachhaltig erleichtert würde, wenn bei uns endlich eine expansive Konjunktur- und Wachstumspolitik betrieben würde.

Wir haben in Deutschland viele Beispiele dafür, wie solcher Strukturwandel durch neue Entwicklungen aufgefangen wurde:

- Die von massiver Rationalisierung und einem Schrumpfungsprozess bedrohten Arbeitsplätze in der niederbayerischen Landwirtschaft wurden durch die Entwicklung der petrochemischen Industrie und der Automobilindustrie in der Region Ingolstadt, Regensburg, Dingolfing aufgefangen.
- Die in der schwäbischen Textilindustrie Beschäftigten kamen im Maschinenbau und teilweise ebenfalls in der Automobilindustrie unter.
- Noch 1961 waren in der Land- und Forstwirtschaft und im Weinbau meiner Region, der Südpfalz, 28,5 Prozent aller Erwerbstätigen tätig, 1970 waren es nur noch 14,2 Prozent. 1974 investierte Daimler-Benz in ein Lkw-Werk in Wörth und schuf rund 10 000 Arbeitsplätze. Viele Winzer und Landwirte gaben ihren Betrieb auf oder wurden zu Nebenerwerbswinzern und Nebenerwerbslandwirten und arbeiteten fortan bei Daimler-Benz. Der Anteil der in der Landwirtschaft und im Weinbau Tätigen betrug 1987 nur noch 6,6 Prozent und heute etwa 3 Prozent. Innerhalb von vierzig Jahren war ein Rückgang von 28,5 auf 3 Prozent zu verzeichnen – ein Viertel der Erwerbstätigen wechselte die Branche. Ein rasanter Umbruch.

Das sind nur drei Beispiele von vielen. Heute funktioniert der Strukturwandel nicht mehr so gut. Dies hat viel mit dem mangelnden Sog zu tun, der sonst von florierenden oder wachsenden Branchen ausgeht. Wegen der gesamtwirtschaftlichen Depression ist dieser Sog heutzutage nur schwach. Der Niedergang von Branchen wird eben dann erträglicher, wenn die Ökonomie insgesamt floriert.

Manche Branchenveränderungen wurden auch intern von großen Firmen aufgefangen. Dies geschieht auch heute noch. General Electric beispielsweise produziert nicht nur Strom, Elektrogeräte und Anlagen, sondern hat sich zu einem Konzern mit vielen verschiedenen Produkten und Dienstleistungen entwickelt. Nokia, der finnische Hersteller von Handys, war in den sechziger Jahren ein wichtiger Hersteller von Gummistiefeln. Mannesmann war im 19. Jahrhundert ein Röhrenwerk und hat eine Reihe von Umstrukturierungen innerer Art hinter sich gebracht, hat sich diversifiziert und neuen Aufgaben zugewandt, bis es dann im Jahr 2000 durch Vodafone übernommen und aufgespalten wurde.

Fallbeispiel Nokia

- Nokia entstand als Zusammenschluss eines Papierherstellers (ehemals Nokia Company), eines Gummi- und Chemikalienherstellers (Finnish Rubber Works) und eines Telefonkabelherstellers (Finnish Cable Works)
- in den sechziger Jahren wichtiger Hersteller von Gummistiefeln
- Einstieg in den Telekommunikationsmarkt 1963 durch die Entwicklung eines Funktelefons, 1965 eines Datenmodems
- 1981 Entwicklung erster Autotelefone
- 1987 Entwicklung des ersten Mobiltelefons weltweit
- 1992 Abspaltung der Nebenaktivitäten von Nokia und alleinige Konzentration auf Telekommunikation

Fallbeispiel Mannesmann

- 1889 gegründet als Röhrenwerk mit speziellen Walzverfahren
- Rohrlieferungen unter anderem für Wasserversorgungsanlagen, Pipelines, Leitungsmasten, Straßenbeleuchtungen
- nach und nach übernimmt Mannesmann Hüttenwerke und steigt neben der reinen Stahlverarbeitung auch in die Stahlproduktion ein
- nach dem Zweiten Weltkrieg Zerschlagung in die verschiedenen Sparten, dann aber wieder Zusammenschluss 1955
- 1970 Mannesmann übernimmt von Thyssen die Sparten Rohrfertigung und Rohrverlegung und gibt im Gegenzug die Walzstahlherstellung und Blechverarbeitung an Thyssen ab

- seit den sechziger Jahren: Beginn der Diversifizierung in Maschinen- und Anlagenbau sowie Automobiltechnik
- 1990 Erwerb der Lizenz zum Aufbau und Betrieb des ersten privaten Mobilfunknetzes D2 in Deutschland
- mehrere internationale Übernahmen und Beteiligungen sowie Entwicklung zu einem der führenden privaten Telekommunikationsanbieter in Europa
- neue Kooperationen im Bereich Stahlerzeugung und Rohrherstellung und Umstrukturierungen
- mit der Übernahme durch Vodafone im Jahr 2000 Spaltung des Mannesmann-Konzerns: Die Telekommunikationssparte wird in Vodafone integriert, die Röhrenherstellung, der Maschinenbau und andere Teile werden ausgegliedert

In der öffentlichen Debatte werden Einzelfälle zum Gesamtbild erklärt. Oft wird der Niedergang als solcher dramatisiert, ohne die Ventile und die Reaktionsmöglichkeiten im Blick zu behalten. Dabei können – wie geschildert – Unternehmen selbst Strukturwandel betreiben und tun dies auch, und natürlich ist die Wirtschaftspolitik aufgefordert, den Strukturwandel zu fördern. Das kann sie durch Technologieförderung, Finanzhilfen und Überbrückungshilfen tun, und sie sollte es mehr als bisher dadurch tun, dass die Kapazitäten unserer Ökonomie insgesamt besser ausgelastet sind und dadurch die erwähnte Sogwirkung eintritt. Das ist das effizienteste Mittel gegen die Ängste und Probleme, die aus dem Niedergang ganzer Branchen folgen.

Mit der Angst vor dem Branchenniedergang eng verbunden ist ein Phänomen, das man die Sättigungstheorie nennen könnte. Es handelt sich um eine vor allem in der oberen Mittelschicht gängige Vorstellung, wonach der Bedarf der Menschen gesättigt sei – mit der Folge, dass die Wirtschaft stagniert oder sogar schrumpft. Die Realität eines großen Teils der Familien in Deutschland sieht jedoch anders aus. Die vordergründige Sättigung mit modischen Gütern wie Videogeräten, Kameras und Gameboys täuscht über vieles an vernünftigem Bedarf hinweg. Viele Familien gehen selten aus, viele verzichten auf Ferien, manche Kinder müssen auf die Klassenfahrt verzichten, viele auf eine gute PC-Ausstattung.

Auch der Bedarf an kommunalen und anderen öffentlichen Leistungen ist nicht überall gesättigt. Die Kommunen können zum Beispiel notwendige Reparaturen in Schulen nicht mehr machen. Ihnen fehlt nicht die Phantasie dafür, was nötig wäre, sondern das Geld. Wir könnten noch viele Radwege schaffen, die öffentlichen Nahverkehrssysteme ausbauen. Der Pflegebedarf wächst, und Bildung, Kultur und Gesundheitsvorsorge sind Felder, auf denen es einen nie nachlassenden Bedarf gibt.

Abgesehen davon wachsen immer wieder Generationen nach, die ihre eigenen Bedürfnisse haben und eben nicht in den Möbeln ihrer Großeltern leben wollen, um nur ein Beispiel zu nennen.

Die Sättigungstheorie ist ein Märchen. Vielleicht entspricht sie der modischen Stimmung, wonach es »nicht so weitergehen kann«, vielleicht entspringt sie auch dem Gefühl »wir sind alle Sünder« und »wir leben über unsere Verhältnisse«. Solche Erklärungen mögen zutreffen oder auch nicht, die Sättigungstheorie wird dadurch nicht richtiger.

Denkfehler 13:
»Wir sind nicht mehr wettbewerbsfähig.«

Variationen zum Thema:

- »Deutschland ist ein schlechter Standort.«
- »Unser Weltmarktanteil nimmt bedrohlich ab.«
- »Rund um uns geht's gut, nur bei uns in Deutschland nicht.«
- »Deutsche Krankheit.«
- »Die Arbeitsplätze wandern aus.«

Unter Deutschlands Topmanagern ist mir bisher nur einer aufgefallen, der ein wirklich freundliches Verhältnis zu seinem eigenen Land hat und sich entsprechend äußert: Porsche-Chef Wendelin Wiedeking. Gegenüber dem *Spiegel* erklärte er im Spätsommer 2003 auf die Frage, warum Autohersteller aus Japan ihre europäischen Werke nicht in Deutschland, sondern in Großbritannien und Frankreich gebaut hätten: »Bei uns haben zu viele zu lange den Standort schlechtgeredet.« Ein japanischer Automanager, der ein Werk in Deutschland errichten wollte, wäre in seiner Heimat wohl für verrückt erklärt worden.

Stimmungsmache gegen den Standort Deutschland

Es gibt vermutlich kein Land in der Welt, dessen Wirtschaftsführer, Publizisten und Wissenschaftler so schlecht über das eigene Land reden wie bei uns. Seit Jahren geht das schon so, von der Standortdebatte zu Beginn der neunziger Jahre bis zur Reformstaudebatte der letzten Zeit. Anfang 2004 trieb diese Kampagne besondere Blüten – mit wiederholten Klagen über den fallenden Weltmarktanteil Deutschlands und mit einem Präsidenten des Deutschen Industrie- und Handelskammertages, Ludwig Georg Braun, der seine Unternehmerkollegen aufforderte, Arbeitsplätze in die mittel- und osteuropäischen Länder zu verlagern. Das »Land mit der roten Laterne«, »Deutsche Krankheit« – diese Formeln bilden die untermalenden Dauertöne. Harmlos sind diese Töne nicht. Wenn nur ein bisschen richtig ist an der Bemerkung von Ludwig Erhard, ein Großteil der Wirtschaftspolitik sei Psychologie, dann muss man davon ausgehen, dass die laufende Kampagne Wirkung zeigt – eine sich selbst verstärkende negative Wirkung.

Bei manchen der Stimmungsmacher könnte ich die laute Klage nicht einmal dann verstehen, wenn sie sachlich berechtigt wäre. Wenn ich zum Beispiel Vertreter einer Großbank bin und mich für mein Haus verantwortlich fühle, dann muss ich mich mit Äußerungen über Standortschwächen, Wettbewerbsunfähigkeit, Deutsche Krankheit und so weiter sogar dann zurückhalten, wenn diese Etiketten sachlich berechtigt wären. Denn sonst beschädige ich den guten Ruf meines Wirkungsfelds.

Bei der Prüfung der Frage, wie es tatsächlich um den Standort Deutschland bestellt ist, wollen wir nicht darüber hinwegreden, dass Deutschland seit rund zwanzig Jahren – nur unterbrochen vom Vereinigungsboom – unter einer deutlichen Wachstumsschwäche leidet, dass die Wachstumsraten niedrig, die Arbeitslosigkeit und die Zahl der Insolvenzen unerträglich hoch sind. Aber dies alles verdient eine differenzierte und ideologiefreie Analyse, und zwar zum einen der Ursachen der wirtschaftlichen Schwäche der letzten Jahre und zum anderen der Standortqualitäten.

Für die Träger der laufenden Kampagne steht unumstößlich fest, das schlechte Wachstum und die hohe Arbeitslosigkeit seien die Folge von Strukturschwächen. Aus dieser »Analyse« folgt ihre Forderung nach Reformen bis hin zur Umgestaltung unseres Landes nach dem Prinzip von Maggie Thatcher. Offensichtlich steht das Urteil schon vor Beginn der Analyse fest. Wenn man jedoch genauer hinschaut, dann wird man feststellen:

- *Erstens:* In den letzten Jahren ist die Konjunktur in Deutschland mehrmals von der Geld- und Fiskalpolitik abgewürgt worden – in der ersten Hälfte der achtziger, in der ersten Hälfte der neunziger Jahre und, noch gut in Erinnerung, 1999 und 2000 (siehe Denkfehler Nr. 8, S. 142, und Nr. 31, S. 305).
- *Zweitens:* Mehrere Indikatoren weisen aus, dass die Standort-

bedingungen und die Strukturen unseres Landes um vieles besser sind, als sie dargestellt werden, und auch besser als in vielen anderen vergleichbaren Ländern.

- *Drittens:* Ein Teil der Schwächen, vor allem die stärkere Abgabenbelastung und der starke Anstieg der Staatsschuld, sind Begleiterscheinungen der deutschen Vereinigung und anderer Sonderbelastungen wie dem Zuzug von drei Millionen Aussiedlern (zum Umgang mit den Kosten der Einheit siehe Denkfehler Nr. 40, S. 364).

Eine differenzierte Analyse der Stärken und Schwächen täte gut

Will man die Standortqualität unseres Landes und seine Wettbewerbsfähigkeit einigermaßen objektiv erfassen, dann muss man ein breites Spektrum von Indikatoren überprüfen: die Leistungsbilanz und den Welthandelsanteil, die Arbeitslosen- und die Wachstumsrate, die Staatsverschuldung und die Verschuldung im Ausland, die Steuer- und die Sozialabgabenquote, die Direktinvestitionen hier und im Ausland, den Zustand der Infrastruktur und die Qualität der Ausbildung, die Spar- und die Investitionsquote, die Forschungspotentiale und den Zustand des Rechtswesens. Kann man eine Forderung gegenüber einem Geschäftspartner notfalls auch einklagen? Das ist wichtig, aber keine Selbstverständlichkeit. Hinzu kommen noch eine Reihe sogenannter weicher Standortfaktoren: die Wohn- und Lebensqualität, die kulturelle Vielfalt, Toleranz und Offenheit sowie die Kriminalitätsrate. Oder würden Sie als Manager mit Ihrer Familie in ein sehr unsicheres Land ziehen wollen, wenn Sie dort hinter großen Mauern leben müssten?

Will man ein einigermaßen klares Urteil über die Standortqualität unseres Landes fällen, dann muss man alle diese Faktoren, die ökonomisch harten und die weichen, in die Beurteilung mit einbeziehen und darf sich nicht allein auf die Wachstums- und die Arbeitslosenrate beschränken,[49] so wichtig diese beiden Indikatoren zur Beurteilung der Qualität der Wirtschaftspolitik auch sind.

Differenziertheit ist nicht gerade ein Merkmal der bei uns so heftig geführten Debatte. Sie ist vielmehr geprägt von der Perspektive

»dieses Glas ist halb leer«. Es ist, als würde geradezu händeringend nach kritischen Entwicklungen unseres Landes gesucht, damit diese in der Art einer Kampagne aufbereitet werden können. Ein augenfälliges Beispiel der letzten Zeit ist die Behauptung, Deutschland falle es schwer, seinen Platz im internationalen Wettbewerb zu behalten. Es verliere Anteile am Welthandel, während die USA und die asiatischen Länder Marktanteile gewännen. So steht es unter anderem in einem Papier, das die Deutsche-Bank-Research unter dem Titel »Reformbedarf in Deutschland« am 27. Mai 2003 veröffentlicht hat. Dieselbe Behauptung, mit einer farbigen Kurve untermauert, findet sich in Hans-Werner Sinns Buch *Ist Deutschland noch zu retten?;* auch Edmund Stoiber hat das Thema aufgegriffen und mit der frei erfundenen Behauptung variiert, jeden Monat würden 50 000 Arbeitsplätze ins Ausland verlagert; der hessische Ministerpräsident Roland Koch setzte nach und sagte am 6. Februar 2004 in einem Gespräch mit der *Frankfurter Allgemeinen:* »Der Anteil der Vereinigten Staaten am Welthandel ist von 1991 bis 2002 von gut 14 auf mehr als 19 Prozent gestiegen, der deutsche Anteil von knapp 12 auf 8 Prozent gesunken.« Damit wollte er belegen, wie schlimm es um Deutschland in der globalisierten Welt steht und wie stark die USA sind.

Wissentlich oder unwissentlich wendet Roland Koch einen Trick an: Er setzt nämlich – ohne dies zu erkennenzugeben – die hohen Importe der USA als Messziffer für ihren Welthandelsanteil ein. Das ist ganz schön dreist, denn diese hohen Importe, die den Welthandelsanteil nahe an die von Koch genannten 19 Prozent springen lassen, sind ja gerade Zeichen der Schwäche der USA (allerdings zeigen sie auch den starken Nachfrageboom!); sie sind die Ursache des extrem hohen US-Leistungsbilanzdefizits von mehr als 400 Milliarden Dollar gleich mehrmals in den letzten Jahren. Koch setzt wohl darauf, dass niemand seinen Taschenspielertrick bemerkt. Der Erfolg gibt ihm recht: Solange es niemand merkt, kann man diesen Trick ganz wunderbar in die laufende Kampagne zur Erosion des Vertrauens in unsere Volkswirtschaft einbauen. Roland Koch hat den Trick vermutlich von Professor Sinn übernommen.[50] Ifo-Präsident Sinn hat nahezu die gleichen Zahlen in seinem Buch »Ist Deutschland noch zu retten?« verwandt.

Abbildung 6: Weltmarktanteil der Exporte verschiedener Länder (in Prozent der Gesamtexporte auf der Welt)

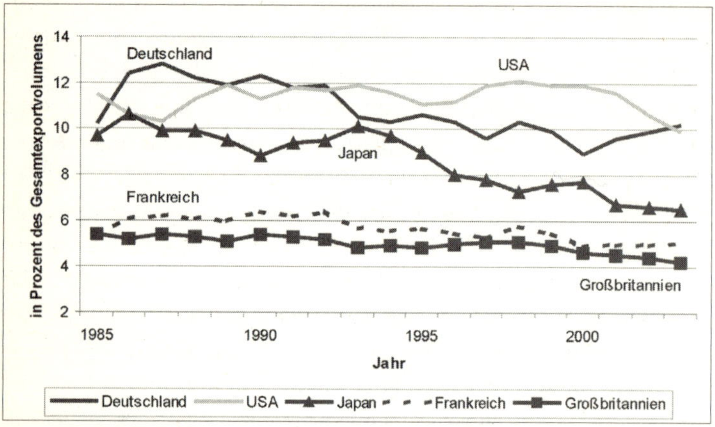

Quelle: OECD (Hrsg.): *Economic Outlook 2003,* Paris 2003, S. 240.

Wenn man die Fakten korrekt prüft, wenn man als Maßstab für die Stärke einer Volkswirtschaft im Welthandel die Exporte heranzieht, dann findet man, dass Deutschlands Weltmarktanteil im Jahr 2002 mit 9,9 Prozent knapp unter dem der USA mit 10,6 Prozent lag und 2003 mit 10,2 Prozent sogar über dem der USA mit 9,9 Prozent (siehe Abbildung 6 und Tabelle A7 im Anhang, S. 412). Deutschland und die USA wechseln sich übrigens seit zwanzig Jahren in der Führungsposition ab.

Das Gejammer über Deutschlands angeblich schwindenden Welthandelsanteil stimmt schon vom Ansatz her nicht. Rund 10 Prozent aller Exporte in der Welt werden von unserem Land geleistet. Wenn aufstrebende Volkswirtschaften wie die chinesische, die indische oder die der mittel- und osteuropäischen Staaten, denen erst seit der Wende von 1989 der Weltmarkt richtig offensteht, noch Platz finden wollen, nehmen sie natürlich den Großen Anteile weg. 100 Prozent lassen sich nach Adam Riese nur einmal aufteilen. Es ist das Natürlichste von der Welt, dass Nationen wie die unsrige ein wenig von ihrem Anteil abgeben.

Wenn man der Hysterie in der deutschen Debatte noch etwas tiefer nachspüren will, dann lohnt der Blick auf die Position der mit uns vergleichbaren Nationen: Großbritanniens Anteil an den Weltexporten liegt für das Jahr 2003 geschätzt bei 4,2 Prozent, Japans bei 6,5 Prozent, Frankreichs bei 5,1 Prozent, Italiens bei 4,1 Prozent. Mit welchem Recht leitet man daraus, dass unser Land 1997 einmal auf 9,6 Prozent und 2000 auf 8,9 Prozent gefallen war, eine dramatische Wende zur mangelnden Wettbewerbsfähigkeit her?

Wer den vorübergehenden Niedergang zwischen 1997 und 2000 als Beleg schlechter Standortbedingungen und Wettbewerbsfähigkeit wertet, muss den Wiederanstieg auf heute über 10 Prozent als Beleg großer Wettbewerbsfähigkeit werten. Wer statt dessen jedoch lieber die schlechtere Phase der vergangenen Jahre heraushebt, der will den Ruf unseres Landes mutwillig schädigen. Das sollte eigentlich das allerletzte sein, was man von Topmanagern, von Bankenchefs und von den volkswirtschaftlichen Abteilungen der Banken erwarten kann – von der Politik ganz zu schweigen. Wenn ich Geld zum Anlegen hätte, würde ich es ganz sicher nicht bei Unternehmen anlegen, deren volkswirtschaftliche Abteilungen so schlecht analysieren.

Was sagen die Fakten über die Wettbewerbsfähigkeit unseres Landes?

- *Deutschlands Leistungsbilanz ist überragend positiv,* 51,1 Milliarden US-Dollar waren es 2003 und 104,3 Milliarden 2004. Zum Vergleich die Ziffern der USA: minus 530,7 Milliarden US-Dollar in 2003 und minus 665,9 Milliarden in 2004. Großbritanniens Defizit in der Leistungsbilanz betrug 47,1 Milliarden im Jahr 2004. Die USA haben mit einer Unterbrechung jetzt schon zwanzig Jahre lang eine negative Leistungsbilanz und leben auf Pump beim Rest der Welt; im Fall von Großbritannien gilt das für achtzehn Jahre. Wer hat denn da Probleme mit der Wettbewerbsfähigkeit?

Sinn und Un-Sinn

Weil der (hohe) Leistungsbilanzüberschuss die Behauptung widerlegt, unser Land sei nicht wettbewerbsfähig, versuchen die Schwarzmaler alles mögliche, um dennoch ein Haar in der Suppe zu finden. So zum Beispiel im Zusammenhang mit der Forcierung des Themas Abwanderung von deutschen Unternehmen ins Ausland: Seit einiger Zeit taucht in Gesprächen und Texten vermehrt die Behauptung auf, in unseren hohen Exporten seien vor allem Güter enthalten, deren Hauptkomponenten vorher importiert und in Deutschland »nur« zusammengebaut worden seien – konkret: viele Teile eines BMWs, einschließlich des Motors, würden in den Beitrittsländern Osteuropas gefertigt, billig importiert, hier zusammengebaut und wieder exportiert; hierzulande entstehe fast keine Wertschöpfung.

Auch hinter diesem Gerücht steckt entweder ein Denkfehler oder eine bewusste Täuschung. Bei der Berechnung des Überschusses in Höhe von 104,3 Milliarden US-Dollar im Jahr 2004 sind die Importe schon von den Exporten abgezogen – das heißt, alle Motoren, Getriebe, Teile von Karosserien, Sitze, Armaturen und so weiter, die importiert und eingebaut werden, sind bereits in Rechnung gestellt. Und dennoch ist die hiesige Wertschöpfung so hoch, dass nach Abzug der Importe und unserer Ausgaben für Auslandsferienreisen etc. noch ein Überschuss bleibt.

Tabelle 15 zeigt die Größenordnungen und Veränderungen von 2002 auf 2004. Im Jahr 2004 sind für rund 577 Milliarden Euro Güter eingeführt worden, und für 733 Milliarden Euro sind Güter exportiert worden. Mit der Differenz von 156 Milliarden Euro haben wir locker unsere Ferienreisen und anderes mehr bezahlt – und dann blieb immer noch ein Überschuss von knapp 100 Milliarden Euro.

Die irreführende Diskussion, die wir zu diesem Thema zur Zeit erleben, zehrt besonders von den Erörterungen des Professors Sinn – Unsinn von Sinn.[51]

Tabelle 15: Einfuhr, Ausfuhr und Ausfuhrüberschuss Deutschlands im Spezialhandel zwischen 2002 und 2004 (in Mrd. Euro)

	2002	2003	2004
Einfuhr	518,5	534,5	577,4
Ausfuhr	651,3	664,5	733,5
Ausfuhrüberschuss	132,8	130,0	156,1

Quelle: Statistisches Bundesamt. Die Werte für 2004 sind vorläufige Ergebnisse.

- *Beim Wettbewerbsfähigkeitsindex der OECD schneidet Deutschland mit am besten ab:* Die OECD, alles andere als eine Organisation, die dem neoliberalen Gedankengut fernsteht, hat einen sogenannten Wettbewerbsfähigkeitsindex entwikkelt. Ihn zu erklären ist sehr kompliziert. Schauen wir uns deshalb nur das Ergebnis der Berechnung der Experten an: Beim Wettbewerbsfähigkeitsindex nach relativen Exportpreisen und nach relativen Lohnstückkosten der OECD schneidet Deutschland unter sieben vergleichbaren Ländern – Frankreich, Italien, Japan, Spanien, Großbritannien und die USA – zusammen mit Frankreich und Japan am besten ab.
- *Im Handel mit den neuen EU-Mitgliedern hat Deutschland immer noch die Nase vorn.* Die neuen EU-Mitglieder gelten in der gängigen Debatte als besondere Gefahr für unsere Wettbewerbsfähigkeit und für unsere ökonomische Entwicklung. Tatsache ist jedoch: Deutschlands Ausfuhren in diese Länder (1999–2004: 302,7 Milliarden Euro) übersteigen die Einfuhren aus diesen Ländern (294,2 Mrd. Euro). (Siehe auch Tabelle A8 im Anhang, S. 413, und Denkfehler Nr. 2, S. 81–89, Abb. 1.)
- *Die Unfähigkeit zu einer ausgewogenen und alle Instrumente nutzenden makroökonomischen Politik ist ein belastender Standortfaktor.* Die deutsche Volkswirtschaft ist zur Zeit schwach bei den privaten und vor allem bei den öffentlichen Investitionen. Beides ist nicht gut. Die Schwäche der privaten Investitionen ist ein Zeichen für eine deutliche Nachfrageschwäche – wenn die vorhandenen Kapazitäten nicht genutzt werden, braucht man nicht neu zu investieren. Beides verdan-

ken wir einer von Ideologien geprägten unbeweglichen Makropolitik von Bundesbank, Europäischer Zentralbank und Staat. Ein Klüngel aus Zentralbankern, sogenannten Sachverständigen, die fest auf eine ideologische Schule eingeschworen sind, und Politikern, die den Parolen des organisierten Mainstream nachlaufen, würgt immer dann die Konjunktur ab, wenn sie sich gerade zart zu entfalten beginnt. Die Verantwortlichen sehen das natürlich ganz anders. Aber so ist es: Jene, die sich als Pfeiler unseres wirtschaftlichen Wohlergehens verstehen, sind eigentlich seine Totengräber. Der Mangel an Konsumkraft und der Niedergang der Investitionen summieren sich zu einem dauerhaften Einbruch der Binnennachfrage, der durch noch so gute Exporterfolge nicht aufgefangen werden kann. Dass es an der Binnennachfrage mangelt, sehen inzwischen selbst jene ein, die sich über Jahre geweigert haben, diesen Begriff überhaupt in ihr Denken aufzunehmen: der Sachverständigenrat, der Bundesfinanzminister und der Rest der ideologischen Szene der Angebotsökonomen.

- Bei der *Steuerquote* lagen wir im Jahr 2001 mit 23,1 Prozent unter der fast aller anderen vergleichbaren Länder. Die USA, Spanien und Japan lagen unterhalb unserer Marke. Vielbewunderte Länder wie Schweden, Dänemark, aber auch Großbritannien und die Niederlande liegen über dem deutschen Wert (siehe Tabelle A9 im Anhang, S. 414).
- Auch bei der *Sozialabgabenquote* lag Deutschland nicht an der Spitze. Sie erreichte 2001 17,5 Prozent, so dass wir 2001 eine *Gesamtabgabenquote* von 40,6 Prozent hatten und unter Schweden, Dänemark, Österreich, Belgien, Frankreich, Finnland, Italien, Luxemburg und sogar minimal unter dem Gesamtniveau der Europäischen Union (40,9 Prozent) lagen.
- Die *Infrastruktur* in Deutschland, also das Schienennetz, das Straßennetz, die Versorgung und Entsorgung mit Strom, Wasser und Telekommunikation, ist gut und weit besser als bei vielen unserer Konkurrenten. Allerdings käme es heute darauf an, bei dem (vergeblichen) Versuch, während eines konjunkturellen Niedergangs zu sparen, unsere Infrastruktur nicht verlot-

tern zu lassen. Die Gefahr ist gegeben, denn der Anteil der öffentlichen Investitionen an den Bruttoinvestitionen insgesamt ist im Vergleich zu den siebziger und achtziger Jahren deutlich zurückgegangen - er hat sich halbiert (siehe Tabelle 16).

Tabelle 16: Anteil der Investitionen des staatlichen Sektors an den gesamten Bruttoinvestitionen (in Preisen von 1995)

	1970	1975	1980	1991	2000	2002
Anteil an den gesamten Bruttoinvestitionen in Prozent	16,6	19,9	15,2	10,7	7,9	8,5

Quelle: Sachverständigenrat zur Begutachtung der gesamtwirtschaftlichen Entwicklung (Hrsg.): *Staatsfinanzen konsolidieren - Steuersystem reformieren, Jahresgutachten 2003/04*, Berlin 2003, S. 552.

- Unser *Bildungssystem und der Ausbildungsstand* der Menschen, die in Deutschland arbeiten, ist entgegen mancher Totengräberreden seit der PISA-Studie immer noch so, dass sich kluge Unternehmer auch in letzter Zeit für große und kleinere Investitionen in Deutschland entschieden haben. Unternehmer schätzen das Pflichtbewusstsein und die »Treue« von Arbeitnehmern. Es mag merkwürdig klingen, aber auch solche Tugenden sind wichtige Standortfaktoren, die in die Kostenkalkulation und den Vergleich mit anderen Investitionsstandorten in Polen, Tschechien und anderen Ländern Mittel- und Osteuropas einfließen und die Waagschale zugunsten von Investitionen in Deutschland neigen können. Allerdings bleiben auch diese Vorteile nicht von alleine so, wie sie sind. Statt zu jammern, sollten wir in die Strukturen investieren, die unsere Qualität ausmachen.
- Die *Gerichtsbarkeit* gehört zu den eher harten Faktoren einer Standortqualität. Bei aller Kritik an langen Fristen von Gerichtsentscheidungen gilt, was mancher Abwanderer mit Arbeitsplätzen erlebt hat: Die Zivilgerichtsbarkeit in Deutschland ist so, dass man damit einigermaßen vernünftig wirtschaften kann, jedenfalls im Vergleich mit anderen Gesellschaften und

Ländern, wo man schwerer zu seinem Recht kommt und Korruption das Recht mehr aushebelt als bei uns.

- Wichtig sind die *Wohn- und Lebensqualität und der kulturelle Reichtum.* Deutschland mit seiner Dezentralisierung, mit mehreren Metropolen und vielen leistungsfähigen Ballungsräumen bietet in dieser Hinsicht eine attraktive Mischung. Außerdem leben wir mitten in Europa und sind bisher ein vergleichsweise tolerantes und liberales Land. Manche, die nur auf das schnelle Geld geschaut haben und ausgewandert sind, weil sie draußen ein paar Euro oder Dollar mehr verdienen konnten, sind nachdenklich geworden und wieder zurückgekehrt.

Warum reden wir nicht von unseren eigenen Stärken, statt unsere Vorbilder immer außerhalb zu suchen?

Warum versuchen wir nicht da anzusetzen, wo unsere Stärken Schwächen zeigen, und diese wohlwollend zu verbessern? Warum wird bei uns so vieles hysterisch und übertrieben miesgemacht? Die das tun, meinen wohl, sie könnten ihre Interessen in einem weniger sozialstaatlich orientierten Gesellschaftssystem besser durchsetzen. Andere folgen einfach dem, was ihnen vorgesagt wird. Wieder andere haben entdeckt, dass in der modernen Mediengesellschaft Miesmache und Übertreibung gefragt sind.

Neben der Strategie, uns weiszumachen, Deutschland habe einen dramatischen Verlust von Welthandelsanteil und Wettbewerbsfähigkeit erlitten, gibt es Versuche, uns andere Länder als Modelle anzubieten. So war bis vor wenigen Jahren Amerika das Modell – trotz des riesigen Leistungsbilanzdefizits der USA und trotz massiver innerer Ungerechtigkeiten, trotz einer Aufspaltung des Arbeitsmarkts in Minijobs, die viele Familien in ein rastloses Dasein stürzt, weil sie von einem Job zum anderen hetzen müssen, und trotz der Tatsache, dass die Vereinigten Staaten ein Land sind, in dem pro tausend Bürger zehnmal mehr Menschen in Gefängnissen weggesperrt sind als bei uns. Ich gehe gerne abends noch durch die Straßen einer Stadt. Schon allein dies in den USA nicht unbesorgt tun zu können lässt mich zögern, dieses Land als Modell zu betrachten.

Andere, wie zum Beispiel Angela Merkel, haben Spanien und Großbritannien als Vorbilder entdeckt. Richtig ist: Großbritannien hatte in den letzten Jahren höhere Wachstumsraten und eine geringere Arbeitslosigkeit als wir. Aber dieses Land hatte – wie die anderen uns vorgehaltenen Modelle auch – zum einen keine deutsche Einheit zu bewältigen, und zum anderen haben die Briten offenbar eine bessere Konjunktur- und Wachstumspolitik betrieben: Sie haben den Konsum gefördert. Im übrigen leben die Briten, obwohl sie eine um vieles längere Wochenarbeitszeit haben, seit 1986 auf Pump bei anderen Völkern, ihre Leistungsbilanz ist negativ, und ihre Infrastruktur verkommt – weit mehr als bei uns. Spanien wiederum hat nicht nur eine höhere Arbeitslosenrate (siehe Tabelle A6 im Anhang, S. 411), sondern schon mehrere Jahre eine negative Leistungsbilanz (siehe Tabelle A4 im Anhang, S. 409), einen höheren Staatsschuldenanteil (siehe Tabelle A3 im Anhang, S. 408) und ähnlich wie die immer wieder als Modell gepriesenen Niederlande seit 2001 keine besonders hohen Wachstumsraten mehr.

Das mit Recht gepriesene Schweden erreicht seine Erfolge mit einer Gesamtabgabenquote von 53,6 Prozent – in Deutschland sind es 40,6 Prozent (siehe Tabelle A9 im Anhang, S. 414). Hätten wir einen solch hohen Anteil von Staat und Sozialstaat, Deutschlands deutsche Kritiker würden daraus *die* Standortschwäche par excellence machen.

Um uns so richtig angst zu machen vor der weiteren Zukunft, wird auf die besondere ökonomische Entwicklung der »kleinen Tiger« in der Europäischen Union hingewiesen: auf Österreich, auf die Niederlande und besonders auf Irland. Sie hätten sich 1999 beim Bruttosozialprodukt je Einwohner vor die Bundesrepublik geschoben. Bewundert wird auch, dass Irland in den neunziger Jahren eine durchschnittliche reale Wachstumsrate von 6,5 Prozent erreicht habe, es liege mit seinem Pro-Kopf-Einkommen weit über dem europäischen Durchschnitt und habe Deutschland hinter sich gelassen.[52]

Wer Irland kennt und weiß, was dort für die Menschen bleibt, der wundert sich. Zwar ist der Lebensstandard im Vergleich zu früher unverkennbar gestiegen, aber irgend etwas kann nicht stimmen an der Behauptung vom Überholvorgang. Das spürt man, wenn man sich in Irland umhört und umsieht. Auf den zweiten Blick entdeckt man dann, dass Irland, einmal abgesehen von den hohen Subventionen aus der Kasse der EU, wegen seiner niedrigen Steuersätze ein besonders hohes Wachstum des Bruttoinlandsprodukts hat, denn viele ausländische Konzerne haben ihre Gewinne dorthin verschoben. Diese Gewinne zählen zum Bruttoinlandsprodukt, von dem dann aber nicht die Iren etwas haben, sondern nur die multinationalen Unternehmen, die die Steuersparmöglichkeit genutzt haben.

»Wir haben die rote Laterne in Europa. Sie können noch soviel reden: Es gibt Länder in Europa, die stehen einfach besser da – Spanien, Großbritannien.« *Angela Merkel, 19.12.2003*
»Auch Iren, Österreicher und Niederländer erwirtschaften pro Kopf inzwischen mehr als die Deutschen. (...) An der globalen Handelsstatistik lässt sich ablesen, dass die zweitgrößte Exportnation der Welt ständig an Boden verliert und der nationale Anteil am weltweiten Warenaustausch seit 1990 von 12,2 um fast ein Viertel auf 9,5 Prozent geschrumpft ist.« Spiegel, *19.5.2003*

Um die Stichhaltigkeit dieser These zu kontrollieren, braucht man nur zu prüfen, wie sich die Lohnquote in Irland entwickelt hat: Sie fiel von 77 Prozent 1980 auf 53 Prozent im Jahr 2001. 17,6 Milliarden Euro des irischen Bruttoinlandsprodukts von insgesamt 114,5 Milliarden sind 2001 als Einkommen ins Ausland überwiesen worden. Den Iren blieben noch 96,8 Milliarden.[53] Die arbeitenden Iren haben folglich vom statistischen Aufschwung des Pro-Kopf-Einkommens in ihrem Land sehr viel weniger gehabt als die Investoren von außerhalb. Die hohe Wachstumsrate ist das Ergebnis einer trickreichen Steuerpolitik, und sie sagt nicht sehr viel über den Wohlstand des irischen Volkes aus. Irland erlaubt sich zudem eine Sonderrolle, die sich ein großes Land wie Deutschland nicht leisten kann, denn einerseits lockt Irland mit niedrigen Steuersätzen, und andererseits empfängt es europäische Subventionen. Wenn wir das täten, würde es nicht mehr funktionieren.

Es ist die Frage, ob die Europäische Union solche Tricks einzelner ihrer Mitglieder auf Dauer hinnehmen kann. Die Deutschen zahlen dabei doppelt: einmal, weil sie die größten Nettozahler in die Brüsseler Kasse sind, und dann noch einmal, wenn mit EU-Subventionen oder durch Steuerdumping im EU-Ausland die Voraussetzungen dafür geschaffen werden, dass dort Arbeitsplätze entstehen, die aus Deutschland ausgelagert werden. »Warum ist das in Europa noch möglich?« fragt sich nicht nur Porsche-Chef Wendelin Wiedeking. Hier wären politischer Druck und eine öffentliche Debatte wichtig, statt mit manipulativen Statistiken den Ruf des eigenen Landes zu beschädigen. Ganz anders sieht das erstaunlicherweise der neue Bundespräsident, Horst Köhler. In einem Interview noch vor seiner Wahl[54] wandte er sich gegen den Versuch, in der EU zur Vermeidung des Steuerdumping eine Mindestbesteuerung zu vereinbaren. Das wären »regulierende Maßnahmen«, die den Wettbewerb eindämmen, so Horst Köhler. Man reibt sich die Augen und versteht die Welt nicht mehr ...

Panik wegen der Abwanderung von Arbeitsplätzen?

Der bayerische Ministerpräsident hat sich aus dem Gesamtthema ein wichtiges Element herausgepickt, mit dem er immer wieder Ängste schürt. Ende 2003 und Anfang 2004 hat er bei mehreren Gelegenheiten behauptet, aus Deutschland würden monatlich 50 000 Arbeitsplätze ins Ausland verlagert. Aufs Jahr gesehen wären das 600 000 verlorengegangene Arbeitsplätze. Eine dramatische Entwicklung. Das Problem ist auch durchaus ernst. Es gibt eine Reihe von Unternehmen, die Betriebe oder Teilbetriebe verlagern, vor allem nach Mittel- und Osteuropa und nach Asien. Aber gerade weil das Thema ernst ist, muss man vorsichtig damit umgehen; mit jeder Übertreibung nimmt die ohnehin latente Unsicherheit deutscher Unternehmen zu, und um so mehr orientieren sie sich an vermeintlichen Trends.

Weder vom bayerischen Ministerpräsidenten noch von seiner

Staatskanzlei noch vom bayerischen Wirtschaftsministerium war zu erfahren, wie die magische Zahl von 50 000 Arbeitsplätzen gemeint war – brutto oder netto – und aus welcher Quelle die Angaben stammen. Erstaunlicherweise gibt es keine einigermaßen verlässlichen Zahlen über die Abwanderungen und Rückwanderungen. Vom Deutschen Industrie- und Handelskammertag war im Januar 2004 zu erfahren, man schätze, es gebe *jährlich* 50 000 Verlagerungen. Vom Bundesministerium für Wirtschaft und Arbeit gab es keine Angaben dazu.

Das Fraunhofer-Institut für Systemtechnik und Innovationsforschung (ISI) in Karlsruhe macht zwar Studien und Befragungen zur Abwanderung. Aber über die Gesamtzahl von Ab- und Rückwanderungen erhebt auch das ISI keine verlässlichen Daten. Das ISI untersucht vielmehr, warum einige Unternehmen ihre Produktion verlagern, während andere sie rückverlagern. Es geht auch der Frage nach, warum so viele Verlagerungen scheitern. In einer Studie auf der Basis von Erhebungen aus dem Jahr 2002 hat das Institut festgestellt, die Abwanderungstendenz, die Mitte der neunziger Jahre am höchsten war, habe sich abgeflacht. Eine andere Erkenntnis des ISI bezieht sich auf das Motiv für die Verlagerung von Arbeitsplätzen: Neben der Lohndifferenz zwischen Deutschland und dem Ausland nennen 60 Prozent der Befragten die Markterschließung als wichtiges Motiv. Dagegen kann man nun überhaupt nichts sagen, im Gegenteil. Häufig entstehen so neben neuen Arbeitsplätzen im Ausland auch neue am heimischen Standort. Wir werden mit weiteren engen Verflechtungen dieser Art leben müssen und auch leben; hoffentlich gut leben, wenn wir endlich für eine größere Binnennachfrage sorgen.

Obwohl es also keine verlässlichen Daten über das Maß der Abwanderung und der Zuwanderung gibt, wird in der öffentlichen Debatte immer massiver mit einzelnen Beispielen gearbeitet und Stimmung gemacht. Man muss deshalb versuchen, sich selbst ein Bild zu machen. Nach meinem Eindruck ist dieses Bild nach wie vor ausgesprochen differenziert. Ich will einige konkrete Fälle skizzieren:

Als der Präsident des Deutschen Industrie- und Handelskammertages im März 2004 die deutschen Unternehmer aufrief, Betriebe nach Mittel- und Osteuropa zu verlagern, brachten die ARD-Tagesthemen eine Reportage über zwei konkrete Fälle. Zum einen wurde berichtet, die Firma Siemens erwäge, die Produktion von Handys vom Niederrhein in ein Billiglohnland zu verlagern; zum anderen wurde vom Pflughersteller Lemken berichtet, der die Herstellung seiner Produkte von Kaliningrad zum Niederrhein zurückverlagert hatte. Dieser Unternehmer erklärte, die Qualität, die Pünktlichkeit und die Schnelligkeit der Produktion seien in Deutschland so viel besser, dass der Vorteil niedrigerer Löhne im Ausland dadurch aufgewogen werde.

Eine Fabrik in meiner Heimatstadt Heidelberg produziert dort Lacke und beliefert Kunden weltweit. Die Wettbewerbsfähigkeit wird durch intensive Forschung und Entwicklung und durch eine intensive und technisch ausgereifte Beratung der Kunden gesichert, auf deren Bedürfnisse man bei der Entwicklung und Produktion der Produkte flexibel eingeht. Die Kunden dieses Betriebes, Unternehmen aus der Möbelindustrie, sind zum Teil in Länder Osteuropas abgewandert beziehungsweise haben Betriebsteile dorthin verlegt. In der Nachbarschaft der Lackfabrik arbeitet ein Unternehmen aus der Elektrobranche, das seine Produktion nach Südostasien verlagert hatte, aber inzwischen wieder an den deutschen Standort zurückgekehrt ist.

Unter den Rückwanderern sind viele, die erst in der Praxis gemerkt haben, dass es außer den Lohnkosten noch andere Faktoren gibt wie zum Beispiel die Kosten für die Qualitätssicherung, für die Organisation und Logistik, die sie in ihrer Bedeutung unterschätzt haben. Diese Kostenfaktoren können die Lohnkostenvorteile einer Verlagerung aufzehren. Diese Erfahrung hat beispielsweise die Jungheinrich AG bewogen, ihre Standorte in Großbritannien und Frankreich aufzugeben und die Produktion auf Schleswig-Holstein und Bayern zu konzentrieren. Der Vorstandsvorsitzende Cletus von Pichler nennt das ein »klares Bekenntnis zum Standort Deutschland«, der immer noch über gut ausgebildete Facharbeiter, über eine hohe Produktivität in der Fertigung und ein ausgeprägtes Qualitätsbewusstsein innerhalb der Belegschaft verfüge.[55]

Zur gleichen Zeit begegnete mir ein Produzent von hochwertiger Unterwäsche. Er produziert zur Zeit in Slowenien, erwägt aber schon, nach China weiterzuwandern, weil die Löhne in Slowenien inzwischen ordentlich gestiegen sind. Sein Unternehmerkollege Wolfgang Grupp hingegen – der Mann mit dem Schimpansen in der Fernsehwerbung – sieht große Vorteile darin, mit seiner Firma Trigema hier in Deutschland zu produzieren: »Ich bin stets am Ort der Produktion, um jedes Problem sofort lösen zu können«, meinte er in einem Interview mit dem *Stern.*[56]

Noch ein interessantes Beispiel: Der Landmaschinenhersteller Claas stellt Mähdrescher in Harsewinkel in Westfalen her. Er produziert jetzt auch in Russland, weil dort ein riesiger Markt zu erschließen ist. Die Unternehmensleitung rechnet damit, dass selbst dann, wenn 50 Prozent der Wertschöpfung in Russland liegen sollten, immer noch 50 Prozent der dort montierten Teile aus Harsewinkel kommen. Wenn die Produktion in Russland wegen des großen Bedarfs steigt und sich verdoppelt und vervielfacht, dann haben auch die Arbeitskräfte in Westfalen mehr davon als ohne diese Teilverlagerung.

Niemand weiß genau, wie die Nettobilanz dieser vielen Bewegungen aussieht. Ich will auch nicht behaupten, dass die Verlagerung ein harmloses Problem sei. Aber wir sollten endlich damit aufhören, pars pro toto zu nehmen, also ein Urteil zum Gesamtproblem aus einem oder zwei Einzelerfahrungen mit Verlagerungen oder auch nur einer Verlagerungsdrohung abzuleiten. Wir sollten aufhören aus einzelnen Verlagerungsfällen einen nicht zu stoppenden Trend zu konstruieren. »Es ist nicht gottgegeben, dass die Arbeitsplätze ins Ausland gehen müssen«, meint Wolfgang Grupp.

Gäbe es in Deutschland noch den Willen zur Vernunft, dann würden sich die maßgeblichen Kräfte in Politik, Wissenschaft, Wirtschaft und Banken darauf verständigen, die Stimmungsmache pro Verlagerung sein zu lassen. Dann könnte man wenigstens jene Abwanderungen verhindern, die in der Vergangenheit und bis heute aus modischen Gründen beschlossen wurden – weil auch Investoren und Unternehmer nach vermeintlichen Trends entscheiden, weil sie nicht alle Faktoren durchrechnen, weil sie nicht bedenken, dass auch die Lohnkosten in Tschechien und in Polen und in Ungarn kurzfristig steigen können. Wenn sie das täten, würden sie auch bedenken, dass es Faktoren gibt, wie Sprache, Pünktlichkeit und Qualität, die wichtiger sein können als die Ausnutzung der letzten Lohndifferenz. Und weil Stimmungen bei diesen Entscheidungen eine so große Rolle spielen, würde sich die Tendenz, die das ISI-Institut in Karlsruhe 2002 beobachtet hat, verstärken: Unternehmer würden genau überlegen, bevor sie im Ausland investieren, andere würden zurückkehren.

Wo Entscheidungen von Stimmungen abhängen, kann man sie auch positiv beeinflussen. Wir können Schluss machen mit der Miesmacherei, wir können unsere Stärken betonen, fördern und ausbauen, also die Ausbildung und Bildung der hier arbeitenden Menschen verbessern, die Infrastruktur intakt halten und verbessern, die anderen harten und weichen Faktoren wie das Gerichtssystem und die kulturelle Vielfalt unseres Landes annehmen und fördern, wir können die Offenheit und Attraktivität Deutschlands erhalten, ausbauen und dafür werben, werben, werben. Es war doch nicht ohne Absicht, dass Helmut Schmidt 1976 als Bundeskanzler vom Modell Deutschland sprach. Das zielte nicht nur nach innen, sondern auch nach außen. Damit sollte die Attraktivität unseres Landes auf den Punkt gebracht und sein guter Ruf gefördert werden. Damals hatte Helmut Schmidt Erfolg damit. Warum sollte es heute nicht wieder klappen?

Denkfehler 14:
»Wachstum ist auch ökologisch nicht vertretbar.«

Wenn wir die hohe Arbeitslosigkeit in Deutschland überwinden wollen, müssen wir beachtliche Wachstumsraten erreichen (siehe Denkfehler Nr. 8, S. 142). Doch wer dies vorschlägt, kommt sofort ins Feuer jener, die meinen, das Wachstum unserer Volkswirtschaft sei ökologisch nicht vertretbar. Diese Position ist zwar ehrenwert, aber sie ist in mehrfacher Hinsicht falsch.

Erstens kommt es ganz wesentlich darauf an, *was* wächst, und zweitens muss man in Betracht ziehen, welche Folgen es für eine ökologisch vernünftige Wirtschaftsentwicklung und die dazu notwendige Wirtschafts- und Gesellschaftspolitik insgesamt hatte und haben wird, wenn kein Wachstum stattfindet. Fangen wir mit der letzten Erwägung an.

»Erst kommt das Fressen, dann kommt die Moral« – wie richtig diese drastische Feststellung von Bertolt Brecht ist, zeigt sich nicht zuletzt daran, wie sich die Einstellung der Menschen gegenüber der Umwelt und der Umweltpolitik in den letzten Jahren der wirtschaftlichen Stagnation verändert hat. Wer Sorgen um seinen Arbeitsplatz und den Ausbildungsplatz von Kindern und Enkeln hat, wer sich um die Absicherung im Fall von Alter, Krankheit und Arbeitslosigkeit sorgt, wer keine Arbeit hat, wer nun seit Jahren schon mit stagnierendem Einkommen auskommen muss, bei dem schwindet die Lust, sich ökologisch vernünftig zu verhalten oder Ökologie für wichtig zu halten. Zumal Umweltschutz als teuer und als Jobkiller gilt.

Kein Bock auf Umwelt! Die Verbände, die in Deutschland für den Umweltschutz eintreten, bekommen diesen Mentalitätswechsel trotz rotgrüner Koalition und Politik zu spüren. Auch das Verhalten der Menschen auf den Straßen, der Umgang mit Energie – dies alles ist von sehr viel mehr Rücksichtslosigkeit geprägt als noch in den Zeiten einer guten Konjunktur und einer guten Entwicklung des Wohlstands.

Unter dem Druck der wirtschaftlichen Stagnation und der

Unsicherheit der Arbeitsplätze hat sich die Einstellung zum Umweltschutz verändert. Wer diese Einstellung wieder zum Positiven wenden will, muss etwas tun dafür, dass Arbeitsplätze sicherer werden und dass neue Arbeitsplätze entstehen; dies geht zuallererst über das Wachstum der Volkswirtschaft.

Dann kommt es darauf an, dieses Wachstum so vernünftig zu steuern, dass die Produktionsverfahren möglichst umweltverträglich gestaltet werden und dass vermehrt ökologisch interessante Dinge oder solche, die ökologisch wenigstens unschädlich sind, entwickelt, produziert und konsumiert werden. Damit das geschieht, müssen die Rahmendaten für Markt und Wettbewerb so gesetzt werden, dass wenigstens die gröbsten Umweltbelastungen in den Dispositionen von Konsumenten und Produzenten berücksichtigt werden. Dazu bedarf es der staatlichen Steuerung, weil der Markt allein in vielen Fällen Konsum und Produktion nicht in die ökologisch und ökonomisch richtige Richtung leitet. In der Sprache der Ökonomen heißt das: Der Markt versagt dann bei der Allokation der Produktionsfaktoren, wenn externe Kosten anfallen. Ein Beispiel zeigt, was damit gemeint ist: Wenn bei der »Produktion« der Dienstleistung »Transport von Gütern« – beispielsweise beim Betrieb einer Spedition – bestimmte Kosten, die durch Lärm, Dreck und Abgasbelastung verursacht werden, nicht beim Spediteur, sondern bei der Allgemeinheit anfallen, dann sollten diese externen Kosten durch eine Abgabe oder Steuer in die Kalkulation der Verursacher »hineingezwungen« werden – dies ist aus ökologischen wie aus ökonomischen Gründen sinnvoll. Das ist die Überlegung, die hinter der Schwerverkehrsabgabe und der Ökosteuer steht.

Immer noch setzen Umweltschützer Wachstum mit rauchenden Schloten und verschmutzten Flüssen gleich, dabei sind auch Umweltschutz beziehungsweise die Vermeidung von Umweltschäden ein Wachstumsfaktor. Wenn wir den Gemeinden wieder mehr Geld in die Hand gäben, damit sie ihre Leistungen für die Öffentlichkeit, die Schwimmbäder, die Kinderspielplätze, den öffentlichen Nahverkehr, die Betreuung von Kindern verbessern, statt daran zu sparen, dann hat das keine negative Wirkung auf die Ökologie. Oder ist es ökologisch bedenklich, wenn wir dafür sorgen, dass die notwendigen Aufgaben in Bildung und Erziehung erledigt werden? Und wenn wir ein Investitionsprogramm des Bundes und der Länder auflegen würden, um Deutschlands Flüsse und Bäche zu renaturieren, dann würden wir damit mehrere Fliegen mit einer Klappe schlagen, ohne irgendeinen ökologischen oder wirtschaftlichen Nachteil in Kauf nehmen zu müssen, im Gegenteil. Wir würden den darniederliegenden mittelständischen Tiefbaubetrieben und vielen weniger gut ausgebildeten Arbeitskräften Arbeit verschaffen und ökologisch reizvolle Naturlandschaften wieder beleben.

Wenn unsere Wirtschaft wieder ordentlich wachsen würde, dann würden wahrscheinlich auch ein paar mehr Autos produziert und gefahren als heute, das ist richtig. Aber wer dies gegen mehr Wachstum in Stellung bringt, der muss bedenken, dass wir nur dann eine Chance haben, ökologische Zielsetzungen zu verfolgen und ökologische Aspekte zu berücksichtigen, wenn es uns gelingt, mehr Beschäftigung zu schaffen – und das geht aus einsichtigen Gründen vor allem über das Wachstum unserer Volkswirtschaft. Gelingt dies nicht, können wir ökologische Rücksichtnahmen immer mehr vergessen. Denn dann werden sich viele Menschen überlegen, ob sie sich den Luxus der »Moral« leisten können und leisten wollen.

Denkfehler 15: »Konjunkturprogramme sind Strohfeuer.«

Variationen zum Thema:

- »Globalsteuerung funktioniert nicht mehr.«
- »Keynes ist out.«

Es ist schon eigenartig: Kaum eine Betrachtung zur heutigen Wirtschafts- und Finanzpolitik kommt ohne einen Rückblick auf die siebziger Jahre aus. Immer wieder tauchen diese Siebziger wie der Leibhaftige auf, wenn es um ein Urteil über Konjunkturprogramme geht. Reihum setzen sich die Agitatoren des Neoliberalismus mit jener Konjunkturpolitik auseinander – Friedrich Merz und Gabor Steingart, Oswald Metzger und Hans-Werner Sinn. Und alle behaupten immer das Gleiche und in den gleichen Worten: Strohfeuer seien es gewesen, den Weg in die Schuldenfalle hätten diese Programme geöffnet, sie hätten nicht gewirkt und so weiter. Psychologen würden vielleicht von Fixierung sprechen. Jedenfalls bleibt einem nichts anderes übrig, als die Vorgänge in den siebziger Jahren zu betrachten, wenn man klären will, ob Konjunkturprogramme Strohfeuer sind oder nicht.

Konjunkturprogramme waren erfolgreich

In der Mitte und gegen Ende der siebziger Jahre brach die Konjunktur ein. Die Ölpreisexplosionen von 1973 und 1977/8 hatten dem Wirtschaftskreislauf nach Schätzungen des Sachverständigenrats jeweils 1 Prozent des Bruttoinlandsprodukts und damit 10 bis 15 Milliarden D-Mark entzogen. Eine zögerliche Trippelschritt-Zinspolitik der Bundesbank verschärfte die Unsicherheit über die konjunkturelle Entwicklung.

Die sozialliberale Koalition unter Bundeskanzler Helmut Schmidt versuchte einst mit mehreren Konjunkturprogrammen Wachstumsimpulse zu geben, zum Beispiel mit dem »Programm für Zukunftsinvestitionen« (ZIP) vom 23. März 1977. Diesem bescheinigte das Ifo-Institut Anfang 1978 in einer Konjunkturanalyse: »Wachstumsprogramm verhindert Anstieg der Arbeitslosigkeit.« Auch andere Institute und die Fachleute der Bundesregierung einschließlich des FDP-Wirtschaftsministers bewerteten die Konjunkturprogramme positiv. Die Zahl der Erwerbstätigen im Inland wuchs von Ende 1977 bis 1980 um 1,1 Millionen. Auch die realen Wachstumsraten jener kritischen Jahre bestätigen das positive Urteil (siehe Tabelle 17).

Tabelle 17: Wachstum des realen Bruttoinlandsprodukts und die Arbeitslosenquote in Deutschland zwischen 1975 und 1980

	Wachstum des realen Bruttoinlandsprodukts (prozentuale Veränderung gegenüber dem Vorjahr)	Arbeitslosenquote
1975	- 1,3	4,7
1976	+ 5,3 !!	4,6
1977	+ 2,8	4,5
1978	+ 3,0	4,3
1979	+ 4,2	3,8
1980	+ 1,0	3,8

Quelle: Bundesministerium für Arbeit und Sozialordnung (Hrsg.): *Statistisches Taschenbuch 1998, Arbeits- und Sozialstatistik,* Bonn 1998, 1.2 und 2.10.

Durchschnittlich 2,5 Prozent reales Wachstum in einer Phase mit zwei Ölpreisexplosionen sind ein Ergebnis, von dem wir heute träumen. Ohne den Einbruch von 1975 sind es sogar 3,3 Prozent reales Wachstum im Jahresdurchschnitt der zweiten Hälfte der siebziger Jahre. Und dennoch ist das Urteil wie festgezimmert: Konjunkturprogramme bringen nichts. Der SPD-»Vordenker« Peter Glotz, seines Zeichens einer der »Botschafter« der Initiative Neue Soziale Marktwirtschaft, behauptet gegen alle Realität und voll im Trend aller Nachplapperer, 1975 sei die Wachstumsphase der Nachkriegszeit zu Ende gegangen.[57]

Eine Analyse der Medienberichterstattung vom Ausgang der

Siebziger bis zum Ende der Regierung Schmidt 1982 würde zeigen, dass die Union mit Hilfe von FDP und Wirtschaftsverbänden damals eine massive Kampagne lanciert hat. Die Hauptbotschaft: »18 Konjunkturprogramme hat Kanzler Schmidt in Gang gesetzt, und sie haben nichts gebracht. Lauter Strohfeuer.« Das Brainwashing reicht bis heute und erfasst mit der SPD auch eine jener politischen Gruppierungen, die damals bewiesen haben, dass die Parole nicht stimmt.

Die Strohfeuer-Parole wird heute immer noch geglaubt. Sogar Zeitgenossen, die sich für kritisch und fortschrittlich halten, sind der Kampagne erlegen. Auch von der Geschichtsschreibung darf man nicht die Wahrheit erwarten, denn auch sie wird nicht schreiben, was war, sondern was die Medien von damals bis heute mehrheitlich an Wertung transportiert haben.

> »Und wenn alle anderen die von der Partei verbreitete Lüge glaubten – wenn alle Aufzeichnungen gleich lauteten –, dann ging die Lüge in die Geschichte ein und wurde Wahrheit.« *George Orwell, 1984*

Von den früheren Urteilen, zu denen die Fachleute aus den Wirtschaftsforschungsinstituten über die Programme und ihre Wirkung gekommen sind, will man heute nichts mehr wissen. Am apartesten ist dabei das Vorgehen des heutigen Präsidenten des Ifo-Instituts Hans-Werner Sinn, der die Studien und Verlautbarungen seines eigenen Instituts nicht zur Kenntnis nimmt.

> »*Wachstumsprogramm verhindert Anstieg der Arbeitslosigkeit* (...) Der Ifo-Geschäftsklimaindex ist im Mai und Juni deutlich gestiegen, und die Produktionspläne der Unternehmen lassen für die kommenden Monate wieder einen Anstieg der Fertigung erwarten. Die von der Bundesregierung am 28. Juli beschlossenen Maßnahmen zur weiteren konjunkturellen Belebung werden, obwohl sie erst 1979 und 1980 in Kraft treten sollen, das wirtschaftliche Klima bereits in der zweiten Hälfte dieses Jahres

positiv beeinflussen.« *Ifo-Institut (Hrsg.):* Wirtschaftskonjunktur 7/1978, *München 1978*
»Das deutsche Institut für Wirtschaftsforschung (DIW), das Institut für Wirtschaftsforschung (Ifo) und das Institut für angewandte Arbeitsmarkt- und Berufsforschung (IAB) kommen zu einer positiven Beurteilung der Programmwirkungen auf die Beschäftigungslage und treten wirtschaftspolitisch dafür ein, dass ähnliche Programme zur Förderung wirtschaftsnaher öffentlicher Infrastruktur und zur Bekämpfung der sonst drohenden Zuspitzung der Arbeitsmarktlage in den achtziger Jahren durchgeführt werden sollen.« *Klaus Wegner: »Entstehung und Wirkung des öffentlichen Zukunftsinvestitionsprogramms 1977/81 als Modell für mehr Beschäftigung und Wachstum in der Zukunft«, in: Georg Kurlbaum/Uwe Jens (Hrsg.):* Beiträge zur sozialdemokratischen Wirtschaftspolitik, *Bonn 1983.*
»Die Wirtschafts- und Finanzpolitik der letzten Jahre hat wesentlich dazu beigetragen, dass die *Arbeitslosigkeit wieder stark abgebaut* wurde. Diese positive Entwicklung spiegelt sich insbesondere auch in der *Zunahme der Beschäftigung* wider. (1977: + 59 000; 1978: + 258 000; 1979: + 383 000; 1980: + 200 000 nach Schätzung des Frühjahrsgutachtens) (...) Hervorzuheben ist dabei, dass *die Preissteigerung in der Bundesrepublik* auf einem Niveau gehalten werden konnte, das trotz der internationalen Preiszusammenhänge *nicht einmal halb so hoch wie die durchschnittlichen Preissteigerungsraten vergleichbarer Industrieländer ist.« Bilanz der Legislaturperiode, die Arbeit der Regierung Schmidt/Genscher seit 1976, Bonn, 6.8.1980*

Nach Feststellungen des Instituts für angewandte Arbeitsmarkt- und Berufsforschung (IAB) haben die Konjunkturprogramme von 1974/75 die Beschäftigung von 235 000 Menschen gesichert; das Zukunftsinvestitionsprogramm (ZIP) hatte demnach 1978 bis 1980 einen Beschäftigungseffekt von knapp 80 000 im Jahresdurchschnitt.[58]

Trotz dieser Erfolge war schon in jenen Jahren eine ungestörte und ideologiefreie Politik zur optimalen Kapazitätsausnutzung unserer volkwirtschaftlichen Möglichkeiten nicht (mehr) möglich (vergleiche die Zahlen in der Tabelle A5 im Anhang, S. 410). Die Kapazitätsauslastung (im verarbeitenden Gewerbe) fiel 1982 auf den sehr schlechten Wert von 76,8 Prozent. Der Einfluss der Gruppe um den späteren Staatssekretär und Bundesbankpräsidenten Hans Tietmeyer und der Einfluss von sogenannten Angebotsökonomen in der Bundesbank und in einzelnen Ministerien war schon zu Zeiten der sozialliberalen Koalition recht groß. »Die Bundesbank verweigert eine Zinssenkung und unterläuft damit die Bonner Konjunkturpolitik«, schrieb der *Spiegel* am 14. November 1977. Es gab immer wieder Rückzieher und auch Störfeuer durch die Geldpolitik der Bundesbank – schließlich kulminierten diese Auseinandersetzungen zwischen der neuen angebotspolitischen Linie und den Verfechtern von Globalsteuerung und Konjunkturprogrammen im Regierungswechsel von Schmidt zu Kohl im Oktober 1982. Die Krönung des Konflikts war das sogenannte Lambsdorffpapier, benannt nach dem damaligen Wirtschaftsminister im Kabinett Schmidt. Das war das erste neoliberale Dokument von großer Resonanz.

Nun hätten Kohl, Lambsdorff und Kollegen dann ja im weiteren Verlauf nach den Rezepten des Lambsdorffpapiers und der dahinterstehenden Ideologie regieren können. Das hat man teils getan, teils nicht. Das Ergebnis ist auf jeden Fall ganz und gar nicht überzeugend. Ohne die verfemten Konjunkturprogramme wuchs die Arbeitslosigkeit, die privaten und staatlichen Investitionen gingen zurück, das gemeinsam geschaffene Bruttoinlandsprodukt wuchs weniger als zuvor (mit Ausnahme der Phase kurz vor und nach der deutschen Vereinigung), und die Schulden stiegen deutlich mehr als in den siebziger Jahren – 1970 bis 1980 um 175 Milliarden Euro, 1980 bis 1990 um 299 Milliarden Euro und im nächsten Jahrzehnt – auch bedingt durch die deutsche Einheit – um 673 Milliarden Euro. Dass sich die Vertreter dieser Politik heute immer noch an den Konjunkturprogrammen der siebziger Jahre reiben, ist so gesehen nur dadurch zu erklären, dass die damalige positive Erfahrung wie der Pfahl im Fleisch der neoliberalen Ideologie steckt.

Sinnvoll wäre die pragmatische Optimierung der verschiedenen Instrumente der Wirtschaftspolitik

Die Konzentration auf die siebziger Jahre hat auch den Vorteil, sich nicht mit gegenwärtigen Erfahrungen beschäftigen zu müssen. Für die Gegner des keynesianischen Instrumentariums müssen die Ergebnisse aus den USA, wo vor allem die Regierung Clinton ohne ideologische Scheuklappen den breiten Instrumentenkasten der Wirtschaftspolitik einsetzte, ein ständiges Ärgernis sein. Dort hat man mit einer Mischung aus einer Politik, die die Angebotsbedingungen verbessert, und einer Politik der aktiven Konjunktursteuerung mit Hilfe der Geldpolitik und der öffentlichen Haushalte gute Erfahrungen gemacht.

In Erörterungen über die richtige Wirtschafts- und Gesellschaftspolitik wird in Deutschland häufig auf die USA und die neunziger Jahre verwiesen. Die Erfolge dieser Periode, inklusive des Wirtschaftsbooms und der damit verknüpften Haushaltskonsolidierung, sind aber nun gerade nicht ausschließlich auf irgendwelche angebotsökonomischen Veränderungen zurückzuführen, sondern deutlich das Ergebnis nachfragefördernder Entwicklungen. Die Regierung Clinton hat für eine gute Wirtschaftsstimmung und für Zukunftsvertrauen gesorgt; sie hat, soweit sie das angesichts der Unabhängigkeit der Notenbank konnte, niedrige Zinsen möglich gemacht, auch dadurch, dass sie die Inflationsgefahr kleinredete; sie hat Infrastrukturdefizite beseitigt und technische Innovationen gefördert; sie hat die sozialen Leistungen nicht zusammengestrichen und anders als die Vorgänger Reagan und Bush senior die Steuern für die hohen Einkommen und Vermögen nicht gesenkt, sondern erhöht. Der Boom in den »Roaring Nineties« der USA wurde zusätzlich vom extremen Auftrieb der Aktienkurse beflügelt. Anders als wir Deutschen orientieren sich amerikanische Konsumenten bei ihrem Ausgabeverhalten stark an der Kursentwicklung auf den Aktienmärkten. Sie haben den Anstieg der Aktienkurse für eine echte Wertsteigerung ihres Vermögens gehalten und Geld ausgegeben. Wie Tabelle 18 zeigt, wuchs der reale private Konsum, also das, was nach Abzug der Preissteigerung tatsächlich mehr konsumiert wurde, in den USA zwischen 1996 und 2000 um durchschnittlich mehr als 4 Prozent jährlich.

Tabelle 18: Gesamtwirtschaftliche Entwicklungen in den USA während der Präsidentschaft Clintons

	1992	1993	1994	1995	1996	1997	1998	1999	2000
Wachstum des realen BIP	3,1	2,7	4,0	2,7	3,6	4,4	4,3	4,1	3,8
Arbeits-losenquote	7,5	6,9	6,1	5,6	5,4	4,9	4,5	4,2	4,0
Wachstum des privaten Konsums (real)	2,9	3,4	3,8	3,0	3,2	3,6	4,8	4,9	4,3
Wachstum der Binnen-nachfrage (real)	3,1	3,2	4,4	2,5	3,7	4,7	5,4	5,0	4,4
Staatsquote	38,0	37,5	36,5	36,4	35,9	34,8	34,0	33,7	33,6
Defizitquote	-5,9	-5,0	-3,6	-3,1	-2,2	-0,9	0,3	0,7	1,4
Schulden-standsquote der öffent-lichen Haushalte	74,0	75,6	74,8	74,2	73,5	70,8	67,6	64,5	58,8

Quelle: OECD (Hrsg.): *Economic Outlook 2003,* Paris 2003, S. 195, 197, 202, 209, 220, 222, 227.

Als der Aktienmarkt zusammenbrach und in seiner Folge auch die Konsumausgaben und vor allem die Investitionen zurückgingen, die im Boom kräftig gestiegen waren, steuerten die amerikanischen Geld- und Finanzpolitiker gegen. Die kurzfristigen Zinsen wurden massiv gesenkt, von 6,5 Prozent im Jahr 2000 auf 1,25 Prozent Ende 2002. Die Ausgaben des Staates wurden erhöht und zugleich die Steuern gesenkt. Diese antizyklische Politik hatte zwar Folgen für die Leistungsbilanz und auch für den Staatshaushalt – die US-Leistungsbilanz verschlechterte sich weiter, und aus einem vorherigen Budgetüberschuss wurde ein Budgetdefizit –, aber immerhin hat die expansive Geld- und Finanzpolitik den Fall der amerikanischen Volkswirtschaft in eine Rezession größeren Ausmaßes verhindert.

Letztlich ist es in den USA mit der Belebung der Konjunktur in den Neunzigern gelungen, die Steuereinnahmen zu vermehren und so den Haushalt zu konsolidieren. Die Mittel dazu waren eine expansive Politik des »leichten Geldes« mit niedrigen Zinsen und zugleich eine antizyklische Konjunkturpolitik, die deshalb so heißt, weil die öffentlichen Ausgaben in der Krise nicht zurückgenommen werden, weil also gegen den Trend (den Zyklus) der wirtschaftlichen Entwicklung angegangen wird, anstatt ihn noch zu verstärken. Das zu verstehen ist wichtig, weil bei uns gegen eine antizyklische Konjunkturpolitik immer wieder eingewendet wird, damit würden die Schulden vermehrt. Dahinter steckt ein fundamentaler Denkfehler: die Übertragung einzelwirtschaftlicher, also betriebswirtschaftlicher Sichtweisen auf die Volkswirtschaft (siehe Denkfehler Nr. 31, S. 305).

Wir haben hinreichend Erfahrung mit dem Versuch, durch eine restriktive Ausgabenpolitik zu sparen und Schulden abzubauen. Erreicht wurde meist das Gegenteil, das heißt, es wurde weder gespart noch wurden Schulden abgebaut. Deshalb ist es nicht richtig zu behaupten, mit antizyklischen Konjunkturmaßnahmen würden die Schulden erhöht. Richtig ist: Wenn die Sache erfolgreich ist – und dass dies möglich ist, hat Präsident Clinton in den USA bewiesen –, dann kommen mehr Steuern rein, die Arbeitnehmer zahlen bei guter Beschäftigung mehr Beiträge in die sozialen Sicherungssysteme, und folglich sind weniger Zuschüsse des Staates nötig; am Ende spart der Finanzminister mehr, als wenn er zu sparen versucht hätte. Eine praktische Erfahrung in Europa bestätigt das: Zwischen 1998 und 2001 gaben die Franzosen, anders als die Deutschen, mehr aus, und am Ende haben sie mehr eingenommen (detailliert wird darauf unter Denkfehler Nr. 31, S. 305, eingegangen).

Wenn es solche Überprüfungen ökonomischer Theorien an der Wirklichkeit gibt, wie wir sie aus den USA, aus Frankreich und von anderen Gelegenheiten her kennen, braucht man sich nicht mehr über Ideologien zu streiten. Kein Geringerer als der amerikanische Ökonom und Nobelpreisträger Joseph Stiglitz empfahl Deutschland in der *Frankfurter Rundschau* vom 31. Januar 2004, konjunkturpolitisch gegen den Abwärtstrend anzugehen.

Auch in der heutigen Phase könnten mit Konjunkturprogrammen wieder sehr nützliche Dinge getan werden. Zum Beispiel könnte wieder finanziert werden, was zuletzt den Streichorgien zum Opfer fiel: die notwendigen Leistungen von Gemeinden für Familien, für Alleinerziehende, für Kinder, etwa die notwendige Instandhaltung von Klassenräumen. Wir könnten uns wirklich gute Programme zur Verbesserung der Infrastruktur leisten. Wir könnten unsere Verkehrssysteme ausbauen. Wir könnten unsere Hochschulen und Bildungseinrichtungen zukunftsgerecht machen. Wenn wir das nicht tun, setzt sich die Spirale nach unten fort. Dann haben wir wirklich bald das, was an Heinrich Brüning, den unseligen Reichskanzler der Weimarer Zeit, erinnert, der seine Sparpolitik mit Notverordnungen durchzusetzen versuchte und dessen Name mit dem Unglück einer prozyklischen Politik verbunden ist: Brüning verschärfte die damals herrschende Krise mit hoher Arbeitslosigkeit und Wachstumsverlusten noch weiter dadurch, dass der Staat in der Abwärtsbewegung zu sparen versuchte und soziale Leistungen kürzte und damit die Bewegung nach unten beschleunigte. An diese Erfahrung aus den Jahren 1930 bis 1932 will heute niemand mehr erinnert werden. Historische Erfahrungen werden ausgeblendet. So irrational ist die Debatte zu diesem Thema.

Konjunkturprogramme sind keine Strohfeuer, wenn sie zur richtigen Zeit eingesetzt werden. Sie sind aber auch nicht alleinseligmachend. Der Kampf der ökonomischen Schulen – hier Angebotsökonomen, dort Keynesianer – ist eine sinnlose Konfrontation, weil sie den Blick auf die notwendigen Maßnahmen verstellt. Sie hat unser Land in den letzten zweieinhalb Jahrzehnten schon sehr viel gekostet. Es ist höchste Zeit, dass wir Schluss machen mit gegenseitigen Schuldzuweisungen und zu einer Optimierung der Wirtschaftspolitik kommen. Optimierung heißt dabei, zu gegebener Zeit aus dem großen Arsenal der wirtschaftspolitischen Instrumente die Mischung auszuwählen, die der aktuellen Sachlage angemessen ist. Optimierung heißt dann auch, dass man in guten Zeiten weniger ausgibt als man einnimmt und Schulden abbaut.

Im Frühsommer 2005 haben die zuständigen Minister selbst gemerkt, dass es zur Belebung der Binnennachfrage der Stärkung der Kaufkraft bedarf. Sie korrigierten ihre bisherige lohnpolitische Linie und ermunterten zu höheren Lohnabschlüssen. Das ist eine wichtige Kurskorrektur, die auch zeigt, wie vielfältig das Instrumentarium einer belebenden Konjunkturpolitik sein kann. Dazu gehören neben den im Focus stehenden Konjunkturprogrammen die vollzogene Ermunterung zu besseren Löhnen, die Abstimmung mit den europäischen Partnern, um gemeinsam mit Programmen zur Belebung der Konjunktur aktiv zu werden, eine Investitionszulage, die Ermunterung der Europäischen Zentralbank, die Möglichkeiten expansiver Geldpolitik bis zum letzten auszureizen, und nicht zuletzt eine konsequente und offensive Stimmungsverbesserung.

Denkfehler 16:
»Wir sind national nicht mehr handlungsfähig.«

Variation zum Thema:

- »Entgrenzte Wirtschaft.«

Immer dann, wenn angesichts der hohen Arbeitslosigkeit verlangt wird, die Bundesregierung möge doch konjunkturpolitisch aktiv werden und versuchen, die lahmende Wirtschaft anzuschieben, dann kommt von einem großen Chor an Stimmen ein doppelter Einwand: Erstens ließen die sogenannten Maastricht-Kriterien, die der Verschuldung der einzelnen EU-Mitgliedsstaaten Grenzen setzen und so die Preis- und Währungsstabilität innerhalb der EU garantieren sollen, dies nicht zu. Und zweitens seien wir in die Weltwirtschaft eingebettet, weshalb Konjunkturprogramme und andere expansive Maßnahmen nur dazu führen würden, dass dank unserer nationalen Aktivitäten Arbeitsplätze in Frankreich, in Amerika oder sonstwo in der Welt entstünden. Kurzum: Die nationalen Maßnahmen würden verpuffen, wir seien national nicht mehr handlungsfähig. Das ist ein eingängiges Argument und dennoch ist es – um es salopp zu sagen – bis zu 70 Prozent eine billige Entschuldigung und zu 100 Prozent ein lähmendes Vorurteil.

Wie berechtigt es ist, den Bedenken gegen nationale Initiativen mit Skepsis zu begegnen, kann man postwendend dann feststellen, wenn nach einer Entschuldigung für den Niedergang der Beschäftigung und der Konjunktur bei uns gesucht wird. Dann wird nämlich – wie zum Beispiel in den Jahren 2002 und 2003 – gern gesagt, die wirtschaftliche Belebung sei bei uns leider abgebrochen, weil die Konjunktur in den USA eingebrochen sei. Der hiesige Konjunktureinbruch wird auf die schlechte Entwicklung in den USA und auf die dortigen Versäumnisse zurückgeführt. Und schon sind diese »Experten« flink mit der Forderung bei der Hand, die USA sollten bitte wieder die Konjunkturlokomotive spielen.

Da passt nichts zusammen: Man kann sich doch nicht einerseits beklagen, wir seien Opfer der schlechten Konjunktur in den USA, und andererseits behaupten, wir selbst hätten keinerlei Handlungsspielraum, um die Konjunktur und den Wirtschaftsablauf bei uns zu beeinflussen. Warum sollten die Vereinigten Staaten von Amerika die einzige Lokomotive sein? Warum nicht auch wir? Schließlich macht die Binnennachfrage allein rund 70 Prozent der Nachfrage nach hierzulande produzierten Gütern und Diensten aus. Warum nicht da ansetzen? Warum sollen wir nicht zusammen mit anderen Ländern in der Europäischen Union die Lokomotive spielen? Nur 10,3 Prozent unserer Exporte gehen in die USA, das sind 10,3 Prozent von rund 30 Prozent der gesamtwirtschaftlichen Leistung, die im Falle Deutschlands in den Export gehen; und über diese – grob geschätzt – 3 Prozent unseres Bruttoinlandsprodukts soll eine Konjunkturankurbelung möglich sein, aber über die 70 Prozent Binnennachfrage für Konsum und Investitionen nicht?

Unbestritten sind wir heute eng verknüpft mit anderen Volkswirtschaften. Tatsache ist auch, dass wir im Zuge der Europäischen Währungsunion die Souveränität über die Geldpolitik abgegeben haben. Aber wir haben weiterhin Einfluss darauf. Und nach wie vor liegt die Souveränität über die Finanz- und Lohnpolitik sowie über die meisten Strukturpolitiken in deutscher Verantwortung.

Außerdem sind wir Deutschen in Europa nicht alleine, und vernünftigerweise verlangt niemand, expansive Maßnahmen ohne Abstimmung mit den europäischen Partnern in Gang zu setzen. Der große europäische Binnenmarkt mit einem Bruttoinlandsprodukt von 9064 Milliarden Euro (bisherige 15 EU-Länder 2002; USA zum Vergleich: 10 998 Milliarden Euro) bietet die Möglichkeit zu einer weitgehenden eigenständigen Wirtschaftspolitik. Wir Europäer können wachstums-, konjunktur- und beschäftigungspolitisch handeln, ohne dass dies vom »Ausland« entscheidend konterkariert werden könnte.

Einfach ist es nicht, um so mehr gilt: Man muss es wollen, wenn man etwas erreichen will. Man muss zum Beispiel in Europa mehr wollen als eine gemeinsame Politik für stabile Preise und einen stabilen Euro. Man muss zum Beispiel wollen, dass die Menschen aus der Arbeitslosigkeit erlöst werden. Man muss endlich wieder Vollbeschäftigung wollen und auch dafür die Möglichkeit einer abgestimmten europäischen Politik einsetzen. Und man muss initiativ werden und darf das Schicksal von Millionen Menschen nicht einfach weiter schleifen lassen.

Tabelle 19: Ausfuhren Deutschlands in bestimmte Länder (in Mrd. Euro) und Anteil dieser Länder an den Gesamtexporten Deutschlands (in Prozent des Gesamtexportvolumens)

	2000	2001	2002
Frankreich	67,4 Mrd. Euro (11,3%)	69,6 Mrd. Euro (10,9%)	69,8 Mrd. Euro (10,8%)
Niederlande	39,0 Mrd. Euro (6,5%)	40,0 Mrd. Euro (6,3%)	39,5 Mrd. Euro (6,1%)
Belgien	30,1 Mrd. Euro (5,0%)	32,3 Mrd. Euro (5,1%)	31,2 Mrd. Euro (4,8%)
Italien	45,0 Mrd. Euro (7,5%)	47,1 Mrd. Euro (7,4%)	47,4 Mrd. Euro (7,3%)
EU15	337,4 Mrd. Euro (56,5%)	351,6 Mrd. Euro (55,1%)	354,8 Mrd. Euro (54,7%)
USA	61,8 Mrd. Euro (10,3%)	67,8 Mrd. Euro (10,6%)	66,6 Mrd. Euro (10,3%)

Quelle: Statistisches Bundesamt (Hrsg.): *Statistisches Jahrbuch für die Bundesrepublik Deutschland 2003,* Wiesbaden 2003, S. 294

Wenn wir nur eine Koordination mit Frankreich, den Niederlanden, Belgien und Italien erreichen könnten, dann wären schon fast 30 Prozent unserer Exporte abgedeckt (siehe Tabelle 19). Wenn diese Länder also bei expansiven Maßnahmen mitzögen, würden in einer Wechselwirkung auch wir mitgezogen, so wie wir diese Länder mitziehen. Und wenn die Koordination EU-15-weit[59] gelänge, dann wären sogar 54,7 Prozent unseres Exports von diesen Maßnahmen direkt beeinflusst, und die Verpuffung wäre minimal.

Häufig hatten in der Vergangenheit einige unserer Nachbarn in Europa eine bessere Koordination der Politik für mehr Beschäftigung gewünscht, so zum Beispiel Frankreich und Italien. Auch die USA haben uns mehrmals aufgefordert, aktiv zu werden. Aber zumindest in der Zeit der Kanzlerschaft von Helmut Kohl war Deutschland oft der Spielverderber. Verständlich ist das nicht, schon gar nicht, wenn man sich gleichzeitig beklagt, man sei national nicht handlungsfähig.

Anders als gelegentlich unterstellt wird, sehen die europäischen Verträge die Kooperation auch mit dem Ziel einer aktiven Beschäftigungspolitik vor. Auf dem EU-Gipfel in Köln im Jahr 1999 wurde der sogenannte Makro-Dialog des Köln-Prozesses als dritte Säule der europäischen Beschäftigungspolitik (neben den Prozessen von Luxemburg und Cardiff) installiert. Damit wurde offiziell anerkannt, dass positive gesamtwirtschaftliche Rahmenbedingungen Voraussetzung dafür sind, um Wirtschaftswachstum und Beschäftigung bei gleichzeitiger Preisstabilität innerhalb der Europäischen Währungsunion nachhaltig zu verbessern. Deshalb wurde eine Koordinierung der Geld-, Finanz- und Lohnpolitik als erstrebenswert erachtet, um gesamtwirtschaftlich positive Ergebnisse erzielen zu können.

Es hakt bisher allerdings an der praktischen Umsetzung. Sie scheitert immer wieder an einer restriktiven Auslegung des Stabilitäts- und Wachstumspakts und daran, dass die Europäische Zentralbank das Beschäftigungsziel als minder wichtig einstuft. So unterbleibt, was die Politiker fest verabredet haben: die gleichwertige Behandlung von Preisstabilität einerseits und Vollbeschäftigungspolitik andererseits. Wir haben zwar ohne Zweifel eine beschäftigungspolitische Krise, aber die für eine aktive Beschäftigungspolitik der EU notwendige Koordination wird nicht umgesetzt, die notwendigen Initiativen werden nicht angestoßen. Es gibt einen unsinnigen Streit um die wichtige Frage, ob und inwieweit unsere nationale Handlungsfähigkeit und die der EU durch die sogenannten Maastricht-Kriterien, unter anderem also durch die Festlegung beschränkt wird, dass ein EU-Staat im Rahmen der Währungsunion seine jährliche Kreditaufnahme auf maximal 3 Prozent seines Bruttoinlandsprodukts begrenzen soll. Dazu gibt es einen interessanten offenen Brief des früheren Bundeskanzlers Helmut Schmidt vom 8. November 1996 an den damaligen Bundesbankpräsidenten Hans Tietmeyer.[60] Darin kritisiert Helmut Schmidt Hans Tietmeyer dafür, dass dieser in seiner Funktion als Bundesbankpräsident auf strikte Einhaltung der im Maastrichter Vertrag festgelegten Regeln poche, während der Europäische Rat tatsächlich einen beachtlichen Entscheidungsspielraum auch zugunsten einer aktiven Beschäftigungspolitik habe:

> »Den durch den Maastrichter Vertrag neu in den EG-Vertrag eingefügten Art. 104c und den darin enthaltenen weitgehenden Entscheidungsspielraum des Europäischen Rates – jenseits aller Kriterien – verschweigen Sie dagegen regelmäßig. Vielmehr erwecken Sie penetrant den unzutreffenden Eindruck, als ob die in den Protokollen zum Maastrichter Vertrag enthaltenen Kriterien absolut bindend seien.«

Die Flexibilität, auf deren Existenz der frühere Bundeskanzler pocht, wird in der öffentlichen Debatte bis heute meist verschwiegen, obwohl sie die nationale Handlungsfähigkeit beträchtlich erweitert.

Helmut Schmidt weist in diesem Kontext übrigens auch darauf hin, dass für Deutschland noch immer das Stabilitäts- und Wachstumsgesetz gelte, in dessen Paragraph 1 »ein hoher Beschäftigungsstand« als gesetzliches Ziel jeder Bundesregierung festgelegt ist. Diese Verpflichtung müsste dazu führen, den gegebenen Handlungsspielraum auch wirklich zu nutzen. Oder ihn notfalls, wenn man Helmut Schmidts Interpretation des Maastrichter Vertrags nicht folgen will, durch eine Anpassung des Stabilitäts- und Wachstumspakts zu erweitern.

Denkfehler 17:
»Wir leben vom Export.«

Ob der Satz »Wir leben vom Export«, den wir so häufig gebrauchen, richtig oder falsch ist, das ist schwer zu sagen. Es hängt von den Umständen ab. Um das Problem und den dahintersteckenden Irrtum zu verstehen, ist es hilfreich, zwei Denkweisen kennenzulernen, mit denen Ökonomen wirtschaftliche Vorgänge darzustellen versuchen. Das ist zum einen die sogenannte güterwirtschaftliche Betrachtung oder das Denken in *real terms*, und das ist zum anderen das Denken in Geldgrößen oder in *monetary terms*. Zur Analyse mancher Probleme ist es hilfreich zu lernen, in *real terms*, also in güterwirtschaftlichen Größen, zu denken. Das muss man bewusst lernen, weil wir normalerweise im Alltag immer in Geldgrößen denken und auch wirtschaftliche Vorgänge danach bewerten. Man sagt zum Beispiel: »Ich verdiene 2000 Euro«, und man sagt nicht: »Ich verdiene so viel, dass ich mir soundso viel Brot und Würste und Kleider und ein Stück Auto kaufen könnte und so weiter.«

Auch in unseren außenwirtschaftlichen Beziehungen denken wir zuallererst immer an das Geld, an die Geldgröße. Wenn ein Land mehr exportiert als es importiert, dann ist das gut, so sagen wir, weil wir dann Devisen einnehmen oder Geldforderungen gegenüber Ausländern erwerben. »Wir leben vom Export«, so lautet deshalb die gängige Meinung.

Doch zunächst einmal ist dazu anzumerken, dass dieser Satz in seiner Schlichtheit nicht richtig ist. Wir leben von Gütern – von den Gütern, die wir hier produzieren, und von solchen, die wir importieren. Damit kleiden wir uns, damit fahren wir auf unseren Straßen herum; was wir an Nahrungsmitteln produzieren und importieren, essen wir. Das sind die Produkte, von denen wir leben. Das erkennt man, wenn man in *real terms* denkt.

Erst wenn wir fragen, wie wir das bezahlen, was wir essen, trinken, nutzen und als Dienstleistung in Anspruch nehmen, kommt die Frage auf, wo und wie wir dieses Geld verdienen. Das geschieht zu etwa 70 Prozent bei der Produktion von Gütern für unseren inländischen Markt und zu etwa 30 Prozent bei der Produktion von Gütern für den Export.

Nun produzierten wir z. B. im Jahr 2002 für 45 Milliarden US-Dollar mehr Güter, als wir zur Finanzierung der hier produzierten und konsumierten Güter und zur Finanzierung der Importe und Vermögenstransfers brauchten. Das heißt, wir hatten einen Leistungsbilanzüberschuss von 45 Milliarden Dollar. Darüber freuen wir uns in der Regel, weil wir sagen: »Wir leben vom Export, also ist es gut, wenn man Überschüsse erzielt, weil wir dann Devisen verdienen.« Dabei müssten wir beim zweiten Nachdenken eigentlich wissen, dass es ziemlich dumm ist, mehr Waren zu liefern, als man bekommt. Was nutzen uns die Devisen, die wir für den Saldo von 45 Milliarden US-Dollar bekommen? Was nutzen uns die Schuldscheine der Amerikaner oder der Russen? Wir essen keine US-Schatzanleihen und auch keine Dollars und schon gar keine Rubel. Wir essen Bananen und fahren Autos und kleiden uns mit Baumwolle, Wolle oder modernen Kunststoffen. Mit Dollars bekleidet sähen wir ziemlich nackt aus. Und selbst Gold zu essen ist nicht sonderlich appetitlich. Und doch glauben so viele an den Maßstab Geld.

In der üblichen Bewertung, wir lebten vom Export, steckt dennoch ein Körnchen Wahrheit, genauer gesagt, es stecken darin zwei Körnchen Wahrheit:

- *Zum einen* führt der internationale Warenaustausch, also Exporte und Importe, dazu, dass man größere Serien und Stückzahlen produzieren kann. Somit steigt über diese Exporte und über die Importe (!) die Produktivität unserer Volkswirtschaft insgesamt, und zudem bekommen wir auf diese Weise überhaupt erst Güter, die wir in unserem eigenen Land gar nicht haben – das sind nicht nur Bananen, sondern auch Edelmetalle, Mineralöl und so weiter.
- *Zum zweiten* hat der Satz, wir lebten vom Export, dann eine gewisse Berechtigung, wenn ein Land mangels Kapazitätsauslastung unterbeschäftigt ist und Arbeitslosigkeit herrscht, wie

das bei uns zur Zeit der Fall ist. Wenn wir keine Exportüberschüsse hätten, stünde es um unsere Arbeitslosenrate und auch um die Schulden des Staates noch schlechter. Diejenigen, die für den inländischen Markt produzieren, sind für die Beschäftigung allerdings genauso wichtig. Das sind die Handwerker, die Dienstleister, die Fabriken, die Menschen im öffentlichen Dienst, in den Schulen, auf den Müllautos.
Also: Die Möglichkeit, durch eine Ankurbelung des Exports und die Erzielung von Exportüberschüssen zusätzliche Arbeitsplätze zu schaffen, ist nicht unbedeutend, aber erstens muss man dabei beachten, dass diese Beschäftigung immer nur ein kleiner Teil dessen ist, was insgesamt an Beschäftigung erfolgt und nötig wäre. Und zweitens muss man bedenken, dass eine solche Politik der Exportüberschüsse auf Dauer nicht zu halten ist. Die Exportüberschüsse eines Landes sind nämlich zugleich immer die Defizite anderer Länder. Auf Dauer kann aber ein Land letztlich nicht Leistungsbilanzdefizite hinnehmen, nur weil andere mit Leistungsbilanzüberschüssen ihre Beschäftigungsprobleme lösen wollen. Das ist auch für die gesamte Weltwirtschaft nicht gut. Ein Blick auf die Entwicklung der Leistungsbilanzdefizite der USA zeigt das. Wenn ein Land so massiv, wie die USA es in den letzten zehn Jahren getan haben, auf Kosten des Rests der Welt lebt, also immer mehr importiert als es exportiert, dann besteht die Gefahr einer massiven Spekulation gegen die Währung dieses Landes. In dieser Gefahr sind wir heute.

Es gibt also gute Gründe, Exporte und Exportüberschüsse neutraler zu betrachten und Einvernehmen darüber zu erreichen, dass möglichst alle Länder versuchen, über einen längeren Zeitraum ihre Leistungsbilanzen einigermaßen ausgeglichen zu halten. Das heißt in unserem konkreten Fall, dass wir endlich etwas tun müssen, um die Produktion für den inneren Bedarf anzukurbeln. Das geht nur, wenn im Inneren mehr Nachfrage entsteht und diese zusätzliche Nachfrage den Drang zum Export entlastet.

Es wäre daher ganz gut, wir würden uns angewöhnen zu

denken: Wir leben von dem, was wir produzieren, und von dem, was wir importieren. Und wir finanzieren es mit dem Erlös dessen, was wir hier bei uns für den inländischen Markt produzieren, und dem Erlös dessen, was wir exportieren. Eine etwas differenziertere Betrachtungsweise tut auf jeden Fall gut.

Denkfehler 18:
»Inflation ist unsozial.«

Variationen zum Thema:

- »Preissteigerungen schaden den Sparern, den Rentnern, den Arbeitnehmern.«
- »5 Prozent Preissteigerung seien leichter zu ertragen als 5 Prozent Arbeitslosigkeit – ein fataler Irrtum.«

Freunde, die es gut meinen, haben mir davon abgeraten, dieses Thema zu behandeln. Man könne über diese sensible Frage nicht rational diskutieren. Die Deutschen hätten beim Thema Inflation eine fast traumatische Erinnerung. Ich respektiere diese Gefühle, aber ich will dennoch zu erläutern versuchen, warum der damalige Superminister Helmut Schmidt recht hatte, als er 1972 meinte, das deutsche Volk könne 5 Prozent Preissteigerung besser vertragen als 5 Prozent Arbeitslosigkeit.

Da die wirtschaftspolitische Debatte in Deutschland rational jedoch nur schwer zu führen ist, will ich ein paar Sätze vorausschicken:

Ich bin für Preisstabilität und dafür, alles zu tun, um nicht in eine inflationäre Entwicklung abzugleiten. Wenn ich hier dennoch dafür plädiere, eine leichte Preissteigerung gegen die realen Folgen hoher Arbeitslosigkeit, der Unterbeschäftigung und des Zusammenbruchs vieler selbständiger Existenzen abzuwägen, dann nicht aus Leichtfertigkeit. Wenn Hunderttausende junger Menschen über längere Zeit keine Arbeit finden, dann ist diese Situation auf Dauer nicht tragbar. Wenn Fünfundvierzigjährige und Fünfzigjährige und Fünfundfünfzigjährige keine Chance mehr sehen, eine neue Stelle zu finden, wenn sie ihren Arbeitsplatz verlieren, dann hat das gravierende reale Folgen. Diese Folgen vor Augen, kann man einfach nicht daran vorbei, über alle Wege nachzudenken, um diesen Zustand zu ändern oder abzumildern.

Das war im übrigen genau der historische Hintergrund der Äußerung von Helmut Schmidt. Die damalige Regierung stand unter massivem Druck; es wurden mit einer Riesenpropaganda – zum Beispiel mit Anzeigen von einem brennenden Hundertmarkschein – Ängste vor der Inflation geschürt. In dieser Situation gab Helmut Schmidt den Rat, abzuwägen zwischen den verschiedenen Zielen der Wirtschaftspolitik. Zu dieser Abwägung ist die Bundesregierung verpflichtet.

Diesen Rat zur Abwägung zu geben heißt nicht, für Inflation zu sein. Es heißt nur, im konkreten Fall die Frage zu stellen: Hätten wir die Chance, mit der bedrückenden Arbeitslosigkeit und der Unterbeschäftigung unserer Volkswirtschaft besser fertig zu werden, wenn wir in Kauf nähmen, dass die Preise auch einmal um 3 oder 4 Prozent steigen, wenn die Wirtschaft endlich boomt? Oder müssen wir das Preissteigerungsziel der Europäischen Zentralbank von weniger als 2 Prozent auf Teufel komm raus einhalten? Auch dann, wenn unsere Wirtschaft dadurch gelähmt wird? Auch dann, wenn auf diese Weise zarte Pflänzchen konjunktureller Belebung zertreten werden? Diese Fragen zu stellen ist nach der Erfahrung der letzten zwanzig Jahre berechtigt. Schließlich wurde beispielsweise der Einigungsboom aus Sorge um die Preissteigerung abgebrochen – mit bitteren Folgen für viele Menschen. Damals setzte sich die Bundesbank mit ihrer eindimensionalen Ausrichtung auf die Preisstabilität durch und erhöhte massiv die Zinsen, von 2,9 Prozent im Jahr 1988 auf 8,75 Prozent Diskontsatz (1992). Die Folge waren riesige Verluste wegen nicht ausgenutzter Produktionskapazitäten und hoher Arbeitslosigkeit – mit allen Konsequenzen für den Anstieg der Schulden und mit Beitragssatzerhöhungen in den sozialen Sicherungssystemen von 35,5 Prozent 1990 auf 42 Prozent 1998 (siehe auch Denkfehler Nr. 30, S. 291).

Vor dem Hintergrund dieser Erfahrungen ist es berechtigt, wenigstens die Frage zu stellen, ob eine leichte Preissteigerung nicht eine Art von Schmiermittel für die wirtschaftliche Belebung und auch für die wirtschaftliche Umstrukturierung sein könnte, mit dessen Hilfe wir eine bessere Auslastung unserer Kapazitäten erreichen können.

Man muss auch offen darüber sprechen dürfen, welche Folgen eine etwas höhere Preissteigerung für die reale Lage der Menschen hat. Es macht ja keinen Sinn, nur die nominellen Zahlen zu betrachten. Die Vergangenheit zeigt, dass häufig dann, wenn die Preissteigerungen etwas höher waren, auch die Zinsen höher waren; die Lohnzuwächse fielen ebenfalls höher aus, und damit stiegen auch die Renten.

Wenn man den Geldschleier wegzieht, wie die Ökonomen sagen, dann entdeckt man, dass die reale Lage der Menschen mit etwas höheren Preissteigerungen nicht schlechter ist als ohne sie. Zieht man von einem nominellen Zins von 7 Prozent die Preissteigerung von 4 Prozent ab, dann bleiben immer noch 3 Prozent real übrig. 3 Prozent real, das erreichen heute nicht viele Sparer. Und wenn man von einer Rentensteigerung von 5 Prozent die 4 Prozent Preissteigerung abzieht, dann bleibt immer noch soviel wie heute. Das gleiche gilt für die Löhne.

Wenn man die Situation von Lohnbeziehern, Konsumenten, Rentnern und Sparern so betrachtet, kann man zu dem Ergebnis kommen, dass wegen der Erleichterung des strukturellen Wandels, wegen der besseren Auslastung der Kapazitäten und wegen geringerer Arbeitslosigkeit die Hinnahme von etwas höheren Preissteigerungen durchaus akzeptabel ist.

Um es noch einmal zu sagen: Niemand plädiert für Inflation und für Preissteigerungen. Es geht nur darum, um der realen Vorteile willen notfalls auch einen leichten Preisanstieg hinzunehmen, weniger rigoros zu sein und dem Bewegungsdrang der Ökonomie etwas Raum zu geben.

Wenn wir gelernt haben, statt in Geldgrößen in realen Größen zu denken, dann interessieren uns bei diesem Thema nur die Antworten auf folgende Fragen:

- Welche realen Folgen haben etwas höhere Preissteigerungen für die Auslastung unserer Kapazitäten, für die Arbeitslosigkeit, für den strukturellen Wandel und für die Insolvenzen? Wenn in diese Größen positive Bewegung kommt, dann gibt es schon einmal ein positives Vorurteil.

- Was bleibt nach Abzug der Preissteigerungen von den Nominallöhnen übrig?
- Was bleibt nach Abzug von Preissteigerungen von den Nominalzinsen an realem Zins übrig?
- Wie steht es um die reale Rentenentwicklung?
- Ganz wichtig: Was muss man tun, um die Lage im Griff zu behalten, damit aus Preissteigerungen keine galoppierenden inflationären Entwicklungen folgen?

Wie so oft, sind wir in Deutschland auch bei diesem Thema zur Zeit nicht zu einer nüchternen rationalen Abwägung in der Lage. Die Debatte ist voller Vorurteile, Klischees und Stereotypen. Dagegen hilft nur, sich die Fakten anzusehen: die Entwicklung der Preise für die Lebenshaltung, des realen Wachstums, der Reallöhne und der Realzinsen für Spareinlagen (siehe die Abbildungen 7 und 8 sowie die Tabelle A10 im Anhang, S. 415).

Abbildung 7: Reallohn, Inflation und Wirtschaftswachstum

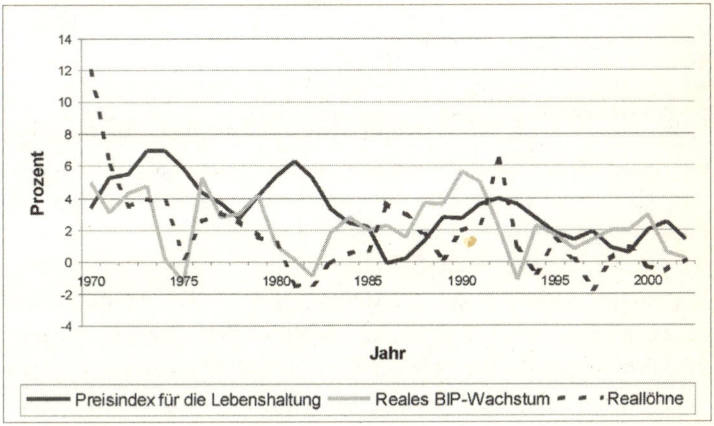

Quelle: Bundesministerium für Gesundheit und soziale Sicherung (Hrsg.): *Statistisches Taschenbuch 2003, Arbeits- und Sozialstatistik*, Bonn 2003, 1.2, 1.13, 9.16.

Abbildung 7 und in die Tabelle A10 im Anhang zeigen eindrucksvoll, dass die siebziger Jahre für die Bezieher von Lohneinkommen nicht nur nominal, sondern auch real insgesamt sehr erfolgreich waren und dass auch das reale Bruttoinlandsprodukt damals beachtlich gewachsen ist, jedenfalls deutlich mehr als in den darauffolgenden beiden Jahrzehnten.

Abbildung 8: Realzins, Inflation und Wirtschaftswachstum

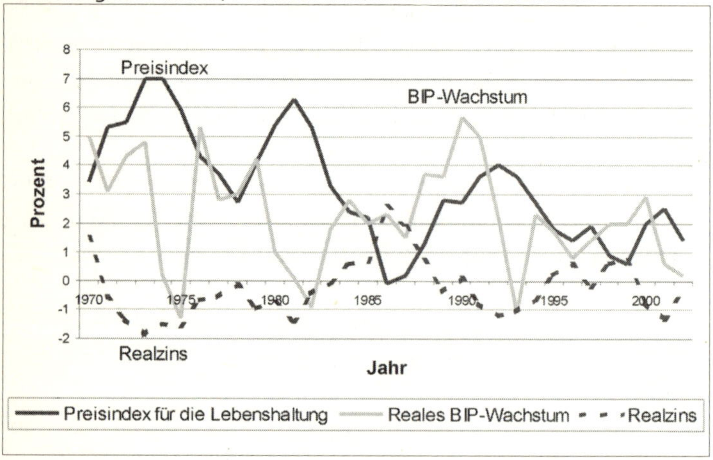

Quelle: Bundesministerium für Gesundheit und Soziale Sicherung (Hrsg.): *Statistisches Taschenbuch 2003, Arbeits- und Sozialstatistik*, Bonn 2003, 1.2. und 9.16; Sachverständigenrat zur Begutachtung der gesamtwirtschaftlichen Entwicklung (Hrsg.): *Staatsfinanzen konsolidieren – Steuersystem reformieren, Jahresgutachten 2003/04*, Berlin 2003, S. 575.

Wir stellen weiter fest, wie Abbildung 8 zeigt, dass es negative Realzinsen für Spareinlagen sowohl in Perioden hoher Preissteigerungsraten – wie etwa zwischen 1971 und 75 – gab wie auch in Phasen der Stagnation, etwa 1981/82/83 oder auch anfangs der neunziger Jahre und zu Anfang dieses Jahrhunderts, als wir bei geringen Preissteigerungsraten von 2 Prozent, von 2,5 Prozent und von 1,4 Prozent jeweils negative Realzinsen zu verzeichnen hatten. In dieser Phase lagen schon die Nominalzinsen kaum höher als 1 Prozent. Die Sparer haben also sowohl in Zeiten steigender als auch in Zeiten stabiler Preise gelitten.

Wir stellen in beiden Grafiken fest, dass die Parallelität zwischen relativ hohen Preissteigerungsraten und hohen realen Wachstumsraten des Bruttoinlandsprodukts bemerkenswert ist. Das ist verständlich: In einer Volkswirtschaft, die von einer aktiven und hohen Nachfrage geprägt ist, werden vergleichsweise viele Ressourcen und Kapazitäten ausgenutzt, und deshalb wird real viel produziert und geleistet; zugleich besteht wegen dieser lebendigen Nachfrage eine Tendenz zu höheren Preissteigerungsraten. Wenn man dies hinnimmt, gewinnt man in der Regel: Millionen von Menschen – Arbeitnehmer und Unternehmer, Rentner und Sparer – gewinnen real.

Umgekehrt gilt: Seit 1992 nutzen wir unsere Kapazitäten nicht, weil unsere Geld- und Finanzpolitiker meinen, die Preise drücken zu müssen. Das haben sie geschafft – von 4 Prozent im Jahr 1992 auf 0,6 Prozent 1999. Aber es ist ein Pyrrhussieg, denn diese Kur hat uns schätzungsweise 1,5 Billionen Euro realen Wohlstand gekostet und Millionen von Menschen in reale Existenznöte gebracht.

Man sieht: bei der Erörterung dieses Themas geht es nicht um graue Theorie.

Denkfehler 19:
»Steigende Aktienkurse sind gut.«

Variationen zum Thema:

- »Da werden Werte geschaffen.«
- »Börsenboom beschert Wohlstandsgewinn.«
- »Neue Aktienkultur.«

In früheren Zeiten waren die Spekulation auf den Grundstücksmärkten und die teilweise enorm steigenden Bodenpreise ein großes öffentliches Thema. Niemand wäre damals auf die Idee gekommen, in einer öffentlichen Debatte steigende Preise von Grundstücken und die erkennbare Spekulation im Bereich des Bodenmarkts zu loben und gut zu finden. Schließlich – so argumentierte man damals – handele es sich um spekulationsbedingte Preisbewegungen extremen Ausmaßes, die nicht besonders viel über die dahintersteckenden Wertveränderungen aussagen. Man betrachtete das als Ärgernis und nicht als eine erfreuliche Zeiterscheinung.

Ganz anders in der Phase der extrem steigenden Aktienkurse auf dem normalen Aktienmarkt und insbesondere auf dem sogenannten Neuen Markt in der Zeit vor dem März des Jahres 2000. Auf dem »Neuen Markt«, auf dem vor allem die Aktien von Unternehmen für neue Technologien und von jungen aufstrebenden Unternehmen, den sogenannten Start-ups, gehandelt wurden, explodierten die Kurse insbesondere für Medien- und Softwareunternehmen geradezu. Man hat damals wirklich geglaubt, dass sich hinter den großen Kursbewegungen, die ja Preisbewegungen für Aktien sind, auch Wertänderungen und »Wohlstandsgewinne« verbergen. Man freute sich darüber, dass Anleger, die ihr Geld bisher auf Sparkonten aufbewahrten, in den Aktienmarkt wechselten. Man fand dafür ein besonderes Wort: »Aktienkultur.«

In dieser Zeit verschoben sich auch die Vorstellungen davon, woran sich Unternehmensleitungen, also die Manager unserer großen Aktiengesellschaften, orientieren sollten: an den Gewinnen, den Umsatzentwicklungen, dem Wohl der Aktionäre und Mitarbeiter/innen und an den langfristigen Chancen des Unternehmens, für das sie verantwortlich sind? Oder vor allem am sogenannten Shareholder value, also dem Börsenwert des Unternehmens, und der Kurssteigerung der von den Aktionären (»Shareholder«) gehaltenen Anteile. Damals wiesen die Analysten, junge Aktiengurus, die altgedienten Manager der sogenannten Old Economy darauf hin, dass sie sich gefälligst nach den Vorstellungen der Shareholder-value-Economy zu richten hätten.

Wenn inzwischen auch die Luft aus der spekulativen Blase heraus ist, im Grundsatz hat sich auch einige Jahre danach nicht viel an der Bewertung dieser Aktienmarktvorgänge geändert.

> »Der Börsenboom bescherte weiten Teilen der Bevölkerung einen bis dahin nie dagewesenen Wohlstandsgewinn.« Spiegel, *19.5.2003*

Steigende Aktienkurse sagen über den Wohlstand eines Volkes wenig aus

Jeden Abend informiert uns das Fernsehen darüber, wie sich die Aktienkurse entwickelt haben; schon tagsüber wird man von mehreren Sendern auf dem laufenden gehalten; der Wirtschafts- und Börsenteil meiner Regionalzeitung ist mit drei Seiten genauso lang wie der politische Teil; der Fernsehsender n-tv lässt die neuesten Aktienkurse im Programm mitlaufen, und seine Berichterstatterinnen bekommen eine traurig-belegte Stimme, wenn sie Kursrückgänge vermelden. Man muss den Eindruck gewinnen, das deutsche Volk sei ein Volk von Aktienbesitzern und wir alle seien ständig scharf darauf zu erfahren, um wieviel reicher uns das Geschehen an den Börsen gerade wieder gemacht hat.

Tatsächlich waren in Zeiten des Booms 1999 7,9 Prozent der Deutschen im Besitz von Aktien; Aktienfonds eingerechnet waren es 12,7 Prozent. Heute dürften es wegen der verlorenen Attraktivität und wegen des Verschwindens des Neuen Marktes sogar weniger sein. Warum wird trotz dieser vergleichsweise geringen Zahl von Aktionären so ausführlich über Aktienmärkte berichtet und so getan, als beträfe das Auf und Ab der Börsenkurse uns alle oder zumindest eine Mehrheit von uns?

Das hat zum einen damit zu tun, dass diejenigen, die sich daran beteiligen, beachtlich gewinnen können. Das ist wie beim Lotto, und es hat einen sportlichen Reiz, auch für die »Zuschauer«. Zum anderen rührt die hohe Aufmerksamkeit daher, dass in der Öffentlichkeit der Eindruck erweckt wird, der Anstieg von Aktienkursen würde auch volkswirtschaftlich betrachtet Werte schaffen. Steigende Aktienkurse seien ein Zeichen dafür, dass es wirtschaftlich aufwärtsgeht. Die Zeitschrift *Business Week* zum Beispiel schrieb im Boomjahr 1999, auf dem Neuen Markt seien Werte in Höhe von 59 Milliarden US-Dollar geschaffen worden. Und der *Spiegel* verbreitete noch im Mai 2003 das Ammenmärchen vom Wohlstandsgewinn durch steigende Aktienkurse.

Dass Kursfeuerwerke an den Börsen nicht viel mit dem Wohlergehen einer Volkswirtschaft zu tun haben müssen, sieht man schon daran, dass der DAX – der Deutsche Aktienindex, der die Entwicklung der wichtigsten deutschen Aktien verzeichnet – in den Jahren seit 1994 häufig extrem stieg, während gleichzeitig die Arbeitslosigkeit zunahm und die deutsche Volkswirtschaft nur mäßig wuchs. Das galt gerade auch für die Boomjahre vor dem März 2000. Damals gab es ein mäßiges Wachstum, und die Arbeitslosenquote[61] lag mit Ausnahme des Jahres 2000 über 10 Prozent, 1997 und 1998 sogar über 12 Prozent. Auch im Jahr 2003 und zu Anfang 2004 war der Anstieg des DAX nicht das Spiegelbild einer expansiven wirtschaftlichen Entwicklung. Im Gegenteil, das Jahr 2003 war mit einem Minuszeichen vor der Wachstumsrate gekennzeichnet (siehe Tabelle 20). Die Daten zeigen auch: Es gibt keinen markanten Zusammenhang zwischen Börsenkursentwicklung und Entwicklung der Produktivität.

Ohne Zweifel hat der Kapitalmarkt, zu dem auch der Aktienmarkt gehört, eine wichtige volkswirtschaftliche Funktion. Der Kapitalmarkt sorgt dafür, dass die gesparten Finanzmittel zum »besten Wirt« gehen (sollen), also dorthin strömen, wo dieses Kapital am produktivsten investiert wird. Diese Funktion des Kapitalmarkts ist wichtig. Auch jener Teil des Aktienmarkts, wo Anteilsscheine junger, risikoreicher Unternehmen ausgegeben und gehandelt werden können, hat eine wichtige Funktion: Hier können sich Menschen mit guten neuen Ideen bei anderen, die Risiken einzugehen bereit sind, Kapital beschaffen. Wenn mit dem Kapital in Maschinen oder Anlagen, in Computer oder andere Produktionsmittel investiert wird und Menschen mit diesem eingesetzten Kapital arbeiten, werden in der Tat Werte geschaffen.

Tabelle 20: Entwicklung des DAX, des Bruttoinlandsprodukts, der Arbeitsproduktivität und der Arbeitslosenquote

	DAX: Jahresendstand	DAX-Veränderung gegenüber dem Vorjahr (in Prozent)	Wachstum des realen Bruttoinlandsprodukts	Wachstum der Arbeitsproduktivität je Erwerbstätigenstunde	Arbeitslosenquote
1997	4249,69	47,1	1,4	2,0	12,7
1998	5002,39	17,7	2,0	1,3	12,3
1999	6958,14	39,1	2,0	1,5	11,7
2000	6433,61	-7,5	2,9	2,2	10,7
2001	5160,10	-19,8	0,6	1,0	10,3
2002	2892,63	-43,9	0,2	1,2	10,8
2003	3965,16	37,1	-0,1	0,8	11,6

Quelle: Sachverständigenrat zur Begutachtung der gesamtwirtschaftlichen Entwicklung (Hrsg.): *Jahresgutachten 2003/04: Staatsfinanzen konsolidieren – Steuersystem reformieren,* Berlin 2003, S. 574; Bundesministerium für Gesundheit und Soziale Sicherung (Hrsg.): *Statistisches Taschenbuch 2003, Arbeits- und Sozialstatistik,* Bonn 2003, 1.2, 1.7 und 2.10. Für die Werte des Jahres 2003: Bundesministerium für Gesundheit und Soziale Sicherung (Hrsg.): *Statistisches Taschenbuch 2004, Arbeits- und Sozialstatistik,* Bonn 2004, 1.2, 1.7 und 2.10 sowie Sachverständigenrat zur Begutachtung der gesamtwirtschaftlichen Entwicklung (Hrsg.): *Erfolge im Ausland – Herausforderungen im Inland. Jahresgutachten 2004/05,* Berlin 2004, S. 703.

Diese Art von Wertschöpfung durch Einsatz von Kapital und Arbeitskräften ist aber etwas anderes als das, was auf den Aktienmärkten geschieht, wenn dort die Kurse steigen. Richtig ist, dass der Börsenwert eines Unternehmens sich verdoppelt, wenn der Aktienkurs sich verdoppelt. Aber mit dieser Höherbewertung werden genausowenig Werte geschaffen wie mit der Emission, also der Ausgabe von Aktien gegen das Geld neuer Aktionäre. Insofern ist die Vermutung von *Business Week,* 1999 seien in Deutschland auf dem Neuen Markt für 59 Milliarden US-Dollar neue Vermögenswerte geschaffen worden, nur eine Papierillusion, also falsch.

Wenn ein Unternehmen Aktien auf den Markt bringt, damit Geld einnimmt und bei sich Vermögen schafft, muss es andere geben, die diese Aktien kaufen, dafür mit Geld bezahlen, also ihr Konto räumen oder andere Wertpapiere verkaufen und so weiter. Per saldo entstehen dabei keine neuen Werte. Das könnte man an vielen Beispielen von Unternehmen verdeutlichen, die ihre Aktien auf den Neuen Markt gebracht haben und deren Kurse wie ein Feuerwerk stiegen, bevor sie verglühten und in sich zusammenfielen. Da gab es immer solche, zum Beispiel Altaktionäre, die die Aktien ausgaben, also an andere verkauften und dabei viel Geld einnahmen; und es gab solche, die dieses Geld hingaben und am Ende meist nichts mehr davon hatten.

Die enormen Schwankungen auf den Aktienmärkten sind Schwankungen von Buchwerten. Ihr realer Hintergrund ist bestenfalls die *Erwartung,* dass das Unternehmen mit dem eingenommenen Geld etwas Vernünftiges anfängt, gut wirtschaftet und Gewinne erzielt. Dass Aktienkursbewegungen auch gänzlich andere Hintergründe haben können, wurde in Zeiten der großen »Aktienkultur« 1999 des öfteren beschrieben. Da wurden den potentiellen Anlegern am Neuen Markt beispielsweise folgende Tips gegeben: »Wer ausschließlich auf Zeichnungsgewinne spekuliert, sollte sich vor allem auf Unternehmen konzentrieren, die im Vorfeld des Börsengangs mit großen PR-Kampagnen für hohe Aufmerksamkeit sorgen und die Investoren sprichwörtlich heiß machen.« Man solle darauf achten, dass die Branche, zu der die aktienemittierende Firma gehört, »derzeit an der Börse in ist«.

Kurzfristige Wertsteigerungen können Ergebnis von Spekulationen darauf sein, dass die Propaganda für die Emission einer Aktie so professionell gemacht ist, dass es aus diesem Grund zu einem Kursfeuerwerk kommt, bei dem man kurz einsteigt und mit etwas Glück rechtzeitig wieder aussteigt. Dafür gibt es in Deutschland bemerkenswerte Beispiele – etwa die Telekom, die ihre Aktien bewundernswert beworben hatte. Doch dabei gab und gibt es neben den Gewinnern immer auch Verlierer. Volkswirtschaftlich sind solche Vorgänge ohne positive Bedeutung. Es ist eine Art von Spekulationsspiel, das nichts darüber sagt, ob dabei Werte geschaffen werden.

Die Werte werden nicht am Aktienmarkt, sondern im Unternehmen geschaffen, und in dessen Löhnen, in den Gewinnen, in den Abschreibungen kommt die Wertschöpfung zum Ausdruck.

Nach dem Niedergang des Neuen Markts und der Spekulation insgesamt ist eine gewisse Ernüchterung eingetreten. Die Unternehmen der »Old Economy« haben wieder etwas Selbstbewusstsein gewonnen. Wir alle merken, dass es auf die Produktion von Gütern und Dienstleistungen ankommt und nicht auf die erfolgreiche Spekulation bei Vermögenswerten. Das ist ein gewisser Fortschritt. Was irritiert, ist, dass die Berichterstattung in den Medien ähnlich weitergeht wie zu den Zeiten des Börsenhochs. Noch immer leuchten die Augen der Börsenberichterstatter, wenn die Kurse steigen – für wen sie sich freuen, das fragt man sich, denn wenn die Börsenberichterstatter einem potentiellen Käufer mitteilen, dass die Preise gestiegen sind, dann ist das ja kein Grund zum Lachen. Und wenn die Kurse sinken, sind die Berichterstatter traurig. Das ist ebenso unverständlich, denn es gibt ja immer ähnlich viele Leute, die Aktien kaufen wollen, und für die wird es dann billiger. Vor allem aber gibt es sehr viele, die überhaupt keine Aktien haben und die nach wie vor nicht verstehen, wieso zur besten Sendezeit auch von öffentlich-rechtlichen Sendern dieser Zirkus veranstaltet wird. Für über 90 Prozent unseres Volkes ist völlig belanglos, was da auf dem Bildschirm geschieht. Aber das Mienenspiel der Börsenberichterstatter ist jeden Abend wieder ein Erlebnis im Zeichen der »Neuen Aktienkultur«.

Um zu erklären, wieso es zu dieser seltsam positiven Bewertung von spekulativen Preissteigerungen kommt, muss man in das Geflecht von Public-Relations-Beziehungen und Public-Relations-Kampagnen einsteigen. Der amerikanische Politikwissenschaftler Robert McChesney hat schon vor Jahren darauf hingewiesen,[62] dass es eine enge Verflechtung zwischen Wall Street, also der Börsenwelt der USA, und Madison Avenue, also der Welt der Werbung und der Public-Relations-Agenturen, gibt. Die Börsen und alles, was damit zusammenhängt – die Banken, die Broker, die Investmentgesellschaften –, haben ein Interesse daran, dass die Medien positiv über die Aktienmärkte und die dortigen Kursbewegungen berichten, damit möglichst viele Menschen ihre Gelder auf diesen Märkten anlegen. Ob diese Bewegung hin zu einer neuen Aktienkultur von volkswirtschaftlichem Interesse ist, das kann man mit Fug und Recht hinterfragen.

D. Zehn Mythen, die Löhne und den Arbeitsmarkt betreffend

Über die Verteilung der Einkommen in Deutschland, über die Bedeutung der Löhne und der Lohnnebenkosten für die Wettbewerbsfähigkeit wie auch über den Stand der Flexibilität auf dem Arbeitsmarkt und die Macht der Gewerkschaften gibt es bei den Eliten unseres Landes festgefügte Urteile: Arbeit ist zu teuer, die Lohnnebenkosten sind zu hoch, wir arbeiten zu kurz, in der Welt der Arbeitsverhältnisse und Arbeitsverträge wird alles ganz anders kommen, die Gewerkschaften sind zu mächtig, und überhaupt pflegen wir unsere Eliten zuwenig. Mit der Realität haben diese Vorurteile nur wenig zu tun, sie beeinflussen aber um so mehr die öffentliche Meinung und damit auch die politische Willensbildung. Mit manchen dieser vorgefassten Meinungen wird auch ein Trend gesetzt – unnötigerweise und zum Schaden vieler.

Zum Nutzen unseres Landes ist diese Welt der vorgefassten Urteile und Legenden nicht. Auch dem fairen Ausgleich zwischen den Interessen und dem sozialen Frieden dienen sie nicht.

Denkfehler 20:
»Wir können nur das verteilen, was wir vorher erwirtschaftet haben.«

Variation zum Thema:

- »Schluss mit dem Verteilungsstaat.«

Bundeskanzler Gerhard Schröder hat 2003 im Zusammenhang mit der Agenda 2010 gleich mehrmals den Satz gesagt: »Wir können nur das verteilen, was wir vorher erwirtschaftet haben.« Viele Politiker und andere Zeitgenossen äußern sich ähnlich – das ist ein sehr populärer Satz. Aber enthält er irgend etwas Relevantes über unser Land und für unsere Entscheidungsfindung in der Politik?

Wenn der Familienvater Gerhard Schröder seiner Frau und deren Tochter in Hannover sagt, dass unter ihnen und für ihre verschiedenen Bedürfnisse nur das verteilt werden kann, was er vorher verdient hat, dann ist das einigermaßen schlüssig. Das gilt aber auf keinen Fall für unsere gesamte Volkswirtschaft.

Die Entstehung und die Verteilung dessen, was wir gemeinsam produzieren, geschieht in einem gleichzeitigen, in einem simultanen Prozess. Einige gehen in eine Fabrik und produzieren chemische Produkte oder Autos, andere arbeiten in Schulen oder im Einwohnermeldeamt, wieder andere betreuen Kinder oder sitzen zu Gericht. Sie »produzieren« und verdienen gleichzeitig das Geld, mit dem sie dann etwas kaufen können. Aber es wird nicht etwa erst etwas produziert, und hinterher hocken sich die an der Produktion Beteiligten zusammen und teilen auf, wer was bekommt. Der Verteilungsprozess geschieht im Zusammenhang mit dem Produktionsprozess. Welche Arbeitskräfte eingesetzt werden und welchen Lohn sie bekommen, welche Maschinen eingesetzt werden und was dafür bezahlt wird beziehungsweise wurde, wird ja nicht hinterher, sondern im simultanen Prozess des Produzierens festgelegt und entschieden. Auch darüber, was der Staat an öffentlichen Leistungen erbringt, wird in diesem Produktionsprozess entschieden und nicht hinterher bei einer großen Versammlung. Ministerialbeamte und Polizisten, Lehrer und Soldaten und alle anderen öffentlichen Bediensteten arbeiten ja parallel zu den Mitarbeiterinnen und Mitarbeitern der privaten Wirtschaft; auch bei den Beschäftigten im öffentlichen Dienst wird nicht hinterher entschieden, wer was bekommt.

Die Äußerung des Bundeskanzlers ist also auf die Volkswirtschaft insgesamt bezogen fragwürdig. Sie wird ganz falsch in dem Moment, in dem man beachtet, dass ja die Größe dessen, was wir gemeinsam erwirtschaften, gar nicht festliegt. Wenn wir mehr produzieren würden, könnten wir mehr verteilen, und zwar wiederum in einem simultanen Prozess der Produktion und der Verteilung. Wenn die Gemeinden ihre Schulen renovieren und mehr Kinderhorte betreiben würden, dann hätten auch bisher arbeitslose Handwerker und Erzieherinnen etwas zu tun und würden das Verdiente wieder ausgeben usw.; wenn die Familien weniger sparen würden und mehr konsumieren, dann würde im Einzelhandel und bei seinen Lieferanten mehr produziert. Insofern ist die so häufig gebrauchte Formel, wir könnten nur das verteilen, was wir vorher erwirtschaftet haben, eine große Täuschung, auch eine große Selbsttäuschung. Aus ihr spricht der Geist der Agenda 2010 und der Reformpolitik insgesamt, einer Politik, die sich vor allem der Verwaltung des Mangels verschrieben hat. Das ist typisch für die gängige Reformlegende.

»... die FDP will Erwirtschaften vor Verteilen stellen.« *Guido Westerwelle, 3.11.2003*

»Demgegenüber ist heute längst nicht mehr alles, was dem klassischen Gedanken der Verteilungsgerechtigkeit und der Umverteilung entspricht, noch hilfreich. Denn die Erwirtschaftung des Wohlstands kommt vor seiner Verteilung – im Interesse von Leistung und Gerechtigkeit.« *Wolfgang Clement, London, 11.7.2003*

Die politische Führung in Regierung und Opposition unseres Landes täuscht sich; sie unterschätzt ihre und unsere Möglichkeiten.

Sie nutzt die eingängige Verteilungsformel zur Rechtfertigung für beschäftigungspolitisches Nichtstun; das wird sozusagen moralisch und nur scheinbar wirtschaftstheoretisch legitimiert. Das ist nicht klug, denn wir könnten für ungefähr 150 Milliarden Euro mehr produzieren, als heute der Fall ist; dieses Mehr an Waren und Dienstleistungen stünde zur Verteilung zur Verfügung – nicht hinterher, sondern im Prozess der Produktion und Verteilung. Wir hätten also guten Grund, unserer politischen Klasse und ihren Helfern zuzurufen: Habt mehr Mut, seid nicht so bescheiden! Sagt endlich den einen Satz: »Wir wollen mehr erwirtschaften, um gleichzeitig mehr verteilen zu können. Wir wollen einen größeren Kuchen. Dann gibt's auch größere Stücke.« Die Wirklichkeit zeigt schließlich, dass es in Deutschland und in der Welt um uns herum viele ungedeckte individuelle und gemeinschaftliche Bedürfnisse gibt. Außerdem haben wir Kapazitäten frei, über 4 Millionen Arbeitslose und große nicht ausgelastete Kapazitäten in unseren Industrien und Dienstleistungsbereichen. Wir könnten also mehr produzieren und mehr verteilen.

Auch einzelne Personen und Familien könnten und würden mehr tun, wenn sie Gelegenheit dazu hätten. In den Ohren von Familien, deren erwachsene Kinder trotz vieler Mühen keinen Job finden, und für fünfzigjährige arbeitslose Familienväter hat der Satz vom begrenzten Verteilungsspielraum einen eher ärgerlichen Beigeschmack. Sie würden ja gerne mehr erwirtschaften, wenn sie in Arbeit kämen. Auch »vor« dem Verteilen, wenn es der Ideologie dient.

Wenn die Zusammenhänge so offenkundig sind, muss man fragen, warum die Legende so oft erzählt wird. Hier zwei naheliegende und miteinander zusammenhängende Erklärungen:

- *Erstens:* Wer sagt: »Wir können nur das verteilen, was vorher erwirtschaftet wurde«, der könnte ausdrücken wollen, Arbeitnehmer und Gewerkschaften sollten sich zurückhalten. Diesen Appell zu formulieren ist ziemlich unnötig, denn die Arbeitnehmerschaft hat in den letzten zwanzig Jahren nicht sonderlich profitiert von dem Zuwachs am Bruttoinlandsprodukt, den es ja immerhin gab. Netto (also nach Abzug von Steuern und Beiträgen) und real (also nach Abzug der eingetretenen Preissteigerungen) wuchs in den achtziger Jahren die Lohn- und Gehaltssumme gerade mal um 6,7 Prozent, in den neunziger Jahren ging sie um 2,2 Prozent zurück (siehe Tabelle A1 im Anhang). Die Gewerkschaften waren in dieser Zeit nicht sonderlich erfolgreich, was man ihnen kaum vorwerfen kann, denn dass sie kein besseres Ergebnis erzielten, ist eine unmittelbare Folge der schlechten Marktposition der Arbeitnehmerschaft auf dem Arbeitsmarkt.

- *Zweitens:* Der Satz könnte auch allgemeiner als Warnung gemeint sein, Verteilungsfragen und soziale Fragen für zu wichtig zu halten. Sie seien zweitrangig, erst müsse die Produktion richtig in Gang kommen – das gilt heute als gesellschaftspolitische Grundmelodie. Wenn dieser Zusammenhang zwangsläufig so wäre, wenn es notwendig wäre, auf eine bessere, gerechtere und damit fairere Verteilung der Einkommen zu verzichten, um endlich aus der Arbeitslosigkeit herauszukommen, dann könnte man darüber reden. Aber dieser Zusammenhang ist eher unwahrscheinlich. Unser Land leidet nicht unter zu viel Verteilungsgerechtigkeit (siehe dazu auch Denkfehler Nr. 21, 22 und 32, S. 234, 241 und 313).

Wir leiden viel eher darunter, dass die Einkommens- und Vermögensverteilung auseinanderdriftet; die Reichen werden reicher, der weniger begüterte Teil fällt zurück. Von staatlicher Seite wird diesem Trend der sogenannten primären Einkommensverteilung nicht entgegengewirkt, im Gegenteil: die hohen Einkommen und Gewinne werden tendenziell steuerlich entlastet. Und dennoch wird das Etikett »Verteilungsstaat« unentwegt weiter benutzt. Dieser Begriff ist Teil der gängigen Agitation. Der Vorgang ist ein gutes Beispiel dafür, dass in der Mediengesellschaft das, was gesagt und geglaubt wird, himmelweit entfernt sein kann von der Wirklichkeit.

Denkfehler 21:
»Arbeit muss billiger werden!«

Variationen zum Thema:

- »Arbeit gibt es genug. Aber die Löhne sind zu hoch.«
- »Wir brauchen einen Niedriglohnsektor.«

Dass Arbeit zu teuer sei, dass die Löhne zu hoch seien, dass die Arbeitskosten niedriger werden müssten – diese Parolen werden heute von einer Vielzahl von Politikern und Wissenschaftlern vertreten. Zusammen mit der verwandten These, die Lohnnebenkosten seien zu hoch (siehe Denkfehler Nr. 22, S. 241), bestimmen sie die Reformdiskussion. Dass sogar »linke« Politiker und ihnen nahestehende Wissenschaftler so offen fordern, Arbeit müsse billiger werden, Löhne und Gehälter müssten sinken, ist ein neues Phänomen. Man kann ihnen zugute halten, dass sie keine andere Chance sehen, das Marktgleichgewicht auf dem Arbeitsmarkt wiederherzustellen und so mit der hohen Zahl von Arbeitslosen fertig zu werden. Aber diese Strategie hat zumindest drei Schwächen:

- *Erstens* beachtet sie nicht die Hauptursache des heutigen Ungleichgewichts auf dem Arbeitsmarkt – die wirtschaftliche Rezession – und übersieht deshalb eine andere, sinnvollere Option: eine offensive Wachstum- und Beschäftigungspolitik. Versuchen wir doch einmal, zuerst diesen Weg zu gehen.
- *Zweitens* missachtet sie, dass wir de facto schon seit Jahren Lohnsenkungen praktizieren – ohne den gewünschten Erfolg.
- *Drittens* stößt eine solche Strategie der Lohnsenkung an die Grenzen unserer Vorstellung von einer sozialen und menschenwürdigen gesellschaftlichen Ordnung. Wir gehen davon aus, dass Menschen sich und ihre Familien ernähren können sollten von dem, was sie verdienen. Ein Heer von sehr niedrig bezahlten Tagelöhnern passt nicht in dieses bisher gepflegte Bild. Bei uns gibt es tarifvertragliche Regeln und als Alterna-

tive die Sozialhilfe, um den Weg in diese Niedriglohnbereiche zu versperren; in anderen Ländern gibt es Mindestlöhne. Aber wir wissen aus Erfahrung, dass diese Sperren durchlöchert werden. Das ist eine Tendenz, der wir uns widersetzen könnten, solange wir eine andere Option haben.

»Arbeit muss billiger werden!« *Bert Rürup, 29.6.2003*

Arbeitsmarktgleichgewicht durch Expansion

Die heutige Situation mit hoher Arbeitslosigkeit und zu wenigen Arbeitsplätzen ist nicht vom Himmel gefallen. Das ist nicht nur das Ergebnis marktwirtschaftlicher Kräfte. Diese Konstellation hat viel mit Politik zu tun. Seit Beginn der achtziger Jahre wird eine Politik der Unterauslastung unserer Kapazitäten und damit eine Politik des Drucks auf die Löhne gemacht. Der bewusst oder aus Unkenntnis betriebene Abbruch des Vereinigungsbooms hat diese Tendenz noch verschärft. Die praktizierte restriktive Geld- und Fiskalpolitik ist nicht einmal im Sinne der Unternehmer, sie ist einfach dumm. Da Löhne nämlich nicht nur lästiger Kostenfaktor, sondern auch ein wichtiger Teil der gesamtwirtschaftlichen Nachfrage sind, führte diese Politik wie in einer Spirale zu immer weniger Beschäftigung und zu höherer Arbeitslosigkeit. In einer unterbeschäftigten Volkswirtschaft bleiben zuerst jene mit Handicaps auf der Strecke: die schlecht Ausgebildeten, die Älteren, jene, die nicht flexibel und mobil genug sind, weil ihre Familienverhältnisse oder andere Umstände es nicht erlauben.

Würde unsere Volkswirtschaft florieren, dann würden auch diese Menschen wie von einem Sog in den Arbeitsmarkt hineingezogen. Das ist kein Wunschbild, sondern das war Realität in der Bundesrepublik, solange eine Politik der guten Auslastung der Kapazitäten betrieben worden ist. In einer Volkswirtschaft mit Vollbeschäftigung haben auch Menschen mit einer schlechteren Ausbildung eine Chance, auf dem normalen Arbeitsmarkt unterzukommen. Da braucht man keinen Niedriglohnsektor. Diese Aufteilung des Arbeitsmarkts ist ohnehin eine eher antimarktwirtschaftliche Denkkonstruktion. Warum wir uns damit abfinden sollten, unseren Arbeitsmarkt mit einem Überangebot von Arbeitskräften auf Dauer im Ungleichgewicht zu belassen, verstehe, wer kann und will. Solange wir die Option auf eine klügere Wachstums- und Beschäftigungspolitik haben, sollten wir sie nutzen. Dafür spricht schon der Misserfolg der bisherigen Linie.

Arbeit wurde schon in der jüngsten Vergangenheit relativ billiger

Ein Blick auf die Fakten:

- Wir haben eine zwanzigjährige Periode der *Einkommensumverteilung zu Lasten der Arbeitnehmereinkommen,* also der Löhne und Gehälter hinter uns. Die Vermögens- und Gewinneinkommen sind in den achtziger Jahren kräftig gestiegen (siehe Tabelle A1 im Anhang, S. 405).

Abbildung 9: Die Entwicklung der bereinigten Lohnquote in Deutschland zwischen 1980 und 2004 (= prozentualer Anteil des Bruttoeinkommens aus unselbständiger Arbeit am Bruttoinlandsprodukt zu Faktorkosten, bereinigt um den Anteil der Selbständigen)

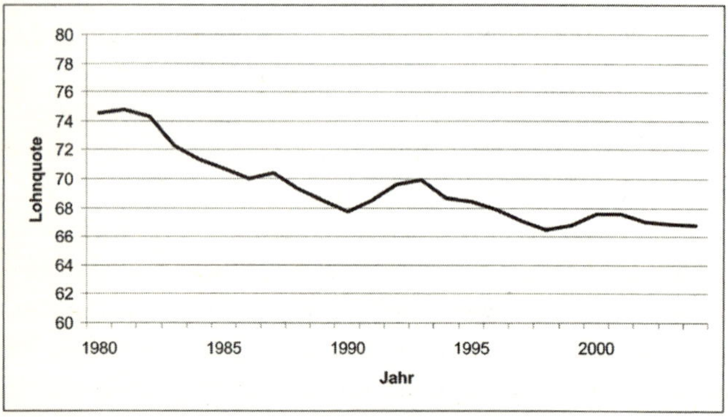

Quelle: Bundesministerium für Gesundheit und Soziale Sicherung (Hrsg.): *Statistisches Taschenbuch 2003, Arbeits- und Sozialstatistik,* Bonn 2003, 9.7 und Bundesministerium für Gesundheit und Soziale Sicherung (Hrsg.): *Statistisches Taschenbuch,* Bonn 2004, 9.7. Die Werte für 2003 und 2004 sind Schätzungen.

- Zu den Fakten gehört *die Entwicklung der Lohnquote*, also des Anteils des Einkommens aus unselbständiger Arbeit am Volkseinkommen. Sie ist in den letzten zwanzig Jahren von ungefähr 75 Prozent auf etwa 67 Prozent in 2002 *gesunken.*
- Die wichtigen *Lohnstückkosten*, an denen man messen kann, wie sich die Lohnbelastung im Wettbewerb mit anderen Volkswirtschaften entwickelt, sind seit 1995 *deutlich unter der Entwicklung in den USA, in Großbritannien und in den Ländern der Europäischen Währungsunion geblieben.* Unter den vergleichbaren Ländern ist nur in Japan die Entwicklung der Lohnstückkosten noch niedriger verlaufen als bei uns. Tabelle 21 enthält einen Vergleich der Lohnstückkostenentwicklung Deutschlands mit jener der neunzehn führenden Industriestaaten der OECD. Daraus ist ersichtlich, dass die relative Entwicklung der Lohnstückkosten seit 1996 deutlich unter denen vergleichbarer Länder und Konkurrenten liegt; wegen der Stärke des Euro haben die Lohnstückkosten in US-Dollar gerechnet seit 2002 wieder relativ zugenommen; aber insgesamt haben die Lohnkosten im Vergleich mit anderen Ländern an Gewicht verloren.

Tabelle 21: Entwicklung der relativen Lohnstückkosten Deutschlands im Vergleich zu den 19 führenden Industriestaaten der OECD in Prozent

	1996	1997	1998	1999	2000	2001	2002	2003
in DM	-1,30	-2,11	-1,03	-1,15	-0,95	-1,41	-0,82	-0,86
in US-Dollar	-3,80	-7,21	-0,42	-3,26	-5,87	-0,82	0,57	3,05

Quelle: AMECO Macroeconomic Database.

Diese Entwicklung der Löhne kann man nicht nur mit lachendem Auge betrachten. Je niedriger die Reallohnentwicklung ist, um so geringer ist die Kaufkraft der Leute. Wenn dann noch dazukommt, dass sie Angst haben um ihren Arbeitsplatz und Angst um die Zukunft, dann tritt das ein, was wir in den Jahren 1995 bis 2004 erlebt haben: Zurückhaltung bei den Reallöhnen führt zur Zurückhaltung beim Konsum, und Zurückhaltung beim Konsum führt zum weiteren Niedergang der Ökonomie, was wiederum zu geringeren Reallöhnen führt und so weiter. Diese Einsicht verbreitete sich im Juni 2005 auch unter den Spitzen der SPD und den zuständigen Ministern Clement und Eichel. Sie änderten unter dem Eindruck des Wahlerfolgs einer politischen Alternative ihren bisherigen Kurs und plädierten für höhere Löhne. Das ist ein beachtlicher Fortschritt. So kann die Drohung mit einer neuen Partei, noch dazu einer linken, zum Einzug gesamtwirtschaftlicher Vernunft in die Spitze der Regierung führen.

- Wenn man die Bedeutung der Lohnkostenentwicklung für die Unternehmen als Kostenfaktor betrachten will, dann sollte man auch das Verhältnis von Lohnkosten zu anderen Kosten mit in Betracht ziehen. Der *Lohnkostenanteil* lag 2001 beim verarbeitenden Gewerbe im Durchschnitt *bei 21 Prozent.*[63] Alles andere sind Materialkosten, Kapitalkosten, Kosten für Management, Kosten für die Infrastruktur und andere öffentliche Leistungen und so weiter.
- Hinzu kommt, dass die Bedeutung der Löhne für die Wettbewerbsfähigkeit eines Unternehmens wesentlich von der *Produktivität* abhängt. Wenn die Lohnkosten so maßgeblich wären, wie heute immer wieder suggeriert wird, dann müsste der Osten Deutschlands blühen, denn dort sind die Löhne immer noch beachtlich niedriger als im Westen und liegen in vielen Bereichen weit unter den Tariflöhnen. Wenn der Chef sagt: »Du kannst weiterarbeiten, wenn du statt der 38 Stunden 43 arbeitest, andernfalls kann ich dich nicht gebrauchen«, wer kann sich dann diesem Ansinnen verschließen, wenn er keine Alternativen hat? Das ist die Realität jenseits aller Klagen über die Starrheit der Tarifverträge. Und trotzdem boomt es im Osten wahrlich nicht.

Die *Steigerung der Produktivität ist der wichtigste Ansatzpunkt* für die Förderung der Wettbewerbsfähigkeit auch bei hohen und guten Löhnen und Gehältern. Der für viele sicher überraschend geringe Anteil der Löhne an den Gesamtkosten macht verständlich, warum es gute Gründe gibt, nicht so pessimistisch zu sein und darauf zu vertrauen, dass die Strategie »Arbeit muss billiger werden« nicht die klügste ist.

Nur wenn der beschriebene Sog entsteht, wird es gelingen, niedrigqualifizierte Arbeitskräfte unterzubringen. Betriebe haben nicht nur Bedarf an topqualifizierten Arbeitskräften. Es gibt immer auch einfachere Jobs. Deshalb ist es falsch zu behaupten, demnächst gebe es in Deutschland außerhalb des Dienstleistungssektors nur noch Stellen für hochqualifizierte Arbeitskräfte. Wenn die Konjunktur gut genug ist, machen die besser Qualifizierten Stellen frei für die weniger Qualifizierten. So war das in allen bisherigen Hochkonjunkturphasen der Bundesrepublik. Die gute Konjunktur sorgt für eine Art Staubsaugereffekt. Wir sollten uns die Chance, diesen Effekt wieder einigermaßen in Gang zu bringen, nicht entgehen lassen, statt von oben zu dekretieren, dass andere ihre Arbeitskraft billiger verkaufen müssen.

Übrigens haben weder Wissenschaft noch Politik noch Publizistik das Recht, zu verfügen, Arbeit müsse billiger werden. Mit festem Professorengehalt, mit Pension und Gutachteraufträgen sagt sich das leicht.

> »Ich meine echte Vollerwerbsverhältnisse im Niedriglohnbereich. (...) Es geht hier immerhin um ein Potential von über zwei Millionen Arbeitsplätzen. Und es geht um den Anschluss Deutschlands an die führenden Länder im Dienstleistungssektor. (...) Deshalb müssen wir Lohnzuschüsse geben, damit ein Niveau etwas über der Sozialhilfe erreicht wird.« *Angela Merkel, 1.10.2003*

Der Gedanke, eine Volkswirtschaft in einen normalen Arbeitsmarkt und einen Niedriglohnsektor aufzuteilen, kann einem an der marktwirtschaftlichen Idee orientierten Wissenschaftler oder Politiker eigentlich nicht kommen. Er ist meist von Nichtökonomen propagiert worden, von Sozialwissenschaftlern wie Anthony Giddens in Großbritannien und Wolfgang Streeck in Deutschland. Es ist eine künstliche Aufteilung. Wenn man sie macht, um im Niedriglohnsektor Löhne zu subventionieren, werden die

Unternehmer schon dafür sorgen, dass Menschen aus dem ersten Arbeitsmarkt abgezogen und in den subventionierten Niedriglohnsektor verschoben werden. Das ist keine Lösung des Problems.

Es ist erstaunlich, dass die Mehrheit der Arbeitnehmerinnen und Arbeitnehmer das Gerede über zu hohe Arbeitskosten schluckt, obwohl sie nun schon seit Jahren Opfer bringen – im allgemeinen durch sinkende Anteile am gemeinsam erarbeiteten Volkseinkommen und im besonderen dadurch, dass die Kosten der deutschen Einheit in dreister Weise vor allem ihnen, den Arbeitnehmerinnen und Arbeitnehmern, aufgebürdet worden sind; 3,5 Prozentpunkte ihres Sozialversicherungsbeitrags gehen in den West-Ost-Transfer – das sind jährlich etwa 15 Milliarden Euro für die Rentenversicherung und etwa 20 Milliarden für die Arbeitslosenversicherung und andere Leistungen der Bundesanstalt für Arbeit.[64]

Wir nehmen es hin, dass Unternehmen ihre Gewinnziele permanent hochsetzen und drohen, dass die Betriebe auswandern würden, wenn diese Ziele nicht erreicht werden. Dabei ist das ja nichts weiter als der Anspruch, sich ein größeres Stück vom Kuchen herauszuschneiden. »Wer hohe Einkommen und niedrige Löhne will, will offensichtlich in erster Linie eine andere Verteilung mit höheren Gewinnen und Vermögenseinkommen.«[65] Auch diesen Anspruch nehmen die Betroffenen ergeben hin.

Dass das Thema Lohnkosten so hochgespielt wird, hat seinen Grund nicht in der Sache, sondern darin, dass damit bestimmte Ziele verfolgt werden. Es ist schlicht ein Instrument im Verteilungskampf. Hier gilt: Wer die Macht über die öffentliche Meinung hat, hat auch weitgehend die Macht darüber, wie verteilt wird, was gemeinsam erarbeitet wird.

Denkfehler 22:
»Die Lohnnebenkosten sind zu hoch.«

Variationen zum Thema:

- »Wir müssen die Lohnnebenkosten senken, dann geht es wirtschaftlich aufwärts.«
- »Wir sollten die soziale Sicherung über Steuern bezahlen. Dann ist der Faktor Arbeit entlastet.«
- »Von Lohnnebenkosten entlastete Minijobs bringen Arbeit.«

»Lohnnebenkosten« dürfte haarscharf an der Nominierung zum Wort des Jahres vorbeigeschrammt sein. Es gibt wenige Wörter, die in der politischen Debatte eine so große Rolle spielen wie dieser Begriff. Fast scheint es, als hätte eine ganze Reihe von politischen Persönlichkeiten ihr gesamtes ökonomisches Wissen um diesen Begriff herum organisiert. »Lohnnebenkosten« – das ist parteiübergreifend der Schlüsselbegriff für wirtschafts- und gesellschaftspolitische Analysen; in der Erweiterung »Lohnnebenkosten senken« wird er zum Allheilmittel jeder Therapie. Vor dem Hintergrund der Annahme, wir hätten deshalb eine so hohe Arbeitslosigkeit, weil Arbeit bei uns zu teuer sei, ist die Senkung der Lohnnebenkosten einer der Grundgedanken der Reformdebatte. Wenn es nur gelänge, die Lohnnebenkosten, zu senken, würde es bestimmt gleich aufwärtsgehen! Dieser Satz ist unter den Eliten der Republik, bei Politik und Wirtschaft, bei Publizistik, Wissenschaft und Bildungsbürgertum, höchst populär – ein anschauliches Beispiel für die perfekte Gleichschaltung in der modernen Mediengesellschaft.

Unverständliche Fixierung auf Lohnnebenkosten

Besonders anschauliche Beispiele für die Fixierung auf das Thema »Lohnnebenkosten« sind die beiden Bündnisgrünen-Fraktionsvorsitzenden Krista Sager und Katrin Göring-Eckardt, die CDU-

Vorsitzende Angela Merkel und die Wirtschaftsexperten im Kanzleramt. Da kaum anzunehmen ist, dass sie alle dieselben Ghostwriter beschäftigen, haben die Redenschreiber und Planungsstäbe vermutlich die gleichen Zulieferer aus den Reihen der Systemveränderer, die den Schlüsselbegriff »Lohnnebenkosten« als Hebel in der Reformdebatte einsetzen.

»*Frage:* Ist der Standort Deutschland aus Ihrer Sicht denn überhaupt noch zu retten?« – »Ja. Unser Vorschlag dazu ist: Die Arbeit, die Lohnnebenkosten müssen billiger werden.« *Krista Sager,* Thüringer Allgemeine, *27.1.1996*
»Zwischen 1982 und 1998 sind allein die Lohnnebenkosten von 34 auf fast 42 Prozent gestiegen.« *Gerhard Schröder, Deutscher Bundestag, 14.3.2003*
»Die Koalition hat sich inzwischen nicht nur darauf verständigt, dass die Lohnnebenkosten in Deutschland gesenkt werden müssen, sondern ist auch dabei, die Strukturreformen umzusetzen, die tatsächlich zu einer Senkung der Lohnnebenkosten führen werden. Das wird entscheidend dafür sein, dass der Faktor Arbeit in Deutschland nicht mit Abgaben überlastet wird und dass Arbeitslose wieder eine bessere Chance in Deutschland haben, in Beschäftigung zu kommen.« *Krista Sager, 3. Juli 2003*
»Deswegen wird man sich zunächst um die Frage der Sozialsysteme mit einer deutlichen Senkung der Lohnzusatzkosten kümmern müssen, damit hier wieder in Arbeit investiert werden kann, damit Arbeit durch Wachstum und Wachstum durch Arbeit entsteht.« *Katrin Göring-Eckardt, 5.3. 2003*
»Hohe Lohnnebenkosten und Steuern, welche für soziale Sicherungssysteme und insbesondere für die Alterssicherung aufgewendet werden, hindern die Bevölkerung im erwerbsfähigen Alter, vor allem die jüngere Generation, an der Teilhabe am Arbeitsmarkt.« *Deutschland 2020. Ein Memorandum der jungen Abgeordneten*

»Und wenn alle anderen die von der Partei verbreitete Lüge glaubten – wenn alle Aufzeichnungen gleich lauteten –, dann ging die Lüge in die Geschichte ein und wurde Wahrheit.« *George Orwell, 1984*

Ein Zitat aus dem Kanzleramtspapier vom Dezember 2002 gibt den Glauben an die erlösende Wirkung von Reformen, die die Lohnnebenkosten verringern, geradezu klassisch wieder:

> »Wie schädlich steigende Lohnnebenkosten sind, zeigt die Entwicklung seit der Wiedervereinigung: 1990 betrugen die Beitragssätze zur Sozialversicherung noch 35,5 Prozent. Bis 1998 waren sie auf den historischen Höchstwert von 42 Prozent gestiegen. Im gleichen Zeitraum ist die Arbeitslosigkeit von 2,6 Mio. auf 4,28 Mio. Arbeitslose im Jahresdurchschnitt gestiegen. Die Zahl der Erwerbstätigen ging von 38,5 Mio. auf 37,2 Mio. in 1997 zurück.
> Deswegen (...) ist eine der Kernstrategien der Bundesregierung die auf eine Absenkung der Lohnebenkosten abzielende Modernisierung der sozialen Sicherungssysteme.«

Einmal abgesehen davon, dass dem Kanzleramt bei einer Betrachtung über den Anstieg von Sozialversicherungsbeitragssätzen zwischen 1990 und 1998 nicht einmal der Anflug eines Gedankens an die Kosten der Wiedervereinigung kommt (siehe Denkfehler Nr. 40, S. 364), erinnert der Satz an die »wissenschaftliche« Beobachtung, wonach in Brandenburg der Rückgang der Storchenpopulation direkt mit dem Rückgang der Geburtenrate korreliert. Die Entwicklung zweier Ziffern im Zeitablauf nebeneinanderzustellen und daraus einen Wirkungszusammenhang abzuleiten – sei es zwischen dem Verschwinden der Störche und dem Rückgang der Geburten, sei es zwischen der Zunahme der Lohnnebenkosten und der steigenden Arbeitslosigkeit –, das ist zu viel des Guten. Vielleicht sind ja ganz andere Faktoren mit schuld an der Arbeitslosigkeit – zum Beispiel der Niedergang der

Binnennachfrage oder die volkswirtschaftlichen Kosten der deutschen Vereinigung? Oder ist es vielleicht umgekehrt? Tragen womöglich die schwächelnde Konjunktur und die daraus folgende hohe Arbeitslosigkeit eine Mitschuld an den steigenden Lohnnebenkosten?

In der »auf eine Absenkung der Lohnnebenkosten abzielenden Modernisierung der sozialen Sicherungssysteme« die »Kernstrategie« für den notwendigen Aufschwung zu sehen – das ist angesichts der komplizierten Wirkungszusammenhänge schon sehr abenteuerlich. An der Bewertung der Lohnnebenkosten als der entscheidenden Schlüsselgröße stimmt fast nichts:

- Ob Unternehmen ihre Produktion ausweiten oder sogar investieren, das hängt von einem Bündel von Daten und Erwartungen ab: vom Umsatz und den Absatzerwartungen, von den Gewinnen und den Gewinnerwartungen, von der Zinsentwicklung, von der Qualität der erreichbaren Arbeitnehmer, von der Steuerbelastung und so weiter – und dann auch noch von den Lohnnebenkosten. Das ist *ein Faktor unter vielen.* Dass nahezu alle Meinungsführer diesen einen Faktor einhellig zum Dreh- und Angelpunkt erklären, ist nur noch mit psychologischen Kategorien zu deuten.
- Die Bedeutung der Lohnkosten und Lohnnebenkosten wird *quantitativ weit überschätzt.* Anhand der veröffentlichten Zahlen zur Volkswagen AG beispielsweise kann man ausrechnen, welche Bedeutung die Lohnnebenkosten bei den Kalkulationen dieses Unternehmens im Jahr 2001 hatten: Der Personalaufwand beträgt insgesamt 17 Prozent der Gesamtaufwendungen des Konzerns; diese 17 Prozent setzen sich zusammen aus 14 Prozent für Löhne und Gehälter und 3 Prozent für Sozialabgaben (Lohnnebenkosten).[66] Das Beispiel zeigt: Die Lohnnebenkosten sind nur ein wenn auch wichtiges Element der Gesamtkosten für einen Beschäftigten. Mit der gleichen Berechtigung, mit der man die Lohnnebenkosten reduzieren will, könnte man auch sagen: Von Mietkosten entlastete Arbeitskräfte werden leichter beschäftigt. Wenn wir nämlich allen

Arbeitslosen die Miete erlassen würden, könnten sie, selbst bei Bezahlung der fälligen Lohnnebenkosten, für rund 30 Prozent weniger Lohn arbeiten. Das ist der Betrag, den sie sonst für Miete aufwenden müssen. Folglich würde der Faktor Arbeit um 30 Prozent entlastet, wenn wir den Arbeitslosen die Miete bezahlen. »Welch ein unsinniger Vorschlag!«, würden die meisten sagen. Richtig, aber bei den Lohnnebenkosten ist das nicht anders. Die Miete ist das Entgelt für die Wohnung, die Lohnnebenkosten sind das Entgelt für die soziale Sicherheit.

- Die quantitative Bedeutung von Lohnnebenkosten für die Volkswirtschaft insgesamt wird von einer Reihe von Faktoren bestimmt. Wenn zum Beispiel Zahl- und Leistungsfähigkeit der Beitragszahler sinken, weil die Beschäftigung zurückgeht und die Arbeitslosigkeit steigt, schrumpft sozusagen die Basis, auf die die sozialen Sicherungssysteme gegründet sind. Dann reicht der festgelegte Beitragssatz nicht mehr zur Finanzierung dessen, was die Versicherungsträger zu zahlen haben, und es entsteht ein Druck zur Erhöhung der Beiträge. Welche Folgen das hat, haben wir bei der Gesundheitskostenreform zur Jahreswende 2003/2004 erlebt. Da wurden zuvor große Anstrengungen unternommen, um die Lohnnebenkosten zu senken, und es wurde erwartet, dass die Krankenkassen ihre Beiträge senken. Inzwischen war aber die Konjunktur weiter so schlecht gelaufen, dass die Beitragseingänge bei den Krankenkassen zurückgingen, wodurch der Effekt der Reform, die zu sinkenden Beitragssätzen führen sollte, schon wieder aufgehoben wurde.

Lohnnebenkosten sind gestiegen durch Frühverrentung; Lohnnebenkosten steigen, wenn normale Arbeitsverhältnisse umgewandelt werden in Minijobs, weil für diese keine vollen Sozialversicherungsbeiträge bezahlt werden, so dass die Minijobs vom »Rest« der normalen Arbeitsverhältnisse mitgetragen werden müssen; die Lohnnebenkosten sind gestiegen, weil den Sozialversicherungssystemen versicherungsfremde Leistungen angelastet wurden. Lohnnebenkosten sinken, wenn die Sicherung vor Risiken reduziert oder anders organisiert wird, wenn also von sozialer

Sicherung auf private Vorsorge umgeschichtet wird. Diese mit der Riesterrente praktizierte Umschichtung wie auch die anstehende Umschichtung von gesetzlichen Krankenkassen zu Privatkassen ändert aber überhaupt nichts an der Gesamtbelastung für den einzelnen. Er zahlt dann seinen Beitrag zur Krankenversicherung selbst, im anderen Fall war ihm der Beitrag vom Bruttogehalt abgezogen und direkt vom Arbeitgeber an die gesetzliche Kasse überwiesen worden.

Fazit: Es ist ziemlich fahrlässig, die Lohnnebenkosten zur Schlüsselgröße zu erklären. Man verbraucht seine Kräfte für eine Umschichtung, die die Gesamtbelastung nicht zu senken vermag. So werden wir unsere Last als ganze nicht los – auch nicht die Last der deutschen Vereinigung, die maßlos den Beitragszahlern angelastet wurde.

Auch die Umschichtung auf Steuern ändert an der Gesamtbelastung nichts

Ohne Frage wäre es aus strukturellen Gründen sinnvoll, die Lohnnebenkosten zu senken und die bisher über Beiträge finanzierten Leistungen verstärkt über Steuern zu finanzieren. Das würde arbeitsintensive Produktionen entlasten. Aber es würde weder etwas an der Gesamtbelastung unserer Volkswirtschaft ändern noch würde es den Durchbruch zur Belebung der Wirtschaft bringen, zumal die notwendigen Systemänderungen sehr viel Zeit brauchen. Die Belastung kann nur durch Wachstum und mehr Beschäftigung sinken.

Hinsichtlich der Gesamtbelastung durch Sozialabgaben und Steuern liegt Deutschland unter den Mitgliedsländern der Europäischen Union eher im Mittelfeld als an der Spitze (siehe Tabelle A9 im Anhang, S. 414). Deutschland hat eine Abgabenquote von 40,6 Prozent, der Durchschnitt der Europäischen Union liegt bei 40,9 Prozent. Die Sozialabgabenquote allerdings ist bei uns hoch. Wenn man nun Sozialbeiträge durch Steuern finanziert, verschiebt man nur etwas innerhalb dieser Abgabenquoten. An der Gesamtbelastung ändert sich nichts.

Will man die Gesamtbelastung abschätzen, muss man alle relevanten Faktoren zusammenrechnen: die Sozialabgaben, die Steuern und die Löhne insgesamt. Die Lohnnebenkosten sind nur ein Teil davon. Das gilt übrigens für Arbeitnehmer- wie für Arbeitgeberbeiträge. Wenn man umstellt auf eine stärkere Steuerbelastung bei gleichzeitiger Entlastung der Sozialbeiträge, dann kommt es für die erhoffte beschäftigungspolitische Wirkung sehr darauf an, welche Steuer man erhöhen will.

Die bisher diskutierten und umgesetzten Reformen zur Senkung der Lohnnebenkosten wirken wie eine staatlich verordnete Lohnsenkung. Das zeigt der Blick auf die Riesterrente: Die staatliche Altersvorsorge durch private Vorsorge zu ergänzen bedeutet ja, dass die Arbeitnehmer zusätzlich einen Betrag von bis zu 5 Prozent des Gehalts für ihre Altersvorsorge bezahlen, ohne dass der Arbeitgeber seinen Teil dazu beiträgt. Ihr privater Vorsorgebeitrag bewirkt eine Senkung des Nettoeinkommens der Arbeitnehmer. Ähnliches gilt für die private Finanzierung des Krankengelds und für die höhere Zuzahlung für die Inanspruchnahme von medizinischen Leistungen. Auch dadurch wird das Nettoeinkommen der betroffenen Arbeitnehmer gesenkt. Weil Löhne aber nicht nur Kostenfaktor, sondern auch Einkommen sind, die gesamtwirtschaftlich wirksam werden, hat die Senkung der Nettolöhne Auswirkungen auf das Konsumverhalten. Am Beispiel der japanischen Wirtschaft kann man gut studieren, welche Folgen das hat: Dort sind die Löhne in den letzten Jahren gesunken, und gleichzeitig hat die Arbeitslosenrate zugenommen.

Weil diese gesamtwirtschaftlichen Zusammenhänge so wirken, haben auch Unternehmen selbst kurzfristig nichts von der Senkung der Lohnnebenkosten. Die Verschiebung der Kosten auf die Arbeitnehmer und die Verringerung der Nettolöhne führt dazu, dass Massenkaufkraft fehlt, das Wachstum weiter sinkt und damit auch die Beschäftigung. Wirtschaftswissenschaftler sprechen von einem »prozyklischen Vorgang«, das heißt, der bestehende Trend wird verstärkt.

Eine weitere Schwierigkeit ist der Zeit- und Bürokratiefaktor: Wir haben Interesse an wenig Bürokratie, und wir haben keine

Zeit mehr, um etwas gegen Arbeitslosigkeit zu tun. Die Umsetzung der Systemänderungen jedoch, die dazu führen soll, die Arbeitskosten zu senken, braucht sehr viel Zeit. Es braucht Zeit, bis diese Änderungen beschlossen sind, es braucht Zeit, bis die beschlossenen Änderungen eingeführt und umgesetzt sind, und es braucht nochmals Zeit, bis sie wirken. Wenn man dann noch einbezieht, welche minimale Wirkung sie haben und welche gesamtwirtschaftlichen Rückwirkungen sich ergeben, wenn man außerdem bedenkt, welchen bürokratischen Aufwand alleine die Gesundheitsreform Ende 2003 nach sich zog, dann kann man sich nur wundern, wieso die Politik weiterhin so sehr auf die Senkung der Lohnnebenkostensenkung fixiert ist.

Aus all diesen Gründen ist es also wenig sinnvoll, eine Umschichtung von Lohnnebenkosten auf Steuern vorzunehmen. Viel eleganter wäre eine andere Alternative: die sogenannte Wertschöpfungsabgabe. Bisher ist ja die Bruttolohn- und Gehaltssumme die Bemessungsgrundlage für die Berechnung der Sozialversicherungsbeiträge, die von Arbeitnehmern und Arbeitgebern für die verschiedenen Sicherungssysteme bezahlt werden müssen. Die Bruttolohn- und Gehaltssumme ist aber nur ein Teil der gesamten Wertschöpfung eines Unternehmens. Deshalb gab es schon vor gut zwanzig Jahren den Vorschlag, auch die durch den Einsatz von Maschinen und großen Anlagen entstehende Wertschöpfung mit einzubeziehen. Dieser Vorschlag wurde als »Maschinensteuer« diskreditiert.

Interessanterweise wird in der jetzigen Debatte auf diesen Vorschlag nicht zurückgegriffen, obwohl die Wertschöpfungsabgabe eine Reihe von Bedingungen erfüllen würde, die als besonders dringlich gelten: Der Faktor Arbeit würde entlastet, die kapitalintensiven Betriebe würden stärker herangezogen, der Mittelstand mit seinen normalerweise höheren Lohnsummenanteilen wäre entlastet. Verglichen mit den aktuellen Reformen zur Verringerung der Lohnnebenkosten hätte sie zudem den Vorteil, dass der bürokratische Aufwand vergleichsweise gering wäre. Aber dieser Vorschlag kommt im Zettelkasten der Redenschreiber und Reformplaner nicht vor. Ob es daran liegt, dass die Wertschöpfungsabgabe eine Entlastung der kleineren Betriebe und eine tendenzielle Mehrbelastung der einflussreichen großen Betriebe brächte? Oder daran, dass in Zeiten der Moderne frühere Vorschläge schon dadurch entwertet sind, dass sie von früher stammen?

Ob Minijobs wirklich mehr Arbeitsplätze bringen, ist höchst zweifelhaft

Mit der Diskussion um die Lohnnebenkosten eng verbunden ist die Behauptung, von Lohnnebenkosten entlastete Minijobs brächten mehr Jobs. Das ist ein Trugschluss.

Nachdem die rotgrüne Koalition zu Anfang ihres Wirkens jene Minijobs noch begrenzen wollte, die nicht zur vollen oder zu gar keiner Sozialversicherung herangezogen werden, hat man die Minijobs später als Mittel zur Lösung der Arbeitsmarktprobleme entdeckt. Die von der Hartz-Kommission ausgearbeiteten Vorschläge orientieren sich an der Idee, von Lohnnebenkosten entlastete Minijobs würden neue Arbeitsplätze bringen. Doch diese Vorstellung ist nur vordergründig einleuchtend. Richtig ist: Die Zahl der Minijobs boomt, gerade auch in der Krise. Gleichzeitig geht aber die Zahl der sozialversicherungspflichtig Beschäftigten zurück, weil versucht wird, normale Arbeitsverhältnisse in mehrere Minijobs aufzuspalten.[67] Zwischen 2001 und 2004 stieg die Zahl der geringfügig Beschäftigten um 600 000, die Zahl der sozialversicherungspflichtig Beschäftigten sank mindestens um 1,3 Millionen, von 27,9 auf 26,6 Millionen. Das führt zu Beitragsausfällen. Die sozialen Sicherungssysteme werden weiter ausgehöhlt, die sozialstaatliche Ordnung wird weiter ad absurdum geführt.

Die Annahme, Minijobs würden eine Lösung des Beschäftigungsproblems darstellen, als Denkfehler zu bezeichnen wäre eine sehr freundliche Interpretation. Sicher sehen manche der Beteiligten wirklich nicht, dass man die Erkenntnisse von Partialanalysen nicht für das Bild vom Ganzen nehmen darf. Allen anderen jedoch sollte klar sein, dass eine Partialanalyse ihnen zwar zeigt, dass die Zahl der Minijobs wächst, wenn man sie teilweise von Beiträgen und Steuern entlastet. Eine Analyse unter Einbeziehung der Rückwirkungen muss aber die beschriebene zusätzliche Belastung der Normalarbeitsverhältnisse, die aus der Verkleinerung der Bemessungsgrundlage folgt, erkennen und kommt damit zu einem ganz anderen Ergebnis.

Die Fixierung auf die Lohnnebenkosten ist kein Zufall

Man muss also annehmen, dass einige der politischen und wirtschaftlichen Kräfte die Strategie verfolgen, auf dem Umweg über die Minijobs die sozialen Sicherungssysteme auszuhöhlen. Es ist kaum eine bessere Methode vorstellbar, wenn man das Vertrauen in die sozialen Sicherungssysteme untergraben will. Unterstellt, dass man diesen Vertrauensverlust will, weil man daraus bei der privaten Vorsorge Profit schlagen kann, dann ist das Verfahren sogar rational. Aber diese Art von Interessenpolitik kann ja nicht das Interesse von uns allen, von der Gesellschaft sein – und damit kann es eigentlich auch nicht das Interesse der von uns beauftragten Politiker sein.

Festzuhalten bleibt, dass über den Weg von Minijobs das Lohnniveau gesenkt werden kann. Ob das vernünftig ist und ob es gesellschaftspolitisch von Vorteil ist, das ist jedoch sehr zu hinterfragen. Das Beispiel USA sollte nachdenklich stimmen. Eine Gesellschaft, in der so viele Menschen und Familien ihren Unterhalt dadurch bestreiten, dass die Familienväter oder -mütter von einem Minijob zum anderen hetzen, und in der die Einkommenslage vieler Familien dennoch auf unterstem Niveau bleibt, kann uns nicht als Ziel und Wegweiser dienen. Das verträgt sich weder mit christdemokratischen noch mit sozialdemokratischen Vorstellungen. Und doch wird diese Entwicklung verklärt. Auch diese Agitation wird von Menschen betrieben, die selbst in festen Arbeitsverhältnissen beschäftigt sind und es weit von sich weisen würden, wenn sie auf die Hetze von einem Job zum anderen verwiesen wären. Die Einkommenssituation der glorifizierten Minijob-Kultur würden sie für sich selbst nicht akzeptieren.

Denkfehler 23:
»Die Beiträge für die Rentenversicherung dürfen nicht über 20 Prozent steigen.«

Variation zum Thema:

- »Die Beiträge zu den Krankenkassen dürfen nicht über 14 Prozent steigen.«

In einer Zeit ohne große politische Ziele kristallisiert sich mehr und mehr eine Vision heraus: Das Festhalten an einer willkürlich fixierten Beitragsgrenze. Wenn wir es schaffen, dass die Krankenkassenbeiträge nicht über 14 Prozent steigen, dann haben wir einen großen politischen Erfolg errungen. Wenn wir es schaffen, dass die Rentenversicherungsbeiträge nicht über 20 Prozent steigen, dann ist ein wichtiges politisches Ziel erreicht!

Einen Beitrag auf einem bestimmten Niveau festzuschreiben ist ein seltsames Ziel der Politik, es ist ein Ziel ohne erkennbare ökonomische Vernunft. Ein Beispiel macht die Unvernunft und den beschäftigungstherapeutischen Charakter dieser Fixierung sichtbar: Nach der Bundestagswahl von 2002 hatten sich SPD und Bündnisgrüne in den Koalitionsverhandlungen darauf verständigt, den Rentenversicherungsbeitrag bei 19,3 Prozent festzuhalten. Der Bundeskanzler hatte wenige Tage später nach Prüfung der Finanzen festgestellt, es sollten 19,5 Prozent sein. Wegen dieser Veränderung von 19,3 Prozent auf 19,5 Prozent gab es damals – um eine Veränderung von 0,2 Prozent! – einen heftigen Streit in der Koalition, der unter anderem Gegenstand einer Reportage und längerer Interviews im *Bericht aus Berlin* wurde. Das zeigt die Absurdität solcher Festlegungen. Unsere Politiker und unsere Medien beschäftigen sich über weite Strecken mit sonderbaren Dingen.

Sachlich ist die Fixierung auf eine feste Obergrenze nicht zu verstehen. Weder richten sich ausländische Investoren bei ihrer Entscheidung, ob sie in Deutschland investieren oder nicht, nach der Höhe des Krankenkassen- und Rentenversicherungsbeitrags, noch wird sich ein hier tätiger Unternehmer bei der Entscheidung, wo er investiert und wieviel er produziert, vornehmlich an der Höhe dieser Beitragssätze orientieren. Warum das so ist und welche Rolle die Größenordnungen dabei spielen, ist unter Denkfehler Nr. 22 erläutert.

Die Festschreibung der Beitragshöhe hat weder die beabsichtigten positiven Folgen noch ist sie rational zu verstehen. Insbesondere zwei Gründe sprechen dagegen:

- Die Höhe des Beitragssatzes, der zum Beispiel bei der Krankenkasse notwendig ist, um die notwendigen Krankenkosten bezahlen zu können, hängt davon ab, wie viele Beitragszahler die Kasse hat und wie hoch die Einkommen der Beitragszahler sind. Wenn die Beitragseinnahmen sinken, weil die Konjunktur schlecht ist, und deshalb die Einkommen der Beitragszahler stagnieren, dann verringert sich der Nenner der Berechnung, und die Beitragssätze müssten angehoben werden.
- Wenn die Bürgerinnen und Bürger sich entscheiden, mehr und bessere Dienstleistungen für ihre Gesundheit in Anspruch zu nehmen, wenn also der Gesundheitssektor insgesamt wächst, weil die Menschen ein größeres Gesundheitsbewusstsein entwickeln, dann ist das mit einer fixierten Beitragszahl nicht zu bezahlen. Beispielsweise liegen die Gesundheitsausgaben in den USA bei insgesamt 13 Prozent des Bruttoinlandsprodukts, hierzulande bei 10 Prozent. Wenn sich die Deutschen entscheiden sollten, ähnlich viel für Gesundheitsleistungen auszugeben wie die Amerikaner, dann muss das möglich sein – selbst dann, wenn man diese Verhaltensänderung nicht für vernünftig halten sollte.

»Wir sollten wirklich auch mit Blick auf den Arbeitsmarkt verhindern, dass im nächsten Jahr der Beitrag von 19,5 wiederum steigt.« *Krista Sager, 8.10.2003*
»Das wichtigste Reformprojekt waren die strukturellen Veränderungen, die Begrenzung der Ausgaben und damit einhergehend auch die Stabilisierung der Sätze.« *Ulla Schmidt 29.3.2004*

Die Fixierung auf eine Beitragsobergrenze ist auch verlogen. Das kann man am besten an der Riesterrente zeigen, mittels deren die Beiträge für die gesetzliche Rentenversicherung fixiert werden sollen. Dieser Satz dürfe nicht über 20 Prozent steigen, sagt man. Aber in bezug auf das Riestersche Mischsystem zu meinen, die Beitragsfixierung bei der gesetzlichen Rentenversicherung sei eine echte Beitragsbegrenzung, ist absurd. Schließlich sollen die Bürgerinnen und Bürger zusätzliche Beiträge für ihre Privatvorsorge leisten; sie werden sogar durch staatliche Gelder, durch eine Förderung für die Förderrente, dazu animiert. Wer hier von Fixierung auf die Obergrenze von 20 Prozent redet, der unterstellt, dass die Betroffenen nicht fähig sind, 20 und 4 oder 20 und 5 zusammenzuzählen, und dass sie auch noch vergessen, dass sie diese zusätzlichen 4 Prozent zur Gänze aus ihrer eigenen Tasche bezahlen müssen, weil es keinen Arbeitgeberanteil für die Privatvorsorge gibt.

Im Grunde trägt die Festschreibung auf einen bestimmten Prozentsatz zur Erosion der sozialen Sicherungssysteme bei, denn das bedeutet ja, dass alles, was darüber hinaus gebraucht wird oder was die Menschen für sich als notwendig erachten, über die private Vorsorge versichert werden muss. Damit wird die Unzufriedenheit mit den sozialen Sicherungssystemen verstärkt und verfestigt. So gesehen ist die Beitragsfixierung auch ein Förderungsprogramm für die privaten Versicherer.

Mir scheint, die Politik setzt parteiübergreifend deshalb auf die Festlegung einer Beitragsobergrenze, weil sie glaubt, dies sei populär. Aber diese Fixierung auf Beitragsstabilität als großes politisches Ziel hat zur Folge, dass die Mehrheit der Menschen immer weniger bereit sein wird, hohe und notfalls höhere Lasten zu zahlen. Insofern trägt diese Fixierung dazu bei, den Spielraum der Politik zur vernünftigen Gestaltung der Abgabenbelastung einzuengen. Das könnte man ja noch hinnehmen, wenn diese Gesamtbelastung leicht zu reduzieren wäre. Sie ist es aber nicht, weil unser Land aus vielerlei Gründen und vor allem wegen der deutschen Vereinigung Lasten hat, die es auch durch noch so große Verrenkungen nicht los wird. Alles, was die Bereitschaft reduziert, diese Gesamtbelastung offensiv anzunehmen, zu tragen und damit fertig zu werden, verringert die Erfolgschance dieses Unterfangens. Der mit der Beitragsfixierung und den Ersatzlösungen verbundene große bürokratische Aufwand tut ein übriges.

Denkfehler 24:
»Der Arbeitsmarkt ist zu unflexibel.«

Variationen zum Thema:

- »Wir müssen das starre System des Flächentarifvertrags durchbrechen. Der Flächentarifvertrag ist eine der Hauptursachen für die hohe Arbeitslosigkeit.« *Guido Westerwelle, 2003*
- »Je lockerer wir die Regeln fassen, desto mehr Perspektiven für neue Beschäftigungen werden eröffnet.« *Friedrich Merz,* Süddeutsche Zeitung, *15.1.2004*

Als der Sachverständigenrat zur Begutachtung der gesamtwirtschaftlichen Entwicklung im November 2000 in ziemlicher Fehleinschätzung der Lage verkündete, die konjunkturelle Lage der deutschen Wirtschaft sei gut, da mussten die »Fünf Weisen« ja irgendwie erklären, warum trotz »guter Konjunktur« gleichzeitig über 4 Millionen Menschen ohne Arbeit sind. Wie ein roter Faden zieht sich durch dieses Gutachten wie durch viele andere Einlassungen führender Politiker und Wissenschaftler das Argument, es fehle auf dem Arbeitsmarkt die notwendige Flexibilität, der Kündigungsschutz sei zu wirksam und behindere Neueinstellungen. Und überhaupt, die Flächentarifverträge behinderten eine betriebsgemäße Lohnfindung und damit mehr Einstellungen von Arbeitslosen. Ist das richtig gesehen? Ist diese überaus gängige Denkweise mit unseren sozialethischen Vorstellungen und der Festlegung unserer Verfassung vereinbar? Sind die geforderten Veränderungen ökonomisch überhaupt sinnvoll?

> »Unser starres Tarifsystem passt nicht mehr in die Arbeitslandschaft des 21. Jahrhunderts.« *Angela Merkel, 1.10.2003*
> »Deshalb brauchen wir vor allem einen flexibleren Arbeitsmarkt.« *Wolfgang Clement, London, 11.7.2003*

Warum gibt es bei uns die gesellschaftliche Regelung »Kündigungsschutz«? Warum haben wir uns nicht auf das System des Heuerns und Feuerns verständigt, das dem marktwirtschaftlichen Prinzip der Vertragsfreiheit doch um vieles mehr entspricht? Welche Funktionen haben die Flächentarifverträge? Und wie sieht denn eigentlich die Realität aus?

Auf einen einigermaßen gültigen und wirksamen Kündigungsschutz – mit der Betonung auf einigermaßen – haben wir uns bisher verständigt, weil wir aus Erfahrung wussten, dass Arbeitnehmer in der Regel die Schwächeren sind, dass aber auch sie und ihre Familien einigermaßen planen können sollen und deshalb vor der Willkür von Unternehmensleitungen möglichst geschützt sein sollen. Das führt in Extremfällen dazu, und darüber klagen manche Unternehmer, dass findige Arbeitnehmer ihre Rechte extrem ausnutzen und im Streitfall lange und aufwendige Arbeitsgerichtsprozesse führen. Aber das ist nur ein Teilbild, das der Wirklichkeit nicht annähernd gerecht wird. Wenn die Arbeitsmarktlage für die Anbieter von Arbeit so miserabel ist wie heute, dann sind alle von ihnen erstrittenen Rechte einschließlich des Kündigungsschutzes um vieles weniger wert als bei einem ausgeglichenen Arbeitsmarkt.

Zur Wirklichkeit gehört auch eine positive Kehrseite der bedingten Sicherheit, die der Kündigungsschutz bietet: Arbeitnehmer wechseln in Deutschland wesentlich seltener die Stelle als zum Beispiel in den USA. Im Jahr 2000 lag die durchschnittliche Dauer der Betriebszugehörigkeit in Deutschland bei 10,5 Jahren; in den USA, dem Land des »Hire and Fire«, sind es nur 6,6 Jahre.

Diese Betriebs-»Treue« ist auch nach Meinung von Unternehmern ein wichtiger Grund für die hohe Produktivität in Deutschland. Man kann den Kündigungsschutz lockern, aber die Kehrseite einer Hire-and-Fire-Mentalität und -Ökonomie wird die geringere Leistungsfähigkeit sein. Auch die im Vergleich zu anderen Ländern für deutsche Arbeitgeber extrem günstige Bilanz der Streiktage spricht für diese Vermutung (genaue Angaben dazu in Denkfehler Nr. 26, S. 268). Hierzulande existierte bisher ein einigermaßen vernünftiges Klima zwischen Arbeitnehmern und

Unternehmen beziehungsweise zwischen ihren Vertretern in Gewerkschaften und Arbeitgeberverbänden.

Auch die Existenz von Flächentarifverträgen verdanken wir einer gewissen rationalen Überlegung. Sie fand sogar Eingang in unser Grundgesetz, wo die sogenannte Koalitionsfreiheit verankert ist. Koalitionsfreiheit heißt, dass sich Arbeitnehmer in Gewerkschaften zusammenschließen können und dass die von den Gewerkschaften und Arbeitgebern ausgehandelten Tarifverträge für die Betriebe verbindlich sind. Das gilt jedoch nur für Betriebe, die sich den Arbeitgeberverbänden angeschlossen haben.

Wie sieht die Realität aus?

Ist die Arbeitswelt, ist der Arbeitsmarkt in Deutschland so verkrustet, wie es gemeinhin behauptet wird? Dazu einige Informationen über die bundesdeutsche Realität:

- Jährlich beginnen oder beenden 7 Millionen Arbeitnehmer in Deutschland ein Beschäftigungsverhältnis. 2002 gab es bei der großen Gruppe der Arbeitslosen 7,4 Millionen Zugänge und 7,2 Millionen Abgänge. Das ist ein deutliches Zeichen dafür, dass die Behauptung, der Arbeitsmarkt sei zu unflexibel, nicht stimmt. Wir haben gut 34 Millionen erwerbstätige Arbeitnehmer in Deutschland. Wenn siebenmillionenmal im Jahr das Beschäftigungsverhältnis gewechselt wird, kann man nicht von Erstarrung sprechen.
- Arbeitgeber haben die Möglichkeit, neue Mitarbeiter mit befristeten Verträgen einzustellen, die maximal zwei Jahre dauern können. Jeder dritte unter Zwanzigjährige wird mit einem solchen Vertrag eingestellt und immerhin noch 25 Prozent der Zwanzig- bis Vierundzwanzigjährigen.
- Die Flexibilität ist in den neuen Bundesländern besonders ausgeprägt. Dort sind die Löhne hoch flexibel, auch wenn die rechtliche Grundlage dafür fehlt. Menschen arbeiten für das gleiche Geld um vieles länger, weil sie ihren Arbeitsplatz verlieren würden, wenn sie sich weigern. Auch in Teilen West-

deutschlands greift diese Tendenz um sich. Wenn der Chef mit Arbeitsplatzverlust droht, sind viele Arbeitnehmer bereit, klein beizugeben. Angesichts dieser Realitäten eines aus dem Gleichgewicht geratenen Arbeitsmarkts über mangelnde Flexibilität zu klagen ist ziemlich zynisch. Die meisten Arbeitnehmer haben heute gar keine andere Wahl als extrem flexibel zu sein – was Arbeitszeiten betrifft, was Entlohnung betrifft und so weiter.

»Wir brauchen mehr Flexibilität auf dem Arbeitsmarkt und mehr Mobilität bei allen Beschäftigten.« *Hans Tietmeyer, Kuratoriumsvorsitzender der Initiative Neue Soziale Marktwirtschaft, Oktober 2000*
»Ein regierungsnaher Volkswirt schlägt vor, die Stimmung durch die Ankündigung von Strukturreformen am Arbeitsmarkt aufzuheitern. Das koste kein Geld. Intern wird darüber seit einem Jahr diskutiert.« *Financial Times Deutschland, 27.6.2001*

- Laut OECD-Studie »Employment Report 1999« schneidet Deutschland hinsichtlich des Grades staatlicher Regulierung günstiger, sprich: deregulierter ab als andere EU-Länder und liegt noch vor Frankreich, Italien, Spanien und Portugal.
  Übrigens konnten weder die OECD noch der Internationale Währungsfonds (IWF) einen signifikanten Zusammenhang zwischen dem Regulierungsgrad der Arbeitsmärkte und der Höhe der Arbeitslosigkeit während der neunziger Jahre feststellen.

»Es macht keinen Sinn, den Arbeitsmarkt zu verriegeln und geschlossen zu halten.« *Angela Merkel, 1.10.2003*
»Der zentrale Hebel – ein flexibler Arbeitsmarkt.« *Ex-Bundesbankpräsident Ernst Welteke, 21.5.2003*

- Die Klage über die Starrheit der Flächentarifverträge und darüber, sie seien schuld am Niedergang vieler Betriebe, hält der Nachprüfung in der Wirklichkeit nicht stand. Nur 43 Prozent der Betriebe und 61 Prozent der Beschäftigten in Betrieben fallen unter sogenannte Branchen- oder Flächentarifverträge, wie Tabelle 22 zeigt. Im Osten sind es nur 22 beziehungsweise 44 Prozent. Gänzlich ohne Tarifvertrag arbeiten 55 Prozent aller Betriebe und fast jeder dritte Beschäftigte.

*Tabelle 22: Tarifbindung in Deutschland im Jahr 2001**

	Deutschland	West	Ost
	Anteil der Betriebe mit ... in Prozent		
Branchentarifvertrag	43	45	22
Firmentarifvertrag	3	3	6
Ohne Tarifvertrag	55	53	72
davon:			
Orientierung an einem Tarifvertrag	22	22	31
keine Orientierung	34	34	38
	Beschäftigte in Betrieben mit ... in Prozent		
Branchentarifvertrag	61	63	44
Firmentarifvertrag	8	8	12
Ohne Tarifvertrag	30	29	44
davon:			
Orientierung an einem Tarifvertrag	16	15	24
keine Orientierung	15	14	20

Quelle: Institut der deutschen Wirtschaft Köln (Hrsg.): Deutschland in Zahlen, Ausgabe 2003, Köln 2003, S. 110; IAB.

* Abweichungen in der Summe der Prozentangaben durch Rundungsdifferenzen.

Wenn auf dem Hintergrund dieser Tatsachen der FDP-Vorsitzende Westerwelle wie viele seiner Kollegen meint, die Flächentarifverträge seien die Hauptursache der Arbeitslosigkeit, dann beweist er damit nur einmal mehr, dass viele aktive Politiker wenig Ahnung von der Realität haben und wie sehr die heutige Reformdebatte von solch realitätsfernen Einlassungen geprägt ist.

Der gute Sinn von Flächentarifverträgen

Mit schöner Regelmäßigkeit findet sich die These von der großen Gefahr, die von Flächentarifverträgen ausgehe, in den Sonntagsreden von Politikern und Verbandsvertretern. Wird es aber ernst, wie etwa in den Verhandlungen über die Hartz-Gesetze und das Steuerreformpaket im Dezember 2003, dann wird die Union in ihrem Drang zur Flexibilisierung sogar von Unternehmerseite gebremst. Denn die Existenz und Gültigkeit der Flächentarifverträge liegt auch im Interesse der Unternehmer, da so sichergestellt ist, dass von der Lohnseite her zwischen Flensburg und Garmisch-Partenkirchen, zwischen Aachen und Frankfurt/Oder in etwa gleiche Wettbewerbsverhältnisse herrschen. Das erleichtert die Vorhersehbarkeit und die Kalkulation der Lohnkosten, es macht die Dinge überschaubar und kalkulierbar und hält selbst Unternehmensleitungen, die ansonsten für Flexibilisierung plädieren, davon ab, wesentliche Änderungen zu fordern.

Diese Unternehmer wissen auch, dass die Tarifverträge bei weitem nicht so starr sind, wie in der Öffentlichkeit behauptet wird. Die Tarifabkommen für betriebliche Gestaltungsspielräume zu öffnen ist schon längst üblich; entsprechende Vereinbarungen gibt es in vielen Tarifverträgen. Das Wirtschafts- und Sozialwissenschaftliche Institut (WSI) ist den Realitäten dieser Öffnungsklauseln einmal nachgegangen. Die Dokumentation des WSI zeigt: In der Metallindustrie kann die Arbeitszeit ohne Lohnausgleich auf dreißig Stunden verkürzt werden, um Beschäftigung zu sichern – wie bei Opel in Rüsselsheim geschehen. Für Teile der Belegschaft kann die Arbeitszeit auch auf vierzig Stunden verlängert werden. »In Krisenfällen ist eine Abweichung vom Tarifabschluss möglich«, stellt das WSI fest. In der chemischen Industrie gibt es niedrigere Einstiegstarife für Langzeitarbeitslose, das Weihnachtsgeld kann verspätet oder verkürzt ausgezahlt werden, im Krisenfall kann das Tarifentgelt um maximal 10 Prozent gesenkt werden.[68]

Andere Tarifverträge für Ostdeutschland zeigen, dass es möglich ist, in kleineren Firmen geringere Gehälter zu zahlen als im Tarifvertrag vereinbart. Es gibt sogenannte Arbeitszeitkorridore, die es ermöglichen, innerhalb eines Jahres vorübergehend die Arbeitszeit auszudehnen und zu reduzieren. (Im Kern läuft diese Regelung darauf hinaus, dass die Unternehmen Überstundenzuschläge sparen.)

Die Öffnungsklauseln sind keine graue Theorie. In 35 Prozent der Firmen und in 22 Prozent der Dienststellen werden solche Öffnungsklauseln genutzt.

Wenn man sich den gesamten Katalog der Gestaltungsspielräume anschaut, bekommt man den Eindruck, dass die Arbeitnehmervertreter unter dem Druck des für sie ungünstigen Arbeitsmarkts den Arbeitgebern weit entgegengekommen sind. Um so unverständlicher ist, dass einige Verbandsvertreter offenbar jedes Maß verloren haben und selbst gegenüber dem Grundgesetz eine beachtliche Rücksichtslosigkeit an den Tag legen. Der frühere Präsident des Bundesverbands der Deutschen Industrie, Hans-Olaf Henkel, hat den Tarifbruch in Ostdeutschland nicht nur als verantwortlich, sondern auch als »vorbildlich« bezeichnet.[69] Sein Nachfolger, der amtierende Präsident Michael Rogowski, meinte gar voller Verachtung für unsere Verfassung: »Ich wünsche mir manchmal ein großes Lagerfeuer, um das Betriebsverfassungsgesetz und die Tarifverträge hineinzuwerfen. Danach könnte man einfach wieder von vorne anfangen.«[70] Bezeichnenderweise machte er diese Äußerung in einem Vortrag bei der Amerikanischen Handelskammer. In den Reihen der führenden Repräsentanten von Politik und Wirtschaft unseres Landes ist es schick geworden, sich insbesondere im Kreis von ausländischen Freunden despektierlich über das eigene Land, seine Verfassung und unsere bisher erfolgreich gelebten Regeln zu äußern. Dass sie meinen, sich auf Kosten des Rufs unseres Landes auf so billige Weise anbiedern zu müssen, bezeugt, was für Kleingeister sie sind.

Glücklicherweise gibt es in der Bundesrepublik noch Beobachter der Szene wie den ehemaligen Präsidenten des Bundesarbeitsgerichts und früheren Richter am Bundesverfassungsgericht, Prof. Dr. Thomas Dieterich, die das Nötige zu solchen verfassungsfeindlichen und unintelligenten Vorstößen sagen: »Nicht alles, was in das Konzept einer mehr oder weniger radikal gedachten Marktordnung zu passen scheint und theoretisch konsequent wäre, ist auch rechtlich möglich und gesellschaftlich akzeptabel. Es häufen sich Indizien für den Verdacht, dass die Zunft der Ökonomen und auch die ihr verbundenen Journalisten die Rahmenbedingungen einer rechtsstaatlich verfassten Gesellschaft weitgehend ignorieren, dass vor allem die Schimäre eines ›homo oeconomicus‹ den Blick verstellt für die Bedeutung und den Wert kollektiver Interessenvertretung. Der aktuelle Streit um die Tarifautonomie bietet dafür besonders drastische Belege.«[71]

Denkfehler 25:
»Wir müssen länger arbeiten.«

Variation zum Thema:

- »Die generelle Wiedereinführung der Vierzigstundenwoche darf auch für die Tarifpartner nicht länger ein Tabu sein.« *Edmund Stoiber, 5.1.2004*

Man denkt, man sei im falschen Film. Weit über 4 Millionen Arbeitslose weist die offizielle Statistik aus, über 7 Millionen dürften es tatsächlich sein, die Kapazitäten unserer Wirtschaft sind nicht ausgelastet, Millionen von Menschen suchen händeringend Arbeit und schreiben einen Bewerbungsbrief nach dem anderen. Mitten in diese Situation hinein platzt die Nachricht, wir müssten in Deutschland länger arbeiten. Die Arbeitgeberverbände und einzelne Manager, Politiker und Wissenschaftler überbieten sich mit Forderungen nach einer Erhöhung der Arbeitszeit.

Aus der Interessenlage der Unternehmer heraus kann man verstehen, dass sie die Schwierigkeiten auf dem Arbeitsmarkt und die vermeintliche Sorge um die Wettbewerbsfähigkeit unserer Volkswirtschaft nutzen wollen, um die Arbeitszeit der in ihren Betrieben arbeitenden Menschen zu erhöhen, und zwar zum selben Lohn. Konkret bedeutet das: Sie wollen die Stundenlöhne senken. Aber dieses Einzelinteresse passt nicht in die Gesamtsituation unseres Landes. Wir würden mehr produzieren, ohne dass die Kaufkraft vorhanden wäre beziehungsweise geschaffen würde, um die zusätzlich produzierten Waren zu erwerben. Damit würden wir nur das ohnehin vorhandene Problem einer mangelhaften Binnennachfrage nach den hier produzierten Gütern verschärfen. Dahinter steht ein typischer Denkfehler: Die gesamtwirtschaftlichen Folgen werden nicht bedacht.

Tatsächlich wird zweieinhalb Stunden mehr gearbeitet als tariflich vereinbart

Das Jammern über zu kurze Arbeitszeiten in Deutschland hält einer Nachprüfung der Fakten nicht stand. Das Institut Arbeit und Technik (IAT)[72] hat 2003 eine Studie vorgelegt, in der die tatsächlichen Arbeitszeiten in Deutschland mit denen unserer europäischen Partner verglichen werden.

> »Wir müssen also in Deutschland dazu kommen, ein bis zwei Stunden pro Woche mehr zu arbeiten. Denn ohne insgesamt mehr zu arbeiten, werden wir den Wohlstand in unserem Land nicht bewahren.« *Angela Merkel gegenüber der* Frankfurter Allgemeinen Sonntagszeitung, *2.11.2003*
> »Es ist noch keine Wohlstandsminderung, wenn wir ein bisschen länger arbeiten.« *Wolfgang Clement, 2.11.2003*

Die Vollzeitarbeitnehmer und -arbeitnehmerinnen in Deutschland haben 2002 im Schnitt rund zweieinhalb Stunden mehr gearbeitet, als tariflich vorgesehen ist. Tariflich vereinbart waren im gesamtdeutschen Durchschnitt 37,7 Wochenstunden. Damit liegt Deutschland rund eine Wochenstunde unter dem Niveau der Europäischen Union. Dies ist der Anlass der Klagen. Tatsächlich beträgt die betrieblich vereinbarte Arbeitszeit aber in weiten Bereichen 40 Stunden und mehr, so dass man sagen kann:

- Nach den tarifvertraglichen und tatsächlichen Arbeitszeitverkürzungen der achtziger Jahre sind die tatsächlichen Arbeitszeiten in der zweiten Hälfte der neunziger Jahre wieder länger geworden.
- Die faktische Normalarbeitszeit abhängig beschäftigter Vollzeitkräfte in beiden Teilen Deutschlands ist heute im Durchschnitt die Vierzigstundenwoche.
- Die tatsächlichen Arbeitszeiten in Deutschland entsprechen dem EU-Durchschnitt (siehe Tabelle 23).

Tabelle 23: Durchschnittliche tatsächliche Arbeitszeiten von Vollzeitarbeitnehmer/innen in der EU (2002) und Arbeitsproduktivität je geleisteter Arbeitsstunde in der EU (2001; Kaufkraftparitäten)

	Durchschnittliche Arbeitszeiten von Vollzeitarbeitnehmer/innen (2002)	Arbeitsproduktivität je geleisteter Arbeitsstunde (Kaufkraftparitäten, EU15 = 100)
Europäische Union	40,0	100,0
Belgien	39,3	124,8
Dänemark	39,1	105,1
Deutschland	39,9	106,8
Griechenland	41,0	67,0
Spanien	40,4	81,8
Frankreich	37,7	117,9
Irland	39,5	110,2
Italien	38,5	111,5
Luxemburg	39,5	–
Niederlande	38,9	116,9
Österreich	40,1	102,8
Portugal	40,3	58,8
Finnland	39,2	95,9
Schweden	39,9	92,4
Großbritannien	43,3	85,5

Quelle: Institut Arbeit und Technik (Hrsg.): *IAT Report* 2003/07

»Während also die Arbeitszeiten des vermeintlichen ›Freizeitweltmeisters‹ im EU-Mittelfeld liegen, haben andere Länder mit einer hochgradig leistungs- und wettbewerbsfähigen Wirtschaft wie Frankreich oder die Niederlande deutlich kürzere Arbeitszeiten als Deutschland«, so die Bilanz des *IAT-Reports*.

Kurze Arbeitszeiten fördern die Produktivität

Der EU-Vergleich zeigt weiter: Kurze Arbeitszeiten wirken als »Produktivitätspeitsche«, lange Arbeitszeiten dagegen geben Anlass zur Zeitverschwendung. Es fällt zum Beispiel auf, dass die

Arbeitsproduktivität pro Stunde in Großbritannien, dem Land mit den längsten tatsächlichen Arbeitszeiten, deutlich niedriger ist als in den Ländern mit kurzen Arbeitszeiten.

> »Wir müssen schleunigst weg von diesem Unsinn und uns darüber klar werden, dass 35 bis 37 Stunden pro Woche nicht die normale Arbeitszeit sind, sondern 43 bis 45 Stunden.« *Manfred Wennemer, Vorstandschef des Reifenkonzerns Conti, gegenüber der* Frankfurter Allgemeinen Sonntagszeitung, *2.11.2003*

Hier noch ein grafischer Vergleich der tariflich vereinbarten und der tatsächlichen Arbeitszeiten in mehreren vergleichbaren Ländern.

Abbildung 10: Vergleich der durchschnittlichen tarifvertraglichen Arbeitszeiten in 2002 mit den durchschnittlichen tatsächlichen Arbeitszeiten von Vollzeitbeschäftigten in 2002

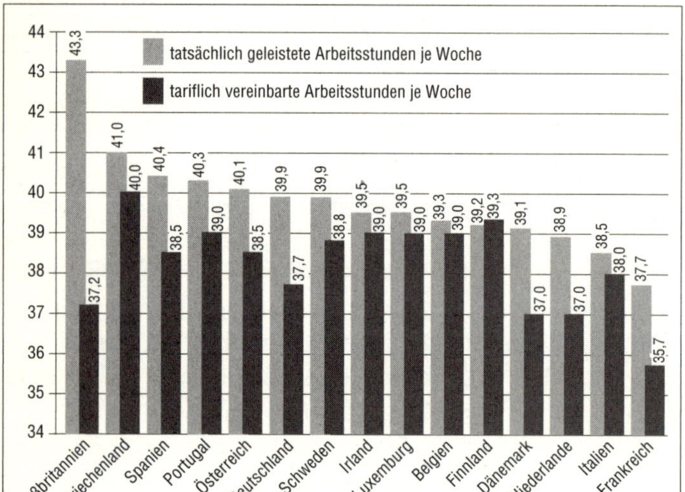

Quelle: Institut Arbeit und Technik: *IAT-Report* 2003/7.

In einer Reihe von Ländern, die uns in der Reformkampagne gern als Vorbilder vorgehalten werden, wird kürzer gearbeitet als bei uns: in Dänemark, in den Niederlanden, in Irland, in Finnland und in Frankreich beispielsweise. Man sollte diese Fakten nicht ausblenden, wenn man über Arbeitszeit und Arbeitszeitverlängerung nachdenkt, sondern nüchtern und gelassen mit dem Thema umgehen.

Die Debatte, die im Frühjahr 2004 wieder einmal mit solcher Härte und Intensität geführt wurde, dass man denken musste, es ginge um Sein oder Nichtsein, war alles andere als nüchtern und gelassen. Dabei bringt die politische Diskussion um längere Arbeitszeiten sachlich gar nichts. Wir haben keinen Mangel an Arbeitskräften. Der Versuch, die Löhne zu drücken, bewirkt gesamtwirtschaftlich das genaue Gegenteil dessen, was intendiert ist. Trotzdem ist es populär, die Verlängerung der Arbeitszeiten zu fordern. Das ist wohl auch der tiefere Grund, weshalb sich unser Wirtschafts- und Arbeitsminister Wolfgang Clement hier so besonders engagiert. Er ist immer mit von der Partie, wenn es darum geht, das Interesse der Medien zu gewinnen. Deshalb hat er es sich zum Prinzip gemacht, immer wieder ein neues Thema aufzugreifen. Damit bestimmt man die Debatte – völlig unabhängig davon, ob man auf seinem Arbeitsfeld erfolgreich ist oder nicht –, und offenbar braucht es dazu nichts weiter, als eine bei den medialen Vermittlern populäre Thematik zu thematisieren.

Denkfehler 26:
»Wir sind ein Gewerkschaftsstaat.«

Variation zum Thema:

- »Deutschlands Wohlstand wird zugrunde gehen, wenn wir die Gewerkschaftsfunktionäre nicht entmachten.« *Guido Westerwelle, 2.3.2003*

Die Gewerkschaften sind in einem wirklichen Dilemma: Einerseits müssen sie ihren Mitgliedern oder möglichen Mitgliedern sagen, wie mächtig sie sind, sie müssen ihre angeblichen und richtigen Erfolge preisen und mit ihrer Macht werben. Wer zahlt schon gerne einen Mitgliedsbeitrag für eine Organisation, die das Geld nicht nutzt, um damit etwas für ihre Mitglieder herauszuholen? Wer tritt schon gerne einer Organisation bei, die keinen Einfluss hat?

Andererseits müssen sich die Gewerkschaften gegen eine Kampagne wehren, die behauptet, unser Land sei ein Gewerkschaftsstaat, und versucht, die Gewerkschaften als Blockierer des Wachstums und der Reformen und damit als Verhinderer von neuen Arbeitsplätzen darzustellen.

Weil die Gewerkschaften in diesem Dilemma sind, waren sie wie gelähmt, als die Kampagne im Herbst 2002 auf Touren kam. Weil Bundeskanzler Schröder wusste, wie wichtig die Arbeitnehmer als Wähler der SPD sind und welche Bedeutung die Gewerkschaften als Multiplikatoren im Arbeitnehmerlager haben, hatte er im Wahlkampf einige wenige harmlose Zugeständnisse an die Gewerkschaften gemacht. Er hatte nicht etwa versprochen, etwas für sie zu tun, sondern nur, Negatives zu unterlassen, zum Beispiel die Tarifautonomie im Moment nicht in Frage zu stellen. Außerdem hatte sich Schröder mit seinen Parteifreunden und den Grünen darauf verständigt, sich auch bei der Formulierung des Regierungsprogramms von 2002 bis 2006 an diese Versprechen zu halten. Das war im Herbst 2002.

In dieser Phase setzte eine massive Kampagne ein. Der CDU-Fraktionsvize Friedrich Merz sprach davon, Rot-Grün marschiere in den Gewerkschaftsstaat, das *manager-magazin* behauptete, die Gewerkschaften blockierten alles, was den »maroden Sozialstaat« ein Stück näher an den Markt »heranrückt«. Von freier Bahn für die Gewerkschaften war die Rede.[73] Der *Spiegel* kam am 18. November 2002 mit einem Titel, auf dem Schröder im Blaumann und eine rote Fahne schwingend abgebildet war, dazu die Schlagzeile: »Genosse Schröder. Von der Neuen Mitte zum Kanzler der Gewerkschaften.« Im Gespräch mit Lesern dieser Blätter und an Meinungsäußerungen einer Reihe von Intellektuellen, die sich zur selben Zeit in die Diskussion einmischten, war zu spüren, dass und wie sehr diese Kampagne wirkte.

Die Sache hatte bloß einen Schönheitsfehler: Die Behauptungen stimmten meistens nicht. So wurde im *Spiegel* die rührende Geschichte erzählt, Gerhard Schröder sei vom angeblichen Liebesentzug der Bosse »traumatisiert von den Wochen der Einsamkeit im Wahlkampf« gewesen und habe sich deshalb den Gewerkschaften zugewandt und ihnen Konzessionen gemacht. Als Beispiele seines Entgegenkommens wurde die Einführung der Vermögensteuer genannt – wo ist sie denn? – und die Abkehr Schröders von der »Sparpolitik von Hans Eichel« – das war sowieso nötig, weil Hans Eichels Sparpolitik gar keine war (siehe Denkfehler Nr. 31, S. 305). Außerdem wurde den Gewerkschaften die Schuld daran gegeben, dass Schröder und die Bundesregierung die Verschuldungsgrenze des Maastricht-Vertrags überschreiten.

Die Kampagne saß, weil sich niemand die Mühe machte, die Fakten nachzuprüfen. Und sie zeigte Wirkung. Bundeskanzler und Koalition revidierten ab Dezember die in der Koalitionsvereinbarung festgelegte Linie ihrer Politik. Das Kanzleramtspapier vom Dezember 2002 und die damit eng verknüpfte Agenda 2010 zeigen, wie machtlos die Gewerkschaften auch innerhalb des sozialdemokratischen und des rotgrünen Lagers sind. Die Agenda 2010 ist ein Beleg für die Ohnmacht der deutschen Gewerkschaften und ein Beweis dafür, wie verlogen die Kampagne gegen sie war und bis heute ist.

»Rot-Grün marschiert in den Gewerkschaftsstaat.« *Friedrich Merz,* Stuttgarter Zeitung, *2.11.2002*
»Die Gewerkschaften verfolgen eine strukturkonservative Besitzstandswahrung.« *Christa Nickels, Die Grünen,* Tagesspiegel, *5.5.2003*

Am deutlichsten zu erkennen ist die Machtlosigkeit der Gewerkschaften, die vor allem eine Folge der Schwäche der Arbeitnehmerschaft auf dem Arbeitsmarkt ist, in der Lohnentwicklung (siehe Denkfehler Nr. 21, S. 234): Der Anteil der Arbeitnehmerschaft am Volkseinkommen nimmt seit zwanzig Jahren nahezu kontinuierlich ab (siehe Tabelle A1 im Anhang, S. 405).

Die Gewerkschaften haben in der über fünfzigjährigen Geschichte der Bundesrepublik Deutschland sicher eine Reihe von Fehlern gemacht: Ihr Ruf hat gelitten unter dem Skandal um den Wohnungsbaukonzern Neue Heimat; manche Gewerkschaftsführer treten mit einer für das bürgerliche Lager zu radikalen Rhetorik auf; sie haben sich manchmal zu vehement nicht durchsetzbaren Zielen verschrieben, wie etwa dem Versuch der IG Metall, in Ostdeutschland die Fünfunddreißigstundenwoche durchzusetzen. Trotzdem ist die Kritik an den Gewerkschaften grob unfair. In der deutschen Öffentlichkeit, vor allem im bürgerlichen Lager, fehlt das Grundverständnis für die Funktion einer Arbeitnehmervertretung in einer pluralen Gesellschaft wie der Bundesrepublik Deutschland.

Das fängt schon damit an, wie man von den Vorsitzenden oder den Beauftragten der Gewerkschaften spricht: Sie werden in der Regel als »Funktionäre« bezeichnet. Das hat in Deutschland einen üblen Beigeschmack. Einzelne Aktionen wie etwa der Kampf um die Fünfunddreißigstundenwoche in Ostdeutschland werden zu einem wirtschaftspolitischen Desaster hochgespielt, so als hätte die Entwicklung auf den Arbeitsmärkten durch diese Forderung der Gewerkschaften Schaden genommen. Das ist jedoch lächerlich, wenn man die gesamtwirtschaftlichen, aber auch die einzelwirtschaftlichen Beziehungen und Abhängigkeiten mit einbezieht. Für einen Investor etwa, der abwog, ob er in Nordrhein-

Westfalen oder in Baden-Württemberg investieren sollte, war völlig unerheblich, was sich da in Ostdeutschland abspielte. Und selbst für jemanden, der erwog, in Ostdeutschlands Metallindustrie zu investieren, war der Fünfunddreißigstundenvorstoß der IG Metall sicher nicht ausschlaggebend.

Geradezu prototypisch für den Umgang mit Gewerkschaften in Deutschland ist der Umgang mit der stellvertretenden DGB-Vorsitzenden Ursula Engelen-Kefer. In den Feindseligkeiten ihr gegenüber kumulieren Vorurteile gegenüber Frauen in Spitzenämtern mit den gängigen Vorurteilen gegenüber »Funktionären«.

»Und wenn alle anderen die von der Partei verbreitete Lüge glaubten – wenn alle Aufzeichnungen gleich lauteten –, dann ging die Lüge in die Geschichte ein und wurde Wahrheit.« *George Orwell, 1984*

Die Kampagne gegen die Gewerkschaften lebt von Vorurteilen und davon, dass wir heute offenbar weder Zeit noch Lust haben zu überprüfen, was uns gesagt wird. Eine beliebte Behauptung im Rahmen der aktuellen Reformdebatte besagt, Gewerkschaften würden nur die Besitzstände jener verteidigen, die Arbeit haben; sie hätten kein Interesse an den Arbeitslosen und ihren Sorgen. Das ist ebenso eingängig wie falsch: Beim Kampf um die einzelnen Punkte der Agenda 2010 waren die Gewerkschaften meist auf seiten der Arbeitslosen: Sie stritten gegen die Kürzung der Bezugszeit von Arbeitslosengeld, sie wehrten sich dagegen, dass bei der Arbeitsvermittlung nahezu alles zumutbar sein soll und so weiter. Wir sehen: Kampagnenmäßig verbreitete Behauptungen über eine Sache können sich von der Sache selbst völlig ablösen. So gesehen ist die Kampagne gegen die Gewerkschaften auch ein Musterbeispiel für die Krise der demokratischen Willensbildung in Deutschland.

Die Debatte ist von seltsamer Unausgewogenheit und gesellschaftspolitischer Ahnungslosigkeit gekennzeichnet. Das positive Wirken und die Fortschrittlichkeit der deutschen Gewerkschaften in den letzten fünfzig Jahren werden nicht registriert und in der Urteilsbildung nicht berücksichtigt. Anders als ihre britischen Kollegen haben sich die deutschen Gewerkschaften beispielsweise nie fundamental gegen technischen Fortschritt gewandt. Vielmehr haben sie viele technische Verbesserungen und Neuerungen konstruktiv begleitet. Nie gab es in Deutschland so etwas wie die Forderung nach dem zweiten Lokomotivführer. Nie gab es größere Streiks gegen Rationalisierung. Im Gegenteil, in vielen Betrieben sind die Gewerkschaften fördernde Begleiter von Umstrukturierungen gewesen. Gewerkschaftsführer haben das Modell bei VW mit entwickelt, als 5000 Arbeitsplätze dadurch geschaffen wurden, dass alle 5000 Arbeitnehmer für 5000 DM (in diesem Fall unter Tarif) gearbeitet haben. Nicht die Gewerkschaften, sondern die Unternehmensleitung hat bei Daimler-Benz die unselige Diversifizierung betrieben – mit AEG und Wehrtechnik und Flugzeugen, einem ansehnlichen, bunten Bauchladen, der dazu führte, dass das Automobilkerngeschäft über längere Zeit vernachlässigt wurde. Die Betriebsräte und Gewerkschafter waren bei Daimler-Benz in der Regel auf der Seite jener, die empfohlen haben, dass Daimler-Benz sich vor allem auf das Kerngeschäft konzentrieren soll. Das galt auch im Vorfeld der Fusion mit Chrysler und der Beteiligung an Mitsubishi. Vor diesen Verlustgeschäften hatten Arbeitnehmervertreter in den Betrieben eher gewarnt. Hier wie bei anderen Fällen waren Gewerkschaften und Betriebsräte oft mehr auf der Seite unternehmerischer Vernunft als die Vorstände.

Auch die Bilanz der Streiktage beweist die Zurückhaltung der Gewerkschaften. Die Ausfalltage je tausend abhängig Beschäftigte betrugen in Deutschland in den siebziger Jahren 52 Tage, in Italien 1511 Tage und in Dänemark 261 Tage. Schon damals waren die Gewerkschaften hierzulande sehr zahm. Im nächsten Jahrzehnt waren es 27, in den neunziger Jahren waren es 12 Ausfalltage, im Jahr 2000 null und 2001 ein Tag. Dänemark hatte 24, Spanien 152, die USA 9, Großbritannien 21. Deutschland liegt bei allen Vergleichen eindeutig am »hinteren« Ende. Nur noch in Österreich, in Schweden und den Niederlanden ist das Bild annähernd so wie bei uns.

Tabelle 24: Ausfalltage durch Streiks und Aussperrungen je 1000 abhängig Beschäftigte

	1970–1979	1980–1989	1990–1999	1997	1998	1999	2000	2001
Deutschland	52	27	12	2	1	2	0	1
Italien	1511	623	158	84	40	62	59	67
Dänemark	261	178	168	42	1317	38	51	24
Schweden	46	182	50	7	0	22	0	3
USA	507	123	40	38	42	16	163	9
Großbritannien	569	334	29	10	12	10	21	21
Österreich	11	2	4	6	0	0	1	0
Spanien	792	640	311	190	121	132	296	152
Niederlande	40	15	22	2	5	11	1	6
Frankreich*	286	119	77	40	53	73	121	–

Quelle: Institut der deutschen Wirtschaft Köln (Hrsg.): *Deutschland in Zahlen*, Ausgaben 2002 und 2003, Köln, S. 133 und 134.

* Für Frankreich sind 2001 keine Daten erhoben worden.

Die kampagnenmäßige Diffamierung der letzten Zeit kann sich auf Fakten nicht stützen. Sie ist inszeniert worden, um die Gewerkschaften als handlungsfähigen Faktor in der Reformdebatte auszuschalten. Man wollte und will diese Reformen auch gegen die Gewerkschaften durchsetzen. Dafür musste man sie diffamieren und weiter entmachten; und der beste Trick, um sie zu entmachten, ist die Behauptung, sie wären sehr mächtig, ganz nach der bewährten Methode »Haltet den Dieb«. Die Lüge vom Gewerkschaftsstaat ist sozusagen die Schwester der Reformlüge.

> »Wir müssen das Tarifkartell aufbrechen und die Funktionäre entmachten.« *Friedrich Merz,* Sonntag Aktuell, *4.4.2004*

Die Kampagne gegen die Gewerkschaften ist von maßlosen Übertreibungen geprägt. Guido Westerwelle spricht von »Plage« – wohlwissend, dass selbst bei solchen Übertreibungen etwas hängen bleibt.

Erstaunlich ist, wie sehr gerade die Intellektuellen in Deutschland auf diese Kampagne hereingefallen sind. Das ist zunächst einmal eine Folge der totalen Anpassung bisher noch einigermaßen differenzierter Leitmedien an die Interessen der Top-Eliten und der Arbeitgeber. Die Entwicklung des *Spiegels* von einem liberalen und kritischen Magazin zu einem Instrument für Kampagnen des neoliberalen Mainstreams ist beachtlich. Gleichzeitig ist dieser Positionswechsel des *Spiegels* aber nur Symbol dafür, dass den Arbeitnehmern und ihren Vertretungen die Unterstützung in nahezu allen weitverbreiteten Medien weggebrochen ist. Das Heranwachsen einer ausgebufften PR-Branche in Deutschland, die im wesentlichen vom Geld der Unternehmen lebt, trägt ebenfalls mit dazu bei.

Hinzu kommt die gewerkschaftsfeindliche Einstellung vieler Intellektueller. Das bürgerliche Lager in Deutschland kann nicht viel mit Gewerkschaften anfangen. Menschen, die aufgrund ihres Vermögens, ihres Einkommens oder ihres Status wenig davon erfahren, was abhängige Beschäftigung wirklich bedeutet, begreifen nur schwer die Notwendigkeit, sich zusammenzutun und kollektiv zu handeln. In einer Gesellschaft, deren tonangebende Schicht offenbar ernsthaft glaubt, jeder sei seines Glückes Schmied, schwindet mehr und mehr das Verständnis dafür, dass die Schwächeren sich verbünden müssen, um den Mächtigeren auf Augenhöhe gegenübertreten zu können.

Das ist das Grundproblem der Gewerkschaften und unserer Gesellschaft insgesamt. Denn sie wird weniger blühen und sie wird weniger attraktiv sein, wenn die kollektive Macht der Arbeitnehmerschaft schwindet und die wirtschaftlichen Eliten zunehmend schalten und walten können, wie sie wollen. Die Tendenzen dorthin sind sichtbar.

Es läge nicht nur im Interesse der Gewerkschaften und Arbeitnehmer, wenn sie selbstbewusster und offensiver mit der gegen sie inszenierten Kampagne umgingen. Verglichen mit Guido Westerwelle und den neoliberalen Meinungsführern sind sie geradezu die Stimme der Vernunft in dieser Welt der Reformlügen. Sie sind zum Beispiel die einzige gewichtige Kraft, die seit Jahren schon für eine Belebung der Binnenkonjunktur plädiert. Erst langsam kommen andere auch auf diese Idee.

Denkfehler 27: »Das Normalarbeitsverhältnis – ein Auslaufmodell.«

Variationen zum Thema:

- »Der gesicherte Arbeitsvertrag läuft aus.«
- »Immer weniger Erwerbsverhältnisse mit unbefristeter Vollzeitbeschäftigung.«

Japan ist bekannt für die enge Bindung von Arbeitnehmern an ihr Unternehmen. Sie genießen die Sicherheit, die ein fester Arbeitsplatz bietet, und sind dafür bereit, sich Beschränkungen im Interesse des Unternehmens aufzuerlegen. Selbst in dieser so festgefügten japanischen Gesellschaft jedoch stellt man seit Mitte der achtziger Jahre fest, dass ein wachsender Teil der jungen Generation im Alter zwischen zwanzig und dreißig Jahren Wert auf mehr Kreativität und Flexibilität am Arbeitsplatz legt. Davon profitierten vor allem die mittleren und kleineren Unternehmen, die weniger rigide Strukturen haben als die Großunternehmen. Sie konnten so einen größeren Teil der Absolventen von angesehenen Universitäten gewinnen als früher.

Andere junge Leute, je nach Abgrenzung bereits 5 bis 10 Prozent einer Alterskohorte – unwissenschaftlich gesagt: eines Jahrgangs –, suchen gar nicht mehr den Weg in die reguläre Beschäftigung. Sie wollen einfach nur das Leben genießen oder sich auf die eine oder andere Weise selbst verwirklichen; sie wollen frei sein von den üblichen Zwängen des Arbeitslebens und betrachten Arbeit – Jobben und Teilzeittätigkeiten – nur als Mittel zum Zweck, aber nicht als Teil ihrer Lebens- und Karriereplanung. Sie fühlen sich als *freetaa*, ein aus »free« (frei) und »arubaitaa« (Arbeiter) gebildetes Kunstwort, das in Japan jeder kennt.

Diese *freetaa* machen Eltern, Unternehmen und Regierung erhebliche Sorgen. Wie soll man die Leistungsfähigkeit der japanischen Wirtschaft, ja die sozialen Sicherungssysteme mit solchen niedrig- und unqualifizierten Arbeitskräften aufrechterhalten können? Der japanische Arbeitgeberverband Nippon Keidanren, die Gewerkschaften und der Staat haben deshalb mehrere Programme aufgelegt, um die *freetaa* in die normale japanische Arbeitswelt zurückzuholen, unter anderem durch den Erwerb von beruflichen Qualifikationen (mit Anleihen beim deutschen dualen System). Zugleich bemüht man sich, diese Arbeitswelt für sie attraktiver zu machen. Aus Umfragen und aus Erfahrung weiß man, dass die *freetaa,* spätestens wenn sie etwas älter werden und sich den Dreißig nähern, durchaus geneigt sind, in die reguläre Beschäftigung mit festem Einkommen und einem sicheren Arbeitsplatz einzutauchen.

Dahinter steht ein gesellschaftlicher und politischer Konsens, dass alle Bürger im arbeitsfähigen Alter in die Lage versetzt werden sollten, einen vollwertigen Beitrag zum Wohlergehen von Wirtschaft und Gesellschaft zu leisten – und daran auch in fairer Weise teilzuhaben. Die Leistungsfähigkeit der japanischen Wirtschaft, die hohen Erwerbsquoten, die niedrige Arbeitslosigkeit, der rigide Kündigungsschutz, die Arbeitsplatzsicherheit, die mit großem Abstand ausgewogenste Einkommensverteilung aller OECD-Länder und die intakten und umfassend ausgebauten sozialen Sicherungssysteme und damit die hohe Stabilität des gesellschaftlichen Lebens sind Ausdruck und Ergebnis dieses Konsenses.[74]

Wir hier in Deutschland leben in einer anderen Welt. Hierzulande ist es Mode geworden, mit der Behauptung hausieren zu gehen, das Normalarbeitsverhältnis, also die sozial gesicherte Vollzeitbeschäftigung, sei ein Auslaufmodell. Und dann wird häufig angefügt, künftig gebe es ganz andere Erwerbsabläufe, sogenannte Patchwork-Biographien, mit häufigem Wechsel des Beschäftigungstyps und des Arbeitgebers sowie dem Wechsel zwischen Arbeitnehmer- und Selbständigendasein. So verschieden kann man auf sehr ähnliche Entwicklungen reagieren. Auch in Japan stagniert die Wirtschaft, in Europa wie in Japan neigen junge Menschen zu Ungebundenheit und Mobilität. Während man aber in Japan versucht, die bisherige, von der Sicherheit des

Arbeitsplatzes geprägte Arbeitswelt zu festigen, wird bei uns aus einer konjunkturell und habituell begründeten schwierigen Situation ein als unabwendbar und auch sinnvoll dargestellter Trend herbeigeredet.

> »Wir setzen nicht auf Vollbeschäftigung der alten Art mit Vollzeit-Dauerarbeitsplätzen. Das wird es nie mehr geben. Wir fordern eine radikale Umverteilung der Arbeit. Teilzeit oder Sabbat-Jahre müssen möglich sein.« *Krista Sager,* Focus-*Interview, 26.2.1996*
> »(...) während andererseits die Zahl der ›normalen‹ Erwerbsverhältnisse mit unbefristeter Vollzeitbeschäftigung, in denen die Beiträge für die Sozialversicherungen erbracht werden müssen, immer weiter abnimmt.« *Gerhard Schröder,* Braunschweiger Zeitung, *5.5.2003*

Das gesicherte Arbeitsverhältnis herrscht vor

Was sind die Fakten? Stimmt es, was so viele Professoren der Sozialwissenschaft sagen? 18 Millionen Menschen, fast zwei Drittel aller Arbeitnehmer, sind in Normalarbeitsverhältnissen. Ihr Anteil an der Gesamtbeschäftigung, nicht so sehr die absolute Ziffer, sank seit 1988 von 67 auf 62 Prozent (1998). Diese proportionale Veränderung geht vor allem auf die Zunahme von Teilzeitjobs zurück – und neuerdings wohl auch verstärkt auf die Aufteilung von Normalarbeitsverträgen in Minijobs. Die Teilzeitquote lag 1990 bei 16,3 Prozent und stieg bis zum Jahr 2002 auf 27,6 Prozent (siehe Abbildung 11); sie lag 1990 bei 3 Prozent (Männer) beziehungsweise 35,6 Prozent (Frauen) und stieg im Jahr 2001 auf 46,3 Prozent (Frauen) beziehungsweise 9,9 Prozent (Männer). Hinter dieser Verschiebung stecken vor allem zwei Ursachen:

- *Erstens:* Frauen versuchen verstärkt, ins Erwerbsleben einzutreten. In konjunkturell schwachen Zeiten und angesichts ungenügender gesellschaftlicher Vorsorge zur Versorgung der Kinder bleibt vielen nur die Teilzeitarbeit und damit meist ein ungesicherter Job.

Abbildung 11: Entwicklung der Teilzeitbeschäftigung in Deutschland

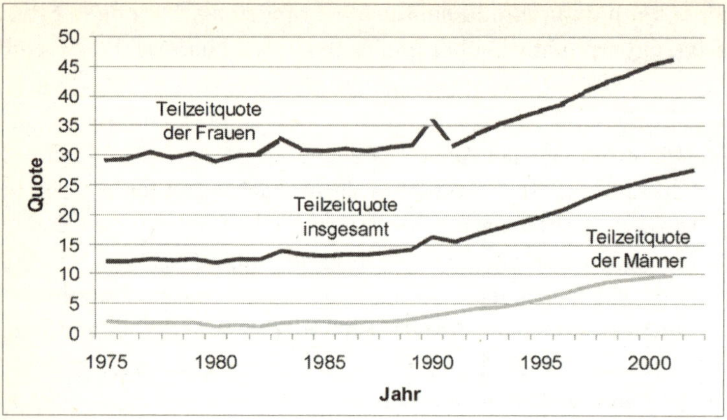

Quelle: Bundesministerium für Gesundheit und Soziale Sicherung (Hrsg.): *Statistisches Taschenbuch 2003, Arbeits- und Sozialstatistik,* Bonn 2003, 2.5 A.

- *Zweitens:* Eine Untersuchung des Instituts Arbeit und Technik zeigt, dass der Anteil der erwerbstätigen Schüler und Studenten, die das Geld für Unterhalt und Studium verdienen, enorm gewachsen ist. Ihr Anteil an allen Erwerbstätigen stieg allein von 1995 bis 1999 von 4,3 auf 6,8 Prozent. Sie und die vielen Studienabgänger, die mit Zwischenjobs die Zeit bis zur richtigen Arbeitsaufnahme füllen, finden keine sicheren Arbeitsverhältnisse. Das beeinflusst die Statistik zugunsten von Teilzeitjobs, sagt aber wie bei den Frauen nichts über ihre Wünsche und auch nichts über den Trend, der sich mit besserer Konjunktur vermutlich wieder dem Normalarbeitsverhältnis zuwenden wird.

Interessant ist in diesem Zusammenhang ein Blick auf einen anderen Indikator: Die durchschnittliche Dauer der Betriebszugehörigkeit hat sich seit 1992 kaum verändert und lag 2000 bei 10,5 Jahren; bei vierzehn vergleichbaren EU-Ländern stieg sie sogar leicht an, im Schnitt von 10,5 auf 10,6 Jahre. In den USA, dem Traumland des Heuerns und Feuerns, liegt die Zugehörigkeitsdauer deutlich niedriger und nahm im selben Zeitraum sogar noch ein bisschen ab: auf 6,6 Jahre. Stabile 10,5 Jahre in einem Betrieb – das spricht gegen die Behauptung, die Erwerbsbiographien würden künftig gänzlich anders sein.

Warum sollten wir einen Trend herbeireden?

Was wird die Zukunft bringen? Es wird Bewegungen weg vom Normalarbeitsverhältnis geben und solche hin zu ihm. Gewohnheiten ändern sich. Manche werden den häufigen Wechsel wollen und mit ungesicherten Arbeitsverträgen und Teilzeit leben wollen. Aber das wird nicht die Mehrheit sein. Und vieles spricht für Gegenbewegungen hin zum Normalarbeitsverhältnis, zum Beispiel wenn es üblich wird, dass sich Frauen und Männer den Erwerb in einer Familie aufteilen, auf jeweils etwa je 75prozentige Beschäftigung oder in welcher gerade passenden Relation auch immer. Oder wenn Frauen und Mütter wie etwa in den skandinavischen Ländern und in Frankreich auf bessere Betreuungseinrichtungen für ihre Kinder zurückgreifen können, werden manche, die heute nolens volens Teilzeitarbeit leisten, in Vollarbeitsverträge einsteigen können. Das werden dann wie bei den Männern eher gesicherte Verträge sein, so dass der Anteil der ungesicherten Teilzeitjobs wieder sinkt.

Vieles hängt von der Konjunktur ab. Wenn sie – hoffentlich bald – besser wird, sind die Unternehmen wieder mehr daran interessiert, erfahrene Mitarbeiter/innen zu halten, und werden wieder mehr unbefristete Verträge anbieten. Sie tun dies nicht aus Freundlichkeit, sondern weil sie die Produktivität beständiger Arbeitsbeziehungen kennen und schätzen – in Deutschland wie in Japan. Der bei DaimlerChrysler für das Zusammenwachsen der weltweit tätigen Unternehmen zuständige Rüdiger Grube rühmt den Produktivitätsvorteil der »Treue zum Unternehmen«, die es woanders kaum so gebe »wie bei uns«.

Kluge Unternehmensleitungen wissen genau, was sie an erfahrenen Mitarbeitern und eingespielten Teams haben. Deshalb bieten sie ihnen normale und gesicherte Arbeitsverträge an. Das modische Geschwätz von der Erosion des Normalarbeitsverhältnisses kommt nicht von Praktikern, es kommt von Soziologen und Historikern, von Politikern und anderen wohlbestallten Theoretikern.

> »Immer mehr Industriejobs werden seither durch Maschinen ersetzt, statt dessen ist eine Dienstleistungs- und Wissensgesellschaft entstanden, in der es lebenslange Anstellungsverhältnisse kaum noch gibt.« Spiegel, *19.5.2003*

Wer angesichts der Fakten von Erosion redet, hat keine Lust, sich mit den Tatsachen auseinanderzusetzen, oder er möchte – aus welchen Gründen auch immer – einen Trend herbeireden. Eine solche Trendsetterei kann Wirkung zeigen. Deshalb sollten wir fragen, was gesellschaftlich eigentlich erwünscht ist: die Erosion der gesicherten Normalarbeitsverhältnisse oder ihre Stabilisierung?

Ich möchte nur auf einen Zusammenhang hinweisen, der aus meiner Sicht für den Versuch der Stabilisierung spricht: Es ist in Deutschland üblich geworden, über die angeblich zu geringe Geburtenrate und die Benachteiligung der Familien mit Kindern zu klagen. Wenn man die Klagen auch nur ein bisschen ernst nimmt, dann muss man jungen Paaren sichere berufliche Perspektiven bieten. Ein dreißigjähriger potentieller Vater tut sich schwer, eine Familie zu gründen, wenn ihm immer wieder nur ein befristeter Jahresvertrag geboten wird. Gleiches gilt für Frauen aus dieser Altersgruppe. Wer offene Ohren hat und sich für die Wünsche dieser Generation interessiert, der wird feststellen, dass sie in ihrer überwiegenden Mehrheit gesicherte Arbeitsverhältnisse anstreben. Das modische Gerede der Sozialwissenschaftler, Publizisten und Politiker, die über die völlig neuen Erwerbsverläufe als etwas Erstrebenswertes schwadronieren, geht an diesen Wünschen vorbei. Das ist insofern von Interesse, als wir, als Gesellschaft insgesamt, vielleicht etwas mehr auf die Grundbedürfnisse von Menschen, beispielsweise auf das Bedürfnis nach Sicherheit, eingehen sollten und uns nicht allzusehr beeindrukken lassen sollten von dem, was Festbesoldete aus Entwicklungen und Fehlentwicklungen als Norm für die Zukunft ableiten.

Gerade wer Mobilität und Flexibilität der Arbeitnehmer für wichtig hält, damit sich die Unternehmen den globalen Herausforderungen anpassen können, sollte für stabile Normalarbeitsverhältnisse werben. Auf der Basis solcher gesicherten Verhältnisse fällt es vielen Arbeitnehmern leichter, flexibel bei ihrer Arbeitszeit und mobil zwischen mehreren Orten zu sein. Auch dafür finden sich Belege aus der Praxis. BMW zum Beispiel setzt Teile von Stammbelegschaften gelegentlich auch an anderen Orten ein, wenn die Arbeitsbelastung dies erfordert. Andere variieren je nach Produktionsbedarf die Arbeitszeit. Diese Art produktiver Flexibilität und Mobilität setzt jedoch nicht die Erosion des Normalarbeitsverhältnisses, sondern im Gegenteil seine Festigung voraus.

Wäre ich noch Leiter der Planungsabteilung im Bundeskanzleramt, ich hätte dem Bundeskanzler dringend empfohlen, ein Programm zur Stabilisierung der gesicherten Arbeitsverhältnisse zu starten. Der erste Schritt eines solchen Programms wäre, unter Unternehmern für Normalarbeitsverhältnisse zu werben, statt die Erosion dieser wichtigen gesellschaftlichen Errungenschaft zum Trend zu erklären und damit herbeizureden. Nicht zum Tagelöhner degradiert zu werden und ein gesichertes Arbeitsverhältnis zu haben ist die Basis der persönlichen Sicherheit und damit eine wichtige Voraussetzung für ein Minimum an gesellschaftlichem Zusammenhalt.

Denkfehler 28:
»Wir brauchen mehr Selbständige.«

Was ist mehr wert? Die Existenz als Selbständiger, sei es als selbständiger Unternehmer, als Freiberufler oder als sogenannte Ich-AG? Oder die Existenz als Arbeitnehmer in einem großen oder kleinen Betrieb? Wer jetzt denkt: »Was soll die Frage?«, liegt überhaupt nicht im Trend. Im Trend liegen in den Augen der Modernisierer und Reformer, die die Hegemonie über das Denken in Deutschland errungen haben, eindeutig die selbständigen Existenzen. Sie stellen Vergleiche zwischen Volkswirtschaften an, um daran aufzuzeigen, wie hinterwäldlerisch ein Land ist, das nicht den gleichen Selbständigengrad wie ein anderes Land erreicht hat. Angela Merkel notiert, »der Anteil der verschiedenen Formen von Selbständigkeit« nehme zu, und nennt das dann »eine neue Qualität des Lebens und Wirtschaftens«.[75]

Eine der Quellen des neuen Denkens ist die bayerisch-sächsische »Kommission für Zukunftsfragen«. Dort heißt es: »Das Leitbild der Zukunft ist das Individuum als Unternehmer seiner Arbeitskraft und Daseinsvorsorge.« Diese Vorstellung hat prompt Eingang gefunden in Ideen wie die Ich-AG. Den Hartz-Vorschlägen entsprungen, ist die Ich-AG also der Versuch, aus Arbeitnehmern unternehmerische Anbieter ihrer Arbeitskraft zu machen.

Alle bisherigen Bundesregierungen und Landesregierungen legten besonderen Wert darauf, die Existenzgründung zu fördern und junge und ältere bisher abhängig Beschäftigte dazu zu animieren, freiberuflich oder selbständig als Unternehmer tätig zu sein. Diese Existenzgründungshilfen haben in der Tat etwas Vernünftiges an sich. Hier soll Menschen geholfen werden, Barrieren zu überwinden, um eine andere Art der Existenz für sich zu sichern und dann vielleicht auch Arbeitsplätze für andere zu schaffen. Dagegen ist nichts zu sagen. Selbständige sind ein wichtiger Teil unserer Volkswirtschaft und Triebfeder von Innovationen. Heftigen Einspruch verdient allerdings die Ideologie, wie sie in den Äußerungen der bayerisch-sächsischen Kommission für Zukunftsfragen zum Ausdruck kommt und wie sie dann auch bei den Hartz-Gesetzen und in der gesamten öffentlichen Debatte bis heute eine Rolle spielt.

> »Der Anteil der abhängigen Beschäftigung sinkt gegenüber dem der verschiedenen Formen von Selbständigkeit. Kurzum: Eine neue Qualität des Lebens und Wirtschaftens ist entstanden.«
> *Angela Merkel, 10.1.2003*

Das Selbständigsein wird in einer Weise überhöht, die ihm aus vielerlei Gründen nicht zukommt:

- *Erstens:* Die Ungleichbewertung von abhängiger Existenz und selbständiger Existenz ist nicht gerechtfertigt. Die arbeitsteilige Wirtschaft gründet sozusagen darauf, dass es unternehmerisch tätige Personen und abhängig arbeitende Personen gibt. Arbeitsteilig arbeitet man deshalb, weil ein Mensch in der Regel nicht die Fähigkeit zu allem hat. Die einen organisieren gerne, fügen gerne zusammen, entwickeln gerne Neues und haben auch die Fähigkeit, sehr verschiedene Tätigkeiten auszuüben, jedenfalls dies zu überwachen. Andere sind vielleicht in einzelnen Funktionen sehr viel besser als der Generalist. Sie sind gut für das Rechnungswesen, sie sind gut im Kontakt mit Personen und anderen Institutionen und verkaufen deshalb sehr gut. Sie haben phantastische Ideen fürs Marketing und sind deshalb bestens geeignet für eine Werbeabteilung. Sie können gut rechnen, machen die Preiskalkulationen und die Finanzen einer Firma.
  In einem Unternehmen werden die verschiedenen Fähigkeiten optimal organisiert, so sollte es wenigstens sein. Es ist völlig unangebracht, die Tätigkeit jener Personen, die sich mit ihrer speziellen Fähigkeit in ein solches Gesamtsystem einfügen, niedriger oder anders zu bewerten als die Tätigkeit, die jemand als Selbständige oder Selbständiger ausübt.
- *Zweitens:* Die Überhöhung des Selbständigendaseins hat in

den letzten Jahren zu absurden Fehlentwicklungen geführt. Tausende von zumeist jungen Menschen sind der Parole vom Selbständigsein und seiner besonderen Qualität gefolgt. Ich kenne Fälle, da haben sich junge Leute hoch verschuldet, um das Geld zu bekommen für die Investitionen, die nötig sind, um selbständig zu werden. Ihre Idee war zwar technisch phantastisch, und das Produkt, das sie produzierten, oder die Dienste, die sie anboten, waren auch gefragt. Aber sie konnten nicht rechnen. Darum haben sie – ohne bösen Willen – das Geld verschwendet und stehen heute vor einem Berg von Schulden. Die Missachtung der Vorteile der Arbeitsteilung und die Missachtung der Einsicht, dass manche Menschen manches können und anderes eben nicht, hat dazu geführt, dass viel Vermögen und viele Existenzen vernichtet worden sind und viel Zeit verlorenging.

Aber es muss gar nicht mit Schulden enden. Die Propagandisten des Selbständigwerdens sehen nicht, dass die Selbständigenexistenz, auch wenn sie nicht zum Bankrott führt, häufig zu Lasten der Familien und der Kinder geht. Auch das sind Kosten, die man sinnvollerweise in eine Berechnung des gesamtwirtschaftlichen Vorteils oder Nachteils einbeziehen sollte.

Ich will dafür werben, die Entscheidung darüber, ob Menschen als selbständige Unternehmer arbeiten oder als abhängig Beschäftigte, rational zu bewerten, ohne Vorurteil, ohne Klischee. Die abhängige Arbeit ist genauso wertvoll wie die selbständige Existenz. Das Wirtschaftswunder der Bundesrepublik wäre gar nicht möglich gewesen ohne Arbeitsteilung. Es gibt keine rationalen Gründe, von dieser Ebenbürtigkeit der verschiedenen Existenzen abzugehen, es sei denn, man wollte insgesamt die Arbeit von Arbeitnehmern abwerten und auf diese Weise durch die Hintertür Änderungen am System vorbereiten.

Denkfehler 29:
»Wir brauchen wieder eine Elite.«

Variationen zum Thema:

- »Wir müssen unsere Eliten besser pflegen.«
- »Wir brauchen eine neue Elite.«

Die öffentliche Debatte in Deutschland hat ein neues Thema: Inspiriert von der im Januar 2004 publik gemachten Vorstellung Bundeskanzler Schröders, nach amerikanischem Vorbild Eliteuniversitäten in Deutschland aufzubauen, wird mehr oder weniger offen über Eliten diskutiert. Das ist ein wenig seltsam. Es fehlt ja wohl an Arbeitsplätzen und nicht an Eliten, könnte man polemisch kommentieren. Die Vorstellung von einer Gesellschaft, die zerfällt in Eliten und das normale Volk, das von den Eliten geführt wird, passt nicht allzugut zu einer vernünftigen Vorstellung von Demokratie. Es riecht nach Klassengesellschaft, wenn darüber nachgedacht wird, Eliten besonders zu pflegen und Privilegien wie eben beispielsweise besondere Universitäten für sie bereitzustellen. Gerade die in diesem Zusammenhang gern zitierten Vorbilder Großbritannien und USA sollten Bewunderer eher abschrecken als zur Nachahmung einladen. Die dortigen Eliteuniversitäten sind zum Teil offen für den Aufstieg von unten, zum Teil dienen sie aber auch als Einrichtungen zur besonderen Förderung von Klasseninteressen und damit der Privilegiensicherung.

Jene, die sich heute als Elite fühlen und diesen Anspruch erheben, haben die Vorstellung verinnerlicht, sie würden einen besonderen Mehrwert zum wirtschaftlichen und gesellschaftlichen Erfolg beitragen – einen Zuschlag an Leistung für die Allgemeinheit sozusagen, der ihnen persönlich nicht entgolten wird. Das ist wohl das Motiv ihres Anspruchs, besonders gepflegt, gefördert und finanziert zu werden. Diese Vorstellung ist einer Marktwirtschaft mindestens ebenso fremd wie der sozialstaatlichen

Ordnung. In einer Marktwirtschaft ist man ökonomisch so viel wert, wie man verdient. Es gibt keinen anderen Maßstab. Deshalb ist die Vorstellung, wir müssten die Eliten in besonderer Weise fördern, zumindest eigenartig und systemfremd.

Die Formulierung »Wir brauchen eine neue Elite« hat jedoch in einer Hinsicht eine gewisse Berechtigung. Denn die Performance der heutigen Eliten ist alles andere als überzeugend. Es ist unbestritten, dass es in den oberen Etagen vieler Unternehmen sehr leistungsfähige Kaufleute, Ingenieure, Chemiker, Betriebs- und Volkswirte und Juristen gibt; sie sind wirkliche Leistungsträger, nicht die einzigen, aber sehr respektable. Daneben hat sich eine Art Top-Elite formiert, die sich in den letzten Jahren vor allem durch Fehleinschätzungen und Fehlentscheidungen hervorgetan hat, zugleich aber am lautesten den Anspruch erhebt, Elite zu sein. Erinnert sei an die Fehleinschätzung des Neuen Markts, der New Economy, von E-Commerce und UMTS, aber auch an Pleiten wie Toll Collect und die teuren, von modischen Erwägungen und nicht von rationalem Kalkül gesteuerten Fusionen; die Versicherungskonzerne haben sich bei den Renditen der Lebensversicherungen total verkalkuliert und die Medienbosse bei den Chancen von PayTV und Digitalisierung. Solche »Meisterstücke« erleben wir am laufenden Band.

Wir würden das im Notfall akzeptieren, wenn diese Gruppen nicht zugleich mit der Arroganz des Besserwissens und des Besserseins aufträten. Sie sind aber keinesfalls gut. Unter den heutigen Eliten dominieren aus meiner Sicht:

- Egoisten, die nicht akzeptieren oder gar darüber nachdenken, dass Menschen in leitender Position eine Verantwortung für das Ganze haben,
- Personen, die viel zuviel in ideologischen Kategorien denken, voller Vorurteile in der Sache und vor allem gegenüber der Masse der Menschen sind,
- und Menschen, die mindestens so sehr Teil der Nachplappergesellschaft sind wie das »gemeine Volk«. In weiten Teilen zeichnet sich ihre Elitenzugehörigkeit geradezu darin aus, dass

sie wiedergeben, nachsagen und weitersagen, was die Vorsager aus ihrer elitären Schicht vertreten. Ihre Zugehörigkeit zur Elite wird geradezu damit dokumentiert, dass sie die gleichen Parolen vertreten. Irrationale Glaubenssätze machen über weite Strecken das Gemeinschaftsgefühl der heutigen Eliten aus.

Unsere heutigen Eliten sind Meister im Kungeln. Bei der Debatte um die Verträge für die großen Beratungsunternehmen wurde plötzlich sichtbar: Da fließen erstaunlich große Summen, ohne dass klar wird, wofür. Nach meinem Eindruck fungieren die Beratungsfirmen, kombiniert mit den PR-Agenturen und einigen Spitzenmedien, als eine Art Clearing- und Förderstelle für die jeweiligen Eliten. Sie schieben sich gegenseitig in die Verantwortung, in die Kommissionen und die lukrativen Jobs und sorgen so gemeinsam dafür, dass der Glaube an ihren Glauben erhalten bleibt. Obendrein dürfen die Steuerzahler dieses Räderwerk mit Steuergeldern schmieren. Wenn es diesen bundesdeutschen Klüngel der sich gegenseitig bestätigenden Eliten nicht gäbe, dann würde schneller erkennbar, wie dünn viele der Vorstellungen und Konzepte der Eliten sind.

Wir brauchen eine *neue* Elite:

- Wir brauchen eine Elite, die differenziert zu denken vermag, Menschen, die unabhängig im Kopf sind und die unabhängig und kritisch zu denken vermögen.
- Wir bräuchten eine Elite, die sich den Bedürfnissen und den Lebensgewohnheiten der Mehrheit der weniger begabten und begüterten Menschen öffnet, um sie zu verstehen und um das Richtige auch in ihrem Sinne zu tun.
- Wir bräuchten eine Elite, für die diese Zuordnung eine Verpflichtung ist, eine Elite, die sich für andere und insbesondere auch für das schwächere Drittel unserer Gesellschaft verantwortlich fühlt. Das ist nicht mehr modern; es ist diskreditiert als Gutmenschentum. Solche Menschen an der Spitze sind uns aber allemal lieber als die als Effizienz herausgekehrte Kaltherzigkeit der heutigen Meinungsführer.

- Wir bräuchten eine Elite, die sich von der dogmatischen Ideologie des Neoliberalismus befreit und bereit ist zur Optimierung der Entscheidungen zugunsten des Ganzen.
- Wir bräuchten eine Elite, die unsere Verfassung und damit die Verpflichtung zur Sozialstaatlichkeit ernst nimmt, also verfassungstreu ist. Viele unserer heutigen Eliten sind das Sozialstaatsgebot schmähende Verfassungsgegner – es sagt nur niemand, und deshalb ist es kein Thema.

E. Elf Mythen, den Komplex Schulden, Staatsquote und Sozialstaat betreffend

Sehr viele Menschen machen sich Sorgen um die Staatsverschuldung – vor dem Hintergrund der Geschichte unseres Landes mit Inflation und Währungsreform sehr verständliche Sorgen. Deshalb ist Sparen in Deutschland eine ernsthafte und populäre Angelegenheit. Das Problem jedoch ist, wie man wirklich sparen kann und wie man es schaffen könnte, von den hohen Schulden runterzukommen. Die bisherigen Versuche jedenfalls waren nicht erfolgreich. Dabei fehlt es nicht am guten Willen, eher schon am Verständnis dafür, wie man in einer Volkswirtschaft sparen kann. Das geht, jedenfalls wenn man es richtig anpackt. Auch Deutschland kann, wenn die richtige Wirtschaftspolitik gemacht wird, seine Schulden wieder abbauen. Es gibt keinen Grund zur Panik.

Viele ziehen eine direkte Verbindung zwischen Staatstätigkeit und Ausbau des Sozialstaats einerseits und zum Stand der Schulden andererseits. Diese Beziehung ist nicht zwangsläufig so. Wer glaubt, an den hohen Staatsschulden sei der Sozialstaat schuld, macht es sich zu einfach. Die soziale Sicherung gegen die Risiken des Lebens kann hocheffizient sein und um vieles sicherer, als sich auf die Eigenverantwortung zu verlassen. Viele Probleme unseres Landes, gerade beim Zusammenwachsen der sehr uneinheitlichen Teile Deutschlands, sind ohne Solidarität ohnehin nicht zu lösen.

Was soll staatlich organisiert werden und was privat? Ist Deregulierung angesagt, oder brauchen wir gelegentlich sogar mehr Regeln? Sollen staatliche Unternehmen weiter privatisiert werden? Das sind Fragen, die man nicht mit vorgefertigten Ideologien beantworten kann. Wir müssen uns angewöhnen, die Antworten auf solche Fragen ohne Scheuklappen und Vorurteile zu optimieren.

Bei den heute so gängigen Reformdebatten werden die Kosten der deutschen Einheit in der Regel nicht als ein Faktor, der unsere volkswirtschaftliche Leistungsfähigkeit belastet, in Rechnung gestellt. Was einheitsbedingt ist – etwa der Anstieg der Schuldenquote oder der Sozialabgabenquote oder der Nettokreditaufnahme –, wird in vielen Debatten der Sozialstaatlichkeit zugeschrieben. Wir beobachten so den erstaunlichen Vorgang, dass die deutsche Einheit und ihre Folgekosten benutzt werden, um das Sozialstaatsversprechen des Grundgesetzes zu unterwandern und auszuhöhlen. Auch dieser Versuch gründet auf Denkfehlern, auf Lügen und Legenden. Sie werden in den folgenden Kapiteln analysiert.

Denkfehler 30:
»Wir sind überschuldet.«

Variation zum Thema:

■ »Das geht zu Lasten unserer Kinder.«

Dass viele Menschen Sorge haben, der Staat sei überschuldet, und dass sie das bedrückt, das kann man sehr gut verstehen, zumal in Deutschland. Die Erinnerung an Inflation und Staatsverschuldung in den zwanziger und dreißiger Jahren ist noch nicht aus den Köpfen. Die überlieferte Sorge wird wachgehalten, und dagegen wäre auch nichts zu sagen, wenn damit nicht ganz bewusst Ängste geschürt würden.

Die Gesamtverschuldung der öffentlichen Haushalte betrug Ende 2003 etwas mehr als 1,35 Billionen Euro. Diese dramatisch erscheinende Zahl muss man einordnen und bewerten.

Vorübergehend Schulden zu machen kann sinnvoll sein

Selbstverständlich wäre es am besten, der Staat, also Bund, Länder, Gemeinden und die öffentlichen Einrichtungen und Körperschaften, hätte keine oder wenige Schulden. An drei Beobachtungen wird jedoch sichtbar, dass sich dieses Vorhaben nicht immer realisieren lässt und dass es kein Drama ist, wenn staatliche Stellen vorübergehend Schulden machen:

1. Wenn die Konjunktur einbricht, wie in den siebziger Jahren wegen der Ölpreisexplosionen oder wie in den achtziger und neunziger Jahren wegen einer falschen Konjunkturpolitik, dann macht es Sinn, vorübergehend Schulden zu machen. Volkswirtschaftlich betrachtet kann es nämlich sinnvoll sein, Schulden zu machen, um am Ende weniger Schulden zu haben. Dieser Zusammenhang wird in Denkfehler Nr. 31 (siehe S. 305) ausführlich erläutert.

Diejenigen, die darauf hinweisen, dass die Schulden dann in guten Zeiten aber wieder abgebaut werden sollten, haben recht. Nur hatten wir in den letzten zwanzig Jahren solche guten Zeiten (im Sinne ausreichender Beschäftigung unserer Volkswirtschaft) nicht.

2. Auch in einer Demokratie ist es möglich, dass über einen längeren Zeitraum hinweg dringliche Probleme nicht erkannt werden. Wenn sie dann wahrgenommen werden, besteht hoher Investitionsbedarf. So wurde in den fünfziger und sechziger Jahren beispielsweise die Bildung und Ausbildung der Kinder aus Familien mit geringerem Einkommen vernachlässigt. Sie hatten kaum Chancen, weiterführende Schulen und Universitäten zu besuchen. Damit hat der Staat Geld gespart. In den Sechzigern hat man aber gemerkt, dass der Staat zweckmäßigerweise in Schulen, in Lehrern und in Hochschulen investiert, um Begabungsreserven zu mobilisieren. Es macht in einer solchen Situation Sinn zu investieren, diese Investitionen teilweise auch mit Schulden zu bezahlen und diese später wieder zurückzuzahlen. Unter Beteiligung aller Generationen.

   Das gleiche gilt für die lange Zeit nicht entdeckte Problematik des Umweltschutzes. Ein praktisches Beispiel: Ende der sechziger Jahre drohte der Bodensee »umzukippen«. Dann wurde rund um den ganzen See in Kläranlagen investiert. Heute versorgt er Stuttgart und andere Städte in Schwaben mit sauberem Wasser und ist zugleich ein Kleinod für Erholungssuchende. Die Kläranlagen, die Wasserleitungssysteme und Energiesparsysteme, in die vor allem anfangs der siebziger Jahre investiert worden ist, konnte man zu Recht teilweise auf Pump finanzieren. Sie kommen späteren Generationen genauso zugute wie die Investitionen in Universitäten und andere Bildungseinrichtungen.

   Auch wenn eine Gesellschaft neu entdeckt, dass sie in Verkehrsinfrastruktur wie etwa die öffentlichen Nahverkehrssysteme oder die Schnellstrecken der Deutschen Bahn investieren muss, kann man diese Ausgaben nicht nur der gerade lebenden, arbeitenden und Steuern zahlenden Generation anlasten. Das ist auch früher beim Bau von U-Bahn-Systemen, dem Aufbau eines Schienennetzes oder dem Bau des Suezkanals nicht anders gewesen.

3. Der dritte Hinweis gilt den Kosten der deutschen Vereinigung. Diese Kosten sind hoch – rund 83 Milliarden Euro an Transferleistungen waren allein 2003 fällig. Parallel dazu stiegen die Schulden des Staates (siehe Abbildung 12).

Abbildung 12: Jährlicher Anstieg der Gesamtverschuldung der öffentlichen Haushalte (in Milliarden Euro) in den Jahren um die Wiedervereinigung

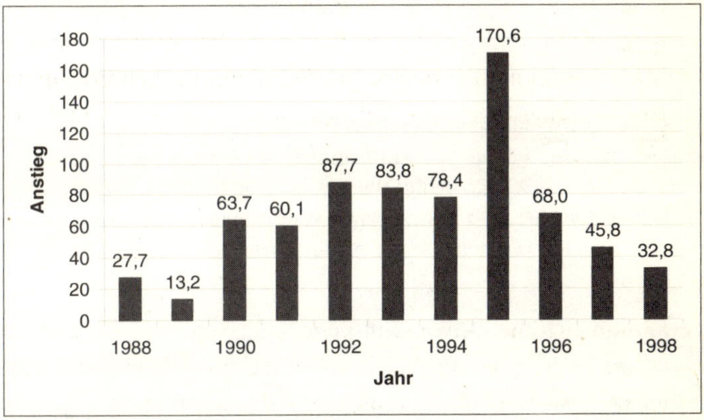

Quelle: Sachverständigenrat zur Begutachtung der gesamtwirtschaftlichen Entwicklung (Hrsg.): *Staatsfinanzen konsolidieren – Steuersystem reformieren, Jahresgutachten 2003/04,* Berlin 2003, S. 573.

1988 betrug die Gesamtverschuldung 461 Milliarden Euro. Sie stieg in diesem Jahr um 27,7 Milliarden, 1990 dann mit 63,7 Milliarden um mehr als das Doppelte, in den folgenden Jahren um 60, 87, 83, 78, 170 und 68 Milliarden Euro.[76] In der Phase des höchsten Engagements, zwischen 1990 und 1998, stieg sie um insgesamt 690 Milliarden und damit um das 1,5fache des gesamten Schuldenstands von 1988.

Dabei wurde ein Teil der Staatsausgaben sogar den Sozialversicherungssystemen aufgedrückt. Die Schulden wären noch ein ganzes Stück höher, wenn die Arbeitnehmer mit ihren Beiträgen nicht einen beachtlichen Teil der Soziallasten der Vereinigung und der Sozialfolgelasten getragen hätten und noch immer tragen würden (Näheres dazu siehe Denkfehler Nr. 40, S. 364).

Tabelle 25: Schuldenstand der öffentlichen Haushalte in Deutschland 1970, 1980, 1990, 2000 und 2003

Jahr	Mrd. EUR	Absolute Veränderung
1970	64,4	
1980	239,6	175,2
1990	538,6	299,0
2000	1211,4	672,8
2003	1358,1	146,7

Quelle: Sachverständigenrat zur Begutachtung der gesamtwirtschaftlichen Entwicklung (Hrsg.): *Staatsfinanzen konsolidieren – Steuersystem reformieren, Jahresgutachten 2003/04*, Berlin 2003, S. 573 und Sachverständigenrat zur Begutachtung der gesamtwirtschaftlichen Entwicklung (Hrsg.): *Erfolge im Ausland – Herausforderung im Inland, Jahresgutachten 2004/05*, Berlin 2004, S.689.

Wenn man sich die Entwicklung der Staatsschulden (Gesamtverschuldung) im Zeitablauf seit 1970 anschaut (siehe Tabelle 25), stellt man fest, dass die Schulden 1970 noch niedrig lagen, um dann mit 175,2 Milliarden bis zum Jahr 1980 beachtlich anzusteigen. Das ist zum einen die Folge der Reformpolitik und der damit verbundenen Investitionen in den siebziger Jahren, zum anderen eine Folge der Konjunktureinbrüche durch die Ölpreisexplosionen. Selbst unter Beachtung der Preissteigerungen schneiden die siebziger Jahre nicht schlechter ab als die achtziger Jahre; nominal ist der Zuwachs in den Siebzigern mit 175 Milliarden geringer als in den achtziger Jahren mit 299 Milliarden; der eigentliche Anstieg der Schulden fiel mit 673 Milliarden in die Zeit der neunziger und der folgenden Jahre.

Der Vergleich zwischen den achtziger und den siebziger Jahren ist deshalb von Interesse, weil die siebziger Jahre in der heutigen

Debatte einer besonderen Ächtung unterliegen. Die Ironie der Geschichte will jedoch, dass der Schuldenzuwachs in diesen zehn Jahren trotz Ölpreisexplosionen und den daraus folgenden Konjunktureinbrüchen und trotz der dagegengesetzten Konjunkturprogramme und der ausgabewirksamen Reformen jener Zeit deutlich geringer ausfiel als in den Achtzigern – jenem Jahrzehnt, das schon wesentlich von den politischen und ideologischen Kräften bestimmt war, die nichts von Konjunkturankurbelung halten und den Staatshaushalt durch angebliches Sparen sanieren wollen. Dass das offensichtlich aber nicht funktioniert, kann man bis heute sehen (siehe dazu auch Denkfehler Nr. 31, S. 305).

Die Linken und die Keynesianer machen Schulden, die Wirtschaftsliberalen und die Angebotsökonomen sparen? – Ein persönlicher Bericht zu einem gängigen Vorurteil

> »Seit über dreißig Jahren bürden die Politiker unseren Kindern jedes Jahr neue Schulden auf – ohne Ausnahme.«
> *Hans-Olaf Henkel, 8.5.2003*

Dank solcher Sprüche wie des oben zitierten von Hans-Olaf Henkel, dem früheren Präsidenten des Bundesverbands der Deutschen Industrie (BDI), ist in der Öffentlichkeit der Eindruck entstanden, fürs Schuldenmachen seien die Politiker und da wieder vornehmlich die Linken und die Gewerkschaften verantwortlich; die Wirtschaft, die Konservativen und die Neoliberalen stehen fürs Sparen. In der Praxis sieht die Welt anders aus, viel bunter und differenzierter. Dazu ein kurzer Bericht aus meiner praktischen Tätigkeit als Leiter der Planungsabteilung im Bundeskanzleramt und als Bundestagsabgeordneter:

- 1972 wurde die gesetzliche Rentenversicherung für Selbständige geöffnet. Das war hilfreich für Selbständige mit schlechter Vorsorge für das Alter, aber ein teures Unternehmen, das die Beitragszahler der Rentenversicherung belastete – auf Betreiben der FDP.

- In den Neunzigern wurden Hunderttausende in den Vorruhestand verabschiedet, verbunden mit großen Belastungen für die Beitragszahler und letztendlich auch den Staatshaushalt – Betreiber waren die begünstigten Arbeitnehmer und die Industrie. Wo blieb der Protest des Industriepräsidenten?
- Im Milliardengrab des Atomreaktors Schneller Brüter wurden 7 Milliarden Mark versenkt – von rechtzeitigen Warnungen des Bundesverbands der Deutschen Industrie ist mir ebensowenig etwas bekannt wie von kritischen Stellungnahmen des BDI zu den Milliarden für den Transrapid und für die bemannte Weltraumfahrt.
- Die Planungsabteilung des Bundeskanzleramts hat es in den siebziger Jahren in Auseinandersetzungen mit dem von der FDP geführten Wirtschaftsministerium geschafft, die Energieverbrauchsprognosen aus der Verkoppelung mit der Entwicklung des Bruttoinlandsprodukts zu lösen, sparsam mit Energie umzugehen und damit Milliarden unnötiger Subventionen zu vermeiden. Ohne Unterstützung der Wirtschaft.
- Der Staat könnte Milliarden sparen, wenn er endlich das Steuerprivileg »Ehegattensplitting« begrenzen würde. Aber das würde die hohen Einkommen betreffen, deren Steuer dann nicht mehr nach dem geringeren Satz berechnet würde, den die Steuertabelle für Ehepaare vorsieht. Von Hans-Olaf Henkel kenne ich keine Forderung nach Begrenzung des Ehegattensplittings.
- Die Planungsabteilung hat den damaligen Bundeskanzler Helmut Schmidt überzeugt, dass es fiskalisch und sozial Unsinn wäre, wenn der Bund, wie vom liberalen Bundesinnenminister gefordert, 2000 DM pro Geburt zahlen würde; wir wiesen darauf hin, dass mit diesem einmaligen finanziellen Anreiz weder den Frauen noch den zusätzlich geborenen Kindern geholfen wäre, wenn man nicht Mittel für weitere Hilfen bereitstellt. Dem Bund wurden so Milliardenausgaben erspart. Unterstützung von konservativer Seite gab es nicht.
- Die Planungsabteilung hat Bundeskanzler Helmut Schmidt 1978 davon überzeugt, dass es haushalts- und gesellschafts-

politisch Wahnsinn wäre, wenn der Bund öffentliches Geld für die Flächenverkabelung und damit für die Vermehrung der Fernsehprogramme und ihre Kommerzialisierung ausgäbe; Kanzler Kohl hat für diese Art von Fernsehförderung und zur Unterstützung seines Freundes Kirch und der anderen Kommerzsender mindestens 10 Milliarden Mark ausgegeben. Das Kabel gilt bis heute als wirtschaftlich nicht attraktiv.

Die Polemik gegen die siebziger Jahre wäre um vieles glaubwürdiger, wenn jene, die schon ab Mitte der siebziger Jahre wesentlichen Einfluss auf die Wirtschafts- und Finanzpolitik sowie auf die Geld- und Zinspolitik hatten und mit der Wende von Schmidt zu Kohl 1982 selbst das Ruder in die Hand bekamen, wenigstens andeutungsweise zeigen könnten, dass sie mit ihrer Linie Erfolg hatten. Selbst wenn man die besondere Beanspruchung durch die deutsche Vereinigung in Rechnung stellt, kann man jedoch in den Neunzigern – wie in den Achtzigern – keinen nachhaltigen Erfolg der Wirtschaftsliberalen feststellen. Wenn sie sich Sorgen um die Schulden machen, sollten sie sich mit den achtziger und neunziger Jahren beschäftigen.

Deutschland ist kein besonders sündiger Schuldenmacher

Will man die Entwicklung der Schulden in Deutschland, auch unter Beachtung der deutschen Vereinigung, richtig bewerten, dann macht es Sinn, diese Daten mit denen anderer Länder zu vergleichen. Um die Vergleichbarkeit herzustellen, eignet sich das Verhältnis von Staatsverschuldung zum Bruttoinlandsprodukt, das heißt, man setzt die Staatsschulden in Beziehung zu den Gütern und Dienstleistungen, die wir in unserer Volkswirtschaft jährlich produzieren (siehe dazu Tabelle A3 im Anhang, S. 408).

Ein solcher Vergleich zeigt: Die Schulden des Gesamtstaats – also Bund, Länder und Gemeinden zusammengerechnet – machten im Jahr 2002 62,4 Prozent unseres Bruttoinlandsprodukts aus. Wir haben also in diesem einen Jahr gut ein Drittel mehr produziert als wir insgesamt bräuchten, um die Staatsschulden zurückzuzahlen. Das haben wir zwar nicht vor, aber es zeigt die Größenordnung der Staatsschulden im Vergleich zu der jährlichen und bisher immer wiederkehrenden Wirtschaftsleistung. Selbstverständlich wollen und können wir nicht unser ganzes Bruttoinlandsprodukt für die Tilgung von Schulden verwenden, denn wir wollen leben und nicht nur Schulden zurückzahlen. Aber der Vergleich der Schulden mit der Wirtschaftsleistung pro Jahr nimmt den in der Öffentlichkeit diskutierten Zahlen etwas von ihrer Dramatik.

Wir haben also 62,4 Prozent Schulden, gemessen an der jährlichen Leistung. Die Vergleichsziffer für Österreich lag bei 67,6 Prozent, die für Belgien sogar bei 105,4 Prozent, die für Großbritannien bei 50,3 Prozent, die der Vereinigten Staaten bei 61 Prozent, und ganz hoch lag sie für Japan mit 147,2 Prozent; die vielgerühmten Schweden liegen mit 59,7 Prozent nicht weit von uns entfernt (allerdings muss man mit Respekt anerkennen, dass die Schweden in den letzten Jahren die Schuldenrelation verringert haben), Frankreich hat mit 67,1 Prozent einen höheren Schuldenstand als wir. (Alle genannten Ziffern beziehen sich auf 2002.)

Wenn man das Verhältnis von Schulden und Bruttoinlandsprodukt einerseits und diese Rate im Vergleich zu anderen Ländern andererseits nüchtern betrachtet, zieht man der bei uns üblichen Dramatisiererei schon den Boden unter den Füßen weg. Weder in Frankreich noch in den USA, in Österreich oder Schweden gibt es eine vergleichbar hysterische Debatte.

Es ist aufschlussreich, die genannten Ziffern mit den Daten von 1991 zu vergleichen, also dem Jahr nach der deutschen Vereinigung. Damals lagen wir mit 38,8 Prozent noch ganz niedrig – niedriger als Großbritannien mit 44,3 Prozent, niedriger auch als Österreich, das mit 57,5 Prozent weit über uns lag, genauso Dänemark mit 71,8 Prozent, das seine Schulden übrigens in Relation zum Bruttoinlandsprodukt abgebaut hat und heute nur noch bei 51,9 Prozent liegt.

Auch Deutschland hat in den neunziger Jahren Schulden abzubauen versucht, aber die Sparversuche zwischen 1992 und 1997 waren konjunkturelle und fiskalische Fehlschläge, die Wachstumsrate erreichte im Durchschnitt nur einen (schlechten) Wert von 1,2 Prozent, die Arbeitslosenquote stieg von 8,5 Prozent auf 12,7 Prozent. Trotz Sparversuchen ist es in dieser Phase nicht gelungen, den Bundeshaushalt zu konsolidieren. Das hängt mit der deutschen Einheit zusammen, aber nicht nur (siehe dazu Denkfehler Nr. 31, S. 305).

Warum jammern der Grünenpolitiker und Fellow der Bertelsmann-Stiftung Oswald Metzger und der *Spiegel*-Redakteur und Buchautor Gabor Steingart und all die Initiativen und Konvente, die bei uns so vehement gegen Deutschland Stimmung machen, nicht auch über die Staatsschulden von Österreich und von Frankreich, von Japan und Belgien oder in den USA und vor allem über deren Auslandsverschuldung? Da gäbe es unendlich viel mehr zu beklagen als über das eigene Land. Warum engagieren sich diese gut besoldeten Kritiker so vehement dafür, die Lage des eigenen Landes so schwarz zu malen? Wenn ihre Sorge um die Schulden echt wäre, müssten sie sofort aufhören, den Standort Deutschland mieszumachen, denn diese Miesmacherei ist Gift für die dringend notwendige Belebung unserer Konjunktur und des Wachstums in Deutschland.

Nur über eine bessere Auslastung der Kapazitäten und den Abbau der Arbeitslosigkeit wird es gelingen, mehr Steuern einzunehmen und Schulden zurückzuzahlen. Die Wirtschaftsbelebung ist die Grundvoraussetzung für wirkliches Sparen. Dass man mit Deklarationen und schönen Bekenntnissen nicht weiterkommt, müsste sich nach der Erfahrung mit dem »Sparkommissar« Hans Eichel langsam herumsprechen. Trotz bester Absichten hat er es seit 1999 nicht geschafft, Schulden abzubauen, im Gegenteil. Seine vom Mainstream der Meinungsmacher beklatschte »Sparpolitik« hat die Konjunktur weiter in den Keller getrieben und mit ihr die Einnahmen an Steuern und Sozialbeiträgen.

Die außerordentliche Veränderung der deutschen Schuldenrate in Relation zu anderen Ländern spiegelt deutlich erstens die große finanzielle Last wider, die die Vereinigung mit sich gebracht hat, und zweitens die miserable Auslastung unserer volkswirtschaftlichen Kapazitäten und damit die miserable Konjunkturpolitik nach neoliberalem Muster.

Wenn es uns gelänge, die Kapazitäten unserer Volkswirtschaft richtig auszulasten, würden wir auch den Einigungsprozess besser bewältigen und wären nicht so in die Staatsverschuldung geraten. Nach Schätzungen gehen uns durch die Unterauslastungen jährlich 150 Milliarden Euro verloren. Selbst wenn nur ein Teil davon zur Vermeidung weiterer Verschuldung genutzt worden wäre, hätte das über einen Zeitraum von zwölf Jahren ausgereicht, um die Verschuldung in Relation zum Bruttoinlandsprodukt wenigstens auf dem Niveau von 1990 zu halten.

Wir sind überschuldet, das geht zu Lasten unserer Kinder?

Von Überschuldung spricht man normalerweise, wenn die Passiva die Aktiva übersteigen. Es gibt keine Belege dafür, dass dies bei unserer Volkswirtschaft oder beim Staat der Fall ist. Vielmehr hat Deutschland eine aktive Vermögensbilanz gegenüber dem Ausland. Die Kinder erben nicht nur die Schulden, sondern auch die Forderungen. Und sie erben die Infrastruktur.

> »Wir dürfen heute nicht aufessen, wovon morgen unsere Kinder und Enkel auch noch leben wollen.« *Gerhard Schröder 1.5.2003*

Ob man sagen kann, wir lebten zu Lasten unserer Kinder, hängt unter anderem davon ab, wie man die Infrastruktur bewertet. Wenn man der Meinung ist, dass die vorherige und die jetzige Generation eine Menge aufgebaut haben, auf dem unsere Kinder und Enkel weiterbauen können, dann ist es nicht schlimm, wenn diese Investitionen zum Teil über Kredite finanziert worden sind und auch künftige Generationen diese abzahlen. Wenn man allerdings der Meinung ist, dass wir unser Haus und die Infrastruktur haben verlottern lassen, sieht das kritischer aus.

Meine zwanzigjährige Tochter macht mich in diesem Zusammenhang darauf aufmerksam, dass allein der Neubau der Bahnstrecke von Köln nach Frankfurt rund 6 Milliarden Euro gekostet hat. Die Strecke von Nürnberg nach Erfurt kostet rund 5 Milliarden, und für den Umzug der Bundesregierung von Bonn nach Berlin waren 10 Milliarden Euro veranschlagt. Wenn man die 11 Milliarden Euro, die alleine für zwei Eisenbahnteilstrecken aufgewendet wurden, und die Umzugskosten der Regierung in Relation setzt zu den 1358 Milliarden Euro Staatsverschuldung und bedenkt, wie viele Investitionen dieser Art es in Deutschland gibt, dann verliert man den Schrecken vor einer vermeintlichen Überschuldung.

Sollen übrigens der Umzug und die damit zusammenhängenden Bauten in Berlin allein von der jetzt arbeitenden Generation bezahlt werden? Als Abgeordneter habe ich damals zwar gegen den Umzug gestimmt, weil ich dies in Zeiten europäischer Integration für eine Fehlinvestition hielt. Aber die Mehrheit war anderer Meinung. Dem habe ich mich wie alle anderen Bürgerinnen und Bürger zu fügen, und ich verteidige das Verfahren, die Kosten nicht nur einer Generation anzulasten.

Dass die heute erwachsene Generation nicht auf Kosten der Kinder und Enkel lebt, erkennt man leicht an der Höhe der Sparquote. Wie in Denkfehler Nr. 11 schon ausführlich erläutert (siehe S. 161), sparen die Deutschen 11 Prozent ihres jährlich erarbeiteten Einkommens und damit mehr als die meisten vergleichbaren Nationen. Aufs Ganze gesehen sorgt die heute aktive Generation immer noch für die kommenden Generationen vor, sie spart und investiert.

Wenn Gerhard Schröder meint, wir würden aufessen, wovon unsere Kinder und Enkel auch noch leben müssen, dann zeigt er damit nur, dass er entweder von Ökonomie wenig versteht, oder aber, dass er die populären Sprüche liebt und deshalb in amtliche Panikmache verfällt. Er befindet sich dabei allerdings in »guter Gesellschaft«.

> »Das Land hängt am Tropf der Banken, die Schulden wirken wie ein schleichendes Gift, das die Muskeln lähmt und den Atem erstickt. (...) Eine Rückzahlung der Erblast ist schon heute unvorstellbar, sagen alle Ökonomen.« Spiegel, *19.5.2003*

Können wir die Schulden wieder loswerden?

1,35 Billionen Euro sind viel Geld, aber dennoch sind diese Schulden zu bewältigen.

- Die Schulden machen rund 62 Prozent des jährlichen Bruttoinlandsprodukts aus.
- In anderen Ländern – die keine Wiedervereinigung zu bewältigen haben – ist es gelungen, den Staatsschuldenstand in den neunziger Jahren zu verringern (siehe Tabelle A3 im Anhang, S. 408): in Dänemark von über 80 Prozent auf knapp über 50 Prozent des Bruttoinlandsprodukts, in Finnland von über 65 Prozent auf unter 50 Prozent, in den USA von 75 Prozent auf rund 60 Prozent – wenn auch vermutlich vorübergehend, weil Bush wie Reagan sorglos mit dem Geld umgeht.
- Wenn es uns endlich gelingt, die Produktionskapazitäten unseres Landes besser auszunutzen, haben wir jährlich rund 150 Milliarden Euro mehr Bruttoinlandsprodukt zur Verfügung.

Es gibt keinen Grund, in Panik zu verfallen. Wir haben gute Möglichkeiten, die Staatsschulden wieder zu reduzieren:

- *Erstens* und vor allem durch die Belebung der Konjunktur.
- *Zweitens* sollte der Staat sparen, wenn und wo Sparen sinnvoll ist. Zur Zeit allerdings bewirkt der Sparversuch das Gegenteil dessen, was man erreichen will. Wenn der Staat in der Wirtschaftskrise spart, verschärft er die Krise und erhöht die Schulden.

Privatisierung ist keine Lösung

Einige Kritiker der hohen Schulden raten dazu, dass der Staat staatliche Vermögen privatisieren solle, um seine Schulden abzubauen. Das kann man machen, es kann aber auch ein »Schuss in den Ofen« sein. Niemand käme im Privatleben auf die Idee, es sei in jedem Fall gut, das eigene Haus zu verkaufen, um Schulden zu tilgen. Wenn das Vermögen wertvoll ist und notwendig für das

Wohlergehen einer Familie, wird man es nicht verkaufen, auch wenn man damit Schulden zurückzahlen könnte. Auf keinen Fall wird man ohne Zwang verkaufen, wenn man einen schlechten Preis für das Haus erzielt. Nicht viel anderes gilt für öffentliches Vermögen: Wenn man zum Beispiel Anteile an der Deutschen Telekom oder an der Post AG zu einem schlechten Kurs verkauft, machen das Volk insgesamt und die Volkswirtschaft kein gutes Geschäft. Dann wird Vermögen verschleudert. Das ist kein gutes Geschäft für den, der verkauft, es ist aber meist ein gutes Geschäft für den, der kauft.

Sinnigerweise raten oft diejenigen zur Privatisierung, die bei solchen Privatisierungsvorgängen viel Geld verdienen, weil sie billig einkaufen oder weil sie an den Provisionen kräftig verdienen oder weil sie einen der hochdotierten Posten ergattern wollen, die mit der Privatisierung oder Teilprivatisierung von Staatsunternehmen geschaffen werden. So ist es bei der Privatisierung von Post und Telekom und bei der Umwandlung der Bahn in eine Aktiengesellschaft geschehen. Hochdotierte Jobs – auch für Spezis. Um den Abbau der Staatsschulden geht es dabei nur in zweiter Linie.

Stimmungsmache mit sogenannten impliziten Schulden

Das Thema Schulden ist angstbesetzt. Um so schlimmer, dass diese Ängste auch mit sehr unlauteren Behauptungen geschürt werden. So rechnen der frühere haushaltspolitische Sprecher der Grünen Oswald Metzger und andere inzwischen auch die Leistungsversprechen der Sozialversicherungen zu den Schulden. Sie nennen dieses Leistungsversprechen »die implizite Verschuldung«. Mit den 1,3 Billionen Euro »explizite Schulden« kommen sie dann auf die gigantische Zahl von 5,7 Billionen Euro.

Diese Addition klingt einleuchtend, ist es aber nicht. Die erworbenen Leistungsversprechen sind keine Schulden. Es handelt sich in einem einigermaßen intakten System von Sozialversicherungen und privaten Versicherungen um Ansprüche, die die späteren Leistungsempfänger durch Prämien- beziehungsweise

Beitragszahlungen erworben haben. Ihre Beiträge werden im Umlageverfahren für Leistungen an die Älteren beziehungsweise – im Falle von Krankenversicherungen – an die jeweils gerade Kranken ausgezahlt. Jene, die später dann mit der Rente oder im Krankheits- und Pflegefall eine Leistung in Anspruch nehmen, haben ihren Beitrag zum System früher geleistet. Und jene, die schon früher Leistungsempfänger waren, haben wieder eine Generation früher ihre Beiträge geleistet.

Dieses System kann gestört werden, wenn nicht für eine ausreichende Auslastung der Volkswirtschaft gesorgt wird und so zuwenig Beiträge eingezahlt werden oder wenn sogenannte versicherungsfremde Leistungen auf den Beitragszahlern abgeladen werden, wie dies im Zuge der deutschen Vereinigung geschehen ist. Aber dieser Mangel der vergangenen Jahre rechtfertigt weder die fundamentale Kritik am System selbst noch die übertreibende Addition zu den Schulden. Das ist reine Demagogie.

Leider hat sich auch Bundespräsident Köhler in die Reihen der Demagogen eingereiht. Schon im dritten Absatz einer Rede vor dem Arbeitgeberverband kam er am 15. März 2005 zum Punkt: »Der aktuelle Schuldenstand (1,4 Billionen Euro) und die Anwartschaften in den Sozialversicherungen (5,7 Billionen) belaufen sich auf insgesamt 7,1 Billionen Euro«, so seine Rede. Das entspreche 330 Prozent des Bruttoinlandsprodukts. »Machen wir uns wirklich klar, welche Erblast das für unsere Kinder und Enkel bedeutet?« Wer so redet, wer die Anwartschaften so einfach zur Erblast rechnet, versteht nichts von Ökonomie oder ist schlicht ein Demagoge. Es passt ins Bild, dass der Bundespräsident in diesem Zusammenhang mit keinem Wort erwähnt, wie sehr die deutsche Vereinigung, an deren Kostenträchtigkeit er als Finanzstaatssekretär mitgewirkt hat, die Schulden hochgetrieben hat – von 38,8 Prozent Staatsschuldenstand im Jahr 1991 auf 63,2 Prozent in 1998.

Denkfehler 31: »Wer spart, baut Schulden ab.«

Variationen zum Thema:

- »Der Finanzminister muss Ausgaben streichen, um endlich weniger Schulden zu machen.«
- »Wer spart, der spart.«

Beginnend mit dem Jahr 1999 waren wir für einige Zeit Zeugen eines spannenden Wettstreits zwischen Deutschland und Frankreich um die beste und erfolgreichste wirtschaftspolitische Konzeption zur Konsolidierung der Staatsfinanzen. Damals regierte in Frankreich Ministerpräsident Jospin, in Deutschland hatte die rotgrüne Koalition nach dem Rücktritt von Oskar Lafontaine, der gerade ein halbes Jahr im Amt war, eine neue Linie in der Finanzpolitik eingeschlagen, die eng mit dem Namen des Bundesfinanzministers Hans Eichel verbunden ist. Man nannte ihn damals »Sparkommissar«, und seine Popularität war mit der Wahrnehmung dieser Rolle enorm gestiegen. Die Schulden des Bundes hatten sich in der Zeit von Helmut Kohls Kanzlerschaft auf 1,5 Billionen, also auf 1500 Milliarden DM, verfünffacht; der Bund musste jährlich rund 82 Milliarden Mark aufwenden, um die Zinsen für seine Schulden zu bezahlen. Der »Eiserne Hans« nahm sich vor, eisern zu sparen. Im Jahr 2006 – so seine Zielmarke – sollte mit einer Nettokreditaufnahme von Null ein ausgeglichener Haushalt erreicht werden. Auch wenn die Betroffenen – Bauern, Rentner und Arbeitslose – protestierten, Finanzminister Eichel erntete Zustimmung bei einem großen Teil der Medien, bei Sprechern der Wirtschaft, der Wissenschaft und im Grundsatz auch bei der Opposition.

Frankreich entschied sich schon zwei Jahre vor dieser Weichenstellung zu einem anderen Konzept, wie die *Frankfurter Allgemeine Zeitung* im Oktober 1997 notierte: »Die Regierung Jospin hat die Stärkung der inländischen Massenkaufkraft zu einem Ziel ihrer Wirtschaftspolitik erhoben, um auf diese Weise die Konsumnachfrage und damit das Wirtschaftswachstum anzuregen.« Die französische Regierung entlastete die Bezieher von Löhnen und belastete dafür stärker die Bezieher von Kapitaleinkommen; sie legte ein großes Programm gegen die Jugendarbeitslosigkeit auf und ermunterte die Konsumenten, ihr Geld auszugeben, anstatt es zu sparen. Sie setzte darauf, dass sich die Belebung der Konjunktur für den Fiskus auszahlt, dass also die Einnahmen an Steuern und Beiträgen wegen steigender Umsätze, Löhne und Einkommen ebenfalls steigen.

> »Ein Kurs des Streichens, Kürzens, Sparens ist unverzichtbar.«
> *Angela Merkel, 3.10.2003*

1999 resümierte die *FAZ:* »Die Regierung Jospin stellt die Förderung der gesamtwirtschaftlichen Nachfrage durch einen Verzicht auf eine konsequent dem Sparziel verpflichtete Politik vor die rasche Sanierung der angespannten Staatsfinanzen.«

Bei volkswirtschaftlichem Wachstum und Sparerfolg hatten die Franzosen 1999 die Nase vorn. »Frankreich senkt das Staatsdefizit deutlich«, meldete das *Handelsblatt* im September 1999, und die damals noch existierende *Woche* notierte unter der Überschrift »Früchte des Wachstums«: »Verkehrte Welt? Während Deutschland ums Sparpaket streitet, schwimmt Frankreich im Geld.« Infolgedessen könne Frankreich die Staatsschulden beschleunigt tilgen und obendrein das größte Steuersenkungsprogramm seit zehn Jahren auflegen.

In Deutschland wie in anderen Ländern sind die Schulden der öffentlichen Hände hoch, das ist unbestritten. Deshalb muss etwas geschehen. Wie aber kommt man zum Sparerfolg? So wie Frankreich Ende der neunziger Jahre oder so wie Deutschland?

Auf deutscher Seite überträgt man die Lebenserfahrung eines einzelnen, also die Erfahrung von privaten Haushalten und Unternehmen, auf die gesamte Volkswirtschaft. Darin liegt ein Denkfehler. Wenn eine Familie weniger ausgibt und spart, hat sie am Ende des Jahres Schulden abgebaut oder Vermögen angesammelt. Wenn aber der Staat in einer labilen Wirtschaftslage seine Ausgaben zusammenstreicht, dann ist überhaupt nicht gewährleistet, dass er am Ende mehr Geld in der Kasse hat. Es gibt volkswirtschaftlich betrachtet nämlich einen Unterschied zwischen Sparabsicht und Sparerfolg.

Gibt der Staat zum Beispiel weniger für Investitionen bei der Deutschen Bahn aus, dann haben Tiefbauunternehmen im Gleisbau und die Waggonbaubetriebe weniger Arbeit, es werden weniger Löhne ausgezahlt und weniger Maschinen gekauft. Kürzt der Bund das Geld der Arbeitslosen und der Rentner, dann trifft das Gruppen, die ihre Einkommen in der Regel ausgeben, jetzt aber sparen müssen. Das spürt der Einzelhandel und bald auch die zuliefernde Industrie. Alle nüchtern kalkulierenden Unternehmen, deren Kapazität nicht voll ausgelastet ist, werden nicht gerade ermuntert sein, durch Investitionen neue Kapazitäten aufzubauen, wenn sie überall nur noch »sparen, sparen, sparen« hören. Das schwächt die Konjunktur und damit auch die staatlichen Einnahmen. Deshalb garantiert in der heutigen konjunkturellen Situation, die von hoher Arbeitslosigkeit und unausgelasteten Kapazitäten in vielen Betrieben gekennzeichnet ist, die wohlklingende Sparabsicht noch lange nicht den Sparerfolg. Mit diesem Denkfehler stieg Hans Eichels Popularität – und es stiegen die Schulden.

> »Der ›Eiserne Hans‹ hielt gerade mal zwei Jahre durch. Dann kamen die ersten Tricks, die ersten kleinen Lügen, denen schnell größere folgten.« Spiegel, *19.5.2003*
> »Hans Eichel kündigte eine drastische Verschärfung des Sparkurses an. Sein oberstes Ziel bleibe die Haushaltskonsolidierung.« Regierung online, *15.5.2003*

Der Theorie der sogenannten Angebotstheoretiker folgend, hat Finanzminister Eichel darauf gebaut, dass durch seinen Sparwillen in der Bevölkerung wie in der Wirtschaft Vertrauen entsteht, und er hat wohl auch darauf spekuliert, es könnte mit Hilfe der Medien gelingen, einen Stimmungsumschwung in Deutschland einzuleiten. In diesem Fall könnte die Annahme der Angebotstheoretiker greifen, und die Unternehmen würden unabhängig von ihren Absatzchancen und unausgenutzten Kapazitäten investieren; das bedeutet aber, dass sie irrationale Investitionsentscheidungen treffen, nur weil der Staat sagt, er wolle sparen.

Für so irrational halte ich die deutschen Unternehmer nicht. Das deutsche Konzept hat nicht funktioniert, die Franzosen behielten die Nase vorn, und wir brachen im Jahr 2000 und später erneut wegen einer falschen Wirtschaftspolitik ein. Nicht ohne Grund warnten damals amerikanische Wirtschaftswissenschaftler in einem Appell an ihre deutschen Kollegen vor einer falsch verstandenen Sparpolitik und wiesen darauf hin, die USA könnten sich in den neunziger Jahren auch deshalb einer niedrigen Arbeitslosigkeit erfreuen, weil dort eine expansive Geld- und Finanzpolitik betrieben worden ist.

Man kann die falsche Konzeption in Deutschland nicht allein der jetzigen Bundesregierung und ihrem Finanzminister anlasten. Sie entspringt einer Misere der wirtschaftspolitischen Debatte, unter der das Land schon seit Jahren leidet. Das hat viel mit der Entwicklung einer medial bestimmten Kommunikation und Gesellschaft zu tun. Der Mainstream der deutschen Wissenschaft und Publizistik und infolgedessen auch der Politik hat sich auf ein recht primitives, aus einzelwirtschaftlichen Erkenntnissen gespeistes Verständnis von der Ökonomie reduziert. Dass man in der Ökonomie alle verfügbaren Instrumente nutzen sollte, dass es auf Sparerfolg und nicht nur auf Sparabsicht ankommt, dass man die gesamtwirtschaftlichen Zusammenhänge und Rückwirkungen beachten muss und nicht von einzelwirtschaftlich gültigen Erfahrungen auf die gesamte Volkswirtschaft schließen darf: Solche vernünftigen Erkenntnisse haben in einer der schnellen und gefälligen Medienbotschaft verpflichteten Wissenschaft nur noch geringe Chancen.

Der Rückblick auf den Wettstreit zwischen Deutschland und Frankreich ist in verschiedener Hinsicht interessant:

- Es hat sich als richtig erwiesen, dass die Sparabsicht unseres Finanzministers eben nicht gereicht hat. Er hat mit seinen Sparversuchen noch dazu beigetragen, die deutsche Konjunktur weiter abzuwürgen. Die Schulden des Bundes sind zwischen 1999 und Mitte des Jahres 2003 um fast 40 Milliarden Euro angestiegen statt abzunehmen. Und dieses Bild ist noch geschönt, da Eichel mehr als 50 Milliarden Euro aus den UMTS-Verkäufen erlösen konnte. Das Ziel, bis zum Jahr 2006 die Nettokreditaufnahme auf Null zu drücken, ist aufgegeben.
- Der konjunkturelle Einbruch kam, obwohl der Export noch relativ gut läuft und damit die Konjunktur stützt. Das gilt, obwohl auch bei unseren Handelspartnern die Konjunktur in der Zeit zwischen 1999 und 2004 relativ schlecht gelaufen ist. Darauf muss man sich aber als verantwortlicher Finanzminister einstellen. Man kann nicht erwarten, dass die anderen immer die Lokomotive spielen. Jedenfalls kann man sich nicht auf diesen Einbruch hinausreden, wenn man selbst prozyklisch handelt.
- Die Spekulationen der in Deutschland Verantwortlichen, dass der Sparkurs besonderes Vertrauen gewinnen und die Unternehmen deshalb investieren würden, haben sich als haltlos erwiesen.
- Interessant ist der Vergleich mit Frankreich. Zwar haben die Franzosen ihren damals eingeschlagenen Kurs nicht unangetastet eingehalten, und Jospin war auch nicht lange Ministerpräsident, aber ihre Linie, zum Sparerfolg zu kommen und vor allem auch mehr Beschäftigung zu schaffen, unterschied sich deutlich von der unseren und hatte wenigstens einen erkennbaren Erfolg (siehe Tabelle 26).

Diese parallelen Erfahrungen bestätigen, dass die Wirkungszusammenhänge in einer Volkswirtschaft anders verlaufen als in einer Familie. Wenn eine Familie mit durchschnittlichem Einkommen beschließt, im nächsten Jahr 1000 Euro zu sparen, dann schafft sie das in der Regel. Sie fährt nicht in Ferien, sie geht nicht mehr aus, sie kauft sich keine neuen Kleider. Wenn hingegen der

Bundesfinanzminister beschließt, 30 Milliarden Euro weniger Schulden zu machen, dann schafft er es in diesen konjunkturell schlechten Zeiten nicht, wie man schon mehrmals sehen konnte. Er macht, wenn er in einer Depression sparen will, mit seiner Sparabsicht den Sparerfolg zunichte, weil weniger Steuern und Arbeitslosenbeiträge eingenommen werden und höhere Zuschüsse des Bundes zu den Arbeitslosenversicherungen fällig werden.

*Tabelle 26: Tatsächliche Entwicklung zwischen 1998 und 2001 in Frankreich und Deutschland**

	Frankreich	Deutschland
Durchschnittliches Wachstum des Bruttoinlandsprodukts	3,2 %	1,9 %
Entwicklung der Schuldenstandsquote	Rückgang von 70,4 % des Bruttoinlandsprodukts auf 65,0 %	Rückgang von 63,2 % des Bruttoinlandsprodukts auf 60,2 %
Entwicklung der Arbeitslosenquote	Rückgang von 11,4 % auf 8,5 %	Rückgang von 9,1 % auf 7,8 %

* Hier werden wegen der internationalen Vergleichbarkeit die von der OECD verwendeten Zahlen benutzt. Sie weichen zum Beispiel bei den Werten für die Arbeitslosenquote von den Ziffern des Statistischen Bundesamts ab.
Quelle: OECD (Hrsg.): *Economic Outlook 2003*, Paris 2003, S. 195, 209 und 227.

Daraus folgt: Wer als Finanzminister in einer Krisenlage mehr ausgibt und weniger zu sparen beabsichtigt, spart am Ende vielleicht mehr und macht weniger Schulden. Dieser Zusammenhang ist in der deutschen und europäischen Diskussion immer noch nicht begriffen: Als die Bundesregierung aus der Erfahrung lernen wollte und die dritte Stufe der Steuerreform vorzuziehen beschloss, da formulierte die Redaktion der ZDF-Sendung *Berlin Mitte* am 26. Juni 2003 den klassischen Trugschluss: »Steuern runter, Schulden rauf.« Wenn die Konjunktur jedoch anspringt, stimmt dieser Schluss nicht. Dann kann die Verschuldung am Ende geringer sein als ohne stimulierende Steuersenkung. Und wenn die Konjunktur weiter lahmt, auch weil man nicht den Mut hat zum »Steuern runter«, dann kann gerade deshalb der Fall »Schulden rauf« eintreten. Volkswirtschaftliche Abläufe machen einzelwirtschaftlich geprägte Erwartungen zur Makulatur. Der Bundeskanzler hat versucht, gegen den Denkfehler anzugehen. Zu spät. Und bei den meisten Medien mit wenig Erfolg.

So ähnlich war es auch bei der öffentlichen Debatte im Umfeld des Vermittlungsverfahrens zur Steuerreform im November 2003. Der Denkfehler »Wir werden nicht zulassen, dass 80 Prozent der Steuersenkung mit höheren Schulden bezahlt werden«, galt als logische Einlassung. Zweifel an der volkswirtschaftlichen Logik eines solchen Satzes hat nur eine verschwindende Minderheit. Die Verblendung, gestiftet von Angebotsökonomen der Chicago-Schule und gefördert von einzelwirtschaftlichem Denken der Mehrheit, ist fast nicht wegzukriegen.

Das gleiche Spiel dann bei einem neuen Versuch der Koalitionsspitze, angesichts nochmals trüberer Konjunkturaussichten und sinkender Steuerschätzungen Ende April/Anfang Mai 2004 den Kurs zu korrigieren. »Regierung bricht Konsolidierungskurs ab«, lauteten die ebenso eintönigen wie sinnlosen Schlagzeilen. Was man beim Sparversuch nicht erreicht hat, die Konsolidierung, das kann man wohl nicht abbrechen. Wieder scheiterte die Regierung an einer zutiefst irrationalen veröffentlichten Meinung und am darin wohlgebetteten Bundesfinanzminister.

> »Die Konsolidierung der Staatsfinanzen sollte meiner Meinung nach nicht aufgegeben werden.« *Horst Köhler,* FAZ-*Interview vom 12.5.2004*

Ein weiteres Beispiel für das herrschende Missverständnis ist die Reaktion auf die Entscheidung des Rats der Wirtschafts- und Finanzminister der EU-Staaten (»Economic and Financial Council« oder kurz Ecofin-Rat) vom 25. November 2003, das von der EU-Kommission eingeleitete Strafverfahren gegen Deutschland und Frankreich wegen der Verletzung der Maastricht-Kriterien auszusetzen. Die daraufhin einsetzende massive Kritik – Tod des Stabilitätspakts, Gefahr für den Euro, Abkehr von der Sparpolitik – gründete auf dem Denkfehler, dass Deutschland effektiv sparen würde, wenn es der Aufforderung der EU-Kommission nachkäme, noch 4 Milliarden Euro im Bundeshaushalt einzusparen. Das Gegenteil kann richtig sein, dass nämlich mit weiteren Sparabsichten der angestrebte Erfolg noch mehr zunichte gemacht wird. Deshalb ist es auch richtig, auf eine vernünftige Auslegung des EWU-Stabilitätspakts zu pochen, der durchaus Spielraum lässt für beschäftigungspolitische Initiativen. Wenn diese Interpretation keinen Rückhalt findet, sollte man versuchen, eine rationalere Interpretation des Maastrichter Vertrags festzuschreiben. Denn wenn eine Fessel Millionen Menschen unglücklich macht und obendrein das erklärte Hauptziel nicht erreicht, nämlich tatsächlich zu sparen und nicht nur die Absicht dazu zu haben, dann muss man sie sprengen.

Hans Eichels publizistischer Erfolg gründete auf einer desinformierten Öffentlichkeit – das ist unser wahres Problem. Wenn wir nicht lernen, die Denkfehler in der ökonomischen Debatte und Willensbildung zu vermeiden, wenn wir nicht lernen, die Lügen und die Legenden zu durchschauen, dann wird es auch weiterhin eine fehlerhafte Meinungsbildung und daraus folgend bedrückend schlechte politische Entscheidungen geben. In den letzten Jahren war die regierende Politik nicht irrationaler als die Meinungsmacher. Sie hat gelegentlich versucht, aus dem Ghetto des einzelwirtschaftlichen und dogmatischen Denkens auszubrechen. Allerdings hat sie es versäumt, um die Meinungsführerschaft zu kämpfen, was besonders dann notwendig ist, wenn die öffentliche Debatte schon in ihren Grundstrukturen so vorurteilsbeladen ist wie bei dem Thema »Wer spart, der spart«.

Denkfehler 32: »Mehr Eigenverantwortung, weniger Sozialstaat.«

Variationen zum Thema:

- »Der Sozialstaat ist zu sehr gewachsen und muss zurückgestutzt werden.«
- »Die Sozialabgaben sind zu hoch.«
- »Jeder ist seines Glückes Schmied.«

Wenn man die Meinungsführer in den mittleren Oberschichten fragen würde, was sie von der Forderung nach »Mehr Eigenverantwortung und weniger Sozialstaat« halten, würde wahrscheinlich die Mehrheit zustimmen. Würde man die Mehrheit der Bürger fragen, würde das Meinungsbild sicher bunter ausfallen – geprägt von immer noch erstaunlich hoher Zustimmung zu sozialer, staatlicher Sicherheit.

»Mehr Eigenverantwortung« klingt gut und ist ein gutes Prinzip. Aber wie effizient ist es? Können wir darauf unsere Wirtschaft und Gesellschaft aufbauen?

Eigenverantwortung alleine trägt nicht

Wenn Eigenverantwortung wirklich reichen würde, wenn hierzulande wirklich jeder »seines Glückes Schmied« wäre, könnte man über die allgegenwärtige Dominanz und Vorherrschaft dieses Prinzips reden, aber es werden uns täglich Belege dafür geliefert, dass es nicht funktioniert: Wenn Eigenverantwortung allein funktionieren würde, bräuchten wir keine Agrarsubventionen, keine Existenzgründungsdarlehen und auch die sogenannte Förderrente, benannt nach dem früheren Arbeits- und Sozialminister Walter Riester, nicht.

Dann müssten diejenigen, die die Riesterrente installiert und damit so große Hoffnungen verbunden haben, auch nicht darüber nachdenken, ob sie diese Art privater Altersvorsorge oder eine andere Variante zur Pflicht machen sollten. Da geht die Eigenverantwortung offenbar spazieren, und selbst die Bewunderer von Eigenverantwortung als vorherrschendes Prinzip zur Organisation unserer Gesellschaft scheinen plötzlich gemerkt zu haben, dass junge Leute keine Lust haben, ans Altern und an die Altersvorsorge zu denken und dafür bis zu 4 Prozent ihres Einkommens abzuzweigen. Damit sind sie im Jahr 2004 gerade mal bei den Erkenntnissen von Bismarck angekommen, gegen dessen Altersvorsorgesystem sie so gerne polemisieren. Möglicherweise haben sie aber sogar gemerkt, dass viele Familien sich die 4 Prozent des Einkommens für die Privatvorsorge gar nicht leisten können oder aber meinen, sie könnten es auf später verschieben.

Vielleicht lesen diese Familien aber auch Zeitung und haben mitbekommen, dass Anfang 2004 in Großbritannien offenbar wurde, dass die privaten Altersvorsorgesysteme wegen der sinkenden Aktienkurse und gleichzeitig sinkender Renditen in eine Krise geraten sind. Und dass dies ähnlich für viele Betriebsrenten gilt, die den Menschen ebenfalls als Ersatz für die soziale, staatlich organisierte Altersvorsorge angedient worden waren.

Wenn Eigenverantwortung reichen würde, dann gäbe es die Millionen von überschuldeten Menschen und Familien nicht. 3 Millionen Haushalte sind nach Schätzung der Bundesarbeitsgemeinschaft Schuldnerberatung überschuldet; 2004 wird es vermutlich 40 000 Verbraucherinsolvenzen geben, fast eine Verdoppelung seit 2002. Offenbar reicht Eigenverantwortung nicht, um diese Menschen vor dem Unglück der Überschuldung zu bewahren, und sie reicht nicht, um ihnen wieder herauszuhelfen. Man kann natürlich der Meinung sein, das sei kein gesellschaftliches Problem, doch das Grundgesetz verpflichtet uns in Artikel 20 Absatz 1 zur sozialen Gestaltung unseres Zusammenlebens. Mit Recht und mit guter Absicht.

Ohne Solidarität zerfällt unser Land, bevor es zusammengewachsen ist

Wenn Eigenverantwortung immer funktionieren würde und wir es uns leisten könnten, Sozialstaatlichkeit abzubauen und durch Eigenvorsorge zu ersetzen, bräuchte es keine Transfers nach Ostdeutschland zu geben. Nach dieser Logik müsste man fragen: Wieso hat die Solidargemeinschaft der westlichen Beitragszahler die Arbeitslosengeldzahlungen und Rentenzahlungen der ostdeutschen Mitbürger bezahlt? Streng nach dem Prinzip der Eigenverantwortung wäre das doch nicht nötig gewesen.

Zugegeben, das ist ein radikales Beispiel zur Demonstration dessen, wann und warum Solidarität immer noch nötig ist und dass sie manchmal sogar nötiger ist als vorher.

> »Soziale Gerechtigkeit muss künftig heißen, eine Politik für jene zu machen, die etwas für die Zukunft unseres Landes tun: die lernen und sich qualifizieren, die arbeiten, die Kinder bekommen und erziehen, die etwas unternehmen und Arbeitsplätze schaffen, kurzum, die Leistung für sich und unsere Gesellschaft erbringen. Um die – und nur um sie – muss sich Politik kümmern.« *Peer Steinbrück,* Die Zeit, *13.11.2003*

Wenn die Propaganda so weitergeht, wie sie angelegt ist, und den Leuten suggeriert wird, dass Solidarität nicht mehr nötig sei, dann kann man vergessen, dass »zusammenwachsen soll, was zusammengehört«. Wenn die westdeutsche Bevölkerung so denkt, wie sich die Meinungsführer in Politik, Wissenschaft und Medien artikulieren, dann schauen die Menschen ab morgen nur auf ihre eigenen Interessen und sind nicht mehr bereit zum Transfer. Das zeigt, wie unselig die gängige Propaganda ist und wie sehr sie in die Irre führt. Sie macht aus einem Volk, von dem auf lange Jahre hinaus noch Solidarität verlangt wird, ein Volk von Egoisten.

Was zwischen Ost- und Westdeutschland gilt, muss auch sonst gelten

Man kann nicht in einem Fall wie dem Finanztransfer von West nach Ost Solidarität verlangen und in anderen Fällen, in denen Deutsche in Ost und West gleichermaßen betroffen sind, Solidarität als Prinzip der Organisation unseres Zusammenlebens hintanstellen.

Eigenverantwortung heißt bei der Ausgliederung des Zahnersatzes aus der gesetzlichen Krankenkasse: Man erkennt am Gebiss der Kinder, ob die Eltern Geld haben.

Eigenverantwortung allein funktioniert nicht, wenn wir mehr Müttern und Vätern die Möglichkeit geben wollen, Arbeit und Familie zu verbinden. In der modernen Welt setzt dies voraus, dass Kinder auch schon in frühkindlichem Alter gut aufgehoben sind. Hier bedarf es öffentlicher Hilfe, denn sonst ist das nicht für alle Schichten zu schaffen.

Mit Eigenverantwortung allein gelingt die Integration der häufig unter falschen Voraussetzungen hierhergeholten Aussiedler nicht. Da die Regierung Kohl dies aber in großem Umfang betrieben hat, bleibt uns jetzt nichts anderes übrig, als solidarisch zu handeln: also Sprachunterricht zu bezahlen und auch Renten zu bezahlen an alte Menschen, die hierzulande keine Beiträge eingezahlt haben.

> »An die Stelle der persönlichen Verantwortung – als notwendiges Pendant zur Freiheit – ist vielfach staatliche Vollversorgung getreten.« *Hans Tietmeyer, Kuratoriumsvorsitzender der Initiative Neue Soziale Marktwirtschaft, Oktober 2000*

Mit Eigenverantwortung lässt sich die notwendige bessere Integration von Kindern ehemaliger Gastarbeiter und anderer hier lebender Ausländer nicht bewerkstelligen. Auch dabei bedarf es sozialstaatlicher Hilfen.

Eigenverantwortung soll uns helfen, mit dem wachsenden Problem schlecht ausgebildeter Jugendlicher fertig zu werden? Mit einer wachsenden Rate von Analphabeten, mit den vom

Kommerzfernsehen Geschädigten, mit Drogen und Gewalt? Diese Probleme sollen nach dem Prinzip »mehr Eigenverantwortung, weniger Sozialstaat« gelöst werden?

Mit Eigenverantwortung lässt sich auch ein Problem nicht lösen, bei dem sich wohl alle einig sind, weil alle darüber reden: Wir brauchen mehr Bildung, eine bessere Ausbildung der Jugendlichen, bessere Schulen und Universitäten. Da sind doch wohl öffentliche Mittel nötig? Das verlangen sogar jene, die Bildung zunehmend privat organisieren wollen. Wenn es nach ihnen geht, soll der Staat den Privaten öffentliches Geld in die Taschen schieben. Das ist die eleganteste Art des Prinzips »mehr Eigenverantwortung«.

All diese Beispiele zeigen, dass sich die Grenzlinie zwischen Eigenverantwortung und öffentlicher Verantwortung, zwischen Selbstorganisation und sozialstaatlicher Organisation so oder so verschieben kann, in Richtung zu mehr Eigenverantwortung oder in Richtung zu mehr Sozialstaatlichkeit und öffentlicher Verantwortung. Dass die heute agierenden Politiker dies so sehr als Einbahnstraße sehen, hat etwas mit ihrer Schichtzugehörigkeit zu tun. Nur noch wenige verstehen, dass die soziale Sicherung für Menschen, die nicht über Vermögen und auch nicht über eine Pension verfügen, oder schon gar für solche, die Schulden haben, das einzige Vermögen ist, das sie noch besitzen und das ihnen ein bisschen Sicherheit für die Zukunft gibt. Das wollen wir ihnen nehmen?

> »Mit anderen Worten: Die Mentalität der Deutschen muss sich dramatisch verändern. Sie dürfen den Sozialstaat nicht mehr als freundlichen Helfer in einem mehr oder weniger schwierigen Alltag betrachten, sondern nur noch als Retter in der Not.« Spiegel, *19.5.2003*
>
> »Es lohnt sich, was zu leisten. Wir müssen weg von dem Denken, dass der Staat für alle Lebenslagen verantwortlich ist.« *Wolfgang Clement, Rede beim BDI, 22.9.2003*

Die Eliten sind jedesmal erstaunt, wenn sie in mühevoll erstellten Umfragen gegen viel Geld erfahren, wie die Mehrheit der Menschen denkt. Von den siebziger Jahren bis heute zieht sich durch die entsprechenden Umfragen wie ein roter Faden die Zustimmung zu Sozialstaat und öffentlichen Leistungen.

Ergebnisse aus einer Allensbach-Umfrage im Auftrag der Initiative Neue Soziale Marktwirtschaft

»Gefragt, was denn an der sozialen Marktwirtschaft in der Bundesrepublik so besonders sei, entscheiden sich:

- 40 Prozent der Deutschen für die soziale Absicherung. ›Es ist keine reine Marktwirtschaft, sondern ein soziales System, in dem auch den sozial Schwächeren geholfen wird.‹
- 23 Prozent heben die bessere Funktionsweise der sozialen Marktwirtschaft hervor.
- 20 Prozent verbinden mit der sozialen Marktwirtschaft die Besonderheit, dass ›man in diesem System Ideen frei verwirklichen und Unternehmen gründen kann, und man wird nicht vom Staat dirigiert (...)‹.

Festzuhalten bleibt also, dass sich die soziale Sicherheit inzwischen als Markenzeichen in der Marktwirtschaft durchgesetzt hat – Freiheit und Wettbewerb sind als Werte dagegen in den Hintergrund gerückt. Wenn aber die soziale Absicherung das Wichtigste an der Markwirtschaft in Deutschland ist, dann stellt sich die Frage, wer denn für diese Sicherheit verantwortlich ist.
Für die meisten Deutschen ist die Antwort auf diese Frage klar: der Staat. Und der soll sich, wie die Allensbacher Umfrage zeigt, möglichst umfassend um das Wohl des einzelnen Bürgers kümmern.«

»Der Wunsch nach dem ›dritten Weg‹: Schon mit der ›sozialen Marktwirtschaft‹ haben sich die Deutschen verglichen mit der ›freien Marktwirtschaft‹ z. B. in den USA eine Extrawurst gebraten. Doch selbst die scheint ihnen noch nicht genug zu schmecken. (...) – Jedenfalls plädieren erstaunlich viele und zudem eine steigende Anzahl von Deutschen für den ›dritten Weg‹.

›Wir brauchen bei uns im Land eine neue Politik, einen neuen Weg zwischen Kapitalismus und Sozialismus‹ – dieser Aussage stimmten 1999 insgesamt 42 Prozent der Deutschen zu, während nur 34 Prozent diese Notwendigkeit nicht sehen. Damit hat sich der Anteil der Befürworter eines ›dritten Weges‹ innerhalb nur eines einzigen Jahres um fast ein Drittel erhöht. Und das nicht nur in den neuen Bundesländern (von 43 auf 56 Prozent), sondern auch in den alten Ländern (von 30 auf 38 Prozent).«[77]

Beunruhigend für die Auftraggeber der 1999 durchgeführten Umfragen waren auch die abgefragten Reformwünsche der Deutschen. Zum Beispiel: Für kürzere Arbeitszeiten waren 20 Prozent, für längere Arbeitszeiten nur 10 Prozent; für mehr Kündigungsschutz waren 25 Prozent, für den Abbau von Kündigungsschutz nur 8 Prozent der Westdeutschen. Die Reformwünsche der Ostdeutschen müssen den Auftraggebern noch unangenehmer in den Ohren geklungen haben: 27 Prozent waren für kürzere Arbeitszeiten, nur 4 Prozent für längere; 33 Prozent für mehr Kündigungsschutz und nur 7 Prozent für den Abbau von Kündigungsschutz.

Gegen solch ein Meinungsbild muss man etwas tun, beispielsweise indem man die Meinung des Volkes ummodelt. Zu diesem Zweck wurde die »Initiative Neue Soziale Marktwirtschaft« gegründet, getragen von den Arbeitgeberverbänden der Metall- und Elektroindustrie, wissenschaftlich begleitet vom Kölner Institut der deutschen Wirtschaft (IW) und repräsentiert von Hans Tietmeyer, Oswald Metzger und fünf weiteren Kuratoriumsmitgliedern sowie von fünfundzwanzig namhaften »Botschaftern«, vorwiegend aus Politik und Wirtschaft, zu denen etwa auch Peter Glotz gehört. Unter der wunderbaren Parole »Chancen für alle« bleut uns die Initiative Neue Soziale Marktwirtschaft seitdem ein, dass wir unseres Glückes Schmied sind und dass Eigenverantwortung angesagt ist.

Bisher war das Volk resistent. Aber es ist nicht auszuschließen, dass uns unter dem Trommelfeuer von *Spiegel* und *Bild*-Zeitung, von Bürgerkonvent und Initiative Neue Soziale Marktwirtschaft, von Rot und Schwarz, von Grün und Gelb doch noch vermittelt wird, unsere Zuneigung zum Verfassungsgrundsatz Sozialstaat sei unmodern und schuld an der Arbeitslosigkeit.

Übeltäter Sozialstaat?

In der öffentlichen Debatte wird dem Sozialstaat heute so ziemlich alles angelastet, was es an Schwierigkeiten im Lande gibt: die Schulden, die Arbeitslosigkeit, die Verlagerung von Arbeitsplätzen und so weiter. Zum Beleg wird die Entwicklung der sogenannten Sozialleistungsquote angeführt (die Sozialleistungsquote beziffert die Sozialleistungen in Prozent des Bruttoinlandsprodukts). Wenn man der Legende glaubt, dann hat diese Quote eine Dynamik nach oben, die beängstigend ist. Schauen wir uns also einfach die Ziffern an (siehe Tabelle 27).

Die Daten zeigen: Der Wert stieg von 21,1 Prozent im Jahr 1960 über 25,1 Prozent 1970 auf 30,6 Prozent 1980. Von da an schwankten die Werte um die 30 Prozent, mit einem niedrigen Wert von 27,8 Prozent im Jahr 1990 und einem hohen Wert von 32,1 Prozent im Jahr 1996. Allein der Anstieg um 4,3 Prozent in dieser kurzen Periode von sechs Jahren während der Regierungszeit von Helmut Kohl muss zu denken geben, denn in dieser Zeit wurde der Sozialstaat ja nicht ausgebaut.

Auf die Hintergründe solcher Schwankungen sind wir schon des öfteren gestoßen: Im Jahr 1996 war – wie auch 1975 oder wie in den letzten Jahren – die Konjunktur besonders schlecht und die Arbeitslosigkeit besonders hoch. Das drückt auf den Nenner – die Höhe des Sozialprodukts –, erfordert höhere Zahlungen der Sozialkassen für Arbeitslosenversicherung und Vorruhestand und erhöht so die Sozialleistungsquote.

Tabelle 27: Sozialleistungsquoten (in Prozent des Bruttoinlandsprodukts)

	Sozialleistungs-quote insgesamt	Alter und Hinter-bliebene	Gesund-heit	Ehe und Familie	Beschäf-tigung	Übrige
1960	21,1	9,2	5,8	3,6	0,6	1,9
1965	22,5	9,5	6,3	4,3	0,5	1,8
1970	25,1	10,3	7,3	4,7	0,8	2,0
1975	31,6	12,1	9,7	5,2	2,0	2,7
1980	30,6	11,9	10,0	4,9	1,6	2,3
1985	30,0	12,0	9,8	4,2	2,0	1,9
1990	27,8	11,2	9,6	3,7	2,0	1,3
1995	31,2	11,6	11,1	4,0	3,1	1,3
1996*	32,1	11,8	11,3	4,4	3,3	1,3
2000	31,8	11,9	10,9	4,8	3,0	1,2

* Die Werte für 1996 wurden außerhalb des Fünf-Jahres-Rhythmus eingefügt, weil die Sozialleistungsquote 1996 einen Spitzenwert erreicht hatte.

Quelle: Bundesministerium für Gesundheit und Soziale Sicherung (Hrsg.): *Statistisches Taschenbuch 2003, Arbeits- und Sozialstatistik*, Bonn 2003, 7.2.

Sehr unterschiedliche Gründe für Anstieg und Änderung der Sozialausgabenquote

Tabelle 27 gibt Aufschluss darüber, welche Zweige der sozialen Sicherung und der sozialen Versorgung besonders gestiegen sind:

- Die Ausgaben für Beschäftigung, also für Arbeitslosigkeit, sind immerhin um 2,4 Prozentpunkte gestiegen; für Ehe und Familie um gut 1 Prozentpunkt mit einer besonderen Spitze 1975 bei der Umstellung der Kinderförderung von den ungerechten Kinderfreibeträgen zum Kindergeld. Dieser Zuwachs von ungefähr 0,9 Prozentpunkten ist nur die Folge einer Umschichtung von einer Steuerbefreiung zu einer direkten Zahlung aus Sozialkassen. Der Sozialstaat wurde damit um keinen Deut erweitert.
- Die Leistungen für Gesundheit sind anteilsmäßig besonders gestiegen, von 5,8 Prozent im Jahr 1960 auf knapp 11 Prozent

heute. Ist das Ausdruck einer ungewöhnlichen Ausdehnung des Sozialstaats? Oder eher Ausdruck eines gewachsenen Gesundheitsbewusstseins und einer Verfeinerung der medizinischen Technik? Oder besonderer Geldvergeudung in diesem Bereich? Diese Veränderung müsste jedem zu denken geben, der die Schuld für alles im Sozialstaat sucht.

> »Ich halte nichts davon, wenn 85jährige noch künstliche Hüftgelenke auf Kosten der Solidargemeinschaft bekommen.« *Philipp Mißfelder, Vorsitzender der Jungen Union, 3. August 2003*

Abbildung 13: Die einzelnen Komponenten der Sozialleistungsquote und die Sozialleistungsquote insgesamt (Ausgaben jeweils in Prozent des Bruttoinlandsprodukts)

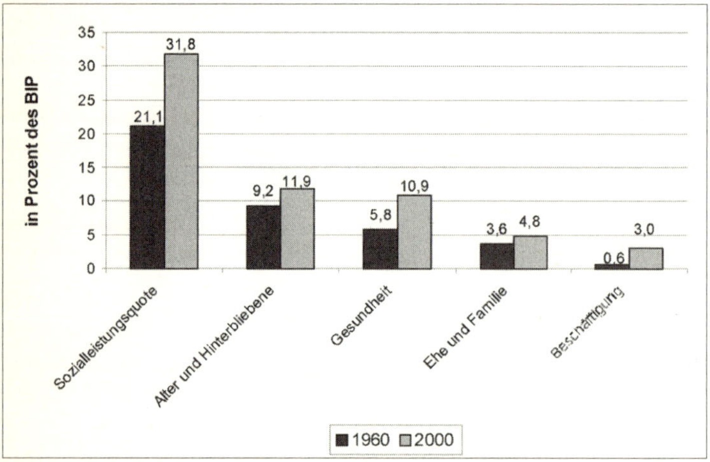

Anders als in Tabelle 27 wurde hier auf die Kategorie »Übrige« verzichtet, die in der Summe die an 100 fehlenden Prozentpunkte ausmacht.
Quelle: Bundesministerium für Gesundheit und Soziale Sicherung (Hrsg.): *Statistisches Taschenbuch 2003, Arbeits- und Sozialstatistik*, Bonn 2003, 7.2.

Die Art und Weise, wie wir die Rentenversicherung, die Krankenversicherung, die Arbeitslosenversicherung und die Pflegeversicherung organisieren, hat Auswirkungen auf die Sozialleistungsquote. Wenn es gar keine sozialen Sicherungssysteme gäbe, wenn jeder sich selbst versichern müsste, könnte die Sozialleistungsquote bis gegen Null sinken. Das ist in Dänemark der Fall, wo Sozialleistungen vornehmlich über Steuern finanziert werden. Genauso gibt es Gründe, weshalb die Sozialleistungsquote steigt:

- Sie steigt, wenn der Bund wegen schlechter Konjunktur mehr Geld für die Zuschüsse zur Arbeitslosen- und Rentenversicherung ausgeben muss.
- Sie steigt, wenn die Gemeinden mehr für Sozialhilfe zahlen müssen, weil mehr Menschen ohne Arbeit der Sozialhilfe anheimfallen.
- Sie steigt und ist gestiegen, als in den neunziger Jahren eine große Zahl von unter Sechzigjährigen in den Vorruhestand geschickt wurde.
- Sie steigt und ist gestiegen mit den Rentenzahlungen für Aussiedler und infolge der deutschen Vereinigung.

Manches davon war sicher fragwürdig, aber mit Sicherheit waren viele dieser Leistungen unvermeidlich, und viele waren auch sinnvoll. Klar ist: Es ist das legitime Recht einer Gesellschaft, zu entscheiden, wie sie ihre Sozialleistungen organisiert und ob sie es beispielsweise für sinnvoll hält, einer großen Zahl von Selbständigen wie zum Beispiel Einzelhändlern die Möglichkeit zu bieten, sich in eine soziale Rentenversicherung einzukaufen. Das hat in den siebziger Jahren vor allem die FDP gewünscht, eine Art Klientel-Politik mit einem Kern von vernünftiger Absicht. Jedenfalls war das damals ein beachtlicher Solidaritätsbeitrag der Arbeitnehmerschaft für die kleinen Selbständigen. Nicht selbstverständlich, vielleicht auch falsch, aber das zu entscheiden ist auf jeden Fall eine Frage der Abwägung und nicht dogmatisch zu beantworten.

Andere soziale Leistungen ergaben sich aus großen politischen Entscheidungen: Mit der Entscheidung für die Vereinigung der beiden Teile Deutschlands war auch die Entscheidung zur Erhöhung der Sozialleistungsquote getroffen, weil Transfers von West nach Ost unumgänglich waren und sind.

Die Regierung Kohl hat entschieden, rund 3 Millionen Aussiedler nach Deutschland zu holen. Damit war ebenfalls die Erhöhung der Sozialleistungsquote verbunden, weil eine große Zahl dieser Menschen ins Rentenalter kam. Das waren sogenannte versicherungsfremde Leistungen, die den beitragszahlenden Arbeitnehmern in hohem Maße aufgebürdet wurden. Ich habe als Abgeordneter die Entscheidung, so viele Aussiedler hierherzuholen, nicht für richtig gehalten. Aber die Leute sind jetzt hier, also müssen wir für sie sorgen. Doch es ist schon bemerkenswert, wenn jene, die diese Entscheidung damals getroffen haben, auch diese Belastung pauschal dem Sozialstaat ankreiden, ohne zu erklären, dass sie die Erhöhung selbst mit zu verantworten haben.

Denkfehler 33:
»Sozial ist, was Arbeit schafft.«

Sozial ist, was Arbeit schafft. Das wäre ein schöner Satz, wenn er nicht einen drohenden Unterton hätte, der besagt, man müsse Unsoziales hinnehmen, damit Arbeit geschaffen werden kann. So gemeint ist der Satz aber nicht richtig, weil man auch ohne Unsoziales zu tun Arbeit schaffen kann, wenn man die richtige Wirtschaftspolitik macht.

Was haben wir schon alles an Unsozialem hingenommen: die Einschränkungen im Bereich der Arbeitsmarktpolitik und des Arbeitsrechts sowie die Drangsalierung der Langzeitarbeitslosen, große Steuergeschenke für große Unternehmen, die Streichung der Gewerbekapitalsteuer, die Streichung der Vermögensteuer, die Nichtbesteuerung von Gewinnen bei Unternehmensverkäufen, die Herabsetzung des Spitzensteuersatzes und vieles mehr ... Und wo sind die Wirkungen dieser unsozialen Taten geblieben?

> »Sozial ist, was Arbeit schafft – diese Maxime ist oberste Richtschnur unseres Handelns.« *Gemeinsamer Beschluss der Präsidien von CDU und CSU vom 4. Mai 2003*

Erinnern Sie sich noch? Quer durch alle Blätter, Sender und Politikerreden wurde uns versprochen: Wenn die Ladenschlusszeiten gelockert werden und die Verkäuferinnen ungemütlichere Arbeitszeiten hinnehmen, dann wird Arbeit geschaffen. Für diese Maßnahme kann man ja um der abendlichen Belebung der Innenstädte willen eintreten, aber es ist schon erstaunlich, wie viele Menschen in Deutschland wirklich geglaubt haben, es werde mehr gekauft, wenn man die Verkaufszeiten verlängert. Auf diesem Niveau bewegten sich die neoliberalen Theoretiker, und auch mancher Intellektuelle glaubte daran.

Nachdem 2003 bereits 50 000 Stellen im Einzelhandel verlorengegangen waren, meldeten die Zeitungen am 9. März 2004, der Einzelhandelsverband HDE rechne damit, dass 2004 weitere rund 30 000 Arbeitsplätze abgebaut werden, weil es »Zweifel an der konjunkturellen Erholung« gibt. In einer besseren Konjunktur liege der Schlüssel für mehr Arbeit.

»Sozial ist, wer Arbeit schafft.« *Alfred Hugenberg, Februar 1933*

Aber diese reale Werktagserkenntnis beeindruckt die Agitatoren des »Sozial ist, was Arbeit schafft« nicht. Das ist ein sozialpsychologisch interessantes Phänomen. Die Agitation ist realitätsresistent. Die Realität und das, was über sie öffentlich gesagt, kommuniziert, weiterverbreitet und immer wieder gesagt wird, schweben unberührt aneinander vorbei. Das Nichteintreffen des Therapieerfolgs wird mit einer noch höheren Dosis derselben Therapie beantwortet.

Der Satz »Sozial ist, was Arbeit schafft« ist psychologisch ein ausgebuffter, cleverer Satz. Mit dieser Botschaft wird zugleich nämlich eine zweite, unausgesprochene Botschaft transportiert, jene nämlich, dass tatsächlich Arbeit geschaffen werde. Wie ich beschrieben habe, stimmt das nicht. Aber wenn sie immer wieder sagen »Sozial ist, was Arbeit schafft« und noch einmal »Sozial ist, was Arbeit schafft«, dann verlieren sich die Zuhörer in einer Debatte darüber, ob die unsoziale Tat notwendigerweise mit dem Schaffen von Arbeitsplätzen verbunden sein muss. Ob überhaupt Arbeit damit geschaffen wird, wird gar nicht mehr hinterfragt. So läuft moderne Kommunikation und Öffentlichkeitsarbeit ab. Der Satz hat Alibicharakter. Das ist gewollt.

»Und wenn alle anderen die von der Partei verbreitete Lüge glaubten – wenn alle Aufzeichnungen gleich lauteten –, dann ging die Lüge in die Geschichte ein und wurde Wahrheit.« *George Orwell, 1984*

»Sozial ist, was Arbeit schafft« versperrt den Blick auf die Realität der Entwicklung, zum Beispiel darauf, dass gesicherte Arbeitsverhältnisse ausgehöhlt werden, und darauf, was für die Betroffenen aus der Vermehrung der Minijobs folgt. Michael Moore hat in seinen Filmen und Büchern geschildert, was geschieht, wenn man sich auf die einfache Formel einlässt, sozial sei, was Arbeit schaffe. Eine Kombination von mehreren Minijobs bringt zwar Arbeit, aber so wenig Lohn in der Stunde, dass die Betroffenen so lange arbeiten und so viel hin und her hetzen müssen, dass keine Zeit mehr für die Familie und für andere Bedürfnisse bleibt. Man kann beim besten Willen nicht davon sprechen, dies sei sozial. Wer so spricht, hat keine Ahnung vom Alltag der Niedriglohnverdiener und ihrer Familien.

Achten Sie einmal darauf, wie sich dieser Kampagnensatz weiterentwickelt.

Denkfehler 34:
»Leistung muss sich wieder lohnen.«

Variation zum Thema:

- »Wir brauchen ein Steuersystem, das Leistung fördert.«

Gerade als ich über die Hintergründe der Parole »Leistung muss sich wieder lohnen« nachdachte, erreichte mich der Anruf eines Freundes, der als Angestellter bei einem sogenannten Global Player arbeitet: »Stell dir vor«, berichtete er, »ich bekomme jetzt einfach durch die Steuerreform jeden Monat 227 Euro mehr aufs Konto, und mein Chef bekommt fünfmal mehr, also mehr als 1000 Euro im Monat von der Regierung geschenkt.« Er war sichtlich entsetzt, weil er aus seinem Freundeskreis weiß, wie es bei den Opfern der Reformen aussieht und wie schlecht es um die wirtschaftliche Lage vieler bestellt ist.

Die öffentliche Debatte wird von solcherlei Skrupeln nicht beeindruckt, sonst hieße es nicht, Leistung müsse sich endlich wieder lohnen. Wir haben eine gespaltene Republik: Auf der einen Seite sind die Manager, die sich mitten in der allgemeinen Wirtschaftskrise und teilweise mitten in einer Krise ihres eigenen Unternehmens auf fast schon unanständige Weise bedienen. Auf »ihrer« Seite stehen auch noch Politiker, Wissenschaftler und Publizisten, die zu glauben scheinen, die Spitzeneinkommen in Deutschland seien zu niedrig und würden obendrein steuerlich schlecht behandelt.

Auf der anderen Seite steht die Mehrheit der Bürger, deren Realität völlig anders aussieht: Seit zwanzig Jahren geht die Schere zwischen den Einkommen aus Unternehmertätigkeit und Vermögen einerseits und den Einkommen aus Löhnen und Gehältern andererseits auseinander.

Spitzenmanager wie Josef Ackermann von der Deutschen Bank mit einem Jahresgehalt von rund 6,5 Millionen Euro verdienen heute das 200fache eines durchschnittlichen Arbeitnehmers.

Mit Zusatzleistungen waren es 2003 sogar 11 Millionen Euro, wie im März 2004 bekannt wurde, das ist das 336fache dessen, was ein »Normalbürger« bekommt. Lohnt sich da Leistung immer noch nicht? Die acht Vorstandsmitglieder der Deutschen Bank verdienen zusammen mehr als unsere 603 Bundestagsabgeordneten – und letztere gelten auch nicht gerade als unterbezahlt. Die Deutsche Bank ist kein Einzelfall, in den meisten großen Unternehmen Deutschlands wurde in den letzten Jahren, also in Krisenjahren wohlgemerkt, ordentlich zugelangt.

> »Arbeit muss sich wieder lohnen.« *Helmut Kohl laut dpa, 14.2.1982*
> »Wenn wir von Leistung sprechen, dann meinen wir vor allen Dingen, dass sich Leistung wieder lohnen muss.« *Angela Merkel, 17.6.2002*

Diese Entwicklung der sogenannten originären Einkommensverteilung wurde von der Steuerpolitik verschärft: Steuerbefreiungen und Steuersenkungen kamen besonders den Spitzeneinkommen zugute (siehe auch Tabelle A1 im Anhang, S. 405). Von der Streichung der Vermögensteuer und der Senkung des Spitzensteuersatzes haben vor allem sie profitiert.
Bei dem zum Jahreswechsel 2003/2004 vollzogenen Steuerreformschritt bekommt ein Spitzenverdiener mit einem Jahreseinkommen von 1 Million Euro 2004 eine Steuerentlastung von 31 000 Euro (siehe Abbildung 14). Das ist nicht nur in absoluten Zahlen ein Vielfaches im Vergleich zu einem Geringverdienenden. Es ist auch proportional mit 3,1 Prozent höher als beim Geringverdiener mit 1,3 Prozent. Und dabei ist die deutsche Steuerbelastung mit 23,1 Prozent im Vergleich zu anderen Ländern nicht besonders hoch: Nach Spanien haben wir die niedrigste Steuerquote unter allen EU-Ländern (siehe Tabelle A9 im Anhang, S. 414).

Abbildung 14: Effekte der Einkommensteuersenkung 2004 (Entlastung eines Ledigen ohne Kinder 2004 gegenüber 2003)

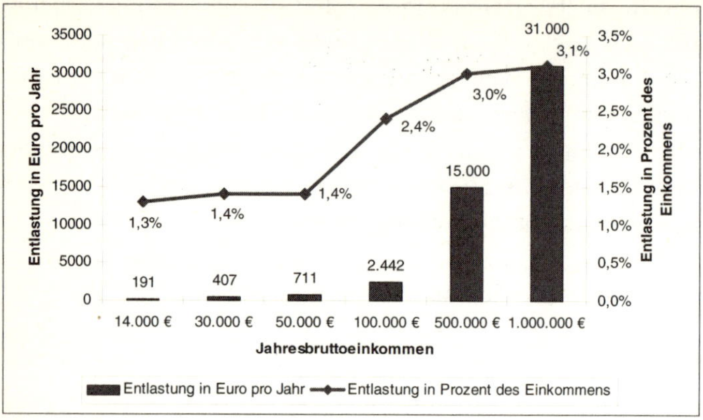

Quelle: verdi (Hrsg.): *Wirtschaftspolitik aktuell*, Nr. 6, Dezember 2003.

»Wir brauchen ein Steuersystem, das Leistung fördert, anstatt sie zu bestrafen.« *Hans Tietmeyer, Kuratoriumsvorsitzender der Initiative Neue Soziale Marktwirtschaft, Oktober 2000*

Die Behauptung, unser Staat habe sich in den letzten Jahren und Jahrzehnten zu einem »Verteilungsstaat« entwickelt – eine Behauptung, die immer mit dem Unterton verbunden wird, die Arbeitnehmer und die »Faulenzer« hätten in dieser Zeit gewonnen –, ist schlichtweg ein Märchen. Man muss den Eindruck gewinnen, dass mit der Parole, Leistung müsse sich wieder lohnen, die wirklichen Einkommensverschiebungen in Deutschland verschleiert werden sollen.

»Und wenn alle anderen die von der Partei verbreitete Lüge glaubten – wenn alle Aufzeichnungen gleich lauteten –, dann ging die Lüge in die Geschichte ein und wurde Wahrheit.« *George Orwell, 1984*

Es wäre wohl eher angebracht, die ungerechte Einkommensverteilung und die immer weiter auseinanderdriftende Verteilung der Vermögen zu debattieren. Welche Maßlosigkeit sich hier zeigt, ist nicht ungefährlich, denn die Raffgier an der Spitze strahlt ab auf die darunterliegenden Einkommensgruppen und die Politik. Wenn die da oben soviel verdienen, warum wir dann nicht auch? So nährt die eine Maßlosigkeit die andere, eine Korruption die nächste. Es wäre wie zu allen Zeiten das Privileg der Jugend, diese Zustände radikal zu hinterfragen. Sie tut es nicht. Das kann man verstehen, denn jede Radikalität beeinträchtigt in Zeiten der Arbeitslosigkeit die Berufschancen.

Der amerikanische Nationalökonom Paul Krugman hat für sein Land in einem Essay formuliert, welche schlimmen Folgen das Auseinanderziehen der Einkommens- und Vermögensverteilung in den USA hat: Befreit von allen Gleichheitsidealen reißen die Reichen immer mehr Wohlstand an sich, »die Mittelschicht löst sich auf«, »der amerikanische Albtraum«.[78]

Die offensiv vorgetragene Behauptung, Leistung lohne sich in Deutschland nicht, wirkt in der Öffentlichkeit auch wie ein Schutz vor der unangenehmen Frage, ob jene, die eine höhere Entlohnung ihrer angeblichen Leistung verlangen, überhaupt eine entlohnenswerte Leistung erbringen. Das ist keineswegs selbstverständlich, wie schon einige wenige Beispiele zeigen:

- Die *Commerzbank* hat 2003 einen Verlust von 2,3 Milliarden Euro gemacht. Nach Informationen der *FAZ* vom März 2004 schüttet sie dennoch 130 Millionen Euro als Boni an ihre Investmentbanker aus. Entlohnung für Leistung?
- Die Führung der ehemaligen *Daimler-Benz AG* hat den Konzern mit der Übernahme von Chrysler und der Beteiligung an Mitsubishi mit Milliardenverlusten belastet. Diese reife Leistung wird fürstlich honoriert.
- Die Führung der *Deutschen Bank* hat sich von der spekulativen Blase auf den Aktienmärkten so blenden lassen, dass sie meinte, ihre normalen Privatkunden in eine eigene »Bank 24«, sozusagen eine Fastfood-Bank mit Low-level-Stempel, abschieben

zu können – das Projekt ist inzwischen tot. Eine Leistung der Bankspitze, die belohnt werden musste?

- Der *Siemens-Konzern* hat im Jahr 2000 70 Millionen Euro bezahlt, um 3 Prozent am maroden Start-up-Unternehmen Brokat zu erwerben, obwohl zu dieser Zeit schon klar war, dass die spekulative Blase des Neuen Markts platzen würde. Inzwischen gibt es Brokat nicht mehr.

Man könnte die Liste solcher fragwürdigen Leistungen deutscher Manager noch um einiges verlängern. Es sei zugestanden, dass dort, wo entschieden wird, immer auch Fehler gemacht werden. Doch es geht um die vermeidbaren und vorhersehbaren Fehlentscheidungen. Davon gibt es so viele, dass denen, die darin verstrickt sind, dringend zu raten wäre, bescheidener aufzutreten.

Denkfehler 35: »Steuersenkungen schaffen Investitionen und Arbeitsplätze.«

Wenn ich höre, die Senkung des Spitzensteuersatzes und der Unternehmenssteuern sowie eine Steuerreform brächten Investitionen und Arbeitsplätze, dann fällt mir unwillkürlich jene wunderschöne Szene von Loriot ein: »Ja, wo laufen sie denn ...«, die Investitionen und Arbeitsplätze? Seit zwanzig Jahren wird das propagiert: Spitzensteuersatz 45 Prozent, 40 Prozent, 35 Prozent – wer bietet weniger?

»Forscher fordern geringe Steuern auf Einkommen. Ifo-Institut schlägt Höchstsatz von 40 Prozent vor«, schrieb die *Frankfurter Rundschau* schon 1999. »Alle Steuersätze senken. Das bringt mehr Arbeitsplätze«, sagt Wolfgang Schäuble in den *Tagesthemen*. »Gegen die Arbeitslosigkeit kann man nur langfristig angehen, zum Beispiel mit einer Steuerreform, die zu Neuinvestitionen anregt«, behauptet der frühere Vorsitzende des Sachverständigenrats zur Begutachtung der gesamtwirtschaftlichen Entwicklung, Prof. Herbert Hax. Und nach ihm behaupten Legionen anderer dasselbe: Ähnlich äußern sich die Sprecher der Bündnisgrünen, der Präsident des Bundesfinanzhofs, der Verbandspräsident der privaten Banken, der frühere Bundesverfassungsrichter Paul Kirchhof, Friedrich Merz, Guido Westerwelle, Edmund Stoiber – alles, was Rang und Namen hat. Und dies nicht erst seit der Jahreswende 2003/2004. So geht das schon seit Kohls und Lambsdorffs Zeiten. Déjà-vus im Abonnement.

Würde dieser einfache Wirkungszusammenhang stimmen, dass eine Senkung der Unternehmenssteuern und des Spitzensteuersatzes zu mehr Investitionen und Arbeitsplätzen führt, dann müsste es in Deutschland schon lange zum Besseren stehen. Schon die Regierung Kohl reduzierte mehrmals die Steuern für Unternehmen und höhere Einkommen (die Entlastung des Faktors Kapital lässt sich an Tabelle A1 im Anhang, S. 405, ablesen.) In den achtziger Jahren stiegen die Unternehmens- und Vermögenseinkommen brutto um 108 Prozent und netto um 130 Prozent. Dass von einem Zuwachs netto mehr bleibt als brutto ist nur möglich, wenn die Steuerbelastung im gleichen Zeitraum abnimmt.

Auch die spätere Streichung der Gewerbekapitalsteuer, die Abschaffung der Vermögensteuer und die großzügigen Steuergeschenke Hans Eichels an Großunternehmen haben keinen Investitionsboom ausgelöst. Die Investitionsquote (Anlageinvestitionen in Prozent des BIP nominal) ging von 21,5 Prozent im Jahr 1999 auf 18,4 Prozent 2002 zurück.[79] Sie liegt damit niedriger als in vielen unserer Nachbarländer. Der Spitzensteuersatz war zur gleichen Zeit in Japan, Dänemark, Belgien, Frankreich, Schweden und in den Niederlanden höher als bei uns.

Die Forderung nach Steuersenkungen als Mittel zur Arbeitsplatzbeschaffung gründet in der Vorliebe für monokausale Erklärungen. Kein unabhängiger Nationalökonom würde bei etwas Nachdenken auf die Idee kommen, eine so schlichte Investitionsfunktion zu unterstellen. Es gilt als selbstverständlich, dass die Investitionsbereitschaft der Unternehmen von *vielen* Einflussfaktoren abhängt: von den Absatzerwartungen und der Kapazitätsauslastung; von den Gewinnerwartungen, also dem Abwägen von erwartetem Umsatz und erwarteten Kosten; von den Zinsen für die Finanzierung einer Investition und von den Zinserwartungen; von der Infrastruktur, also von der Verkehrsanbindung, von der Ausbildung der Arbeitskräfte, die im Umfeld des vorgesehenen Standorts verfügbar sind, von der Lebensqualität und dem kulturellen Reichtum einer Region. Aus letzterem Grund wählten vermutlich manche Unternehmen Dresden für ihre Investitionen in den neuen Bundesländern.

Die Bereitschaft von Unternehmen wie Elf, BASF und Siemens, nach Ostdeutschland zu gehen, hing von Subventionen ab. Andere orientieren sich an der Technologieförderung des Staates und an dem Wissenstransfer von den Hochschulen zur Wirtschaft. Auch der rechtliche Rahmen bestimmt das Investitionsklima mit, ob zum Beispiel die Zivilgerichtsbarkeit so gut funktioniert, dass Unternehmen ihre Forderungen einzutreiben vermögen. Wenn

Rechtsdurchsetzung mit Bestechung erkauft werden muss, sieht es düster aus für das Investitionsklima. Deshalb ist manch ein Unternehmen, das in den mittel- und osteuropäischen Staaten investierte, inzwischen ernüchtert zurückgekehrt (siehe insgesamt dazu auch Denkfehler Nr. 13, S. 176).

Selbst diejenigen Investoren, die auf die Steuern schauen, was sie selbstverständlich und mit Recht tun, haben nicht nur die Steuer*sätze* im Blick. Das müssten schon sehr ungebildete und unwissende Investoren sein. Doch davon kann man bei großen Investoren, auch bei ausländischen, die sich in der Regel gut beraten lassen, nicht ausgehen. Sie wissen, dass es in Deutschland vergleichsweise gute Abschreibungsmöglichkeiten und andere Steuervergünstigungen gibt. Sie rechnen sich genau aus, wie hoch die Steuerbelastung *effektiv* sein wird. Und sie wissen, dass Unternehmen, die alle Tricks anwandten, zeitweise kaum noch Steuern zahlen mussten.

> »In der Steuerpolitik haben wir Impulse für Investitionen und Gerechtigkeit ausgelöst.« *Gerhard Schröder, 25.3.2004*

Was soll unter diesen Umständen das Beharren auf der Unternehmenssteuersenkung als dem angeblichen Wundermittel zur Stimulierung der Investitionsbereitschaft? Hier handelt es sich um eine eigenartige Verkürzung des Denkens, die mit der Mediendemokratie zu tun hat, in der man offenbar nur über einfache, und das heißt: meist monokausale Wirkungszusammenhänge zu kommunizieren vermag. Dass dieses einfache Denken auch die Wissenschaft erfasst hat, mag damit zusammenhängen, dass sich die Nationalökonomie in den letzten zwei Jahrzehnten immer mehr von Wirtschaftsinteressen und vom Beifall der öffentlichen Meinung abhängig gemacht hat.

Das simple Denken hat praktische politische Konsequenzen: Es verhindert zum Beispiel den Einsatz eines ausreichend differenzierten Instrumentariums im Kampf gegen die Arbeitslosigkeit.

Wer Steuersenkungen zum Dreh- und Angelpunkt der Beschäftigungspolitik erklärt, wird angesichts der sprunghaft angestiegenen Verschuldung des Staates zwangsläufig bei der weiteren Kürzung von Staatsausgaben landen. Anders sind Steuersenkungen kaum zu finanzieren. Die Konsequenzen spüren wir überall. Die Bildungsausgaben werden gekürzt, die Klassenfrequenzen steigen, die Kulturetats werden zusammengestrichen, öffentliche Schwimmbäder geschlossen; der Sprachunterricht für Ausländer, Aussiedler und ihre Kinder entfällt; manche Jugendzentren sind nicht mehr zu halten und so weiter. Diese Tendenz ist nicht nur unter gesellschaftspolitischen und familienpolitischen Gesichtspunkten problematisch. Sie ist auch ökonomisch gesehen unvernünftig und gefährlich, weil eine gute und produktive Infrastruktur im weitesten Sinne des Wortes eine wichtige Stütze der Produktivität einer Volkswirtschaft und ihrer einzelnen Unternehmen ist.

Für bessere politische Entscheidungen brauchen wir eine qualifiziertere, und das heißt: eine differenziertere politische Debatte. Das ist nach Lage der Dinge vor allem eine qualifiziertere wirtschafts- und gesellschaftspolitische Debatte.

Denkfehler 36:
»Der Staat ist zu fett geworden.«

Variationen zum Thema:

- »Die Staatsquote ist zu hoch.«
- »Wir wollen einen schlanken Staat.«
- »Weniger Staat – mehr Wachstum.«

Es ist heute üblich geworden, die außerordentliche Höhe der Staatsquote zu beklagen, also jenen Teil des geschaffenen Volkseinkommens, der vom Staat für seine Zwecke beansprucht wird. Bei uns steigt die Stimmung gegen den Staat. Sie wächst in Kreisen, die man, wie das konservative Bürgertum, früher einmal zu den Stützen des Staates zählte. Viele von ihnen wechseln mit wehenden Fahnen – und manche mit der Staatspension im Rükken – zu den Staatsfeinden über. Im Gepäck haben sie vor allem Denkfehler, Vorurteile und Fehlinformationen. Schon im ersten Satz dieses Kapitels stecken eine Reihe von solchen Irrtümern und Vorurteilen. »Außerordentliche Höhe«? »Für seine Zwecke« beansprucht?

Die Höhe der Staatsquote im internationalen Vergleich

Mit einer Staatsquote von 49,4 Prozent im Jahr 2003 liegt Deutschland trotz der hohen Vereinigungskosten nicht an der Spitze der vergleichbaren Länder, sondern leicht über dem Niveau des Durchschnitts der Europäischen Union mit 48,4 Prozent (siehe Tabelle 28). Weit über der Staatsquote Deutschlands liegen Schweden mit 59,0 Prozent, Dänemark mit 56,6 Prozent, Frankreich mit 54,4 Prozent und Österreich mit 51,6 Prozent.

> »Eine Staatsquote über 50 Prozent ist wachstums- und beschäftigungsfeindlich.« *Prof. Wolfgang Wiegard, Vorsitzender des Sachverständigenrats*

Tabelle 28: Entwicklung der Staatsquote in verschiedenen Ländern (Gesamtausgaben der öffentlichen Körperschaften und der Sozialversicherungen in Prozent des nominalen Bruttoinlandsprodukts)

	1985	1990	1995	2000	2001	2002	2003
Österreich	54,7	53,1	57,3	52,4	51,8	51,3	51,6
Dänemark	57,3	57,0	60,3	54,7	55,3	55,5	56,6
Frankreich	53,3	50,7	55,2	52,5	52,5	53,4	54,4
Deutschland	46,3	44,5	49,4	45,7	48,3	48,5	49,4
Italien	50,9	54,3	53,4	46,8	48,5	47,7	48,5
Niederlande	57,3	54,8	51,4	45,3	46,6	47,5	48,6
Spanien	43,1	43,4	45,0	39,8	39,4	39,7	39,3
Schweden	63,7	59,4	67,6	57,4	57,1	58,4	59,0
Großbritannien	45,9	42,2	44,6	37,0	40,3	40,8	42,8
USA	36,5	36,5	36,4	33,6	34,7	35,5	35,9
EU-15	49,6	48,3	50,9	45,9	47,3	47,5	48,4

Quelle: OECD (Hrsg.): *Economic Outlook 2003,* Paris 2003, S. 220.
Für die Werte ab 2000: OECD (Hrsg.): *Main Economic Indicators, Paris, Mai 2004, Annex Table 26.*

Schweden, Dänemark und Österreich sind Länder, von denen bei uns behauptet wird, sie seien mit der Globalisierung und den weltweiten Konjunktureinbrüchen ganz gut und sogar, wie Schweden, vorbildlich fertig geworden. Eine hohe Staatsquote ist dafür offenbar kein Hindernis.

Wer die Höhe der deutschen Staatsquote richtig bewerten will, muss auch hier die Rolle der schwächelnden Konjunktur mit einbeziehen: Wenn die Kapazitäten der Volkswirtschaft nicht ausgelastet sind, das Wachstum stagniert und die Arbeitslosigkeit hoch ist, dann müssen die Zuschüsse des Staates für die sozialen Sicherungssysteme steigen, das heißt, die Staatsquote erhöht sich. Das Jahr 1996 macht dies besonders deutlich. Damals überschritt die Staatsquote erstmals die 50-Prozent-Marke (50,3 Prozent). Die Kapazitätsauslastung war damals besonders niedrig und die Konjunktur schwach.

Zum »Zwecke des Staates«?

Ist es richtig zu sagen, ein großer Teil des gemeinsam geschaffenen Sozialprodukts werde vom Staat »für seine Zwecke« beansprucht? Das ist ein dicker Irrtum, denke ich. Sind es wirklich Ausgaben zum »Zwecke des Staates«,

- wenn die Bundesländer und Kommunen Schulen, Hochschulen, Kindergärten, Weiterbildungseinrichtungen betreiben und das nötige Personal bezahlen?
- wenn der Bund Nachrichtendienste betreibt, den Bundesgrenzschutz unterhält, das Bundeskriminalamt ausbaut, weil nach Meinung der Fachleute die Gefahr durch internationale Mafia- und Terrororganisationen dies notwendig macht?
- wenn die Kinder eines Kindergartens von der örtlichen Polizei Verkehrsunterricht erhalten?
- wenn das Ordnungsamt meiner Verbandsgemeinde die Schankanlagen der Gaststätten kontrolliert – in diesem Fall muss ich sagen: kontrolliert hat, denn diese Aufgabe ist inzwischen an Private übertragen worden, die dies zu einem um vieles höheren Preis erledigen?

> Nur wenn der Staat weniger ausgebe, »eröffnen sich neue Aktionsfelder für private Unternehmen«. *Rolf Peffekoven, Direktor des Instituts für Finanzwissenschaften der Universität Mainz laut* Handelsblatt, *23.7.2002*

- wenn Gemeinden die Betreuungsmöglichkeiten für Kleinkinder erweitern, damit mehr Mütter und/oder Väter Arbeit und Familie unter einen Hut bringen können?
- wenn sich Jugendämter um den zunehmenden Alkoholismus von Zehn- bis Sechzehnjährigen kümmern?
- wenn öffentliche Stellen die Vermittlung von Arbeitsplätzen zu organisieren helfen?
- wenn der Bund, die Gemeinden und die Länder gemeinsam versuchen sollten, mehr für die Deutschkenntnisse der Aussiedler zu tun? Sie wurden von der Regierung Kohl ins Land

geholt, und jetzt kann man sie nicht im Stich lassen. Sie zu fördern ist auch in unserem Interesse und erhöht die Staatsquote.

- wenn Bundesregierung und Parlamente 1994 und dann mit einer zweiten Stufe 1997 eine Pflegeversicherung einführen, weil zu viele alte Menschen in die Sozialhilfe abgeglitten sind, wenn sie pflegebedürftig wurden?
- wenn der Staat Neubaustrecken der Deutschen Bahn AG finanziert und Gelder für öffentliche Nahverkehrssysteme an die Länder gibt? In meinem Bundesland, Rheinland-Pfalz, ist damit ein vernünftiges System des öffentlichen Nahverkehrs geschaffen worden, das viele Menschen nutzen.
- wenn der Staat für den Strafvollzug sorgt und deshalb Gefängnisse unterhält?
- wenn der Staat eine Zivilgerichtsbarkeit betreibt und damit dafür sorgt, dass man im Konfliktfall sein Recht vor Gericht erstreiten kann?
- wenn der Staat Forschung und Innovation fördert, weil der Markt versagt, wenn es um langfristige Grundlagenforschung geht, die von einzelnen Unternehmen ohne staatliche Anstöße gar nicht oder nur mit hohem Risiko geleistet werden kann?
- wenn der Bund für Leittechniken wie die Nanotechnik jährlich 200 Millionen Euro zur Verfügung stellt?
- wenn der Bund mit besonderen Stipendien Hochbegabte fördert?
- wenn die Gemeinden Bebauungspläne erarbeiten und Reisepässe ausgeben?

An diesen Beispielen sieht man, dass die Eingangsformulierung »vom Staat für seine Zwecke« ziemlich unsinnig ist. Die meisten Leistungen, die Bund, Länder, Gemeinden und andere öffentliche Einrichtungen erbringen, brauchen wir genauso wie Brot, Gemüse, Bier, das Auto, Computer oder Kleider. Jedenfalls steckt hinter der Staatsquote kein Klumpen Geld, der irgendwo im Nichts versenkt wird. Genau diese Vorstellung wird aber von vielen genährt, die heute ihre Stimme gegen die Staatsquote erheben.

Es gab einmal vor dreißig bis vierzig Jahren in Frankreich

einen Herrn Pierre Poujade und in Dänemark einen Herrn Mogens Glistrup. Beide polemisierten in demagogischer und populistischer Weise gegen Staat, Bürokratie und öffentliche Leistungen, beide waren die Begründer beziehungsweise Wegbereiter rechtsextremer Parteien. Die Texte von Arnulf Baring und Oswald Metzger, von Hans-Olaf Henkel, Meinhard Miegel und vielen anderen erinnern an die Äußerungen dieser beiden. Damals hat die demokratische Welt diese Demagogen gemieden. Heute werden ihre Nachahmer hofiert.

Die Veränderung des Zeitgeists – korrekter müsste ich sagen: die mit Propaganda gesteuerte Veränderung des Zeitgeists – zeigt sich symbolhaft in der Veränderung bei der SPD. Sie hat früher einmal Flugblätter verteilt, auf denen zu lesen stand: »Nur Reiche können sich einen armen Staat leisten.« Und sie hat ihre Programmatik und praktische Politik einigermaßen an dieser Erkenntnis orientiert. Aber das ist lange her. Heute, wie etwa im Wahlkampf 2002, wird der gleiche Slogan zwar noch benutzt, aber die praktische Politik, beispielsweise in Form der Agenda 2010, ist meilenweit davon entfernt.

Teurer schlanker Staat

Welch hohen Grad an Demagogie die Kampagne für den »schlanken« Staat und gegen den »fetten« Staat enthält, wird klar, wenn man sich Leistungen anschaut, die sowohl staatlich als auch privat bereitgestellt werden können:

- Wenn der Staat die Kontrolle von Schankanlagen der Verbandsgemeinde zuordnet, dann geht dies in die Staatsquote ein und erhöht sie tendenziell. Wenn aber die Verbandsgemeinde die Kontrolle privatisiert und Außenstehende damit beauftragt, dann senkt dies die Staatsquote. Gleichwohl kostet die Kontrolle im konkreten Fall etwa dreimal soviel, und die betroffenen Gastwirte werden versuchen, diese Kosten an die Gäste weiterzugeben. Von einer niedrigeren Staatsquote hat der Bürger also überhaupt nichts.

- Wenn wir die Vorsorge für das Alter und jene für den Fall, dass wir krank oder arbeitslos werden, über eine solidarische, vom Staat organisierte Versicherung betreiben, dann schlägt sich das in der Staatsquote nieder. Wenn es gar keine sozialen Sicherungssysteme gäbe, wenn jeder sich selbst versichern müsste, könnte die Staatsquote sinken, weil die heutigen Beiträge und die Zahlungen in die Staatsquote hineingerechnet werden. Aber wären wir damit besser dran? (Siehe dazu auch Denkfehler Nr. 32, S. 313.)

Bei einer Staatsquote von knapp 50 Prozent beansprucht der Staat rund 20 Prozentpunkte für Staatsverbrauch und öffentliche Investitionen. 30 Prozentpunkte sind nur durchlaufende Posten – das kann sich jede/r am Beispiel Kindergeld gut klarmachen. Das wird ja nicht vom Staat »verspeist«. Er nimmt die dafür nötigen Steuern ein und zahlt den Betrag an die Familien mit Kindern aus. Statistisch wird er dabei »fetter« – um in der Sprache der modernen deutschen Poujadisten zu bleiben.

Die Fixierung auf die Staatsquote hat mit einer rationalen Debatte und auch mit einer rationalen Entscheidungsfindung zu Fragen unserer gesellschaftlichen und staatlichen Organisation wenig zu tun.

Die Entwicklung der Staatsquote im Zeitablauf

Wenn man verstehen will und verstanden hat, aus welchen Gründen die Staatsquote steigt oder sinkt (siehe Abbildung 15),[80] kann man auch sachlicher mit dem Gesamtbild der Entwicklung umgehen. Dann vermag man auch die Polemik besser einzuordnen, an die wir uns in den letzten Jahren beim Umgang mit staatlicher Tätigkeit haben gewöhnen müssen.

Von neoliberaler Seite wird zu gerne gegen den Anstieg des Staatsanteils polemisiert. Schauen wir uns die Zahlen an:

- Im Anstieg der siebziger Jahre enthalten sind neue Aktivitäten der öffentlichen Hände. Mag dies etatistisch nennen, wer will.[81]

Das waren, wie das Kindergeld, zum Teil nur »durchlaufende Posten«, zum Teil politische Entscheidungen für Reformen, wie man sie damals verstand. Man kann darüber diskutieren, ob diese Entscheidungen richtig waren – die meisten davon waren Entscheidungen zur Deckung eines Nachholbedarfs an öffentlichen Leistungen wie etwa beim Umweltschutz, bei der Städtebauförderung und -sanierung oder bei der Mobilisierung von Begabungsreserven durch Öffnung der weiterführenden Schulen und Hochschulen auch für die Kinder aus Arbeitnehmerfamilien.

Abbildung 15: Staatsquote in Deutschland (Ausgaben des Staates in Prozent des nominalen Bruttoinlandsprodukts)

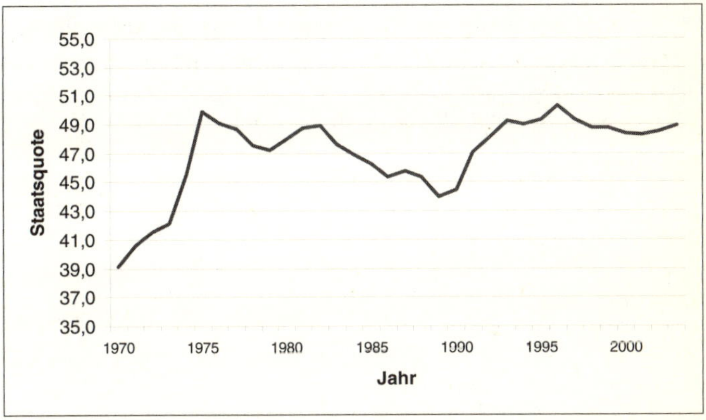

Quelle: Statistisches Bundesamt.

- Mit der wesentlich von der ersten Ölpreiskrise und einer falschen Geldpolitik verursachten Wachstumsschwäche in den Jahren 1975 und 1976 sprang die Staatsquote auf fast 50 Prozent. Nach der einigermaßen gelungenen Ankurbelung sank sie 1979 wieder auf 47,2 Prozent. Das Bruttoinlandsprodukt veränderte sich und damit auch die Quote.
- Ähnlich ging es mehrmals später: In konjunkturell schwachen Zeiten wie etwa anfangs der Achtziger, in den Neunzigern ab

1992 und nach 2000 stieg die Staatsquote an, teilweise sogar stark.

- 1996 erreichte die Staatsquote mit über 50 Prozent einen neuen Höhepunkt. War dies Ausdruck der besonderen Staatsversessenheit der damals regierenden Koalition aus CDU/CSU und FDP? Wohl eher nicht. Ursächlich dafür waren die schwache Konjunktur – 1993 zum Beispiel minus 1,2 Prozent beim Bruttoinlandsprodukt – und die Kosten der deutschen Einheit.
- Die »finanzpolitische Solidität« in Zeiten des Finanzministers Hans Eichel spiegelt sich vor allem in der so »niedrigen« Staatsquote der Jahre 1999 bis 2002 wider – im Schnitt lag sie deutlich höher als in den geschmähten Siebzigern und ungefähr auf dem Schnitt der Kanzlerschaft Kohls in den Neunzigern.

Fazit: Die Entwicklung der Staatsquote belegt die unseriöse Arbeitsweise jener, die so auffallend massiv gegen Staat und öffentliche Leistungen mobil machen.

Denkfehler 37: »Deregulierung und Privatisierung sind angesagt.«

Variationen zum Thema:

- »Wuchernde Bürokratie.«
- »Durchregulierte Gesellschaft.«

Vor einiger Zeit war in der *Süddeutschen Zeitung* zu lesen, Peter Glotz fordere, einige Universitäten in Deutschland zu privatisieren und sie an die Börse zu bringen. Da musste ich an meine heimatliche Dorfkirche denken. Darin stand einst eine Sammelbüchse mit einem Heidenkind, wie wir damals sagten. Wenn wir einen Groschen oder manchmal auch nur einen Hosenknopf in den Schlitz steckten, dann nickte das Heidenkind ein Dankeschön.

So reflexhaft verläuft gegenwärtig die gesellschaftspolitische Debatte. Wenn sich Otmar Issing, Direktoriumsmitglied der Europäischen Zentralbank, zu den Bedingungen eines stärkeren Wachstums äußert, dann fällt ihm »weitere Deregulierung« ein; Wolfgang Schäuble verlangt *echte* Strukturreformen und nennt als Beispiel die »Rückführung der Staatsquote«; Angela Merkel und Wolfgang Clement, Helmut Kohl und Gerhard Schröder, die Weltbank, der Internationale Währungsfonds und die EU-Kommission, sie alle sind beseelt von der Idee, dass Deregulierung und Privatisierung modern sind und uns guttun. Dieser Zeitgeist hat sich sogar bis zu unserem Dorfplaner herumgesprochen: Als wir im Gemeinderat anregten, im Bebauungsplan für eines der wertvollsten und schönsten Gebiete wenigstens ein paar Elemente einer Gestaltungssatzung vorzusehen, verwies er auf den Geist der Zeit. Jede und jeder solle bauen können, wie sie oder er will. Das Ergebnis ist inzwischen in Beton gegossen.

Die Bayerische Staatsregierung – ein Hort der Fortschrittlichkeit zwischen Laptop und Lederhose, wie wir alle wissen – hat im

März 2004 ihren besonderen Beitrag zum Thema Bürokratieabbau geleistet, als sie vorschlug, die Toilettenpflicht für Kneipen bis zweihundert Besucher aufzuheben. Eine tolle Idee, wir setzen uns hinter die Rosskastanien bayerischer Dorfplätze.

»Liberalisierung und Deregulierung sind vielfach ein wichtiger Treibstoff für Aufschwung und Beschäftigung.« *Hans Tietmeyer, Kuratoriumsvorsitzender der Initiative Neue Soziale Marktwirtschaft, Oktober 2000*
»Das ist die durchregulierte Gesellschaft, die wir über Jahrzehnte in Deutschland aufgebaut und, anders als in anderen Ländern, nicht rechtzeitig in Frage gestellt haben.« *Wolfgang Clement,* Spiegel, *16/2003*

Deregulierung ist gut, ganz gleich, »was hinten rauskommt«. Tausende von Wessis sind nach Osteuropa gereist, um dort zu erklären, wie Privatisierung funktioniert. Nicht nur Erzliberale, auch die Grünen fordern die Förderung privater Stiftungen zur Übernahme bisher öffentlicher Leistungen. Parteiübergreifend gilt: Privat ist gut, Deregulierung ist gut, der schlanke Staat ist gut. Die gesellschaftspolitische Debatte sinkt auf ihre Schwundstufe, nämlich auf den Austausch solcher Glaubenssätze. Die nüchterne und differenzierte Abwägung und infolgedessen auch die Optimierung der Politik bleiben auf der Strecke; es werden die Interessen der einfachen Leute und der Mehrheit ausgeblendet, die sehr viel mehr als die meinungsbildenden Oberschichten von Regeln und auch von öffentlicher Tätigkeit abhängig sind.

Die Errungenschaften von Bürgertum und Arbeiterbewegung

Was abwertend Regulierungen genannt wird, sind bei Licht betrachtet Errungenschaften des Bürgertums und der Arbeiterbewegung, die im Lauf von Jahrhunderten erkämpft wurden: Unsere Rechtsordnung, etwa das Zivilrecht und das Völkerrecht, repräsentiert Regelungen, auf die man sich national und international in langen Abwägungen verständigt hat. Der Achtstundentag und das Verbot der Kinderarbeit, das Kindergeld und das Betriebsverfassungsrecht, Kündigungsschutz und Mieterschutz mussten von den Arbeitern erstritten werden.

Auf das Patentrecht und das Recht gegen unlauteren Wettbewerb sowie das Kartellrecht hat man sich zur Förderung von Erfindungen und zum Schutz des Wettbewerbs verständigt. Ohne die regulierende Hand des Staates, ohne Abwasserabgabengesetz und Benzinbleigesetz wären nicht einmal ansatzweise Fortschritte im Umweltschutz erzielt worden.

Diese Regeln sind mehr oder weniger wichtige Bestandteile einer vernünftigen Wirtschafts- und Gesellschaftsordnung. In einer von Vernunft geprägten Gesellschaft kann es nur darum gehen, Regulierungen zu optimieren.

Optimierung wäre sinnvoll

Optimierung kann heißen, *neue Regeln zu installieren,* um beispielsweise spekulative internationale Kapitalströme besser zu kontrollieren. Oder man belastet den Verkauf sogenannter Alcopops mit einer zusätzlichen Steuer, um ihren Konsum durch Jugendliche und deren frühe Gewöhnung an die Droge Alkohol einzuschränken. Das ist eine vom Staat gesetzte »Regel«, die nicht zuallererst Geld für den Fiskus bringen, sondern das Verhalten Jugendlicher steuern soll. Ähnlich war das mit der Ökosteuer. Die dramatische Klimaveränderung schreit übrigens geradezu nach neuen, nationenübergreifenden Regelungen. Auch die Ausbildungsplatzabgabe wäre eine solche Regel. Den heftigen Widerstand der Wirtschaftsverbandsspitzen mag verstehen, wer will, denn eine solche neue Regel könnte auch helfen, die einzelnen Unternehmen fairer zu behandeln: Auch solche Unternehmen, die sich bisher der Verantwortung für das Funktionieren des dualen Ausbildungssystems entziehen, würden dann in die Pflicht genommen – entweder zur Finanzierung des Systems oder indem sie doch noch selbst ausbilden und damit die Abgabe vermeiden.

Optimierung von Regeln kann auch heißen, *alte Bestimmungen abzuschaffen oder zu verändern.* So ist manches im Baurecht dereguliert worden, was nicht vernünftig war. Im Steuerrecht gibt es unsinnige Vorschriften und Regeln. Wenn erwogen wird, das Ehegattensplitting zu kappen oder ganz abzuschaffen, wäre das auch ein Stück sinnvoller Deregulierung.

Vernünftige Leute sprechen deshalb sowohl von De-Regulierung als von Re-Regulierung. Weil die Optimierung nie nur in eine Richtung erfolgen kann.

Wegen ihres ideologischen Gehalts verschiebt die Deregulierungsdebatte die Wertvorstellungen mancher Zeitgenossen. So wandte sich ein Ingo G. Ignatzki in einem mich bis heute »beeindruckenden« Leserbrief an die *Welt* gegen das Handyverbot beim Autofahren: »Sicherlich verringert das Handy die Aufmerksamkeit beim Fahren. Allerdings sollte jeder Autofahrer mündig genug sein, dieses Risiko einzuschätzen. Die Haftungsfrage ist ja unstreitig. Hier kommt wieder einmal die Regulierungswut der Sozialdemokraten zum Ausdruck.«

Besonders interessant ist der Hinweis auf die Haftungsfrage. Die moderne Gesellschaft ohne Regeln regelt ihre Probleme mit Versicherungen. Der Handy-Fahrer überfährt einen Fußgänger und macht ihn zum Krüppel, nicht weiter schlimm! Die Haftpflichtversicherung springt ja ein. Wir kennen diesen Verweis auf die Haftpflichtversicherung schon aus der Diskussion um Kampfhunde: »Sie brauchen keine Angst um Ihre kleine Tochter zu haben. Mein Hund ist versichert«, versuchte mich vor Jahren schon ein besonders kluger Deregulierungsanhänger zu trösten. Nur bei den Kernkraftwerken hapert es bisher mit der Haftung ein bisschen, weil es noch keine Versicherungen gibt, die die Haftung für den GAU übernehmen.

Der Grad der Privatisierung

Wie im Streit um Regulierung und Deregulierung stellt sich auch bei der Frage nach der Größe des öffentlichen Sektors in unserer Marktwirtschaft – also bei der Privatisierungsfrage – das Problem der Optimierung. Der wirtschaftstheoretische Hintergrund für staatliche Wirtschaftstätigkeit ist die Erkenntnis, dass manche

Güter und Dienste sich nur mit sogenannten Unteilbarkeiten produzieren lassen. Ein gutes Beispiel ist die Brücke über einen Fluss: Es ist in den meisten Fällen nicht sinnvoll, eine zweite direkt danebenzusetzen, sie von verschiedenen Unternehmen betreiben zu lassen und konkurrierend eine Maut zu erheben. Ähnliches gilt für Eisenbahntrassen. Es ist unsinnig, zwei Eisenbahnen zwischen Köln und Frankfurt zu betreiben. Grenzfälle können beim Paket- und Postdienst auftreten. Aus meiner Sicht ist es wenig sinnvoll, fünf verschiedene Lieferwagen hintereinander in den gleichen Straßen Pakete ausliefern zu lassen; damit verschwendet man Ressourcen. Andere sehen das anders, weil sie Konkurrenz für so belebend halten, dass die Ressourcenverschwendung dadurch ausgeglichen werde.

Privatisierungen sehen häufig deshalb günstig aus, weil Kosten auf die Allgemeinheit verlagert werden. Wenn zum Beispiel die Paketauslieferung von Geringverdienern erledigt wird, die nicht selbst für ihr Alter vorsorgen und deren Krankenkasse vielleicht vom unselbständig arbeitenden Ehepartner getragen wird, dann werden hier Kosten auf die Allgemeinheit der Steuer- und Beitragszahler verlagert. Auch die ökologischen Kosten und die Unfallkosten der schnellen Lieferwagen gehen in die betriebswirtschaftlichen Berechnungen der Paketzusteller nicht ein. Interessant ist, dass in dieser total ideologisierten Zeit gar keine Berechnungen von Experten mehr gemacht werden, wie die Kosten für unsere Volkswirtschaft insgesamt aussehen. Das interessiert die Fachwelt nicht. Sie ist Teil des Privatisierungsbetriebs.

Auch wird bei der Debatte um die Privatisierung von Post und Telekom in der Regel nicht einbezogen, welche Kosten, beispielsweise aus Pensionszahlungen, einfach dem Staat und den sozialen Sicherungssystemen aufgebürdet worden sind. Nur wenn die Aktienpakete von Post und Telekom, die bisher noch in Händen des Bundes sind, teuer verkauft werden können, können die mit der Privatisierung verbundenen Pensionszahlungsverpflichtungen ohne weitere Belastung für den Steuerzahler getragen werden. Es ist aber nicht zu erwarten, dass der Finanzminister in absehbarer Zeit noch einmal größere Aktienpakete zu ähnlich hohen Kursen wie ausgangs der neunziger Jahre plazieren kann.[82] Deshalb werden wir Steuerzahler die Kosten dieser Privatisierungen auch künftig mitbezahlen.

> »Wir sollten den Mut aufbringen, große Teile der staatlichen Bewirtschaftung der Arbeitslosigkeit in private Hände zu legen.« *Friedrich Merz*, Berliner Zeitung, *24.2.2003*
> »(...) müssen wir die allerorts wuchernde Bürokratie zurückschneiden. Regelungen werden abgebaut.« *Wolfgang Clement, London, 11.7.2003*

Staatlich oder privat – das ist kein ideologisches Problem, sondern eine Zweckmäßigkeitsfrage, und bei der Abwägung der Zweckmäßigkeit von Privatisierungen sollte man sich nicht beeindrucken lassen von der gängigen Privatisierungseuphorie. Dahinter stecken nämlich eine Reihe sachfremder Motive:

Ein mögliches Motiv ist, dass der Bundesfinanzminister oder der Finanzsenator eines Landes oder ein Oberbürgermeister Geld in die Kasse kriegen will und deshalb das Tafelsilber verscherbelt. So haben es schon Kanzler Kohl und sein Finanzminister Waigel gehalten, auch Stoiber als Ministerpräsident in Bayern. Sie konnten dies, wie später Rot-Grün, unter dem Etikett Privatisierung als Wohltat verkaufen.

Andere Privatisierungen werden durchgeführt, weil auf diesem Weg vergleichsweise teure, gesicherte Arbeitsverhältnisse in billigere, ungesicherte wie zum Beispiel 400-Euro-Jobs umgewandelt werden können; so kann die Leistung billiger angeboten werden. Volkswirtschaftlich betrachtet ist das häufig ein Scheingewinn, weil die soziale Absicherung dieser Menschen nicht selten auf die Allgemeinheit verlagert wird.

Manche Privatisierer machen an der Vordertür Reklame für den privaten Charakter ihrer Einrichtung, und hinten halten sie die Hand auf für staatliche Subventionen. Ein Beispiel dafür ist die private Hochschule in Herdecke oder die Business School SIMT in Stuttgart, die hohe Staatszuschüsse erhielt und dennoch im Mai 2004 ihr drohendes Ende verkünden musste. Auch Peter

Glotz fragt nicht danach, ob die Aachener oder die Münchner Technische Universität, die er zur Privatisierung und zum Börsengang freigeben will, ihren Wert nicht gerade durch bisherige öffentliche Leistungen erworben haben.

Privatisierung steht bei vielen Meinungsführern deswegen hoch im Kurs, weil sie selbst dabei gewinnen: die Banken, die Börsen und manche Schnäppchenjäger, die beim Verkauf und vom Verkauf profitieren. Nicht zu vergessen jene, die in privatisierten oder teilprivatisierten Unternehmen leichter lukrative Jobs und höhere Gehälter ergattern können als in den ehedem öffentlichen Betrieben, und jene, die als Berater an der Privatisierung verdienen.

Zum Stand der Privatisierung und der Erfahrung mit ihr

In weiten Kreisen herrscht eine ziemlich falsche Vorstellung davon, wie das Verhältnis von öffentlicher zu privater Organisation tatsächlich aussieht und dass bei Privatisierungen ein Teil der Kosten auf uns Bürger verlagert wird. Dass zum Beispiel im privaten Bewachungs- und Sicherungsgewerbe mehr Personen beschäftigt sind als bei der Polizei, wissen die meisten nicht. Die privatisierte Post AG hat jeden dritten Briefkasten abgehängt und unzählige Filialen geschlossen. Das spart ihr Kosten. Dafür aufkommen müssen die Bürger, die jetzt weiter gehen oder nur noch mit dem Auto zur Post beziehungsweise zum nächsten Briefkasten kommen. Besonders »erfreulich« ist das für Ältere.

Die Kabelnetze der Telekom zur Verbreitung von Fernsehprogrammen sind unter der Fanfare »Mehr Wettbewerb« privatisiert worden. Am Ende dieses von Brüssel erzwungenen Verfahrens zeichnet sich das Monopol eines anderen Anbieters ab. Ein toller Privatisierungserfolg.

Die Berliner Familienhilfe hat sich früher zur Verstärkung ihres Personals zusätzlicher Honorarkräfte bedient, die Mitte der Neunziger für etwa 26 Mark brutto die Stunde arbeiteten. Dann beschloss die Senatsverwaltung, die Aufgaben vermehrt an freie Träger zu vergeben – zum Stundensatz von 75 Mark. Ein »großartiger« Fortschritt.

Ob die Ergebnisse mit einem öffentlich organisierten Mauterhebungsverfahren bei uns schlechter gewesen wären als mit Toll Collect, kann man bezweifeln. In puncto qualitative Berichterstattung ist unsere Erfahrung mit öffentlich-rechtlichem Rundfunk um vieles erfreulicher als mit den Kommerzkanälen. Bei den Vorbereitungen zur Privatisierung der Bahn haben wir dieses Unternehmen in mehrere Bereiche aufgeteilt und daraus eigene Aktiengesellschaften gemacht; das war ein Flop, der selbst den Privatisierungsbefürwortern in die Knochen gefahren ist. Und so weiter und so fort.

Bei uns wird auch viel zuwenig darüber gesprochen, welche Erfahrungen andere Länder mit Privatisierung machen. Die Briten beispielsweise bereuen die Privatisierung der Bahn, die nun schlechteren Service bietet. »Eisenbahn, Krankenhäuser, Elektrizität – die Briten haben genug von den missglückten Reformen«, schrieb die *Zeit*[83] unter der Überschrift: »Privatisierung? Es reicht uns, Tony!« Weil jede Grippewelle die Krankenhäuser überlaste, etwas ausgedehntere Regenperioden die Straßen unter Wasser setzten und der Zustand der Eisenbahngleise zu einer Gefahr geworden sei, »fangen die Briten an, wieder zu sehen, dass man öffentliche Aufgaben nicht sich selbst überlassen kann«, vertraute der Soziologe und Alt-Liberale Ralf Dahrendorf schon im November 2000 der *Süddeutschen Zeitung* an. Hinzu kommen die miserablen Erfahrungen der Briten mit der Privatisierung ihrer Altersvorsorge; in diesem Punkt geht es den Engländern auch nicht besser als den lateinamerikanischen Völkern, den Osteuropäern und Nordamerikanern. In Kalifornien und in Italien war im Sommer 2003 sogar die privatisierte Stromversorgung zusammengebrochen.

Bis zu den Meinungsführern in unserem Land haben sich diese Erfahrungen, obwohl sie zum Teil schon länger zurückliegen, wohl noch nicht herumgesprochen. Unsere Meinungsführer sind erfahrungsresistent, in Sachen Privatisierung bewusst und bei vollem Verstand.

Dass eine breite Lobby für die Privatisierung zusammenkommt, ohne dass dabei die Sache selbst optimiert wird, verwundert nicht. Der Verlust der Optimierung ist das Kernproblem unserer gegenwärtigen gesellschaftlichen Debatte. Wir fallen von einem Extrem ins andere: von der Staatsvergötzung in die Propaganda für den schlanken Staat – und das, ohne wirklich ernsthaft abzuwägen. Dabei verlassen wir ein wichtiges demokratisches und auch ökonomisches Prinzip, das der Wissenschaftler und Demokrat Karl Popper vertreten hat: das Prinzip, dass einer Demokratie die schrittweise Veränderung eigen sei, nicht, weil sie es nicht anders kann, sondern weil dies vernünftig ist.

Denkfehler 38:
»Subventionen sind unsozial.«

Variationen zum Thema:

- »Wir leben in einem Subventionsdickicht.«
- »Subventionen radikal streichen.«

Eine der schönsten Zumutungen unserer Meinungsmacher lief mir Ende 2003 über den Weg. Da schaute uns aus einer etwa halbseitigen Zeitungsanzeige der Markenartikelproduzent Randolf Rodenstock an – übrigens ein Kuratoriumsmitglied der Initiative Neue Soziale Marktwirtschaft. »Subventionen sind unsozial«, ließ uns der erfolgreiche Unternehmer aus München per Schlagzeile wissen. Im Text selbst erfuhren wir dann, dass Subventionen den Strukturwandel verzögern, dass bei uns jährlich 156 Milliarden Euro an Subventionen gezahlt werden und dass Rodenstock innerhalb von drei Jahren 50 Prozent davon pauschal kürzen will, das macht 78 Milliarden gesparte Euro.

Das klingt phantastisch. Und einleuchtend. Und es ist dennoch eine kabarettreife Leistung. Ein Blick in den Entwurf zum Bundeshaushaltsplan 2004, Einzelplan 30, Bundesministerium für Bildung und Forschung, zeigt ein Stück von der Narretei, die uns aus solchen Anzeigen entgegenspringt. Auf Seite 68 des Bundeshaushaltsplans findet sich der Titel 683 19-169 mit der Bezeichnung »Optische Technologien«. In diesem Titel sind jene öffentlichen Mittel der Steuerzahler, also Subventionen, aufgeführt, die die optische Industrie erhält, zu der das Unternehmen von Herrn Rodenstock gehört: 69,5 Millionen Euro im Jahr 2004, dazu kommen weitere Verpflichtungsermächtigungen in Höhe von 58 Millionen für die Jahre bis 2008. Dann gibt es noch eine aufschlussreiche Fußnote: »Die optischen Technologien haben eine Schlüsselstellung zur Lösung zahlreicher gesellschaftlicher Probleme, zum Beispiel in den Bereichen Gesundheit, Umwelt und industrielle Fertigung. In einem zweijährigen Strategieprozess

Meinungsmacher Rodenstock, Kuratoriumsmitglied der Initiative Neue Soziale Marktwirtschaft

mit Wissenschaft und Industrie wurden die Handlungsfelder zum Förderprogramm ›Optische Technologien‹ zusammengeführt, das im Februar 2002 veröffentlicht worden ist.«

Diese Fakten einschließlich der Fußnote im Haushaltsplan sind hier nicht allein deshalb zitiert, um die Interessenlage eines deutschen Managers, dessen Unternehmen früher mehrmals staatliche Förderung in Anspruch nahm, und eines Verbandsvertreters deutlich zu machen.[84] Die Fußnote zum Bundeshaushaltsplan 2004 erklärt auch, warum wir uns in Deutschland bisher einig waren, dass es Subventionen, also Fördermittel des Staates, geben soll, um beispielsweise bestimmten Technologien zum Durchbruch auf dem Markt zu verhelfen. Der Hintergrund dieser Überlegungen ist, dass manche Entwicklungen so unsicher sind und so viel Geld erfordern, dass es der Mithilfe des Staates, also von uns allen, bedarf, um solchen Technologien über die Hürde zu helfen. In anderen Ländern wie in den USA, in Großbritannien oder Frankreich werden ebenfalls viele Mittel für die Förderung von Technologien ausgegeben, unter anderem auch über die militärische Forschung.

46 Prozent aller Subventionen des Bundes, der sogenannten Finanzhilfen und Steuervergünstigungen, gingen im Jahr 2002 an die gewerbliche Wirtschaft. Dass diese Art von Subventionen aufgegeben beziehungsweise pauschal halbiert werden sollen, habe ich aus der Anzeige von Herrn Rodenstock gelernt. Dass wir viele dieser Subventionen durchforsten müssen, dass manches gestrichen werden müsste und Neues hinzukommen könnte, ist ohne Zweifel richtig. Aber das meint Randolf Rodenstock ja nicht. Wahrscheinlich meint er nicht einmal, dass die Subventionen für die optische Industrie gestrichen werden sollen.

Wir sollten das Subventionsgebaren unseres Staates umsichtig und realistisch betrachten. Stellen wir in diesem Sinne doch einmal ein paar Fragen:

- In den Subventionen waren im Jahr 2002 124 Millionen Euro zur Förderung der rationellen Energieverwendung und erneuerbarer Energien enthalten; dahinter verbergen sich zum Beispiel die Mittel für das 100 000-Dächer-Solarstrom-Programm. Soll das gestrichen oder halbiert werden?
- In den Subventionen enthalten ist die Steuerbefreiung für besonders stark schadstoffreduzierte Fahrzeuge. Soll diese Steuerbefreiung gestrichen werden?
- Als Subventionen wurden 2002 1,596 Milliarden Euro an Finanzhilfen und 1,899 Milliarden Euro an Steuervergünstigungen für die neuen Bundesländer gezahlt. Soll das einfach hal-

biert werden? Warum melden sich die Ministerpräsidenten der neuen Bundesländer auf eine so unsachliche Anzeige nicht? Wissen sie, dass solche Anzeigen nur der öffentlichen Stimmungsmache dienen und sonst keine Konsequenzen haben?

- Will der Unternehmer aus Bayern, will die Bayerische Staatsregierung oder jene von Niedersachsen, Schleswig-Holstein oder Mecklenburg-Vorpommern, dass die Subventionen für die Landwirtschaft gestrichen werden? Über einen Großteil ihrer Subventionen, die nur die Massenproduktion anheizen und den Ländern in der Dritten Welt die Preise verderben und ihnen damit die Lebenschance nehmen, ohne den bäuerlichen Familienbetrieben bei uns wirklich zu nutzen, kann man reden. Aber muss man Subventionen für eine Landwirtschaft streichen, wie sie zum Beispiel in der Schweiz und auch in Österreich über Jahre und Jahrzehnte und mit beachtlichem Erfolg zur Pflege ihrer gebirgigen Kulturlandschaft gezahlt worden sind? Auch bei uns kann die Landwirtschaft zur Pflege der heimischen Landschaft beitragen und Verödung verhindern. Wie will man ohne öffentliche Finanzhilfen oder Vergünstigungen diesen Prozess steuern? Hier wie anderswo werden Subventionen auch eingesetzt, um sogenanntes Marktversagen zu korrigieren. Das wird man weder mit pauschalen Kürzungen noch mit pauschalen Erhöhungen der Subventionen schaffen.
- Wollen wir die Subventionen für den öffentlichen Nahverkehr (Ausgaben des Bundes für Verkehr: 1,25 Milliarden Euro für 2002) wirklich streichen? In einigen Teilen unseres Landes sind gerade in den letzten Jahren recht intakte Nahverkehrssysteme geschaffen worden, die die Mobilität erleichtern und ökologisch vernünftig sind. Soll diese Entwicklung gestoppt werden?
- Soll die Förderung der Vermögensbildung (704 Millionen Euro vom Bund für 2002) wegfallen?
- Sollen die Absatzhilfen für den Airbus gestrichen werden? Ob diese Subvention Sinn macht, kann man bezweifeln. Aber es hilft nichts, pauschal gegen Subventionen anzugehen, man muss den Einzelfall prüfen.

- Es gibt Subventionen zur Förderung von Bioprodukten. Auch hier geht es darum, einer neuen Entwicklung eine stärkere Basis zu verschaffen und ihr so zum Durchbruch zu verhelfen. Soll dieses Vorhaben gestoppt werden?
- Nicht als Subventionen definiert und damit im Subventionsbericht der Bundesregierung nicht enthalten (aber möglicherweise in der Berechnung von Herrn Rodenstock) sind: Steuerausfälle großen Ausmaßes bei Geldanlagen Gutverdienender in sogenannten Kapitalanlagefonds für Filme, Flugzeuge oder Energieanlagen. Für den Film *Terminator* zum Beispiel zahlten deutsche Anleger 150 Millionen Euro von insgesamt 212 Millionen Euro Herstellungskosten. Die deutschen Steuerzahler waren so auch an der Finanzierung des Honorars von Arnold Schwarzenegger in Höhe von 30 Millionen Euro »beteiligt«. Deutsche legten seit 1997 8 Milliarden Euro in Medienfonds an. Das führte zu Steuerausfällen zwischen 4 und 6 Milliarden Euro. Weitere Milliarden von Steuergeldern verschwinden in Immobilienfonds und Schiffsfonds. Dass die Unterstützung von Schwarzenegger-Filmen wie auch der meisten anderen Fonds durch den deutschen Steuerzahler unsinnig ist und beendet werden sollte, ist leicht einzusehen – zumal die deutsche und europäische Filmproduktion nicht gerade blüht.[85]

Auch über Steinkohlesubventionen (3,069 Milliarden Euro), die Förderung des Wohnungswesens (fast 6 Milliarden Euro) und über eine Reihe der eingangs erwähnten Förderungen für die Industrie kann man mit dem Ziel der Verringerung oder der Streichung dieser Subventionen sprechen. Aber man wird kein Stückchen weiterkommen und man wird keine sachlich vernünftigen Entscheidungen treffen, wenn man so undifferenziert vorgeht wie in der Rodenstock-Anzeige.

Das tollste Stück jedoch ist: Die Subventionen des Bundes betrugen 2002 insgesamt 21,445 Milliarden Euro. Rechnet man auch noch die Subventionen der Bundesländer und die Marktordnungsausgaben der Europäischen Union sowie die sogenannten ERP-Finanzhilfen dazu, kommt man auf ein Gesamtvolumen der

Subventionen in Deutschland von etwa 58 Milliarden Euro. Das ist unendlich weit von den 156 Milliarden Euro entfernt, die im Anzeigen-Interview von Herrn Rodenstock genannt wurden. In seiner dramatisch hohen Ziffer ist zusätzlich alles enthalten, was es an Steuervergünstigungen und anderen staatlichen Tätigkeiten gibt, die man teilweise zu Recht, teilweise nur mit großen Verrenkungen als Subventionen bezeichnen kann: Kindersteuerfreibeträge, Arbeitnehmerfreibetrag, Pendlerpauschale, Steuerfreiheit von Nachtarbeitszuschlägen und so weiter. Wollen jene, die sich das Thema Subventionen als Kampagne gegen öffentliche Leistungen ausgesucht haben, all dies halbieren oder streichen? Das wäre absurd.

Manche dieser Vergünstigungen sind schlicht sinnvoll. Andere sind so festgelegt, dass man mit bestem Willen nicht darüber verfügen kann. Über die Marktordnungsausgaben der Europäischen Union kann man in einer Anzeige frei verfügen, aber nicht in der Realität. Und die sogenannten ERP-Finanzhilfen enthalten neben fragwürdigen Subventionen für Flugzeugexporte auch die Mittel für Mittelstandsförderung und Existenzgründung. Soll das weg?

Die Subventionsdebatte, die zu führen sinnvoll wäre, ist in ihrer aktuellen Ausformung leider nichts weiter als eine Ergänzung der allumfassenden Polemik gegen öffentliche Tätigkeit. Die Anzeige der Initiative Neue Soziale Marktwirtschaft (INSM) mit Herrn Rodenstock ist typisch für den Umgang der Meinungsführer in Deutschland mit den Problemen unseres Landes: Übertreibung, Fälschung und eine immer wiederkehrende Staatsfeindlichkeit. Zu klugen Entscheidungen wird man mit einer solchen öffentlichen Meinungsbildung nicht kommen.

Denkfehler 39:
»Wir setzen auf die Zivilgesellschaft.«

Variation zum Thema:

- »Wir setzen auf Bürgerarbeit.«

»Zivilgesellschaft« ist ein wunderbarer Begriff. Er macht einen ganz modernen Eindruck und klingt zivil, bürgerlich, unbürokratisch, einfach einladend. Auch der damit verbundene Begriff, die Bürgerarbeit, ist ein schönes Wort.

Das Wort »Zivilgesellschaft« wird in Deutschland von Soziologen und Philosophen, von Publizisten und von Politikern aller Parteien gebraucht, gefeiert, zelebriert. Gerhard Schröder hat auf einem Kongress vor vierzehn Chefs von Mitte-Links-Regierungen im Jahr 2000 eine programmatische Rede zur Zivilgesellschaft gehalten. Auch in der Kommission für Zukunftsfragen der Freistaaten Bayern und Sachsen spielte die Idee schon eine Rolle, als sie ihre Ergebnisse 1996 und 1997 veröffentlichten. Dort war die Idee von der Zivilgesellschaft vor allem verbunden mit der Vorstellung, man müsse in Zukunft stärker als bisher auf sogenannte Bürgerarbeit setzen. Damit ist gemeint, dass Leistungen, die heute von staatlichen Stellen, also vornehmlich von den Gemeinden, erledigt werden, von Bürgern und Bürgerinnen übernommen werden – sozusagen als Leistungen der Zivilgesellschaft. Dabei schwingt die Vorstellung mit, dass diese Bürgerarbeit einerseits hilft, in Zeiten leerer Kassen wichtige Aufgaben der Gemeinden und öffentlichen Einrichtungen zu erledigen; andererseits sollen damit zugleich die Folgen von Arbeitslosigkeit gelindert werden, weil Arbeitslose zivilgesellschaftliche Leistungen erbringen, sich nützlich machen, etwas zu tun haben.

Das klingt wirklich gut. Viele Menschen hierzulande leisten ehrenamtliche Arbeit für andere Menschen und für die Gemeinschaft insgesamt. Als Kind und Jugendlicher erlebte ich, wie der evangelische Krankenverein unter dem jahrelangen Vorsitz meiner Mutter in meinem Heimatdorf funktionierte und welche großartige Sache die Betreuung von Kranken in ihrer häuslichen Umgebung als zivilgesellschaftliche Leistung war. So gesehen habe ich ein ganz persönliches positives Vorurteil für alles, was heute mit Zivilgesellschaft und Bürgerarbeit verbunden wird.

Trotzdem muss man fragen: Wie sieht die Realität aus? Die Realität ist, dass im konkreten Fall der Krankenverein schon lange in der Sozialstation aufgegangen ist und die dort tätigen Mitarbeiterinnen und Mitarbeiter, die die Krankenpflege erledigen, im wesentlichen aus öffentlichen Mitteln bezahlt werden. Die Realität in unseren städtischen Ballungszentren ist ohnehin schon länger eine andere als in der dörflichen Welt einer gerade noch funktionierenden zivilgesellschaftlichen Einrichtung.

Die von der sogenannten Zivilgesellschaft organisierte und bereitgestellte Bürgerarbeit wird in einer modernen Gesellschaft beides nicht schaffen:

- Wir können mit Bürgerarbeit erstens nicht das an öffentlichen Leistungen ersetzen, was in Zeiten schlechter Wirtschafts- und Finanzentwicklung aus Geldmangel darniederliegt. Wenn Eltern am Wochenende das Klassenzimmer ihrer Kinder streichen, dann mag das den Eltern die Möglichkeit bieten, sich kennenzulernen, es mag die Eltern einer Klasse sogar zusammenschweißen. Aber das ist auch bei vielen anderen Aufgaben möglich, die Eltern schon jetzt sinnvollerweise übernehmen: Hilfe bei kulturellen Veranstaltungen, bei Festen, bei Klassenfahrten und so weiter. Wenn Eltern in »Bürgerarbeit der Zivilgesellschaft« Hand anlegen, damit das Schulgebäude nicht verkommt, dann treten sie in Konkurrenz zum Handwerk. Ob das Sinn macht, ist schon sehr zu bezweifeln. Hier entsteht das gleiche Problem wie bei der Förderung von Minijobs: Bürgerarbeit ersetzt reguläre Arbeitskräfte – mit denselben Konsequenzen, die schon bei den Minijobs nicht bedacht wurden. Es kommen weniger Sozialversicherungsbeiträge herein, damit wird die Belastung für die noch bestehenden Normalarbeitsverhältnisse größer, und die Beiträge steigen tendenziell.

- Wenn Bürger einer Gemeinde Streife gehen, um die Sicherheit ihrer Wohngegend zu verbessern, dann mag das gut gemeint und bewundernswert sein. Aber Zukunft hat diese Art von Aufhebung einer arbeitsteiligen Gesellschaft vermutlich nicht. Es ist nicht die Lösung der Probleme unserer Zeit, sondern eher ein Rückfall. Wir waren schon einmal weiter. Eine Gesellschaft, die dafür sorgt, dass Profis die Infrastruktur und die öffentlichen Einrichtungen intakt halten, und die dafür von allen Bürgern einen finanziellen Beitrag verlangt, ist in jedem Fall produktiver. Wenn diese Art der Versorgung mit öffentlichen Leistungen in Teilen zu bürokratisch ist oder ineffizient, dann muss man dies ändern, und das kann man auch, wie schon viele Städte und Kreise, Gemeinden und Gemeindeverbände bewiesen haben.
- Bürgerarbeit ist auch deshalb problematisch, weil eine flächendeckende Versorgung mit notwendigen Leistungen auf der Basis ehrenamtlicher und deshalb auch meist zufälliger Arbeit nicht zu schaffen ist. Die Lücken würden so groß sein, dass man ständig nacharbeiten und nachbessern müsste. Der Aufwand wäre enorm groß, die Versorgung nicht ausreichend.
- Bürgerarbeit im Rahmen der sogenannten Zivilgesellschaft hilft zweitens leider auch nicht bei der Lösung des Problems, Arbeitslose in sinnvolle Beschäftigung zu bringen. Bisherige Erfahrungen zeigen, dass gerade die typischen schlecht ausgebildeten Arbeitslosen nicht gerade dazu neigen, ehrenamtlich tätig zu sein. Meist tun dies vor allem arbeitslose Akademikerinnen und Akademiker.

Wenn die Öffentlichkeit die Bürgerarbeit bezahlen soll, wie es auch diskutiert wird, werden viele der oben genannten Probleme noch verschärft. Als Handwerker würde ich mir eine solche öffentlich geförderte Konkurrenz jedenfalls nicht gefallen lassen.

Das Fazit: Wir sollten uns davor hüten, die faktische Gestaltung unserer Gesellschaft von modischen Wörtern wie »Zivilgesellschaft« und nicht zu Ende gedachten schönen Ideen wie Bürgerarbeit prägen zu lassen. In diesem Fall wäre es wirklich gut, sich an die Originalität und Effizienz marktwirtschaftlicher Regelungen zu erinnern. In einer arbeitsteiligen Gesellschaft, auf der unsere Produktivität und unser Wohlstand beruhen, sollte man nicht zu viele Sonderelemente hinzumischen. Für ehrenamtliche Aktivitäten, für Bürgerarbeit und für die Aktivitäten der Zivilgesellschaft bleibt auch dann noch unglaublich viel Raum. Beispielsweise wäre jenseits der Arbeit, die heute Sozialstationen bei der Krankenversorgung im häuslichen Bereich erbringen, viel Bürgerarbeit möglich, wenn es wieder üblich würde, Krankenbesuche zu machen. Selbst dafür aber haben wir in unserer schönen Zivilgesellschaft ja kaum Zeit.

Denkfehler 40:
»Die Kosten der deutschen Einheit – ausgeblendet!«

Am 12. Oktober 2000 präsentierte der frühere Staatssekretär und Bundesbankpräsident Hans Tietmeyer in Bonn die Initiative Neue Soziale Marktwirtschaft. Mit Tietmeyer forderte eine der wirtschaftspolitisch einflussreichsten Personen der Ära Kohl, die soziale Marktwirtschaft müsse weitreichend erneuert werden – und das, nachdem er zuvor fast zwanzig Jahre Zeit und Einfluss hatte, dies zu tun. Noch erstaunlicher war, dass in Tietmeyers Rede bei der Auftaktveranstaltung wie auch in der programmatischen Schrift der Initiative Neue Soziale Marktwirtschaft die Bedeutung der deutschen Einheit und ihrer Kosten für die Entwicklung unserer Volkswirtschaft nicht vorkommt.

Das gilt für diese Organisation wie auch für viele Bücher und Essays, Reden und Anzeigen, die nun schon seit Jahren gegen unsere sozialstaatliche Ordnung mobil machen. Tietmeyer beklagt die angeblich zu hohe Staatsquote, die hohe Abgabenbelastung und auch, dass die »sozialen Sicherungssysteme immer mehr Geld verschlingen«. Aber in seiner langen Rede zur Präsentation der Initiative findet sich kein Wort zum Anteil, den die deutsche Vereinigung daran hat. Die Kosten der deutschen Einheit werden ausgeblendet, verschwiegen, vergessen. Im Frühjahr 2004 kam es vorübergehend zu einer heftigen Debatte über die Kosten der Vereinigung, weil die schlechte Entwicklung in den neuen Bundesländern nicht mehr zu verbergen ist und man jetzt – etwas spät – nach Fehlern im Einigungsprozess und nach neuen Lösungen sucht. Aber diese Debatte lief meist ordentlich getrennt von der um die »Deutsche Krankheit«.

Indem man die Kosten der deutschen Einheit aus dieser Debatte um die Gründe unserer wirtschaftlichen Probleme insgesamt ausblendet, kann man die aus dem Vereinigungsprozess folgenden Belastungen und Schwierigkeiten nutzen, um sie der Sozialstaatlichkeit unseres Gemeinwesens zuzuschreiben. Das traurige Fazit:

Die deutsche Einheit und ihre Kosten werden benutzt, um das Versprechen des Grundgesetzes auf Sozialstaatlichkeit auszuhöhlen.

Dass die Vereinigung der beiden Teile Deutschlands möglich wurde, ist schön. Zur Wahrheit und Ehrlichkeit gehört aber auch, dass dies ein sehr kostenträchtiges Ereignis war und ist.

Tabelle 29: Transferzahlungen nach Ostdeutschland (in Mrd. Euro)

	von Bund, Ländern und Gemeinden	von Sozialversicherungen insgesamt (inkl. a und b)	*a) Arbeitslosenversicherung*	*b) Sozialhilfe*	Summe
1991	23,0	10,2	10,2	-	33,2
1992	23,5	22,0	19,4	2,6	45,5
1993	25,6	24,0	19,9	4,1	49,6
1994	29,1	21,0	15,4	5,6	50,1
1995	38,3	20,0	11,8	8,2	58,3
1996	36,8	23,5	13,8	9,7	60,3
1997	32,7	22,5	13,3	9,2	55,2
1998	33,2	23,5	13,8	9,7	56,7
1999	33,7	22,0	13,8	8,2	55,7
Summe	275,9	188,7	131,4	57,3	464,6

Quelle: S. Bach/D. Vesper: »Finanzpolitik und Wiedervereinigung – Bilanz nach 10 Jahren«; in: *Vierteljahresheft zur Wirtschaftsforschung 2/2000.*

- Die Transferleistungen von Bund, Ländern, Gemeinden und Sozialversicherungen betrugen allein von 1991 bis 1999 knapp 465 Milliarden Euro.
- Allein der öffentliche Nettokapitaltransfer von 1990 bis 2001 summiert sich auf 750 Milliarden Euro.[86]
- Die Sozialbeitragsquote stieg wegen der Anlastung versicherungsfremder Leistungen auf die westdeutschen Sozialversicherungssysteme von 16 Prozent im Jahr 1990 auf 18,5 Prozent 1997.
- Der Nettotransfer im Jahr 2003 betrug ca. 83 Milliarden Euro.

Tabelle 30: Transferleistungen für die neuen Länder im Jahre 2003

	in Mrd. Euro	in Prozent
Bruttotransferleistungen insgesamt	116	100
darunter:		
- Wirtschaftsförderung	10	9
- Soziales	52	45
- Infrastruktur	15	13
- ungebundene Leistungen	24	21
- Sonstiges	14	12
Steuereinnahmen des Bundes in Ostdeutschland	33	–
Nettotransfer	83	–
Nachrichtlich: Nettotransfer		
- in Prozent des westdeutschen Bruttoinlandsprodukts	–	4
- in Prozent des ostdeutschen Bruttoinlandsprodukts	–	32
- in Prozent der Inlandsnachfrage in Ostdeutschland	–	22

Quelle: Institut für Wirtschaftsforschung Halle (Hrsg.): »Wie hoch sind die Transferleistungen für die neuen Länder?«, *IWH-Pressemitteilung 21/2003*, Halle 2003, S. 2

- Die Gesamtverschuldung des Bundes ist im Umfeld und in der Zeit nach der Wiedervereinigung deutlich mehr angestiegen als in der Zeit davor (siehe Abbildung 12 bei Denkfehler Nr. 30, S. 291). Die Schuldenstandsquote – das ist der Anteil der Gesamtverschuldung des Staates am jährlich produzierten Bruttoinlandsprodukt – stieg von rund 42 Prozent in den achtziger Jahren auf 62,4 Prozent 2002 und ist seitdem noch ein bisschen weiter gestiegen, auf 65,1 Prozent im Jahr 2003.

Ein markanter Einschnitt

Die folgenden Schaubilder markieren für eine Reihe von Indikatoren den Einschnitt, den die deutsche Einheit darstellt: Die Staatsquote, die Schuldenstandsquote und die Sozialbeitragsquote sind in den neunziger Jahren deutlich gestiegen; aus einem positiven Leistungsbilanzsaldo wurde in den Jahren zwischen

1991 und 2001 ein negativer (siehe Abbildung 16). Dies alles sind wichtige Messzahlen. Sie sind so markant in ihrer Veränderung, dass sie von den Verfechtern des Systemwechsels in der Regel dafür benutzt werden, um die Belastungen durch den Sozialstaat zu belegen.

Es steht außer Zweifel, dass die Vereinigung der beiden Teile Deutschlands eine echte Belastung darstellt. Das war zu erwarten, aber es hätte nicht unbedingt so schlimm kommen müssen. Im Prozess der Wiedervereinigung sind schwere Fehler gemacht worden. Darauf wies der frühere Bundeskanzler Helmut Schmidt in einem offenen Brief an den damaligen Bundesbankpräsidenten Hans Tietmeyer hin, den er in der *Zeit* vom 8. November 1996 veröffentlichte. Schmidt hält die hundertprozentige Aufwertung der Mark Ost für eine der Hauptursachen beim Zusammenbruch der DDR-Industrie.

In den neunziger Jahren ist zusätzlich der Fehler gemacht worden, die Wachstumsentwicklung, die durch den Vereinigungsboom angestoßen worden war, abzubrechen. Das geschah unter anderem deshalb, weil man die Maastricht-Kriterien unnötig eng ausgelegt hatte. Damit zerstörte man die Möglichkeit, durch einen kräftigen Wachstumsschub und durch Ausnutzung aller Kapazitäten so viel gemeinsames Sozialprodukt zu schaffen, dass die Kosten der Einheit zu schultern gewesen wären. Vor allem ist durch das Abwürgen der Wachstumsmöglichkeiten auch die Chance verpasst worden, die ökonomische Entwicklung im Osten mitzuziehen. Das ist der eigentlich gravierende Fehler. Nach der Wiedervereinigung wäre ein kräftiges Wirtschaftswachstum notwendig gewesen. 1990 und 1991 waren sogar 5,7 Prozent und 5 Prozent möglich. 3 bis 4 Prozent jährliches Wachstum im weiteren Verlauf hätten den Aufholprozess der neuen Bundesländer positiv beeinflusst.

Dass in der Debatte über die Gründe unserer ökonomischen Schwierigkeiten, die manche in übertreibender Weise die »Deutsche Krankheit« nennen, in der Regel kein Wort über die volkswirtschaftliche Belastung verloren wird, die die deutsche Vereinigung mit sich gebracht hat, ist erstaunlich. Es lohnt sich,

Abbildung 16: Schuldenstandsquote, Staatsquote, Sozialbeitragsquote und Leistungsbilanzsaldo in der Zeit nach der deutschen Vereinigung

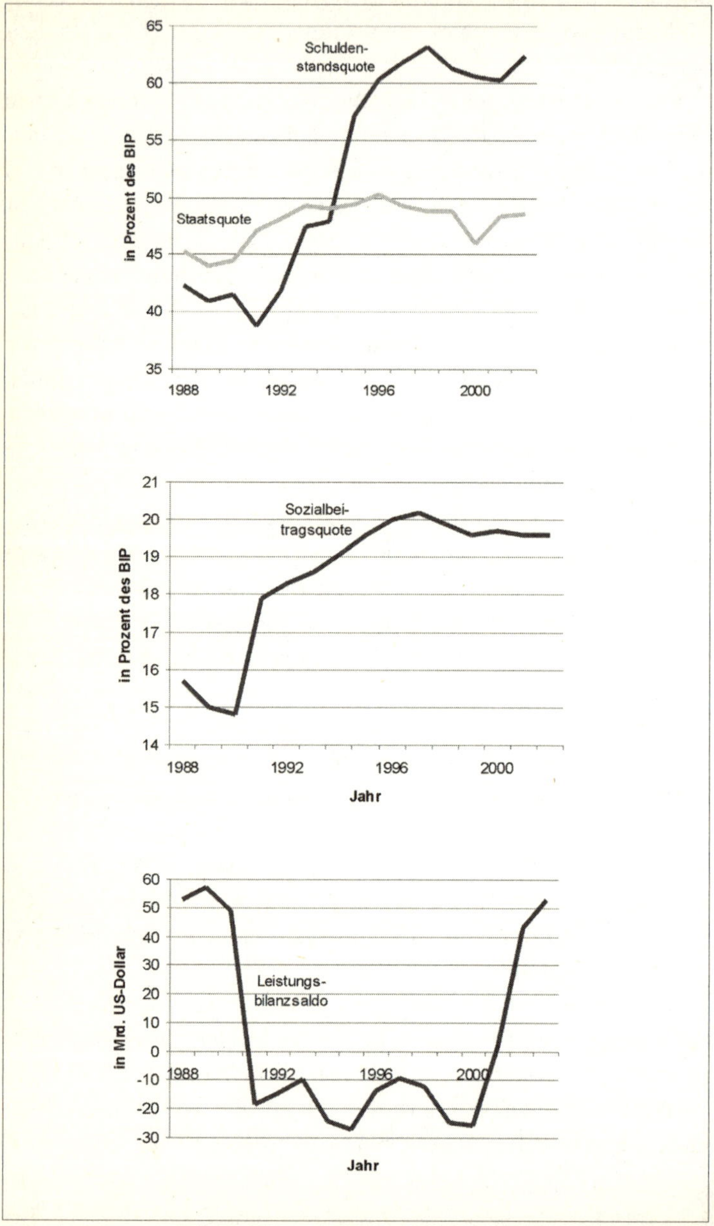

dem nachzugehen. Man wird den Verdacht nicht los, dass die Schwierigkeiten und die Belastungen der Einheit bewusst dafür eingesetzt werden, um die sozialstaatliche Prägung unseres Gemeinwesens in Frage zu stellen. So gesehen ist die deutsche Vereinigung ein Geschenk des Himmels – für all jene, die das Modell Deutschland loswerden wollen, für all jene, die diesen einigermaßen vernünftigen Sozialstaat auf einen Torso reduzieren wollen, für all jene, die auf diesem Weg und danach kräftig verdienen wollen, wenn etwa die Systeme der sozialen Sicherheit der Erosion preisgegeben und durch privat finanzierte Systeme ersetzt werden.

Wer auf die Transfers und Kosten der deutschen Vereinigung hinweist, wie hier geschehen, läuft Gefahr, zumindest im Osten unseres Landes missverstanden zu werden. Ich weise jedoch nicht deshalb darauf hin, um die Vereinigung zu kritisieren oder gar in Frage zu stellen, dass Transfers nötig sind. Ich kritisiere lediglich, dass diese Kosten verschwiegen und die entstandenen Lasten der Sozialstaatlichkeit unseres Landes angekreidet werden. Diese zu retten liegt in besonderer Weise im Interesse der Menschen in den neuen Bundesländern.

Teil III: Die Reformpleite – Helfer und Helfershelfer

6. Bewundernswerte Strategen

40 Denkfehler, Lügen und Legenden – wie kommt es, dass sie sich in einer Demokratie schon so lange halten können? Diskussionen über die derzeit stattfindende öffentliche Debatte geraten immer wieder an den Punkt, an dem die Frage auftaucht, ob die Verbreitung dieser Mythen gezielt gesteuert wird. Immer und immer wieder und so einhellig wiederholte falsche Vorstellungen würden doch nicht vom Himmel fallen, meinen die einen. Wie sonst sei es zu erklären, dass sich hartnäckig die Legende hält, wir lebten über unsere Verhältnisse, die Privatvorsorge sei die Lösung des sogenannten demographischen Problems oder wir lebten in einem Gewerkschaftsstaat. – Typische Unterstellungen von Verschwörungstheoretikern, entgegnen die anderen.

Dieser Streit ist unproduktiv. Ich selbst bin nicht der Meinung, dass es einen zentralen Planungsstab gibt, der sich diese Manipulationen generalstabsmäßig ausdenkt. Allerdings sind die Hinweise auf dezentral agierende Personen und Einrichtungen nicht von der Hand zu weisen. Der vom *Stern* skizzierte Hintergrund für die Gründung der Initiative Neue Soziale Marktwirtschaft ist einer davon. Von einer Reihe anderer wird noch die Rede sein.

Nach meinen Beobachtungen sind (an verschiedenen Stellen) Profis am Werk, deren Arbeit von hoher Qualität geprägt ist. Vom rein fachlichen Standpunkt aus kann ich die Leistung dieser Personen und Gruppen nur bewundern. Ihre konzeptionelle Arbeit und die Umsetzungsleistung sind beachtlich. Auch nur die Idee für die Behauptungskette zu entwickeln, unser Land sei heruntergewirtschaftet, es stehe vor völlig neuen Herausforderungen und da könnten nur Strukturreformen helfen, ist eine bemerkenswerte konzeptionelle Leistung. Den Begriff »Reformen«, der vor dreißig Jahren noch völlig anders definiert war, mit eigenem Inhalt neu zu füllen ist meisterhaft. Die Globalisierung, den demographischen Wandel und die Erosion der Normalarbeitsverhältnisse als gänzlich neue Herausforderungen darzustellen, die neue Grundlagen des Zusammenlebens erfordern, das ist einfach gekonnt.

Zu diesen zentralen Botschaften kommt eine Fülle weiterer hinzu, die jeweils ihren besonderen Effekt haben. Die Message »Keynes ist out« beispielsweise trägt dazu bei, dass diejenigen entmutigt werden, die eine aktive Beschäftigungspolitik auch mit keynesianischen Instrumenten machen wollen. Die Stigmatisierung der siebziger Jahre beugt der Versuchung vor, sich die damaligen Strategien und ihre Erfolge genauer anzusehen. Die Botschaft vom »Ende des Verteilungsstaats« suggeriert, dass bisher zu viele Menschen von Wohltaten profitiert hätten, die sie nicht verdient haben.

Professionell ist vor allem, wie Glaubenssätze, Lügen und Legenden, die im Widerspruch zur Realität und zur Erfahrung der Menschen stehen, in den Köpfen vieler Menschen verankert wurden. Viele unserer Landsleute, vor allem jene, die in der Welt herumkommen, finden unsere Lage und die unserer Volkswirtschaft im Vergleich mit anderen überhaupt nicht schlecht, und dennoch haben es die Meinungsführer geschafft, ein Gefühl des Niedergangs zu verbreiten. Diesem Ziel vor allem diente ein dreiteiliger Fernsehfilm von Stefan Aust und Claus Richter, der vom ZDF im Juni 2005 ausgestrahlt wurde: *Fall Deutschland* war der Titel, Niedergang überall. Bestens promoted vom ZDF und dennoch in den Methoden nur Propaganda. Dieser *Fall Deutschland* ist nur deshalb besonders erwähnenswert, weil sich daran die gewissenlose Professionalität der Strategen gegen die Sozialstaatlichkeit unseres Landes und damit gegen ein Verfassungsversprechen so kompakt studieren lässt. Wir leben in einem Land, dessen aktive Generation weiß, dass wir schon seit Jahrzehnten in den Weltmärkten und auch in den Weltkapitalmärkten verankert sind und von dieser weltweiten Arbeitsteilung profitieren. Und dennoch ist es gelungen, die Botschaft von der völlig neuen Globalisierungsherausforderung über Fernsehen und Printmedien zu verbreiten, ohne ausgelacht zu werden.

Die neoliberalen Kreise haben es bisher immer wieder geschafft, auftauchende Zweifel sofort und mit massiver Gegenwehr zu ersticken. Man kann das gut am Beispiel Demographie sehen. Da gab es immer wieder Zweifel an der herrschenden Lehre. Beiträge von Wissenschaftlern wie Richard Hauser, lange Jahre Professor für

Sozialpolitik in Frankfurt am Main, und Gerd Bosbach, Professor für Statistik, Mathematik und Empirik an der Fachhochschule Koblenz, wiesen nach, dass wir mit der demographischen Entwicklung unseres Landes und unseres Volkes fertig werden können und dass Prognosen, die über Jahrzehnte hinweg künftige Entwicklungen beschreiben wollen, ohnehin meist schnell Makulatur sind. Diese besonnenen Beiträge werden in den aufgeregten Debatten der Eliten jedoch einfach ignoriert und von neuen Horrormeldungen über die Bedrohung durch »die Demographie« überlagert.

Den Profis war klar: Wenn man eine neoliberale Ideologie nach Art der Reformpolitik unter die Leute bringen will, wenn man Intellektuelle beeindrucken will, dann muss man es schaffen, Wissenschaftler, Medien und Politiker einzuspannen, die als eher links oder progressiv gelten. Es gilt das alte Prinzip der Kommunikation, dass eine ausgesandte Botschaft um so glaubwürdiger ist, je unterschiedlicher die Absender sind. Wenn Edmund Stoiber und Wolfgang Thierse sagen, das demographische Problem sei riesengroß, dann ist es glaubhafter, als wenn Stoiber das gemeinsam mit seinem Mann im Bundestag, Michael Glos, behauptet. Wenn Hans Tietmeyer gemeinsam mit Erhard Eppler sagt, wir müssten den Sozialstaat zurechtstutzen, dann ist das glaubhafter, als wenn Tietmeyer das im Gleichklang mit Guido Westerwelle sagt.

Wenn man vermitteln will, dass wir die private Vorsorge brauchen, um das angebliche demographische Problem zu lösen und die Generationengerechtigkeit wiederherzustellen, dann nutzt es nichts, wenn man bloß einen ohnehin mit der Versicherungswirtschaft verbandelten Professor dafür gewinnt, der noch dazu als konservativ und wirtschaftsnah gilt. Es ist erstaunlich, wie sehr sich auch solche Wirtschafts- und Sozialwissenschaftler den neoliberalen Thesen geöffnet haben, die man als kritische und unabhängige Köpfe eingestuft hätte; zum Beispiel der Wirtschaftsweise und Darmstädter Volkswirtschaftsprofessor Bert Rürup, der Professor für Medizinmanagement an der Universität Duisburg-Essen Jürgen Wasem, der Präsident des Zentrums für Europäische Wirtschaftsforschung und Mannheimer Volkswirtschaftsprofessor Wolfgang Franz, der Mannheimer Professor für

Makroökonomik und Wirtschaftspolitik Axel Börsch-Supan, der ehemalige Vorsitzende des Sachverständigenrats zur Begutachtung der gesamtwirtschaftlichen Entwicklung und Regensburger Professor für Volkswirtschaftslehre Wolfgang Wiegard und der Professor und Präsident des Deutschen Instituts für Wirtschaftsforschung (DIW) Berlin Klaus Zimmermann.

Bewundernswert ist auch die Professionalität, mit der die Akteure ein differenziertes und weit ausgelegtes Netz von Initiativen, Aktionen, Bündnissen und Personen aufgebaut haben, die ihren Glauben wiederholen, weitersagen und multiplizieren. Reforminitiativen, deren Finanzierung teilweise nicht offengelegt ist, wie der Bürgerkonvent, die Initiative Neue Soziale Marktwirtschaft, der Konvent für Deutschland und der Zusammenschluss von zehn dieser Organisationen in der »Aktionsgemeinschaft Deutschland« haben vor allem eine Botschaft: Überwindung des »Reformstaus« und »Aufklärung« der Bevölkerung über die Wichtigkeit des Abbaus von sozialen Leistungen. Ihre Mittel: millionenteure Anzeigenkampagnen und Auftritte prominenter Mitinitiatoren oder Unterstützer, vor allem in den einschlägigen Talkshows. Unter den Protagonisten finden sich immer wieder dieselben Namen: Arnulf Baring, Roland Berger, Peter Glotz, Hans-Olaf Henkel, Oswald Metzger, Meinhard Miegel ... Sie arbeiten vernetzt und erscheinen dennoch als getrennte Absender.

Man kann es nicht planen, aber nahezu genial ist auch, wie der Steuerzahler die konzeptionelle Arbeit für die Strukturreformen und ihre Implementierung in die Politik mitbezahlt. Zur Konzeption, Vorbereitung und Umsetzung der Reformen wurden von der Bundesregierung reihenweise Kommissionen eingerichtet und in erster Linie mit Vertretern der Wirtschaft, Mitarbeitern von Beratungsfirmen und Wissenschaftlern besetzt, die den Neoliberalen nahestehen. Nach eigenen Angaben ließ die Bundesregierung sich (und uns) die Beratung durch externe Experten zwischen 1999 und 2003 168,8 Millionen Euro kosten.

Die Koalition der Willigen

Die Agitatoren der Reformlüge können auf eine breite Koalition der Willigen unter den Eliten in Deutschland bauen. Das sind Personen und Gruppen, Unternehmen und Verbände, die von sich aus ein Interesse an Strukturreformen haben oder auch nur der gängigen Stimmung erlegen sind.

Innerhalb von nur zwei Jahren, zwischen Frühjahr 2002 und Frühjahr 2004, erschienen eine Reihe von Büchern mit der gleichen, ja nahezu identischen Botschaft: Es steht furchtbar schlecht ums Land, wenn wir nicht endlich die Strukturen verändern:

- Meinhard Miegel: *Die deformierte Gesellschaft. Wie die Deutschen ihre Wirklichkeit verdrängen,* Februar 2002
- Oswald Metzger: *Einspruch! Wider den organisierten Staatsbankrott,* Mai 2003
- Hans-Werner Sinn: *Ist Deutschland noch zu retten?* Oktober 2003
- Gabor Steingart: *Deutschland – der Abstieg eines Superstars,* März 2004
- Frank Schirrmacher: *Das Methusalem-Komplott,* März 2004

Selbst unsinnige Behauptungen gewinnen an Glaubwürdigkeit, wenn sie von unterschiedlichen Autoren verbreitet werden. Im Abschnitt »Wer Reformen will, muss das Land zum Problem erklären« (S. 33) wurde schon auf einige davon eingegangen.

Zur Koalition der Willigen gehören auch Organisationen wie die Bertelsmann-Stiftung und einzelne Unternehmen und Unternehmensverbände. Es ist bezeichnend, dass die Bertelsmann-Stiftung den Grünen Oswald Metzger als »Fellow« aufgefangen hat, als dieser nicht mehr als Kandidat für den Bundestag aufgestellt wurde. Er und die anderen Autoren ähnlicher Prägung werden gern von Unternehmensverbänden zu Lesungen und Vorträgen eingeladen. Mit ihren Thesen stützen sie auch die Werbekampagnen, wie sie seit einigen Jahren von privaten Kranken- und Lebensversicherern gefahren werden.

Wie gut das Zusammenspiel der neoliberalen Meinungsmacher funktioniert, kann man an fast jeder Ecke sehen: Das Buch von Gabor Steingart stützt sich offenbar auf Daten, die von Deutsche Bank Research zusammengestellt worden sind. Die Commerzbank veranstaltete zusammen mit dem *Rheinischen Merkur* und der Initiative Neue Soziale Marktwirtschaft »Informations- und Diskussionsveranstaltungen« mit dem baden-württembergischen Ministerpräsidenten Erwin Teufel, dem Werber für eine radikale Steuerreform Prof. Paul Kirchhof und der Bündnisgrünen-Abgeordneten und Vorsitzenden des Finanzausschusses des Deutschen Bundestags Christine Scheel. Dass Christine Scheel auch Mitglied in den Beiräten zweier großer Versicherungsunternehmen war, tut ihrer Glaubwürdigkeit und der gemeinsamen Veranstaltung keinen Abbruch.

Auch die Deutsche Bank bringt sich auf ihre Weise in die Kampagne ein, unter anderem mit den Publikationen ihrer Abteilung DB Research. Deren Papier »Reformbedarf in Deutschland. Die Wachstums- und Beschäftigungskrise – Fakten, Ursachen und Therapiemöglichkeiten« vom 27. Mai 2003 enthält die üblichen Vorurteile, Denkfehler und Legenden: Die anhaltende Wachstumsschwäche zeige unseren Reformbedarf, Deutschland gelte als der kranke Mann des Kontinents, unser Land sei für die Globalisierung und den demographischen Wandel schlecht gerüstet, der Staat lebe über seine Verhältnisse, Deutschland verlöre Anteile am Welthandel.

Wahrscheinlich wird ein solches Papier auch dem Chef der Deutschen Bank Josef Ackermann vorgelegt. Das könnte manche seiner Äußerungen erklären. Wenn der Chef der größten deutschen Bank in seiner Einschätzung der wirtschaftlichen Lage Deutschlands allerdings davon ausgeht, unser Land hätte größere Probleme mit der Wettbewerbsfähigkeit auf den Weltmärkten als die USA, und das alarmierende Leistungsbilanzdefizit der USA von über 500 Milliarden Dollar nicht in seine Bewertung der amerikanischen Volkswirtschaft einbezieht, kann das nur verheerende Folgen für die Geschäfts- und Finanzdispositionen seines Instituts haben. Aber vielleicht hält Josef Ackermann von der

Forschungsabteilung seines Hauses so wenig, wie es der Sache angemessen ist. Das wäre dann wenigstens ein kleiner Trost für die Kunden der Bank.

Sehr aktiv in der Koalition der Willigen sind auch die sich selbst so bezeichnenden »Jungen Bundestagsabgeordneten«. Sie glauben, dass die ältere Generation auf ihre Kosten lebt, und haben sich mit dem Memorandum *Deutschland 2020. Für mehr Generationengerechtigkeit: Reformen nicht auf morgen oder übermorgen verschieben!* zu Wort gemeldet. Zur Ehre der SPD-Fraktion kann man notieren, dass keines ihrer Mitglieder diesen Text unterschrieben hat. Vielleicht fanden sie es merkwürdig, ihren Namen unter ein Papier zu setzen, das von dem Pharma- und Chemiekonzern Altana AG und der Initiative Neue Soziale Marktwirtschaft gesponsert und von der Beratungsfirma Res Publica mitinitiiert wurde. Das ist bemerkenswert: Junge Bundestagsabgeordnete nehmen die Hilfe einer PR-Agentur und eines Pharma- und Chemie-Unternehmens in Anspruch, um ein Memorandum über Generationengerechtigkeit zu schreiben und zu verbreiten. Wer glaubt, diese Abgeordneten seien noch unabhängig und könnten ein sachliches Urteil über die Zukunft der Alters- und Gesundheitsvorsorge fällen, ist naiv.

Zu den großen Förderern neoliberaler Positionen gehört eine Gruppe von einflussreichen Personen, die meist öffentliche Ämter haben und ideologisch dem Projekt »Reform« seit langem verpflichtet sind. An der Spitze der Bewegung stehen der schon mehrfach erwähnte Hans Tietmeyer, der Vizepräsident der Deutschen Bundesbank Jürgen Stark, der Leiter der Wirtschaftsabteilung im Kanzleramt Bernd Pfaffenbach und der Generaldirektor für Wirtschaft und Finanzen bei der EU-Kommission Klaus Regling. Auch Horst Köhler, den CDU und CSU nicht ohne Grund zu ihrem Kandidaten für das Bundespräsidentenamt gemacht haben dürften, gehörte dazu. Man könnte diese Gruppe von CDU-nahen Männern, die an zentralen Stellen tätig waren und sind, auch die deutschen Chicago Boys nennen, angelehnt an jene Ökonomen aus Chicago, die die ökonomisch-theoretische Basis des Neoliberalismus formulierten und Einfluss auf die Entwicklung in Pinochets Chile, in Ronald Reagans USA und in Margaret Thatchers Großbritannien hatten.

Zu den Willigen gehört außerdem in weitem Maß die Wissenschaft, von der Nationalökonomie bis zu Sozialwissenschaftlern anderer Fachrichtung. Sozialwissenschaftler haben dafür geworben, einen sogenannten Niedriglohnsektor aufzumachen – ein in jeder Hinsicht fragwürdiges Projekt. Die Wissenschaft von der Demographie hat sich mit wenigen Ausnahmen für die Behauptung einspannen lassen, unser Land habe gravierende Probleme mit seiner Bevölkerungsentwicklung. Prototypisch für unwissenschaftliche Willfährigkeit ist auch der Sachverständigenrat zur Begutachtung der gesamtwirtschaftlichen Entwicklung. Er drängt seit Jahren mehrheitlich auf eine weniger arbeitnehmerfreundliche und weniger sozialorientierte Politik und für Änderungen im Sinne der Reformlügen-Koalition. So ist der Sachverständigenrat beispielsweise bereit gewesen, angesichts von über 4 Millionen Arbeitslosen zu behaupten, die Konjunktur sei gut, nur um die Botschaft rüberzubringen, zur Lösung des Arbeitslosenproblems stünden »Reformen der Arbeitsmarktordnung (...) ganz oben auf der Liste des dringenden Handlungsbedarfs«. So geschehen im November 2000.

Zu den wirksamsten Förderern der neoliberalen Reformbewegung gehören Institutionen und Personen, die auf internationaler Ebene aktiv sind, vor allem die mit der Autorität der internationalen Gemeinschaft ausgestattete Weltbank und der Internationale Währungsfonds (IWF). So hat zum Beispiel Robert Holzmann, bei der Weltbank Abteilungsleiter für soziale Sicherheit, jahrelang die private Altersvorsorge propagiert. Und der IWF hat, noch unter der Federführung von Horst Köhler, in vielen Ländern neoliberale Reformen erzwungen und auf einseitige, neoliberal geprägte Sparmaßnahmen gedrängt.

Eine Person bedarf in diesem Zusammenhang der besonderen Erwähnung: José Piñera und sein »International Center for Pension Reform«. José Piñera war Arbeitsminister unter Chiles Diktator Pinochet und hat in dieser Funktion den Arbeitnehmern dort 1980 die private Vorsorge aufgezwungen – mit all den damit ver-

Der *Spiegel* macht Meinung

bundenen Nachteilen für die Mehrheit der Chilenen. Piñera ist seitdem als Lobbyist und Propagandist der Privatvorsorge und der internationalen Finanzindustrie tätig. Er rühmt sich der Beratung vieler Länder und Regierungen bei ihrem Weg zur Ablösung sozialer Sicherungssysteme und der Einführung privater Rentenversicherungen: In Südamerika und Osteuropa, in Großbritannien und Australien, in Kasachstan und auch bei uns in Deutschland hat er seine Spuren hinterlassen. Was er zum Beispiel in einem Artikel für das *Wallstreet Journal Europe* am 25. Juni 1998 über das angebliche Scheitern des Umlageverfahrens und die Vorteile des Kapitaldeckungsverfahrens geschrieben hat, findet sich nahezu wortgleich in den Äußerungen von Schwarz und Gelb, von Rot und Grün in Deutschlands Renten- und Demographiedebatte wieder. Wer sich durch die Seiten seiner Homepage www.pensionreform.org[87] klickt, der bekommt einen zugleich umfassenden wie auch bedrückenden Eindruck von der Dimension und dem weltumspannenden Charakter seiner Aktivitäten. Der Arbeitsminister Pinochets als Ghostwriter einer rotgrünen Koalition in Deutschland – das hätte ich mir noch vor zehn Jahren nicht einmal in einem sehr schlechten Traum vorstellen können. Doch die Parallelen gehen bis in die Terminologie: Auf seiner persönlichen Website www.josepinara.com präsentierte Piñera im Mai 2004 die »Agenda Chile 2010«.

Was ich mir genausowenig hätte vorstellen können, ist die Rolle, die der *Spiegel* in dieser Koalition der Willigen heute spielt. Eigentlich pflegt der *Spiegel* bis heute das Image, ein Nachrichtenmagazin mit kritischem Charakter zu sein. Doch das ist lange her. Er ist zu einem Hauptorgan des Mainstream geworden. Seit Jahren propagiert er die Grundlinien der Reformlüge. Prototypisch für die Botschaften, die er immer wieder unters Volk bringt, sind die neun Titelbilder, die auf S. 381 wiedergegeben sind. Das demographische Problem, der zu weit ausgebaute Sozialstaat, der Niedergang des Staates, der Untergang des Landes: Immer und immer wieder lesen wir im *Spiegel* die gleichen Inhalte, die in hohem Maße Propaganda sind. Ein Titel wie »Der letzte Deutsche« sagt in seiner übertreibenden und hysterischen

Art alles über den Zustand einer vormals kritischen Öffentlichkeit in Deutschland.

Spiegel-Chefredakteur Stefan Aust gelang im Juni 2005 ein besonderer Coup zugunsten der neoliberalen Propaganda: Im öffentlich-rechtlichen ZDF lief ein dreiteiliger Film von Claus Richter (ZDF-*Frontal)* und Stefan Aust mit dem Titel *Fall Deutschland* - eine einzige Fertigmache unseres Landes, die die Stärke unserer Volkswirtschaft und unsere Wettbewerbsfähigkeit auf den Weltmärkten ausblendet, suggestiv und manipulativ zugleich. Dieses Beispiel ist symptomatisch für die Verstärkung der Agitation zugunsten der neoliberalen Reformen. Je mehr die Öffentlichkeit wahrnimmt, dass die Reformen in Deutschland nichts gebracht haben und nichts bringen, weder den Aufschwung und Arbeitsplätze noch die finanzielle Stabilisierung der sozialen Sicherungssysteme, um so mehr forcieren die Agitatoren dieser Ideologie ihre Propaganda. Und weil sie begründen müssen, warum ihre Rezepte bisher nichts gebracht haben, sagen sie, es sei zu wenig reformiert worden und zu langsam, und sie fordern mehr und schnellere Reformen. Immer häufiger wird davon gesprochen, auch wir in Deutschland bräuchten eine Maggie Thatcher. Dieser abenteuerliche Wunsch wird nicht rational begründet. Es ist die Ausflucht aus dem Eingeständnis des Scheiterns.

Die Koalition der Willigen rückt dabei immer mehr zusammen und forciert ihre Tonlage und die Frequenz ihrer Agitation: immer neue Aktionen der Initiative Neue Soziale Marktwirtschaft, immer neue Interviews mit dem unseligen Professor Sinn, immer neue Geschichten im *Spiegel* und in den anderen Medien des Mainstream, immer neue Vorstöße der Bertelsmann-Stiftung, die inzwischen weite Teile der Politik mitbestimmt. An Geld mangelt es den Akteuren offensichtlich so wenig wie an willfährigen Wissenschaftlern und Beratern, Politikern und Journalisten.

7. Das Versagen der Eliten und der Parteien

Die Lügen vom Reformstau und von der heilsamen Wirkung von Strukturreformen wären trotz der finanziellen und konzeptionellen Macht der Neoliberalen nicht so vorherrschend, wenn die möglichen Gegenkräfte nicht auf breiter Front versagt hätten – die Wissenschaft, die Medien, die Parteien, die Intellektuellen und die Eliten insgesamt. Wo ist ihr kritischer Verstand, wo sind ihre Stimmen im öffentlichen Disput geblieben?

Der Fisch stinkt vom Kopf her – das Versagen der kritischen Intelligenz

Die Entwicklung des *Spiegels* ist symptomatisch dafür, wie sehr die kritische Begleitung des Geschehens weggebrochen ist – kritische Medien haben es schwer, kritische Köpfe werden seltener. Die beschriebene Positionsveränderung beim *Spiegel* hat das Koordinatensystem innerhalb der Medien und wohl auch innerhalb des Bürgertums verschoben. Wenn es noch genug unabhängige, rege Köpfe gäbe, dann wäre die neoliberale Saat auch nach gut zwanzig Jahren unermüdlichen Säens und Ackerns nicht in solcher Weise aufgegangen, wie wir es heute erleben.

Offensichtlich ist die sogenannte intellektuelle Elite ähnlich manipulierbar wie die normalen Bürger. Was die *Bild*-Zeitung für den Mann auf der Straße ist, sind *Spiegel*, *FAZ* und andere für die Intellektuellen. Wenn mehrmals hintereinander in diesen Blättern zu lesen ist, Deutschlands Problem sei der Reformstau, dann glauben es auch die gebildeten Stände. Sie überprüfen die Behauptung sowenig wie die Leser von *Bild*. Wenn sie fünfmal in Variation lesen: »Keynes ist out«, dann neigen sie dazu, dies für richtig zu halten, und sagen es weiter. Ein besonders eindrucksvolles Beispiel für diese Fremdbestimmtheit ist die im Jahr 2002 neu aufgelegte Antigewerkschaftskampagne, mit der suggeriert wurde, in der Bundesrepublik hätten die Arbeitnehmervertreter zuviel Macht, deshalb ginge es mit den Reformen nicht voran. Dass die Gewerkschaften schon seit Jahren an Einfluss verlieren, scheint nicht zu interessieren.

Die meisten deutschen Intellektuellen und die gebildeten Stände durchschauen auch nicht die evidente Kampagne zur Privatisierung der Altersvorsorge in Deutschland und in anderen Teilen der Welt. Möglicherweise hängt das damit zusammen, dass sowohl der Erfolg und der Sinn von Gewerkschaften wie auch die Probleme der Rente für viele Mitglieder unserer sogenannten Eliten keine Themen sind, mit denen sie sich gerne identifizieren.

Der verstorbene amerikanische Soziologe Christopher Lasch diagnostizierte schon vor zwanzig Jahren, dass die neuen Eliten, zu denen Banker, Makler, EDV-Spezialisten, Ärzte, Professoren und Journalisten gehören, sich von der Realität der einfachen Menschen abgekoppelt hätten.[88] Sie glauben, dass sie ihren Erfolg allein ihrer Leistung zu verdanken haben, und fühlen sich niemandem mehr verantwortlich, schon gar nicht dem Gemeinwohl. Wer nicht auf die gesetzliche Rente angewiesen ist oder auf eine ausreichende öffentliche Gesundheitsversorgung, für den ist es einfach, unbeschwert über Sozialabbau zu sprechen. Er vergisst dabei, dass die soziale Sicherung das »Vermögen der kleinen Leute« ist. Mehr noch: Die gleiche Schicht, die glaubt, Arbeitnehmern verordnen zu müssen, den Gürtel enger zu schnallen, meint gleichzeitig, sie selbst sei unterbezahlt und müsste eine zu große Steuerlast tragen.

Nicht alle denken und empfinden so. Aber es fällt auf, wie viele der bis dahin als kritische Geister bekannten Zeitgenossen den Glauben an die Notwendigkeit von grundlegenden Strukturreformen teilen und weitertragen.

Nun ist es niemandem vorzuwerfen, wenn er von Wirtschaft nichts versteht, und um die »richtigen« Rezepte gibt es ja auch unter Wirtschaftsprofessoren Auseinandersetzungen. Es gibt durchaus ein Recht auf Nicht-Wissen, aber es gibt keines auf Ignoranz. Und die ist gegeben, wenn man einseitig das nachbetet, was einem vorgegeben wird, und es nicht mehr selber kritisch hinterfragt. Bei meinen Gesprächen über die in Teil II beschriebenen Denkfehler und Mythen irritiert mich nicht, dass viele meiner

Gesprächspartner die wirtschaftlichen Zusammenhänge nicht oder nur wenig durchschauen, mich irritiert, dass so viele dennoch eine feste Meinung dazu haben. Gerade jene, die sich früher besonders skeptisch und aufgeklärt gaben, übernehmen jetzt die Formeln der Neoliberalen. Ein markantes Beispiel, noch dazu von Bedeutung für die öffentliche Debatte in unserem Land, waren die Unterschriften einer Reihe von Intelektuellen unter einer ganzseitigen Anzeige in der *Süddeutschen Zeitung* vom 2. Oktober 2004. Sie diente vor allem dem Zweck, das Interesse der Medien an den damals auflebenden Montagsdemonstrationen abzutöten. Die Schlagzeile lautete: »Auch wir sind das Volk.« Der Text begann mit der Behauptung, Hartz IV sei »überlebensnotwendig für den Standort Deutschland«. Das war nicht begründet, aber der Text war eben nicht nur unterzeichnet von wichtigen Managern und Verbandsvertretern, sondern auch von Günter Grass, Jürgen Flimm, Uwe Wesel, Mario Müller Westernhagen und Peter Glotz. Diese haben zwar, was nicht zu kritisieren ist, wenig Ahnung von gesamtwirtschaftlichen Zusammenhängen, aber ein ganz festes Urteil darüber, wie man an der Anzeige sehen kann.

Bei Menschen, die in ihrem Beruf sehr gefordert sind und nicht permanent hinter die Kulissen schauen können oder wollen, kann man das verstehen, aber von denjenigen, die ihre Intellektualität hauptberuflich nutzen, kann man etwas anderes erwarten. Der französische Philosoph Régis Debray hat analysiert, wie der zur Zeit gängige Typus des Intellektuellen den Mainstream der öffentlichen Debatte nicht mehr kritisch hinterfragt, sondern ihn im Gegenteil noch unterstützt:[89] Seine Meinung wechselt je nach politischer Lage so, wie er es braucht, um seinen Marktwert in der Öffentlichkeit zu erhalten. Mit einem Übermaß an Worten und übertreibenden Prognosen bauscht er seine im Grunde banalen Analysen auf, um eine Substanz vorzutäuschen, die nicht vorhanden ist. Solche Medienintellektuellen gibt es nicht nur in Frankreich. Dort wie hier wäre es wichtig, dass wieder mehr Menschen den Mut haben, die Dinge gegen den Strich zu bürsten.

Das Versagen der Parteien

Die Mitglieder und Organisationseinheiten der Parteien sollen eine wichtige Rolle in der innerparteilichen Willensbildung und bei der demokratischen Willensbildung des Gemeinwesens insgesamt spielen. So ist es im Grundgesetz gewünscht, wenn davon die Rede ist, die Parteien wirkten an der politischen Willensbildung mit. Die öffentliche Debatte zu den Reformen und zu ihrer Notwendigkeit, zu ihren Folgen und zum Systemwechsel wird jedoch praktisch exklusiv in den Medien und den politischen Führungszirkeln, in der Wissenschaft und unter den Eliten geführt. Parteimitglieder und Parteigruppierungen wie Ortsvereine, Kreisverbände und Arbeitsgemeinschaften haben in dieser Debatte nahezu keine Rolle gespielt.

Neoliberale Hegemonie bei Union und FDP

Die FDP ist ohnehin auf wirtschaftsliberalem Kurs. Sie war vor und nach der Wende von 1982 maßgeblich beteiligt beim großen Schub zur Einführung neoliberaler Gedanken in der Bundesrepublik.

CDU und CSU hatten immer schon einen starken Wirtschaftsflügel; er hat sich inzwischen sachlich und personell auf ganzer Linie durchgesetzt. Norbert Blüm, einst wichtiger Anker für CDU-Wähler aus der Arbeitnehmerschaft und Aushängeschild der CDU für das Soziale an der »sozialen Marktwirtschaft«, hat beim Leipziger Parteitag der CDU im November 2003, als er sich gegen die Einführung der Kopfpauschale in der Krankenversicherung wandte, zu spüren bekommen, dass sein Wort in der CDU nichts mehr gilt. »Sein letzter Auftritt – ein aussichtsloser Kampf gegen die neue CDU«, kommentierte die *Westfälische Rundschau*. Für Blüm ist der Sieg der Wirtschaftsliberalen in der Union auch deshalb besonders bitter, weil er als langjähriger Arbeits- und Sozialminister im Kabinett Kohl die Lockerung des Kündigungsschutzes und andere Einschnitte ins soziale Netz sowie die Steuersenkungen zugunsten der Unternehmerseite mitgetragen hat, vielleicht weil er meinte, er könne damit helfen, Arbeitsplätze zu schaffen. Das ist die große

Täuschung, unter der auch SPD und Grüne heute leiden. Norbert Blüm hat inzwischen eingesehen, dass er eine Hofnarrenrolle spielte. In seiner Rede anlässlich der Demonstration in Köln am 3. April 2004 gab er zu erkennen, »geleimt« worden zu sein.

Die Reformpleite – der Ruin der SPD als mehrheitsfähiger Partei?

Mit der Agenda 2010 vom März 2003 und zuvor mit dem vermeintlichen Sparkurs von Hans Eichel, mit den Steuersenkungen zugunsten der großen Konzerne und der Öffnung der Rentenversicherung hin zur Privatvorsorge hat die rotgrüne Koalition der wirtschaftsliberalen Reformpolitik einen beachtlichen Schub gegeben. Für mich ist es ein Phänomen, wie SPD und Bündnisgrüne, die ich für Parteien mit genuin eigener Substanz hielt, so geräuschlos große Teile ihrer bisherigen Programmatik ausgetauscht haben. Bis auf wenige einzelne sind sie den gängigen Denkfehlern und Vorurteilen, den Lügen und Legenden der Reformrhetoriker erlegen. Wer mit den sogenannten einfachen Mitgliedern spricht, bemerkt noch viel von der früheren inhaltlichen Orientierung und Substanz. Aber sie schwindet – durch Austritt und Resignation.

Man kann einigen aus den Reihen der SPD und der Grünen zugute halten, dass sie Schlimmeres verhindern wollen und wirklich glauben, dass man den Sozialstaat auf dem eingeschlagenen Weg an geänderte Verhältnisse anpassen müsse. Deshalb haben sie die Zumutungen der Agenda 2010 und anderer Maßnahmen geschluckt. Andere in den Reihen der rotgrünen Koalition orientierten sich schlicht am Mainstream der Eliten und Medien. Bei Gerhard Schröder musste man den Eindruck gewinnen, diese Orientierung an Medien mache seine politische Philosophie aus. Das ist sogar begrenzt zu verstehen. Nach sechzehn Jahren Helmut Kohl und vielen Versuchen der SPD, Kohl als Kanzler abzulösen, hat Gerhard Schröder als medial orientierter und telegener Kandidat und Bundeskanzler immerhin zwei Wahlen gewonnen. »Kein Blatt zwischen uns und die Medien«, so könnte man diese Strategie beschreiben. Ob sie auch weiterhin erfolgreich sein wird, ist fraglich. Das Dauertief bei den Umfragewerten für

Gerhard Schröder und das neue Tief in der Konfrontation mit Angela Merkel deutete schon im Jahr 2004 etwas anderes an: In einer Mediendemokratie werden Personen und ihre Botschaften nach Ablauf einiger Zeit langweilig und kommen auch bei den sie früher unterstützenden Medien nicht mehr an. Dass politische Images ohne inhaltliches Profil so vergänglich sind, hat Gerhard Schröder wohl zuwenig bedacht.

Mit der Strategie der Anpassung hat sich die SPD-Führung der herrschenden Meinung und jenen, die sie bestimmen, ausgeliefert. Ihre Nähe zu wirtschaftsliberalen Beratern wie Roland Berger oder Jürgen Kluge von McKinsey, die Orientierung Gerhard Schröders an einigen Managern, die Nähe vieler Sozialdemokraten und Bündnisgrüner zur Bertelsmann-Stiftung und die Mitwirkung bei der Initiative Neue Soziale Marktwirtschaft prägen die innere Entwicklung in diesen Parteien. Sie färbt ab. Die SPD rühmte sich einmal, die Partei der Aufklärung zu sein. Dieses wertvolle Attribut ist kräftig verspielt. Die Schröder-SPD hält ihren Finger in den Wind und betet die neoliberalen Glaubenssätze nach.

Die Anpassung der SPD an das eher konservative Milieu schlägt sich auch in der Personalpolitik der SPD nieder. Wichtige Funktionen hat sie mit Leuten besetzt, die – selbst wenn sie das SPD-Parteibuch in der Tasche haben – eher dem konservativen Mainstream zuneigen. Das galt für den Bundesbankpräsidenten Welteke genauso wie für einige Sachverständige, die der SPD zwar angehören, aber die neoliberale Position vertreten. Die SPD hat wichtige Staatssekretärsposten mit konservativen Beamten besetzt gelassen oder sogar mit Konservativen neu besetzt, auch den Posten des Wirtschaftsberaters des Kanzlers und des IWF-Direktors. Das mag man unter dem Gesichtspunkt einer überparteilichen Regierung unseres Landes gut finden. Hier geht es aber um die Frage, inwieweit die SPD als gestaltende Kraft im Widerstand gegen die konservative neoliberale Revolution und deren ohnehin große Dominanz Wirkung entfalten könnte. Zur Gestaltung gehört eben Personalpolitik, und wer da seine Chancen nicht nutzt, der hat gleich verspielt. Eine der letzten großen Chancen, in der wirtschaftspolitischen Debatte mit Hilfe von klugen Personalentscheidungen andere Akzente zu setzen, war die Nominierung des neuen Bundesbankpräsidenten im April 2004. Immerhin ist er kraft Amtes unser Vertreter in Entscheidungsgremien der Europäischen Zentralbank und hat auch zu Hause großen Einfluss auf die öffentliche Meinung. Axel Weber ist dieses Korrektiv nicht. Die SPD und die von ihr geführte Bundesregierung hat auch da die Möglichkeit nicht genutzt, ein Zeichen gegen den grassierenden Neoliberalismus zu setzen.

Rot-Grün als Rammbock der neoliberalen Revolution

Aus dem Lager von CDU/CSU und FDP war gelegentlich zu hören, dass sie sich an manche Reformen, die Rot und Grün eingeleitet und verabschiedet haben, nicht herangetraut hätten. Dieses Kalkül ist sicher nicht falsch. Es gab eine Reihe von Tabubrüchen durch die (ehemalige) Linke, die man selbst eingefleischten Wirtschaftsliberalen nicht zugetraut hätte. Falls die Geschichtsschreibung einmal kritisch an die Interpretation der heutigen Zeiten herangeht, wird sie festhalten können, dass der eigentliche Dammbruch zur Umsetzung neoliberaler Ideologien und zum »Umbau« des Sozialstaats in Deutschland von der Regierung Schröder und der rotgrünen Koalition vollzogen worden ist.

Machtpolitisch betrachtet zahlt sich diese bahnbrechende »Leistung« für die rotgrüne Koalition, zumindest für die SPD, nicht aus. Die SPD hat schon bei den Wahlen 2003, 2004 und 2005 immer wieder verloren. Seit Gerhard Schröders Amtsantritt als Bundeskanzler sind sechs (!) SPD-Ministerpräsidenten abgewählt worden. Die SPD rangiert in Umfragen ganz tief. Das ist kein Wunder. Denn erstens gewinnt sie Wahlen wegen der neoliberalen Orientierung vieler Medien nur, wenn sie Multiplikatoren zu mobilisieren vermag – bekannte Bürgerinnen und Bürger und ganz normale Facharbeiter, Angestellte, junge Leute, Menschen, die in ihrem Umfeld, in den Betrieben und den Familien ein gutes Wort für die SPD einlegen. Das tut heute kaum noch jemand, womit sollte er oder sie auch argumentieren? Mit der Agenda 2010? Die hat auf das Wählerpotential der SPD eine abschreckende Wirkung. Daher rühren die geminderten Chancen der SPD. Zweitens hat die SPD Wahlen bisher dann gewonnen, wenn sie ein breites Spektrum von Wählern angesprochen hat – von den Arbeitnehmern gewerkschaftlicher Prägung über die weniger gewerkschaftlich geprägten bis hin zu den Intellektuellen und den Selbständigen. Diese Bündnisse sind aufgehoben. Die Strategie des »Getrennt-Maschierens-und-vereint-Schlagens«, der SPD wie Union bisher ihre ganz großen Wahlsiege mit verdankten, scheint in der SPD-Führung heute nicht mehr verstanden, zumindest nicht für wichtig gehalten zu werden.

Die beiden genannten Bedingungen für einen Wahlerfolg der Sozialdemokraten waren 1998 und 2002 einigermaßen erfüllt. Über das Nein zum Irak-Krieg und über das Versprechen, wichtige arbeitsrechtliche Regeln wie die Tarifautonomie nicht auszuhöhlen, wurde bei der Bundestagswahl 2002 noch einmal die Zustimmung und dann auch die Mobilisierung sowohl der friedenspolitisch Engagierten als auch der sozial- und gesellschaftspolitisch Interessierten und der Gewerkschaften erreicht. Dass dies noch einmal gelingt, ist zu bezweifeln.

Die Zweifel werden noch dadurch größer, dass die im Mai in Nordrhein-Westfalen erstmals kandidierende neue Wahlalternative (WASG) 2,2 Prozent erhielt und zusammen mit der PDS um Wähler wirbt. Bevor diese Alternative politisch wirksam werden konnte, verbuchte sie schon die ersten Erfolge: Die Spitzen der SPD korrigierten ihre bisherige Position zur Lohnpolitik, sie ermunterten zu ein bisschen höheren Löhnen, Gerhard Schröder warb für einen starken Staat, weil die sozial Schwachen diesen brauchen, die sozialen Akzente wurden im Vorfeld der Bundestagswahl deutlich verstärkt. Bleibt die Frage, ob das hält und ob sich die Wähler auf Dauer davon beeindrucken lassen. Das ist offen. Denn SPD und Grüne haben den Konservativen mit ihrer Politik und mit ihren programmatischen Erklärungen den Weg dafür bereitet, nach einer Machtübernahme nach der neuerlichen Bundestagswahl ungestört und ohne Widerstand von politischer Seite die Revolution von oben durchzuführen und den Abbau sozialstaatlicher Regelungen zu realisieren. Mit bösen Folgen für unser Land.

8. Wir reformieren uns zu Tode

Die ideologisch und politisch führenden Kräfte haben die Dimension der Folgen ihres »Reformwerks« und der zu seiner Durchsetzung benutzten Lügen und Legenden nicht begriffen. Wie sollten sie auch, sie haben ja trotz einschlägiger Erfahrungen noch nicht einmal wahrgenommen, dass die Reformpolitik nicht die Wirkung hat, die sie sich von ihr versprechen – weder führt sie zur wirtschaftlichen Belebung noch zur finanziellen Konsolidierung der sozialen Sicherungssysteme.

Sie haben nicht begriffen, wie leichtfertig es ist, willentlich die Erosion des Vertrauens in die sozialen Sicherungssysteme anzuschieben und weiterzutreiben.

Noch werden die sozialen Sicherungssysteme auch im System der Neoliberalen gebraucht. Noch gibt es Rentner mit Ansprüchen. Die mutwillige Zerstörung des Vertrauens wird die Steuerzahler noch teuer zu stehen kommen.

Die Reformer haben nicht begriffen, welche nachhaltigen Folgen die totale Ökonomisierung aller Lebensbereiche haben wird.
Die Reformer sehen den Menschen nur noch als Produktionsfaktor. Kinder müssen geboren werden, weil wir sie zur Finanzierung der Renten brauchen. Kinder müssen mit fünf in die Schule, weil sie dann früher ins Arbeitsleben einsteigen und zur Stärkung unserer Wettbewerbsfähigkeit beitragen. Arbeitnehmer sind Kostenfaktoren und sonst nichts. Da Kosten niedrig sein müssen, müssen auch die Löhne niedrig sein, ganz gleich, wie die Arbeitnehmer und ihre Familien damit zurechtkommen. Umwelt- und Klimaschutz sind Kostenfaktoren. Also runter damit. Die Alten sind ein Kostenfaktor. Was machen wir nur mit ihnen? Die Ökonomisierung aller Lebensbereiche wird dadurch verschärft, dass ihre Fürsprecher nicht einsehen, dass auch Dinge einen Wert haben, die sich nicht sofort rechnen. Sie sehen nicht, dass es auch ökonomisch vernünftig ist, wenn ein gutes soziales Klima im Land herrscht und die Menschen sich wohl fühlen.

Die Reformer haben nicht begriffen, wie sehr sie unsere Gesellschaft spalten.
Statt sich um den sozialen Ausgleich und den inneren Frieden unseres Landes zu kümmern, beschwören die Reformer Konflikte herauf, die es gar nicht geben müsste, oder verschärfen schon bestehende. Den Jüngeren wird eingeredet, die Alten und Arbeitslosen lebten auf ihre Kosten, den Arbeitslosen wird weisgemacht, die Gewerkschaften kümmerten sich nicht um sie. Gleichzeitig öffnet sich die Schere zwischen Arm und Reich immer weiter.

Dass das Volk nicht wisse, was ihm gut tut, und dass man es zu seinem eigenen Nutzen erziehen müsse und zu diesem guten Zweck auch manipulieren dürfe, ist eine bei den Eliten geläufige Denkweise. Der Chef von Bertelsmann, Reinhard Mohn, hat diese Sicht schon 1996 in einem Interview mit dem *Stern* offenbart: »Ein Segen, dass uns das Geld ausgeht. Anders kriegen wir das notwendige Umdenken nicht in Gang.« Umerziehen durch Schlechtergehenlassen. Ganz schön eigenartig.

Die Spaltung unseres Volkes wird auch am politischen Verhalten sichtbar. Ähnlich wie in den USA ziehen sich die benachteiligten Schichten aus der politischen Beteiligung zurück. Bei den letzten Landtagswahlen in Nordrhein-Westfalen lag die Wahlbeteiligung in Wohnbezirken der Arbeitnehmer und sozial Schwächeren Kölns bei 30 bis 45 Prozent. In den Stadtteilen, wo sich eher die Bessergestellten angesiedelt haben, lag die Wahlbeteiligung zwischen 68 und 81 Prozent. Sehr demokratisch ist diese Spaltung nicht.

Die Reformer haben nicht begriffen, dass sie mit ihrem Drängen auf Flexibilität, auf unsichere Arbeitsverträge und auf die Schwächung der Arbeitnehmerschaft schon auf mittlere Sicht der fachlichen Qualität der Arbeitnehmer schaden.
Wenn in Zukunft viele Arbeitnehmer mit Niedriglöhnen zurecht kommen müssen und sich ihren Unterhalt mit mehreren Jobs sichern müssen, wenn die soziale Sicherung der meisten Arbeitenden ausgehöhlt sein wird, wenn die Einkommensverteilung

zwischen den Ober- und den Unterschichten noch weiter auseinandergezogen wird, dann wird diese Entwicklung hin zu einem modernen Proletariat notwendigerweise die Motivation und die Möglichkeiten für eine gute Aus- und Fortbildung reduzieren. Wer nur noch mobile und flexible Arbeitnehmer will, wird solche mit weniger Verantwortung, weniger Pflichtbewusstsein, weniger Disziplin und weniger Können bekommen.

Soziale Sicherheit fördert Kreativität und Produktivität. Wer sich um die Zukunft nicht grämen muss, wer weiß, dass sein Job sicher ist, wer auf eine gute Altersversorgung und gute Absicherung im Krankheitsfall vertrauen kann, der hat den Kopf frei. Im Weltbild der Modernisierer ist Leistung immer nur die Konsequenz aus Druck. Leistungsfähig ist für sie jemand anscheinend dann, wenn er das Risiko fürchten muss, entlassen oder bestraft zu werden. Leistung aus Verantwortungsbewusstsein scheint für sie unvorstellbar.

Die Reformer haben nicht begriffen, dass man den Ruf eines Landes und einer Volkswirtschaft nicht leichtfertig beschädigen darf.
Selbst wenn wir gar keine Stärken hätten, wäre es wahnsinnig, zwanzig Jahre lang nur über Schwächen zu reden. Den ramponierten Ruf wiederherzustellen ist aufwendig und braucht Zeit.

Die Reformer haben nicht begriffen, was die üblich gewordene Verächtlichmachung des Staates für das weitere Schicksal unserer Demokratie bedeuten kann.
Sie säen Zweifel in das Funktionieren demokratischer Einrichtungen. Sie entpolitisieren. Die *Spiegel*-Titel mit den Schlagzeilen »Die blockierte Republik«, »Wie Parteien, Verbände und Bürokratie die Gesellschaft lähmen« und »Wirtschaftskrise/Steuerdesaster/Staatsversagen« zeigen beispielhaft die Staatsfeindlichkeit der gängigen Reformpropaganda. Hier wird auf hysterische Weise Stimmung gemacht. Wie soll es bei einer solchen Stimmung noch ein konstruktives Verhältnis zwischen Bürgern und Staat, zwischen privatem und öffentlichem Interesse geben?

Die Reformer haben auch nicht begriffen, wie sehr unser aller Freiheit, Liberalität und Wohlergehen davon abhängen, dass wir ein paar Strukturen unseres Zusammenlebens als wichtig und verlässlich akzeptieren und respektieren.
Die Spielernaturen, die heute die Hegemonie über das Denken in Deutschland besitzen, wissen davon wenig. Es macht ihnen keine Mühe, reihum alles zur Disposition zu stellen. Auch das Grundgesetz.

Wer den Systemwechsel will, wer Abschied nehmen will von wichtigen Strukturen und Eigenschaften des Sozialstaats und der Tarifautonomie, verlässt die Grundlage unserer Verfassung. Doch die Ignoranz mancher Reformer gegenüber dem Grundgesetz wird kaum thematisiert. Wo kein Kläger, da kein Beklagter. Das ist das Glück der heute meinungsführenden Kräfte.

In der Psychologie gibt es den Begriff der Regression. Damit bezeichnet man den Rückfall von Menschen in einen geistigen und psychischen Zustand vor dem gerade erreichten Stand, den »Übergang zu Ausdrucksformen und Verhaltensweisen eines vom Standpunkt der Komplexität, der Strukturierung und der Differenzierung aus niedrigeren Niveaus«, wie es in einem Wörterbuch der Psychoanalyse heißt. Ist diese Beobachtung auch auf gesellschaftliche Phänomene und auf Politik übertragbar? Wenn man die Reformdebatte betrachtet, kann man diesen Eindruck gewinnen. Der neue Bundespräsident hat – sozusagen als oberste Instanz der modernen Reformbewegung – schon eine Reihe von Belegen für diese politische Regression geliefert. Wie von den Reformern Glaubenssätze ohne logischen Zusammenhang aneinandergereiht werden und komplexe Zusammenhänge auf monokausale Ableitungen reduziert werden, das zeugt schon von einem gehörigen Rückfall in eine schlechtere Qualität der öffentlichen Debatte und Meinungsbildung. Weil die Qualität der Debatte so sehr nachlässt, leidet auch die Qualität der politischen Entscheidungen. Zeitzeugen dieser Entwicklung sind wir alle.

9. Was wäre, wenn ...?

Stellen wir uns vor, die Bundesregierung würde von heute auf morgen damit aufhören, über Reformen zu reden, und sie würde nur noch jene Reformen einleiten und durchzusetzen suchen, die heute wirklich nötig sind. Würde uns dann etwas fehlen?

Stellen wir uns vor, Bundesregierung und Opposition würden im In- und Ausland über die Stärken unseres Landes reden, über seine gute Infrastruktur, über das Pflichtbewusstsein der Arbeitnehmer, über die Modernität der Industrie vom Automobil- und Maschinenbau bis zur Chemie und der Informationstechnologie, über das Zusammenwirken von Gewerkschaften und Arbeitgebern, über die Zuverlässigkeit und Pünktlichkeit der Unternehmen wie auch darüber, dass die Gewerkschaften bei uns noch nie Rationalisierung und Produktivitätsfortschritte verhindert, sondern immer wieder gefördert haben, über die einzigartige Höhe unseres Leistungsbilanzüberschusses und unsere Konkurrenzfähigkeit auch im Wettbewerb mit den Beitrittsländern im Osten, über unseren kulturellen Reichtum nicht nur im Zentrum, sondern in vielen Teilen unseres Landes ...

Stellen wir uns vor, der deutsche Wirtschaftsminister und der Finanzminister würden gemeinsam dokumentieren, dass die auffällige Wachstumsschwäche der Volkswirtschaften in der Eurozone aus einer zu restriktiven Politik der Europäischen Union und der Europäischen Zentralbank folgt und dass der wirtschaftliche Kern Europas dringend zurückfinden muss zu einer guten Balance von Förderung der Wettbewerbsfähigkeit einerseits und der Verstärkung der Binnennachfrage in den europäischen Ländern andererseits, also zu einer Synthese aus Angebotsökonomie und Keynes. Die beiden zuständigen Bundesminister müssten gegenüber Brüssel und gegenüber der Europäischen Zentralbank nichts weiter tun, als darauf zu pochen, dass in Europa eine ähnlich intelligente und differenzierte Geld- und Finanzpolitik gemacht wird wie in den USA in den Neunzigern.

Stellen wir uns vor, die Bundesregierung würde sich die Mühe machen, die vielen kleinen und wenig spektakulären Möglichkeiten zu nutzen, um unser Land auf Vordermann zu bringen: Die Justizministerin würde mit ihren Länderkollegen/innen über die Beschleunigung der Zivilgerichtsverfahren sprechen und mit ihnen zusammen Deutschland zum Land mit der geringsten Korruption erklären, der Wirtschafts- und der Finanzminister würden mit Ländern und Gemeinden ein Programm zur Verbesserung der Infrastruktur beschließen und dieses zügig umsetzen und damit neben Verbesserungen der Infrastruktur gleichzeitig Nachfrage für das örtliche Handwerk und den Tiefbau schaffen. Es gibt viele solcher naheliegenden Möglichkeiten zur Förderung unserer Standortqualität. Diese zu nutzen und damit die Produktivität unserer Volkswirtschaft zu fördern ist die eigentliche Strategie gegen Abwanderungsdrohung.

Stellen wir uns vor, das Bundesministerium für Wirtschaftliche Zusammenarbeit (BMZ), das für die Weltbank und den Internationalen Währungsfonds (IWF) zuständig ist, würde eine Dokumentation darüber veröffentlichen, welchen Schaden die neoliberale Politik von Weltbank und IWF – auch unter der Leitung von Horst Köhler – in Südamerika und anderen Ländern angerichtet hat und um wie vieles besser die Völker Asiens gefahren sind, weil sie sich den banalen und viel zu einfachen Ideologien des Neoliberalismus entzogen haben. Stellen wir uns vor, das BMZ würde zusammen mit dem Bundesminister für Soziales eine Dokumentation darüber veröffentlichen, wie negativ sich die Privatisierung der Altersversorgung in Südamerika und in Großbritannien, in den USA und in Osteuropa auf die Altersversorgung der meisten Menschen dort ausgewirkt hat. Um den Schleier der Lüge und der Legenden wegzuziehen, würde das Entwicklungspolitische Forum zu einem Streitgespräch zwischen dem ehemaligen Arbeitsminister von Pinochet, José Piñera, und dem amerikanischen Nobelpreisträger und Ökonomen Joseph Stiglitz nach Berlin einladen. Dann würde sich zeigen: Die Darstellung der Realität ist um vieles spannender als die siebenundzwanzigste Wiederholung der Reform-Arie über Demographie und Kapitaldeckungsverfahren. Auch für Journalisten.

Stellen wir uns vor, die in der Bundesregierung für Familie und für Soziales Verantwortlichen würden jene Wissenschaftler, die behaupten, das Umlageverfahren habe ausgedient und die Privatvorsorge sei eine Lösung des sogenannten demographischen Problems, zu einem öffentlichen Disput mit jenen Wissenschaftlern einladen, die sagen, unsere Probleme seien im Rahmen der bisherigen Strukturen und mit leichten Korrekturen zu lösen.

Stellen wir uns vor, die Bundesregierung würde auf der Basis einer Umfrage unter der jungen Generation im heiratsfähigen Alter dokumentieren, wie wichtig die Arbeitsmarktlage und die Rückbesinnung auf feste und verlässliche Arbeitsverträge für die Bereitschaft junger Leute ist, zu heiraten und Kinder haben zu wollen. Die Dokumentation würde zugleich analysieren, wie wichtig – bei aller Anerkennung des Bedarfs der Wirtschaft an flexiblen und mobilen Mitarbeitern – gerade für das Gedeihen von Familien Verlässlichkeit, Heimat und feste räumliche und persönliche Bindungen sind. Stellen wir uns vor, die politische Klasse würde merken, dass es nicht angeht, an einem Tag Sonntagsreden über die Bedeutung der Familie und am anderen Tag Werktagsreden über die Notwendigkeit totaler Flexibilität und Mobilität der modernen Arbeitnehmer zu halten.

Stellen wir uns vor, die Verantwortlichen für Bildung und Wissenschaften würde die Leistung der deutschen Pädagogen rühmen und dann sagen, wo Verbesserungen notwendig sind – keine spektakulären, keine Träume von Eliteuniversitäten, dafür aber Hilfen und Anleitungen zur Verbesserung der Unterrichtsmethoden, kleinere Klassen, bessere Schulleitungen, Sprachunterricht und Integration für Ausländerkinder, Ganztagsschulen, Entideologisierung der Hochschulen, systematische Verbesserung der Bildung und Ausbildung für die breite Bevölkerung.

Stellen wir uns vor, der Bundesverband der Deutschen Industrie und der Deutsche Industrie- und Handelskammertag würden Unternehmer zu ihren Präsidenten wählen, die die Verpflichtung des Grundgesetzes zur Sozialstaatlichkeit und seine Garantie der Tarifautonomie ernst nehmen und damit konstruktiv und produktiv leben.

Stellen wir uns vor, die Bundesregierung und unsere Parteien würden öffentlich erklären, dass sie Verständnis dafür haben, dass das deutsche Volk in seiner Mehrheit zu solidarischen Lösungen für die Risiken von Alter, Krankheit und Arbeitslosigkeit steht und dass die Bundesregierung diesen Willen des Volkes nicht nur respektieren, sondern ihn verteidigen und gegen Angriffe schützen will.

Stellen wir uns vor, die Bundesregierung würde respektieren, dass die Mehrheit der Menschen in Deutschland eine solidarische Arbeitslosenversicherung haben will, eine Arbeitslosenversicherung, die gerade in schwierigen Zeiten hält, und dass sie deshalb bereit ist, Hartz IV substanziell zu ändern.

Stellen wir uns vor, die Politik würde aufhören, in hysterischer Übertreibung die Lage unseres Landes zu beklagen und den Menschen Blut, Schweiß und Tränen zu predigen. Stellen wir uns vor, wir hätten eine politische Klasse, die stolz ist auf unser Grundgesetz und seine Versprechen, die stolz ist auf das Land und auf seine Bürgerinnen und Bürger, statt an ihnen herumzumäkeln. Stellen wir uns vor, wir hätten eine politische Klasse, die nüchtern und wohlwollend auf Wünsche des Volkes reagiert.

Was würde passieren? Eine Bundesregierung, die ohne Hysterie und Übertreibung beschreibt, was nötig ist und wo wir etwas verbessern können, ohne die bewährten Strukturen aufs Spiel zu setzen, würde verstanden. Sie hätte dann große Chancen, die Stimmung im Land zum Positiven zu wenden, die Konjunktur zu beleben, die wirtschaftlichen Kapazitäten besser auszulasten und die Kassen der sozialen Sicherungssysteme langsam wieder zu füllen. Das Ende einer herbeigeredeten Krise wäre absehbar.

Anhang

Anmerkungen

1 Diesen Wandel von der Parteien- zur Mediendemokratie habe ich in einer Studie zur Bundestagswahl 1998 untersucht und beschrieben: *Von der Parteiendemokratie zur Mediendemokratie,* Leverkusen 1999.

2 Der Begriff »Reformen« wird in diesem Buch ohne An- und Abführung in der heute gebräuchlichen Bedeutung benutzt, auch wenn der Autor diesen Gebrauch für einen Missbrauch hält.

3 *Stern* 52/2003

4 *Süddeutsche Zeitung* vom 10.1.2003

5 Vorgestellt am 3. November 2003 in Berlin

6 Thesenpapier mit dem Titel »Auf dem Weg zu mehr Wachstum, Beschäftigung und Gerechtigkeit« vom Dezember 2002

7 Diese verdienstvolle Zusammenfassung des gängigen Glaubenssatzes verdanken wir dem ZDF in der *heute*-Sendung vom 13.1.2003.

8 *Spiegel* 37/2003

9 Im Interview mit der *Berliner Zeitung,* 6.3.2004

10 So z. B. der Münchner Nationalökonom und Präsident des Ifo-Instituts, Hans-Werner Sinn, in seinem Buch *Ist Deutschland noch zu retten?*

11 Gabor Steingart: *Deutschland – der Abstieg eines Superstars.* München 2004

12 Ulrich Beck: »Orwell lässt grüßen«, in: *Süddeutsche Zeitung* vom 16.1.2004

13 Joseph E. Stiglitz: »IWF in Deutschland«, in: *Financial Times Deutschland* vom 8.4.2004

14 Miegel ist u. a. wissenschaftlicher Berater des »Deutschen Instituts für Altersvorsorge« (DIA), zu dessen Gesellschaftern neben dem Versicherungskonzern Deutscher Herold auch die DWS Investment GmbH und die Deutsche Bank gehören.

15 »Wörlitzer Erklärung« von Bündnis 90/Die Grünen; ähnlich in anderen einschlägigen Papieren

16 Wirtschaftsbericht 2003, Juli 2003, Vorwort des Bundesministers für Wirtschaft und Arbeit

17 Institut für Arbeitsmarkt- und Berufsforschung (Hrsg.): *Kurzbericht 10,* Nürnberg 2003

18 Siehe *Handbuch des Verfassungsrechts der Bundesrepublik Deutschland,* herausgegeben von Ernst Benda, Werner Maihofer und Hans-Jochen Vogel, Berlin 1983

19 Außerordentlicher Parteitag der SPD, 12.–13.Oktober 1972, unkorrigiertes Protokoll

20 Peter Borowsky: *Deutschland 1969–1982*, Hannover 1987

21 Diesen Hinweis und die Idee zum folgenden Vergleich der letzten drei Jahrzehnte verdanke ich Herbert Ehrenberg.

22 Zum Beispiel durch: »Rentenreformgesetz 1992«, »Standortsicherungsgesetz 1994«, »Wachstums- und Beschäftigungsförderungsgesetz« von 1996, »10. AFG-Novelle 1993«, »Arbeitsförderungsgesetz 1997«

23 Joseph E. Stiglitz: *Die Roaring Nineties. Der entzauberte Boom*, Berlin 2004

24 In: *Wirtschaftswissenschaft im Dienste der Verteilungs-, Geld- und Finanzpolitik. Festschrift für Alois Oberhauser*, Berlin 2000, S. 531

25 Daten den Neuberechnungen des Statistischen Bundesamtes angepasst

26 Jürgen Osterhammel/Niels P. Petersson: *Geschichte der Globalisierung*, München 2003

27 In dieser Einschätzung unterscheide ich mich von Joseph E. Stiglitz *(Die Roaring Nineties)*, mit dessen Analysen und Empfehlungen mich ansonsten viel verbindet.

28 Die von Kurt Biedenkopf und Edmund Stoiber eingesetzte Kommission stand unter dem Vorsitz von Meinhard Miegel und veröffentlichte ihre Berichte 1996 (Band I) und 1997 (Bände II und III).

29 *Die Rheinpfalz*, 3.2.2004

30 *Spiegel*, Nr. 43/2000

31 Gerd Bosbach: »Demographische Entwicklung – kein Anlass zur Dramatik«, in: *Gewerkschaftliche Monatshefte*, 2/2004. Ihm verdanke ich einige Hinweise auf interessante Daten.

32 Dieser im Rahmen eines internationalen Vergleichs benutzte Wert (1,4) unterscheidet sich ein wenig von dem vom Statistischen Bundesamt und Eurostat erhobenen Wert (1,35).

33 *Fischer Weltalmanach 2004*

34 Nach Erhebungen von Eurostat liegen auch Griechenland (1,25), Italien (1,25) und Österreich (1,33) hinter Deutschland (alle Werte von 2001).

35 Frank Schirrmacher: *Das Methusalem-Komplott*, München 2004

36 Wie Frank Schirrmacher auf die Zahlen 17 und 12 für die Bevölkerungsabnahme bis 2050 kommt, ist ungeklärt.

37 Diese Angabe beruht auf Berechnungen von Richard Hauser. Richard Hauser: *Zukunft des Sozialstaats*, Frankfurt a.M. 2003.

38 Gerd Bosbach: »Demographische Entwicklung – kein Anlass zur Dramatik«, in: *Gewerkschaftliche Monatshefte*, 2/2004

39 Versicherungsfremd nennt man diese Belastungen, weil sie – wie bei den Rentenzahlungen an Aussiedler – die Folge einer politischen Entscheidung waren und nicht im System der gesetzlichen Rente angelegt sind. Ähnliches gilt für die Renten der Rentner in den neuen Bundesländern. Sie waren als Beitragszahler ja nicht in diesem System. Es wäre daher logisch gewesen, ihre Rente aus Steuern zu bezahlen.

40 *Spiegel,* Nr. 41/1999 vom 11.10.1999

41 Weil die Versicherungswirtschaft diese Ausgaben bei ihrer Berechnung der Kosten nicht einbezieht, kommt sie auf Verwaltungskosten von nur 3,5 %.

42 Christoph Mathys: »Das chilenische Pensionssystem – Struktur und Auswirkungen«, Pressekonferenz Attac, Zürich, 20.6.2000

43 *Die Zeit,* 23.10.2003

44 In einem Interview mit der *Frankfurter Rundschau* vom 26. Januar 2005 bestätigte Präsident Ricardo Lagos, dass die international stark beachtete Privatisierung der chilenischen Rentenversicherung vielen Alten eine Rente beschert, von der sie nicht leben können. Wörtlich: »Die Hälfte der Rentner wird nicht das garantierte Mindestrentenniveau erhalten. Wir bringen ein Gesetz zur Verbesserung der Einkommenssituation alter Menschen ein, weil sich das individuelle Kapitaldeckungsverfahren als unzureichend erweist. Das ist die Lehre, die wir ziehen und die auch in der deutschen Reformdebatte zu bedenken wäre: Die Privatisierung der Alterssicherung bedeutet für den Staat enorme finanzielle Belastungen.«

45 Horst Afheldt: *Wirtschaft, die arm macht. Vom Sozialstaat zur gespaltenen Gesellschaft,* München 2003

46 *Süddeutsche Zeitung,* 23.7.1997

47 Werte für 2002 nach einer Studie der Deutschen Schutzvereinigung für Wertpapierbesitz (DSW).

48 Richard Hauser: »Ist der Sozialstaat noch zu retten?«, Hanse-Vortrag, Delmenhorst 8.12.2003

49 Die Bertelsmann Stiftung macht in ihrem regelmäßigen »Internationalen Standortranking«, auf dem Deutschland dann meist auf den letzten Platz verwiesen wird, genau diesen Fehler. Sie misst die Standortqualität vor allem am Ergebnis der Wirtschaftspolitik: den Wachstumsraten und Arbeitslosenziffern. Wenn die Wirtschaftspolitik schlecht ist, weil man nicht begreifen will, dass es hierzulande vor allem an der Binnennachfrage fehlt, dann sind die beiden Indikatoren miserabel. Aber dies sagt wenig über die Qualität des Standorts.

50 Er hat unter der Überschrift »Von den Weltmärkten verdrängt« zwei Kurven abgebildet, die die Weltmarktstärke der USA und die Schwäche Deutschlands zeigen sollten. Leider hat »Deutschlands bester Wirtschaftsprofessor« (*BILD* vom 1.3.2005) Exporte und Importe verwechselt. Er musste die Abbildung austauschen. Aber er ist so kleinkariert besserwisserisch, dass er über die neue Kurve schrieb: »Wieder von den Weltmärkten verdrängt.« Das ist genauso falsch und irreführend.

Das Interessante an diesem Vorgang ist nicht allein die Frage, ob der Professor aus Versehen die falschen Zahlen nahm oder ob er manipulieren wollte; viel interessanter ist die Frage, warum Deutschlands Leitmedien den Professor trotz dieser aufgedeckten Irreführung immer noch zu Talkshows und

Interviews bitten. Offenbar sind sie nicht an Wahrheit und Aufklärung interessiert sondern an einem Medium mit Professorentitel, das gut in die Linie der Agitation passt.

51 Hans-Werner Sinn: *Ist Deutschland noch zu retten?*, München 2003, S. 69 ff.

52 Hans-Werner Sinn: *Ist Deutschland noch zu retten?*, München 2003, S. 36 ff.

53 Michael Dauderstädt: »Deutschland, Schlusslicht im alten Europa?«, *FES-Analyse*, Bonn, Februar 2003

54 *Frankfurter Allgemeine Zeitung* vom 12.5.2004

55 *Frankfurter Allgemeine Zeitung* vom 21.4.2004

56 *Stern* 20/2004

57 Peter Glotz: »Regieren statt jammern«, in: *Die Welt*, 2.3.2004

58 Bundesanstalt für Arbeit (Hrsg.): *Überlegungen II zu einer vorausschauenden Arbeitsmarktpolitik*, Nürnberg 1979

59 Gemeint sind die 15 »alten« EU-Mitglieder vor Beitritt der neuen am 1.5.2004

60 Helmut Schmidt: »Offener Brief an Bundesbankpräsident Hans Tietmeyer. Die Bundesbank – kein Staat im Staate«, in: *Die Zeit*, Nr. 46 vom 8. November 1996

61 Hier sind für die Arbeitslosenquote die Werte nach nationaler Abgrenzung genannt

62 Robert W. McChesney: *Rich Media, Poor Democracy. Communication Politics in Dubious Times*, New York 1999

63 Statistisches Bundesamt

64 Quelle: *BMA Sozialbericht 1997*, S. 8. Fortschreibung auf heute ist realistisch

65 Michael Dauderstädt: »Deutschland, Schlusslicht im alten Europa«, *FES-Analyse*, Bonn, Februar 2003

66 Weitere Daten siehe S. 28

67 »Im Einzelhandel werden Vollzeitstellen zunehmend durch Minijobs ersetzt. Nach einem (...) Branchenreport der Dienstleistungsgewerkschaft ver.di sank die Zahl der Vollzeit- und sozialversicherten Teilzeitarbeitsplätze im vergangenen Jahr um 227 000, während die der Minijobs um 176 000 auf 835 000 stieg.« ddp.vwd am 19.3.2004

68 Reinhard Bispinck: »Flächentarifverträge nutzen Arbeitnehmern und Arbeitgebern«, in: *Frankfurter Rundschau* vom 25.11.2003

69 Bundespressekonferenz vom 15.1.1998

70 *Stuttgarter Nachrichten*, 23.10.2003

71 Thomas Dieterich: »Der Tunnelblick der Ökonomen«, in: *Süddeutsche Zeitung*, 17.12.2003

72 Steffen Lehndorff: *Wie lang sind die Arbeitszeiten in Deutschland? Fakten und Argumente zur aktuellen Debatte über Arbeitszeitverlängerungen*, IAT-Report 2003/07

73 *manager-magazin*, 12/2002

74 Den Hinweis und die Informationen zu Japan verdanke ich Werner Kamppeter, Referat Arbeit und Sozialpolitik, Deutsche Botschaft, Tokio.

75 *Süddeutsche Zeitung* vom 10.1.2003

76 Der »Ausreißer« von 1995 mit 170,6 Milliarden folgte daraus, dass das »Vermögen« der Treuhand in das Bundesvermögen übernommen wurde. Da die Treuhand hohe Schulden hatte, stieg die Bundesschuld um diesen extrem hohen Betrag.

77 Institut der Deutschen Wirtschaft (Hrsg.): *Gesellschaft im Zwiespalt, Marktwirtschaft und Unternehmer im Spiegel der öffentlichen Meinung*, Köln 2000

78 *Die Zeit*, Nr. 46/2002

79 Bundesministerium für Gesundheit und Soziale Sicherung (Hrsg.): *Statistisches Taschenbuch 2003, Arbeits- und Sozialstatistik*, Bonn 2003, 1.5

80 Die Zahlen sind hier etwas anders als in Tabelle 28, da die OECD dort die Staatsquote anders berechnet hat, um den internationalen Vergleich zu ermöglichen. Die Aussage bleibt die gleiche.

81 Oswald Metzger: »Die Summe der Unterlassungen«, in: *Frankfurter Rundschau*, 2.12.2003

82 Ausgabekurs beim Verkauf eines Pakets Telekom-Aktien durch den Bund im Jahr 2000: 66 Euro, Stand Ende Mai 2004: 13 bis 14 Euro.

83 *Die Zeit, Nr. 41/2002*

84 Randolf Rodenstock ist Vorsitzender des Fachverbands Consumer Optics im Verband Spectaris, Deutscher Industrieverband für optische, medizinische und mechatronische Technologien e.V., Köln. Dieser Verband ist im Lenkungsausschuss vertreten, der über die Verteilung der öffentlichen Mittel des erwähnten Haushaltstitels entscheidet.

85 Den Hinweis verdanke ich einem Papier von Dr. Werner Gries.

86 Claus F. Hofmann: »Woher kommt die Schwäche?«, in: *Bundesarbeitsblatt* 10/2001

87 Diesen Hinweis verdanke ich Mitarbeitern von Attac, die José Piñeras Wirken mit gutem Grund aufmerksam verfolgen.

88 Christopher Lasch: *Die blinde Elite. Macht ohne Verantwortung*, Hamburg 1995

89 Régis Debray : *I. F. – Suite et Fin*, Paris 2001

Tabellen

Tabelle A1: Vergleich wichtiger Indikatoren des wirtschaftspolitischen Erfolgs von drei Jahrzehnten

	70er Jahre (1971-1980)	80er Jahre (1981-1990)	90er Jahre (1991-2000)
Zuwachs Bruttoinlandsprodukt	118,6%	65,7%	33,7%
Bruttoanlageinvestitionen	93,0%	57,6%	22,9%
Öffentliche Investitionen	67,2%	8,3%	-10,7%
Unternehmens- und Vermögenseinkommen			
a) brutto	62,4%	108,6%	27,8%
b) netto	56,4%	130,1%	24,7%
Lohn- und Gehaltssumme			
a) brutto	130,4%	50,8%	27,7%
b) netto	112,2%	46,9%	19,0%
c) netto real/Arbeitnehmer	20,5%	6,7%	-2,2%
Arbeitslosenquote am Ende des Jahrzehnts	3,8%	7,2%	10,7%
Durchschnittliches Wachstum des realen Bruttoinlandsprodukts	2,7%	2,3%	1,9%

Quelle: Bundesministerium für Gesundheit und Soziale Sicherung (Hrsg.): *Statistisches Taschenbuch 2003, Arbeits- und Sozialstatistik*, Bonn 2003; Statistisches Bundesamt

Tabelle A2: Entwicklungen bestimmter wirtschaftlicher Indikatoren in Deutschland

	BIP-Wachstum (real)	Arbeits-losenquote	Verschul-dung Bund (in Mrd. EUR)	Vorjahres-verände-rung in Prozent	Verschul-dung der öffent-lichen Haushalte (in Mrd. EUR)	Vorjahres-verände-rung in Prozent	Netto-kreditauf-nahme des Bundes (in Mrd. EUR)
1970	5,0	0,7	29,6		64,4		0,6
1971	3,1	0,8					0,7
1972	4,3	1,1					2,0
1973	4,8	1,2	35,0		85,8		1,4
1974	0,2	2,6					4,8
1975	-1,3	4,7	58,8		131,1		15,3
1976	5,3	4,6	69,0	17,3	151,7	15,7	13,2
1977	2,8	4,5	79,5	15,2	168,0	10,7	11,1
1978	3,0	4,3	93,0	17,0	189,6	12,9	13,3
1979	4,2	3,8	106,2	14,2	211,6	11,6	13,1
1980	1,0	3,8	120,5	13,5	239,6	13,2	13,9
1981	0,1	5,5	142,1	17,9	279,0	16,4	19,1
1982	-0,9	7,5	160,7	13,1	314,4	12,7	19,0
1983	1,8	9,1	177,5	10,5	343,4	9,2	16,1
1984	2,8	9,1	191,1	7,7	366,9	6,8	14,5
1985	2,0	9,3	204,0	6,8	388,7	5,9	11,4
1986	2,3	9,0	215,7	5,7	409,5	5,4	11,7
1987	1,5	8,9	228,2	5,8	434,0	6,0	14,0
1988	3,7	8,7	246,0	7,8	461,7	6,4	18,1
1989	3,6	7,9	254,4	3,4	474,9	2,9	7,2
1990	5,7	7,2	306,3	20,4	538,6	13,4	14,7
1991	5,0	7,3	348,1	13,6	598,7	11,2	26,0
1992	2,2	8,5	409,8	17,7	686,4	14,6	15,9
1993	-1,1	9,8	461,4	12,6	770,2	12,2	30,7
1994	2,3	10,6	513,0	11,2	848,6	10,2	19,8
1995	1,7	10,4	658,4	28,3	1019,2	20,1	24,0
1996	0,8	11,5	700,7	6,4	1087,2	6,7	40,0

	BIP-Wachstum (real)	Arbeitslosenquote	Verschuldung Bund (in Mrd. EUR)	Vorjahresveränderung in Prozent	Verschuldung der öffentlichen Haushalte (in Mrd. EUR)	Vorjahresveränderung in Prozent	Nettokreditaufnahme des Bundes (in Mrd. EUR)
1997	1,4	12,7	726,8	3,7	1133,0	4,2	32,6
1998	2,0	12,3	745,3	2,5	1165,8	2,9	28,9
1999	2,0	11,7	770,3	3,4	1200,0	2,9	26,1
2000	2,9	10,7	774,8	0,6	1211,4	1,0	6,0
2001	0,6	10,3	760,2	-1,9	1223,9	1,0	-10,2
2002	0,2	10,8	784,6	3,2	1277,6	4,4	21,4
2003	-0,1	11,6	808,9 (Juni)	3,1	1326,0 (Juni)	3,8	38,6

Quelle: Bundesministerium für Gesundheit und Soziale Sicherung (Hrsg.): *Statistisches Taschenbuch 2003, Arbeits- und Sozialstatistik,* Bonn 2003; Bundesministerium für Arbeit und Sozialordnung (Hrsg.): *Statistisches Taschenbuch 1998, Arbeits- und Sozialstatistik,* Bonn 1998, 1.2, 1.25, 2.10; Sachverständigenrat zur Begutachtung der gesamtwirtschaftlichen Entwicklung (Hrsg.): *Staatsfinanzen konsolidieren – Steuersystem reformieren, Jahresgutachten 2003/04,* Berlin 2003, S. 573

Tabelle A3: Staatsschuldenstand im Verhältnis zum Bruttoinlandsprodukt (BIP) in vergleichbaren Ländern

	1991	1992	1993	1994	1995	1996	1997	1998	1999	2000	2001	2002
AUT	57,5	57,2	61,8	64,7	69,2	69,1	64,7	63,7	67,5	66,8	67,3	67,6
BEL	130,9	132,8	138,1	135,8	133,9	130,5	124,8	119,5	114,8	109,6	108,5	105,4
D	38,8	41,8	47,4	47,9	57,1	60,3	61,8	63,2	61,2	60,5	60,2	62,4
DEN	71,8	76,0	90,1	83,6	79,5	76,8	73,4	70,7	61,1	54,3	53,8	51,9
ESP	49,9	52,4	63,5	68,2	73,8	81,4	80,8	81,4	75,6	72,4	68,4	65,9
FIN	25,1	45,1	58,3	60,8	65,8	66,5	64,8	61,1	56,2	53,5	51,5	47,2
FRA	40,3	44,7	51,6	55,3	62,9	66,5	68,2	70,4	66,2	65,4	65,0	67,1
GB	44,3	49,2	58,1	55,8	60,6	60,1	60,5	61,5	56,3	51,5	50,4	50,3
GRI	82,2	87,8	110,1	107,9	108,7	111,3	108,2	105,8	105,1	106,2	107,0	104,9
ITA	116,8	126,3	128,2	134,8	133,9	136,0	133,3	133,5	128,0	124,3	121,7	121,2
JP	64,5	68,4	74,3	79,3	86,6	93,9	99,9	111,2	124,9	133,0	141,5	147,2
NL	76,9	77,8	79,0	76,3	77,2	75,2	69,9	66,8	63,1	55,8	52,8	52,7
SWE	55,1	73,9	78,9	83,4	82,1	84,6	82,7	81,1	71,5	64,2	63,2	59,7
USA	71,4	74,0	75,6	74,8	74,2	73,5	70,8	67,6	64,5	58,8	58,9	61,0

Quelle: OECD (Hrsg.): *Economic Outlook 2003*, Paris 2003, S. 227

Tabelle A4: Salden der Leistungsbilanz (in Mrd. US-Dollar)

	D	FRA	AUT	ESP	GB	JP	USA	SWE	NL	DK
1975	4,5	2,7	-0,2	-3,9	-3,8	-0,7	18,1	-0,3	2,4	-0,5
1976	3,8	-3,4	-1,1	-4,6	-1,7	3,7	4,3	-1,6	3,6	-1,9
1977	3,9	-0,4	-2,2	-2,4	-0,8	10,9	-14,3	-2,1	1,4	-1,7
1978	9,1	7,1	-0,7	1,2	1,1	16,5	-15,1	-0,2	-0,9	-1,4
1979	-5,4	5,2	-1,1	0,7	-2,4	-8,8	-0,3	-2,3	0,3	-3,0
1980	-12,8	-4,2	-1,7	-5,6	4,0	-10,8	2,3	-4,3	-0,8	-2,5
1981	-3,7	-4,7	-1,4	-5,3	10,9	4,8	5,0	-2,8	3,7	-1,9
1982	5,5	-12,0	0,7	-4,5	4,6	6,9	-5,5	-3,3	5,0	-2,3
1983	5,2	-5,0	0,3	-2,9	2,8	20,8	-38,7	-0,7	5,0	-1,4
1984	10,0	-0,8	-0,2	1,8	-0,6	35,0	-94,3	0,7	6,3	-1,77
1985	18,4	-0,2	-0,1	2,8	0,5	50,7	-118,2	-1,0	4,4	-2,8
1986	40,3	2,4	0,3	3,9	-3,5	85,4	-147,2	0,1	4,3	-4,5
1987	45,8	-4,5	-0,2	-0,2	-12,7	84,1	-160,7	0,0	4,2	-3,0
1988	52,7	-4,6	-0,3	-3,7	-35,4	79,2	-121,2	-0,6	7,1	-1,6
1989	57,1	-4,6	0,3	-10,9	-43,1	63,3	-99,5	-3,1	9,4	-1,7
1990	48,9	-9,8	1,2	-18,1	-39,1	44,2	-79,0	-6,3	8,1	0,6
1991	-18,4	-5,7	0,0	-19,9	-19,0	68,3	3,7	-4,7	7,5	1,2
1992	-14,5	4,8	-0,7	-21,6	-22,9	112,6	-48,5	-7,5	6,8	3,2
1993	-9,7	9,6	-1,4	-5,7	-17,9	131,9	-82,5	-2,6	13,2	3,9
1994	-24,3	7,4	-3,3	-6,4	-10,3	130,4	-118,2	2,5	17,3	2,3
1995	-27,0	11,1	-6,2	0,8	-14,3	110,4	-105,2	8,5	25,8	1,3
1996	-13,8	20,8	-5,4	0,4	-10,9	65,7	-117,2	9,7	21,5	2,7
1997	-9,1	37,9	-6,5	2,5	-1,5	97,0	-127,7	10,3	25,1	0,7
1998	-12,3	39,1	-5,2	-2,9	-6,3	118,6	-204,7	9,7	12,9	-1,6
1999	-24,9	41,2	-6,7	-14,0	-33,8	-114,6	-290,8	10,7	15,8	3,0
2000	-25,7	16,3	-4,9	-19,3	-36,5	119,4	-411,5	9,4	7,2	2,3
2001	3,0	21,5	-3,7	-16,4	-32,3	87,7	-385,7	8,5	9,8	4,8
2002	45,4	14,5	0,7	-15,9	-26,4	112,9	-473,9	10,0	12,8	3,9
2003	51,1	7,9	-1,3	-23,5	-30,6	136,0	-530,7	19,3	15,1	7,0
2004	104,3	-8,4	0,9	-49,1	-47,1	171,9	-665,9	27,5	23,8	6,0

Quelle: Sachverständigenrat zur Begutachtung der gesamtwirtschaftlichen Entwicklung (Hrsg.): *Staatsfinanzen konsolidieren – Steuersystem reformieren, Jahresgutachten 2003/04,* Berlin 2003, S. 516 f.; Für die Werte ab 2001 OECD (Hrsg.): *Main Economic Indicators,* Paris, Mai 2005, S. 26

Tabelle A5: Kapazitätsauslastung im verarbeitenden Gewerbe Deutschlands, geteilt nach West und Ost, in Prozent (100 % = Vollauslastung)

	verarbeitendes Gewerbe West	verarbeitendes Gewerbe Ost
1980	82,3	
1981	79,2	
1982	76,8	
1983	78,6	
1984	80,3	
1985	83,7	
1986	84,1	
1987	83,8	
1988	86,1	
1989	88,3	
1990	89,4	
1991	87,3	
1992	83,4	
1993	78,8	72,6
1994	82,7	76,6
1995	84,8	78,7
1996	82,5	77,4
1997	85,7	80,0
1998	86,2	81,9
1999	85,4	82,2
2000	87,1	83,7
2001	84,6	81,4
2002	83,3	79,8
2003	82,7	81,5
Septemberr 2004	84,2	81,9

Quelle: Sachverständigenrat zur Begutachtung der gesamtwirtschaftlichen Entwicklung (Hrsg.): *Staatsfinanzen konsolidieren – Steuersystem reformieren, Jahresgutachten 2003/04*, Berlin 2003, S. 586. Die Grundzahlen sind vom ifo-Institut. Für die Werte der Jahre 2003 und 2004 Sachverständigenrat zur Begutachtung der gesamtwirtschaftlichen Entwicklung (Hrsg.): *Erfolge im Ausland – Herausforderungen im Inland*, Jahresgutachten 2004/05, Berlin 2004, S. 703.

Tabelle A6: Entwicklung des realen Bruttoinlandsprodukts (BIP) und der standardisierten Arbeitslosenquote (AL)

	D		FRA		NL		ESP		SWE		GB		USA	
	BIP	AL	BIP	AL	BIP	AL	BIP	AL	BIP	AL	BIP	AL	BIP	AL
1986	2,4	6,5	2,3	9,9	2,8	7,8	3,3	17,4	2,7	2,7	4,2	11,2	3,4	7,0
1987	1,5	6,3	2,5	10,1	1,4	7,7	5,5	16,7	3,3	2,2	4,2	10,3	3,4	6,2
1988	3,7	6,2	4,2	9,6	3,0	7,2	5,1	15,8	2,6	1,8	5,2	8,5	4,2	5,5
1989	3,9	5,6	4,2	9,1	5,0	6,6	4,8	13,9	2,7	1,5	2,2	7,1	3,5	5,3
1990	5,7	4,8	2,6	8,6	4,1	5,9	3,8	13,1	1,1	1,7	0,8	6,9	1,8	5,6
1991	5,1	4,2	1,0	9,1	2,5	5,5	2,5	13,2	-1,1	3,1	-1,4	8,6	-0,5	6,8
1992	2,2	6,4	1,3	10,0	1,7	5,3	0,9	14,9	-1,7	5,6	0,2	9,7	3,1	7,5
1993	-1,1	7,7	-0,9	11,3	0,9	6,2	-1,0	18,6	-1,8	9,1	2,5	9,9	2,7	6,9
1994	2,3	8,2	1,9	11,8	2,6	6,8	2,4	19,8	4,2	9,4	4,7	9,2	4,0	6,1
1995	1,7	8,0	1,8	11,4	3,0	6,6	2,8	18,8	4,0	8,8	2,9	8,5	2,7	5,6
1996	0,8	8,7	1,1	11,9	3,0	6,0	2,4	18,1	1,3	9,6	2,6	8,0	3,6	5,4
1997	1,4	9,7	1,9	11,8	3,8	4,9	4,0	17,0	2,4	9,9	3,4	6,9	4,4	4,9
1998	2,0	9,1	3,5	11,4	4,3	3,8	4,3	15,2	3,6	8,2	2,9	6,2	4,3	4,5
1999	2,0	8,4	3,2	10,7	4,0	3,2	4,2	12,8	4,6	6,7	2,4	5,9	4,1	4,2
2000	2,9	7,8	4,2	9,3	3,3	2,8	4,2	11,3	4,4	5,6	3,1	5,4	3,8	4,0
2001	0,6	7,8	1,8	8,5	1,3	2,4	2,7	10,6	1,1	4,9	2,1	5,0	0,3	4,7
2002	0,2	8,2	1,2	8,7	0,3	2,8	2,0	11,3	1,9	4,9	1,8	5,1	2,4	5,8
2003	-0,1	9,1	0,5	9,5	-0,9	3,7	2,5	11,3	1,6	5,6	2,2	5,0	3,0	6,0
2004	1,0	9,5	2,3	9,7	1,4	4,6	2,7	10,8	3,0	6,4	3,1	4,6	4,4	5,5

Quelle: OECD (Hrsg.): *Economic Outlook 2003,* Paris 2003, S. 195 und 209. Für die reale BIP-Wachstumsrate ab 2003 OECD (Hrsg.): Econimic Outlook – *Preliminary Edition,* Paris 2005, S. 51. Für die Arbeitslosenquoten ab 2003 OECD (Hrsg.): *Main Economic Indicators,* Paris, Mai 2005, S. 16.

Tabelle A7: Weltmarktanteil nach Exporten verschiedener Länder

	D	USA	GB	JP	FRA	ITA
1985	10,2	11,5	5,4	9,7	5,4	4,2
1986	12,4	10,6	5,2	10,6	6,1	4,8
1987	12,8	10,3	5,4	9,9	6,2	4,9
1988	12,2	11,3	5,3	9,9	6,1	4,7
1989	11,9	11,9	5,1	9,5	6,0	4,7
1990	12,3	11,3	5,4	8,8	6,4	5,0
1991	11,8	11,8	5,3	9,4	6,2	4,9
1992	11,9	11,7	5,2	9,5	6,4	4,8
1993	10,5	11,9	4,8	10,1	5,7	4,6
1994	10,3	11,6	4,9	9,7	5,6	4,5
1995	10,6	11,1	4,8	9,0	5,7	4,6
1996	10,3	11,2	5,0	8,0	5,5	4,8
1997	9,6	11,9	5,1	7,8	5,3	4,3
1998	10,3	12,1	5,1	7,3	5,8	4,5
1999	9,9	11,9	4,9	7,6	5,5	4,2
2000	8,9	11,9	4,6	7,7	4,9	3,8
2001	9,6	11,6	4,5	6,7	5,0	4,0
2002	9,9	10,6	4,4	6,6	5,0	4,0
2003*	10,2	9,9	4,2	6,5	5,1	4,1

Quelle: OECD (Hrsg.): *Economic Outlook 2003*, Paris 2003, S. 240.
*Die Werte für 2003 sind Projektionen.

Tabelle A8: Handel mit EU-Beitrittsländern (in Mrd. EUR, Anteile in Prozent der Gesamtimporte bzw. -exporte Deutschlands), ohne Zypern

	Einfuhren						Ausfuhren					
	1990	1999	2000	2001	2002	2003	1990	1999	2000	2001	2002	2003
Estland		0,2	0,3	0,3	0,4	0,5		0,3	0,4	0,5	0,6	0,7
		0,1 %	0,1 %	0,1 %	0,1 %			0,1 %	0,1 %	0,1 %	0,1 %	
Lettland		0,3	0,4	0,5	0,4	0,4		0,5	0,6	0,8	0,9	0,9
		0,1 %	0,1 %	0,1 %	0,1 %			0,1 %	0,1 %	0,1 %	0,1 %	
Litauen		0,5	0,6	0,7	0,7	0,7		0,7	0,9	1,2	1,5	1,6
		0,1 %	0,1 %	0,1 %	0,1 %			0,1 %	0,2 %	0,2 %	0,2 %	
Malta		0,2	0,3	0,4	0,3	0,3		0,3	0,3	0,3	0,3	0,3
		0,1 %	0,1 %	0,1 %	0,1 %			0,0 %	0,1 %	0,0 %	0,0 %	
Polen	3,6	9,2	11,9	13,5	14,2	15,8	3,9	12,3	14,5	15,2	16,1	16,4
	1,2 %	2,1 %	2,2 %	2,5 %	2,7 %		1,1 %	2,4 %	2,4 %	2,4 %	2,5 %	
Slowakei		3,2	3,4	4,3	5,1	7,3		2,8	3,3	3,9	4,1	5,2
		0,7 %	0,6 %	0,8 %	1,0 %			0,6 %	0,6 %	0,6 %	0,6 %	
Slowenien		2,4	2,6	2,6	2,6	2,4		2,1	2,3	2,4	2,4	2,4
		0,5 %	0,5 %	0,5 %	0,5 %			0,4 %	0,4 %	0,4 %	0,4 %	
Tschechien	2,3	10,2	12,9	14,5	16,2	17,5	3,3	10,0	12,8	14,9	16,0	16,7
	0,8 %	2,3 %	2,4 %	2,7 %	3,1 %		1,0 %	2,0 %	2,1 %	2,3 %	2,5 %	
Ungarn	2,3	9,0	10,6	12,0	12,1	12,2	3,1	8,5	10,3	10,5	11,2	11,9
	0,8 %	2,0 %	2,0 %	2,2 %	2,3 %		0,9 %	1,7 %	1,7 %	1,6 %	1,7 %	
	8,2	**35,2**	**43,0**	**48,8**	**52,0**	**57,1**	**10,3**	**37,5**	**45,4**	**49,7**	**53,1**	**56,1**
	Summe der Einfuhren						Summe der Ausfuhren					

Quelle: Statistisches Bundesamt (Hrsg.): *Statistisches Jahrbuch 2003 für die Bundesrepublik Deutschland,* Wiesbaden 2003, S. 295 f.

Tabelle A9: Steuerquote, Sozialabgabenquote und Gesamtabgabenquote in den Mitgliedsländern der EU im Jahr 2001 (in Prozent des BIP)

	Steuerquote	Sozialabgabenquote	Gesamtabgabenquote (Summe)
Deutschland	23,1	17,5	40,6
Belgien	30,7	14,4	45,1
Dänemark	47,4	2,2	49,6
Finnland	33,0	12,5	45,5
Frankreich	28,1	16,3	44,4
Griechenland	24,8	11,4	36,2
Irland	26,1	4,5	30,6
Italien	29,7	12,3	42,0
Luxemburg	29,7	11,6	41,3
Niederlande	24,9	14,2	39,1
Österreich	29,9	15,0	44,9
Portugal	24,3	11,1	35,4
Schweden	38,7	14,9	53,6
Spanien	22,2	12,7	34,9
Großbritannien	30,5	6,4	36,9
EU gesamt	27,8	13,1	40,9

Quelle: Statistisches Bundesamt (Hrsg.): *Statistisches Jahrbuch für das Ausland 2003*, Wiesbaden 2003, S. 116

Tabelle A10: Entwicklung des Preisindex für die Lebenshaltung, der Nominal- und Reallöhne sowie des Nominal- und Realzinses für Spareinlagen

	Preisindex für die Lebenshaltung	Reales BIP-Wachstum	Entwicklung der Nominallöhne	Entwicklung der Reallöhne	Zins für Spareinlagen	Realzins für Spareinlagen
1970	3,4	5,0	15,3	11,9	4,88	1,48
1971	5,3	3,1	11,3	6,0	4,72	-0,58
1972	5,5	4,3	9,0	3,5	4,14	-1,36
1973	7,0	4,8	11,0	4,0	5,11	-1,89
1974	7,0	0,2	10,8	3,8	5,51	-1,49
1975	5,9	-1,3	6,2	0,3	4,36	-1,54
1976	4,3	5,3	6,9	2,6	3,63	-0,67
1977	3,7	2,8	6,8	3,1	3,13	-0,57
1978	2,7	3,0	5,3	2,6	2,55	-0,15
1979	4,1	4,2	5,7	1,6	3,15	-0,95
1980	5,4	1,0	6,6	1,2	4,64	-0,76
1981	6,3	0,1	4,8	-1,5	4,92	-1,38
1982	5,3	-0,9	3,9	-1,4	4,85	-0,45
1983	3,3	1,8	3,2	-0,1	3,26	-0,04
1984	2,4	2,8	3,0	0,6	3,01	0,61
1985	2,2	2,0	2,9	0,7	2,88	0,68
1986	-0,1	2,3	3,6	3,7	2,50	2,6
1987	0,2	1,5	3,1	2,9	2,11	1,91
1988	1,3	3,7	3,0	1,7	2,01	0,71
1989	2,8	3,6	3,0	0,2	2,43	-0,37
1990	2,7	5,7	4,7	2,0	2,81	0,11
1991	3,6	5,0	6,0	2,4	2,83	-0,77
1992	4,0	2,2	10,4	6,4	2,81	-1,19
1993	3,6	-1,1	4,4	0,8	2,54	-1,06
1994	2,7	2,3	2,0	-0,7	2,10	-0,6
1995	1,8	1,7	3,2	1,4	2,04	0,24
1996	1,4	0,8	1,5	0,1	1,99	0,59
1997	1,9	1,4	0,2	-1,7	1,71	-0,19
1998	0,9	2,0	1,0	0,1	1,56	0,66

	Preisindex für die Lebens-haltung	Reales BIP-Wachstum	Entwick-lung der Nominal-löhne	Entwick-lung der Reallöhne	Zins für Spar-einlagen	Realzins für Spar-einlagen
1999	0,6	2,0	1,5	0,9	1,31	0,71
2000	2,0	2,9	1,7	-0,3	1,25	-0,75
2001	2,5	0,6	1,9	-0,6	1,19	-1,31
2002	1,4	0,2	1,5	0,1	1,02	-0,38

Quelle: Bundesministerium für Gesundheit und Soziale Sicherung (Hrsg.): *Statistisches Taschenbuch 2003, Arbeits- und Sozialstatistik,* Bonn 2003, 1.2, 1.13, 9.16; Sachverständigenrat zur Begutachtung der gesamtwirtschaftlichen Entwicklung (Hrsg.): *Staatsfinanzen konsolidieren – Steuersystem reformieren, Jahresgutachten 2003/04,* Berlin 2003, S. 518 und 575